Schweizer Beiträge
zur Kulturgeschichte
und Archäologie
des Mittelalters

Herausgegeben
vom Schweizerischen Burgenverein

Redaktion
Maria Letizia Heyer-Boscardin

Band 8

VV

Kyburger-Tagung
1980 in Winterthur

Die Grafen von Kyburg

Mit Beiträgen von Heinz Bühler,
Adolf Layer, Roger Sablonier,
Alfred Häberle, Werner Meyer,
Karl Keller, Ferdinand Elsener,
Dietrich Schwarz, Hans Kläui und
Jakob Obrecht

Walter-Verlag
Olten und Freiburg im Breisgau

*Publiziert mit der Unterstützung
der Schweizerischen Geisteswissenschaftlichen
Gesellschaft*

Alle Rechte vorbehalten
© Walter-Verlag, Olten, 1981
Graphische Gestaltung: Marc Achleitner
Gesamtherstellung in den grafischen Betrieben des
Walter-Verlages
Printed in Switzerland

ISBN 3-530-49951-x

Inhalt

Vorwort von *Rolf Weiß* 7

Die Herkunft des Hauses Dillingen
von *Heinz Bühler* 9

Die Grafen von Dillingen-Kyburg in
Schwaben und in der Schweiz
von *Adolf Layer* 31

Kyburgische Herrschaftsbildung im
13. Jahrhundert
von *Roger Sablonier* 39

Die Grafen von Kyburg und ihre
kirchlichen Stiftungen
von *Alfred Häberle* 53

Der Burgenbau im kyburgischen Machtbereich
von *Werner Meyer* 69

Die Grafen von Kyburg und
ihre Stadtgründungen
von *Karl Keller* 87

Überlegungen zum mittelalterlichen
Stadtrecht von Winterthur. Mit einem
Exkurs zur Urkunde vom 22. August 1180
von *Ferdinand Elsener* 97

Die Münzen der Kyburger
von *Dietrich Schwarz* 115

Der Einfluss des kyburgischen Wappens
auf die Heraldik von Ministerialen,
Herrschaften und Gemeinden
von *Hans Kläui* 119

Die Mörsburg. Die archäologischen
Untersuchungen von 1978/79
von *Jakob Obrecht* 129

Vorwort

Vor einem Jahr konnte die Stadt Winterthur auf eine 800jährige Geschichte zurückblicken. Am 22. August 1180 wurde neben dem ehemaligen römischen Vicus Vitudurum, dem heutigen Oberwinterthur, zum ersten Mal eine zweite Siedlung gleichen Namens erwähnt. Sie lag eine halbe Wegstunde entfernt in der Eulachebene und trug zur genaueren Kennzeichnung den Namen Niederwinterthur. Der Anlaß dieser ersten Erwähnung der Stadt Winterthur war bezeichnend: Bischof Berthold von Konstanz löste die Laurentiuskapelle in Niederwinterthur von ihrer Mutterkirche in Oberwinterthur und erhob sie zu einer selbständigen Pfarrkirche.[1] Zur neuen Stadtkirche St. Laurentius gehörten neben Bauern, die ihre Abgaben «seit alters» der Laurentiuskapelle zu entrichten hatten, nun auch neu angesiedelte Kaufleute mit ihren Familien. Wer aber bei einem starken Anwachsen der Bevölkerung sein Haus außerhalb des ausgeschiedenen Siedlungsgebietes auf den umliegenden Wiesen und Äckern errichten mußte, sollte weiterhin nach Oberwinterthur kirchgenössig sein. Und tatsächlich haben die späteren Vorstädte Unter- und Obertor noch bis 1482 kirchlich zu Oberwinterthur gehört.

Wir besitzen für Winterthur keine eigentliche Gründungsurkunde, wir kennen auch kein sicheres Gründungsdatum, und doch steht eines fest: Vor 800 Jahren wurde in der Eulachebene erstmals eine Siedlung erwähnt, die von Kaufleuten bewohnt war, die ein starkes Wachstum aufwies und daher auch eine eigene Pfarrkirche – die heutige Stadtkirche – erhielt. Hier wird etwas in seiner Entstehungsphase faßbar, das sich später zur Reichsstadt, zur zürcherischen Land- und Untertanenstadt und nach dem Untergang der alten Eidgenossenschaft zur Handels- und Industriestadt des 19. und 20. Jahrhunderts entwickelte.

Dabei darf der Blick aber nicht auf das Lokale beschränkt bleiben. Die Gründung der Stadt Winterthur steht ja nicht vereinzelt da, ohne Bezug nach außen. Vielmehr bildet Winterthur zusammen mit Dießenhofen den Auftakt zu einer regen Gründungstätigkeit der kyburgischen Grafen, die 1172 eben große Teile des Lenzburger Besitzes geerbt hatten. Nachdem 1218 auch noch das zähringische Erbe an die Kyburger fiel, stand das Grafenhaus im 2. Viertel des 13. Jahrhunderts auf dem Höhepunkt seiner Macht. In dieser Zeit kamen zahlreiche weitere Gründungsstädte hinzu, darunter auch spätere Kantonshauptstädte wie Frauenfeld, Aarau und Zug. Der kyburgische Besitz reichte nun vom Bodensee bis an die Saane. Diese Blütezeit hat ihre Spuren auch auf der nahe gelegenen Mörsburg hinterlassen. Ausgrabungen der letzten Jahre zeigen, daß die Anlage unter Hartmann IV. ihre größte Ausdehnung erreicht haben muß. Mit ihm aber starb das Geschlecht bereits 1264 aus, und sein Neffe, Graf Rudolf von Habsburg, konnte das kyburgische Gebiet übernehmen und gegen die Ansprüche der Witwe Margarethe von Savoyen erfolgreich halten. Die Kyburger haben damit dem Hause Habsburg den Weg zum Königtum freigegeben.

Es lag somit nahe, das lokale Geschehen als Teil dieser großen Entwicklung zu sehen und für einmal nicht die gefeierte Stadt selber, sondern das Geschlecht des Stadtgründers ins Zentrum der 800-Jahrfeier zu stellen. Dies schien umso dringlicher, als die letzte umfassende Würdigung der Kyburger ins Jahr 1913 fällt. So führte denn der Historische Verein Winterthur als Auftakt zur Jahrhundertfeier vom 2.–4. Mai 1980 im Technikum Winterthur eine Kyburger-Tagung durch, an der Fachleute aus Deutschland, Österreich und der Schweiz zu Themen der kyburgischen Geschichte sprachen. Gleichzeitig zeigte der Verein unter dem Titel «Die Grafen von Kyburg in Dokumenten» über 50 originale Pergamenturkunden aus kyburgischer Zeit. Diese Ausstellung, die vom Konservator Dr. Jürg Muraro sowie vom Stadtarchivar Dr. Alfred Häberle zusammengestellt wurde, war vom 27. April – 1. Juni 1980 im Museum Lindengut zu sehen.[2] Im Tagungsgebäude selber hatte zudem Stadtbaumeister Karl Keller den systematischen Teil einer auf den Sommer geplanten Ausstellung über den Städtebau der Grafen von Kyburg aufgebaut und auch den dazugehörenden Ausstellungskatalog bereits für diese Tagung zusammengestellt.[3] So hat denn die Jahrhundertfeier zu einer Zusammenfassung und Erweiterung dessen geführt, was in den vergangenen Jahrzehnten über die Kyburger gearbeitet wurde. Als bleibendes Resultat werden die Tagungsbeiträge nun im vorliegenden Band der «Schweizer Beiträge zur Kulturgeschichte und Archäologie des Mittelalters» veröffentlicht.

Daß die Kyburger-Tagung auf ein so großes Echo stoßen konnte, haben die Organisatoren drei historischen Vereinigungen zu verdanken, die sich spontan hinter die Veranstaltungen stellten. Die Allgemeine Geschichtforschende Gesellschaft der Schweiz sowie die Antiquarische Gesellschaft in Zürich haben unsere Bestrebungen ideell und finanziell unterstützt, während der Schweizerische Burgenverein in großzügiger Weise für die gediegene Publikation der Referate besorgt war. Ihnen allen möchte ich an dieser Stelle meinen herzlichen Dank für die wertvolle Unterstützung aussprechen. Mein Dank gilt aber auch den Referenten sowie den Bearbeitern der beiden Ausstellungen, die durch ihre Beiträge die verschiedensten Bereiche kyburgischer Geschichte neu bearbeitet haben. Schließlich möchte ich auch dem Stadtrat und dem Gemeinderat der Stadt Winterthur für die finanziellen Beiträge danken, die es uns ermöglicht haben, unsere Jubiläumsveranstaltungen in dieser Form durchzuführen. Den Bemühungen der Stadt Winterthur und des Kantons Zürich ist es schließlich zu verdanken, wenn wir im Anschluß an die Kyburger-Tagung die archäologischen Befunde der Grabungen von 1978 und 1979 auf der Mörsburg bereits in konservierter Form besichtigen konnten.

Mögen Tagung und Publikation das Interesse an der mittelalterlichen Vergangenheit unseres Landes fördern und Anstöße für eine weitere Beschäftigung mit der Geschichte des Hauses Kyburg vermitteln, denn sowohl die Tagung als auch die archäologischen Grabungen haben nicht nur alte Fragen geklärt, sondern auch neue aufgeworfen.

Dr. Rolf Weiß
Präsident des Historischen Vereins Winterthur

---

[1] Urkundenbuch der Stadt und Landschaft Zürich, Bd. 1, Nr. 336
[2] Häberle, Alfred und Jürg Muraro: Die Grafen von Kyburg in Dokumenten; ihre Städte und kirchlichen Stiftungen. Ausstellung im Museum Lindengut, Winterthur, 27. April – 1. Juni 1980. Winterthur, Historischer Verein, 1980.
[3] Keller, Karl: Die Städte der Grafen von Kyburg. Materialien zur Stadt des Hochmittelalters. Jubiläumsausstellung 800 Jahre Winterthur. Gewerbemuseum Winterthur, 22. Juni – 31. August 1980. Winterthur, Hochbauamt, 1980.

Heinz Bühler

Die Herkunft des Hauses Dillingen

Graf Hartmann I., Gemahl der Erbtochter Adelheid von Winterthur-Kyburg, wird in einem Diplom Kaiser Heinrichs V., das im August 1111 in Speyer ausgefertigt wurde, erstmals «Hartmannus de Dilinga» genannt.[1] Graf Hartmann nahm damals an der Beisetzung Kaiser Heinrichs IV. im Dom zu Speyer teil. Erst von diesem Zeitpunkt ab darf man, genaugenommen, vom «Hause Dillingen» sprechen.
Die Genealogie des Hauses ist von Hartmann I. ab ziemlich klar und soll hier nicht erörtert werden. Nicht einig ist sich die Forschung über die Abstammung Graf Hartmanns I.[2] Sie aufzuzeigen ist Gegenstand unserer Abhandlung.

Zwei Fragen sollen geklärt werden.
1. Wie ist Graf Hartmann I. an die Sippe des hl. Ulrich, Bischof von Augsburg von 923 bis 973, anzuschließen?
2. Wieweit ist die Aussage des Biographen Gebehard glaubhaft, daß Bischof Ulrich «aus dem erlauchtesten Geschlecht der Herzöge und Grafen Alamanniens hervorgegangen» sei?[3][4]

Die Abstammung Graf Hartmanns I. von der Sippe des hl. Ulrich

Daß Graf Hartmann I. aus der Sippe des hl. Ulrich stammt, wird von der Forschung seit dem 16. Jahrhundert behauptet. Die Besitzgeschichte legt eine solche Verbindung nahe. Sie zeigt, daß die Grafen von Dillingen zu den Rechtsnachfolgern und Erben der Ulrichsippe gehören. Die Ulrichsippe nennt man nach Bischof Ulrichs Vater Hupald auch die «Hupaldinger». Über sie informiert die «Vita» Ulrichs, die der Augsburger Dompropst Gerhard kaum zwanzig Jahre nach des Bischofs Tod zum Zwecke seiner Heiligsprechung verfaßt hat.[5]
Die «Hupaldinger» besaßen als Zentren ihrer Herrschaft das «oppidum» Wittislingen und das «castellum» Dillingen. In der Wittislinger Martinskirche waren die Vorfahren (parentes) Ulrichs bestattet, namentlich seine Mutter Dietpirch. Sein Vater Hupald hingegen soll nach einer zweifelhaften Nachricht in Neresheim ruhen.[6] An dieser Nachricht ist aber gewiß richtig, daß Neresheim zum «hupaldingischen» Hausgut gehörte.
Das zweite Zentrum, das «castellum» Dillingen, ist 973 als Residenz des Grafen Riwin, eines Neffen Ulrichs, bezeugt. Ein anderer Neffe namens Manegold, Sohn von Ulrichs Schwester Liutgard, saß auf der Burg Sulmetingen (bei Laupheim).
Ulrichs Bruder Dietpald führte – anscheinend als erster des Geschlechts – den Grafentitel. Sein Amtsbereich reichte von der Schwäbischen Alb im Norden über die Donau hinweg weit nach Süden in den bayrisch-mittelschwäbischen Raum. Er umfaßte mehrere «comitates». Diese Stellung erlaubte ihm, 954 Bischof Ulrich zu entsetzen, der zur Zeit des Aufstandes des Königssohnes Liudolf in Schwabmünchen eingeschlossen war, und ihm 955 bei der Belagerung Augsburgs durch die Ungarn wirksame Hilfe zu leisten. Graf Dietpald kam in der Schlacht auf dem Lechfelde 955 um. König Otto I. verlieh darauf die «comitates» dem Sohne des Gefallenen, Riwin[7], der als zuständiger Graf einen Grenzstreit zwischen den Klöstern Kempten und Ottobeuren, weit im Süden des mittelschwäbischen Raumes, schlichten half.[8]
In einem wesentlichen Teil dieses «hupaldingischen» Besitz- und Interessenbereichs treffen wir später Güter und Rechte der Grafen von Dillingen. Wir lernen sie kennen anläßlich der Übereignung an ihr Hauskloster Neresheim wie an die Klöster Maria-Mödingen, Kaisheim, Herbrechtingen und an das Spital Dillingen. Dillingen selbst war ihr stark befestigter Herrschaftsmittelpunkt. Die Siedlung am Fuß der Burg wurde von Graf Hartmann IV. im frühen 13. Jahrhundert zur Stadt ausgebaut. Im nahen Wittislingen hatten sie das Patronatsrecht über die Pfarrkirche St. Martin.
Die Ausdehnung des dillingischen Herrschaftsbereichs wird sichtbar in den Vermächtnissen des Bischofs Hartmann von Augsburg. Dieser übertrug nach dem Tode seines Vaters, Graf Hartmanns IV. von Dillingen, 1257 seinem Hochstift Schloß und Stadt Dillingen samt all seinen Besitzungen zwischen Rieshalde und Donau von Langenau im Westen bis Blindheim im Osten[9], und er überließ 1286 seinem Domkapitel die restlichen Erbgüter beiderseits der Donau von Blindheim bis Riedlingen bei Donauwörth.[10]

Somit reichte ihr engerer Besitzbereich von Langenau im Westen bis dicht vor Donauwörth im Osten, von der Rieshalde im Norden bis zur Donau im Süden und darüber hinweg. Ihr Streubesitz verteilte sich über einen noch wesentlich weiteren Bereich.

Hier also waren die Grafen von Dillingen ganz offensichtlich die Rechtsnachfolger der «Hupaldinger». Alle genealogischen Aufstellungen seit dem 16. Jahrhundert tragen dem Rechnung.

Die Tradition des Hauses Dillingen wurde besonders in den Klöstern Heiligkreuz in Donauwörth und St. Ulrich und Afra in Augsburg gepflegt. Auf der Überlieferung von Heiligkreuz beruht ein in kunstvoller Zierhandschrift auf Pergament gefertigter Stammbaum «des geschlechts sant Ulrichs» mit hübschen Brustbildnissen in Medaillonform.[11] Er ist um 1515 entstanden und gelangte nach der Säkularisierung des Klosters Heiligkreuz 1803 nach Worms. Bald nach seiner Fertigstellung, sicher noch im ersten Viertel des 16. Jahrhunderts, wurde davon eine Kopie auf Papier für das Stift auf dem Heiligberg bei Winterthur gefertigt, die sich heute auf der Kyburg befindet.

Wohl erheblich älter ist die Überlieferung der Abtei St. Ulrich und Afra in Augsburg. Aus einem handschriftlichen Kodex der alten Klosterbibliothek veröffentlichte Markus Welser 1595 ein «Stemma Kyburgensium Comitum», das bald in andere Werke übernommen wurde.[12]

Leider sind beide Genealogien wenig zuverlässig, denn sie verzeichnen Personen, die quellenmäßig nicht zu belegen sind. Der Stammbaum von Heiligkreuz insbesondere vermehrt recht willkürlich die Zahl der Generationen. Zwischen Hartmann I. (†1121) und Hartmann IV. (†1257) zwängt er sieben Generationen ein, während es in Wirklichkeit nur drei sind; zwischen Bischof Ulrichs Neffen Riwin (955-973) und Hartmann I. kennt er vier Zwischenglieder, wogegen wir wohl nur mit zweien rechnen dürfen. Diese zusätzlichen Personen belegt er mit Namen, die im Hause Dillingen für diese Zeit nicht bezeugt, ja offensichtlich anachronistisch sind. Das «Stemma» von St. Ulrich und Afra gibt die Generationenfolge wirklichkeitsgetreuer wieder; nur zwischen Ulrichs Neffen Riwin und Hartmann I. hat es wohl eine Generation zu viel und für ihre Angehörigen Namen, die nicht glaubhaft sind.

Wie erwähnt, knüpfen sodann beide Genealogien den Mannesstamm der Grafen von Dillingen an Bischof Ulrichs Neffen Riwin (955-973) an, während sie vom zweiten Neffen Hupald (972-974) keine Nachkommen kennen. Hierin sind ihnen fast alle späteren Forscher gefolgt. Die Gründe liegen auf der Hand: Da Riwin laut Aussage des Ulrichs-Vita im «castellum» Dillingen residierte, folgerte man, die Grafen von Dillingen müßten seine direkten Nachkommen sein.

Uns erscheint diese Folgerung nicht zwingend; denn Bischof Ulrichs zweiter Neffe Hupald hat wohl gleichfalls in Dillingen gewohnt und könnte somit ebensogut ein direkter Vorfahr der Dillinger sein.

Die Unsicherheit entsteht dadurch, daß die «Vita» Bischof Ulrichs zwar dessen Geschwister und Neffen nennt, aber mit dem Tod des Bischofs 973 abbricht. Die gesicherte Stammfolge der Grafen von Dillingen dagegen beginnt erst mit dem Vater Hartmanns I., dem Grafen Hupald, dessen Tod 1074 die Annalen des Hausklosters Neresheim überliefern.[13] Dazwischen klafft eine Lücke von 100 Jahren. Sie läßt sich nicht so ohne weiteres schließen, da mögliche Zwischenglieder eben nicht ausdrücklich als Nachkommen der «Hupaldinger» oder Vorfahren der Dillinger bezeugt sind. Um dennoch eine Brücke zu schlagen, wurden Personen eingefügt, die offensichtlich gar nicht gelebt haben; insbesondere der Genealoge von Heiligkreuz hat ganz willkürlich kombiniert.

Will man einigermaßen festen Grund gewinnen, empfiehlt es sich, das Namengut der «Hupaldinger» mit dem der Dillinger und ihrer nächsten Verwandten zu vergleichen. Leider sind für die fragliche Zeit zu wenig Frauen bekannt, als daß man auch mit ihren Namen arbeiten könnte; so muß sich der Vergleich notgedrungen auf die Männernamen beschränken.

a) Die «Hupaldinger» führen die Namen Hupald, Ulrich, Dietpald, Manegold und Riwin.

b) Die Dillinger heißen Hupald, Ulrich, Hartmann und Adalbert. Sehr spät erst treten auch die Namen Ludwig, Friedrich und Werner auf; sie können außer acht bleiben. Dagegen ist der Name Manegold wichtig, der sich bei ihrer nächsten Verwandtschaft findet.

Die Namen Hartmann und Adalbert sind offensichtlich durch Heirat ins Haus Dillingen gekommen. Der Name Hartmann stammt aus einem Sippenkreis, der westlich und südlich von Ulm begütert war und sich in die Häuser Kirchberg und Gerhausen spaltete. Er geht zurück auf den Grafen Hartmann der Munteriheshuntare von 980. Ins Haus Dillingen kam er erst durch die Gemahlin des Grafen Hupald (†1074), die Mutter Hartmanns I. Laut Neresheimer Nekrolog hieß sie Adelheid.[14] Sie brachte Güter in Söflingen bei Ulm, Harthausen und sonst auf dem Hochsträß zu, die zuerst bei ihrem Enkel Hartmann II. urkundlich faßbar sind.[15]

Der Name Adalbert aber stammt aus dem Hause Winterthur-Kyburg und wurde von der Gemahlin Graf Hartmanns I., Adelheid, der Tochter Adalberts von Winterthur-Kyburg (†1053), eingebracht.[16]

Als echte «Hupaldingernamen» im Hause Dillingen bleiben somit Hupald und Ulrich. Hinzu kommt der Name Manegold, der sich bei zwei Geschlechtern findet, die als nächste Verwandte (Cognaten) der Dillinger gelten müssen, nämlich die Herren von Werd, Stifter des Klosters Heiligkreuz in Donauwörth, und die

10

schwäbischen Pfalzgrafen, Stifter der Abtei Anhausen bei Heidenheim.[17]

Die Namen Dietpald und Riwin dagegen fehlen im Hause Dillingen und bei dessen Verwandten. Gerade von Bischof Ulrichs Bruder Dietpald und dessen Sohn Riwin aber leiteten die früheren Forscher das Haus Dillingen ab. Uns scheint dies unmöglich. Denn es widerspricht allen Regeln, wie sich Namen im Mittelalter vererben. Nach diesen Regeln müßten die Dillinger von Bischof Ulrichs Bruder Manegold und dessen Sohn Hupald II. (972–974) abgeleitet werden.

Daß sie tatsächlich von Manegold und Hupald II. abstammen, läßt sich mit Hilfe der Besitzgeschichte beweisen.

Das Hausgut, über das Bischof Ulrichs Eltern Hupald und Dietpirch um 900 verfügten, wurde nach Hupalds Tod († ca. 909) säuberlich geteilt. Die Tochter Liutgard, vermählt mit dem Grafen Peiere, wurde mit Gütern um Billenhausen und Weißenhorn südöstlich Ulm sowie mit der etwas abgelegenen Herrschaft Sulmetingen (bei Laupheim) abgefunden.[18]

Der Güterkomplex zwischen Langenau und Donauwörth aber wurde gleichwertig zwischen der Dietpald-Riwin-Linie und der Manegold-Hupald-Linie geteilt. Es wurde darauf geachtet, daß einzelne Orte möglichst als Ganzes entweder der einen oder der anderen Linie zufielen, ausgenommen die Stammgüter Wittislingen und Dillingen.

Die Geschichte des Besitzes der Dietpald-Riwin-Linie läßt sich deutlich verfolgen.[19] Er ging samt Grafenrechten südlich der Donau durch Heirat und Erbschaft an das baierische Geschlecht der Rapotonen über, das den Namen Dietpald daraufhin zum Leitnamen erhob und somit zum Geschlecht der «Diepoldinger» wurde. Es residierte bis um 1100 in Giengen an der Brenz. Ein Teil des Diepoldingergutes samt den Grafenrechten gelangte durch Heirat an die Grafen von Berg (bei Ehingen an der Donau), die im Geltungsbereich ihrer Grafenrechte die Markgrafschaft Burgau schufen. Den Rest des Diepoldingerguts brachte Adela von Vohburg 1147 in ihre Ehe mit dem künftigen Kaiser Friedrich I. Barbarossa ein. Darunter waren Giengen, Leipheim, Gundelfingen und Lauingen. Diese nunmehr staufischen Güter aber fielen aus dem Erbe König Konradins 1268 größtenteils an Bayern.

Kennt man den Weg, den der Besitz der Dietpald-Riwin-Linie nahm, und hat man eine grobe Vorstellung vom Umfang dieses Besitzes gewonnen, dann wird einem klar, daß der Besitz der Grafen von Dillingen nicht auch noch von dieser Dietpald-Riwin-Linie hergeleitet werden kann. Die dem Gut der Diepoldinger etwa gleichwertige Besitzmasse der Dillinger beweist vielmehr, daß sie einen eigenen Zweig der «Hupaldinger» repräsentierten und daß sie folglich von der Manegold-Hupald-Linie abstammen müssen.[20]

Nach der «Vita» des Bischofs Ulrich bricht diese Linie mit Hupald II. (972–974) ab. Zwischen ihm und dem gleichnamigen Vater des Grafen Hartmann I. klafft – wie erwähnt – eine Lücke von 100 Jahren. Berücksichtigt man, daß im Hause Dillingen die Männer meist spät geheiratet haben, so daß der Abstand der Generationen 30 bis 35 Jahre beträgt, dann fehlt nur ein einziges Zwischenglied, das etwa um 965–970 geboren sein müßte. In diese Lücke paßt trefflich Graf Manegold vom Duriagau, der 1003 für Langenau zuständig und offenbar dort auch begütert war.[21]

Daß er tatsächlich das fehlende Zwischenglied ist, zeigt die Besitzgeschichte von Langenau. Wir treffen hier keinen der Erben der Diepald-Riwin-Linie. Dagegen finden wir Besitz der Grafen von Dillingen und all der Geschlechter, die neben den Dillingern am Erbe der Manegold-Hupald-Linie beteiligt sein müssen: die schwäbischen Pfalzgrafen und die mit ihnen stammesgleichen Herren von Stubersheim-Ravenstein und von Albeck. Der Besitz all dieser Geschlechter läßt sich zurückführen auf den Duriagrafen Manegold von 1003.[22]

Mit Manegold als dem gesuchten Zwischenglied gewinnen wir eine ideale Abfolge von Namen für den hupaldingisch-dillingischen Mannesstamm, nämlich Hupald I. (Vater Bischof Ulrichs) – Manegold I. (Bruder Ulrichs) – Hupald II. (Neffe Ulrichs) – Manegold II. (Duriagraf 1003) – Hupald III. († 1074). Er ist der Vater Hartmanns I. Dieser ist somit der Ururenkel von Bischof Ulrichs Bruder Manegold.

Den Namen Manegold brachte eine Tochter von Bischof Ulrichs Bruder Manegold ins Haus der Herren von Werd (Donauwörth). Eine Tochter des Duriagrafen Manegold II. von 1003 vererbte ihn ins Haus der schwäbischen Pfalzgrafen und vermittelte diesen zugleich namhaften «hupaldingischen» Besitz, darunter die Martinskirche in Langenau.

So verbindet Graf Manegold II. das Haus Dillingen mit der Manegold-Hupald-Linie der «Hupaldinger». Die Besitzgeschichte Dillingens widerspricht dem nicht. Am «castellum» Dillingen hatte die Manegold-Hupald-Linie offenbar von jeher neben der Dietpald-Riwin-Linie Anteil. Dies erklärt, warum die Dillinger Burg zwei Wehrtürme besaß.

Als um die Mitte des 11. Jahrhundert die Dietpald-Linie im Mannesstamm erlosch, gewann die Manegold-Hupald-Linie in Dillingen die Oberhand. Die Diepoldinger als Erben der Dietpald-Riwin-Linie übersiedelten nun nach Giengen an der Brenz. Noch 1320 aber ist von Gütern innerhalb und außerhalb der Mauern Dillingens die Rede, die aus dem Erbe der Diepald-Riwin-Linie stammten.[23]

I. Nachkommen der Hupaldinger (auszugsweise)

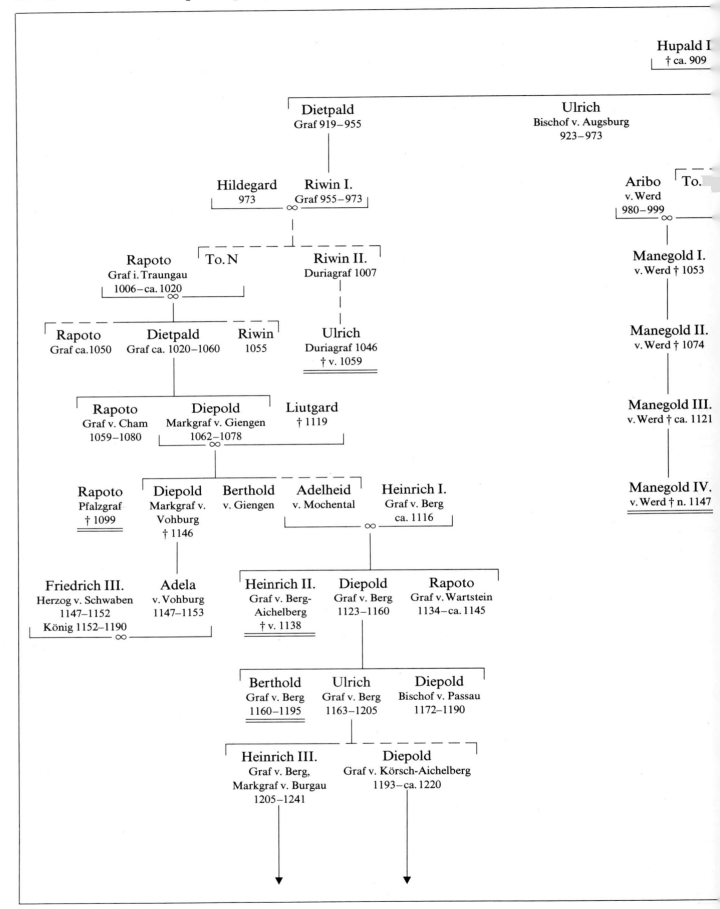

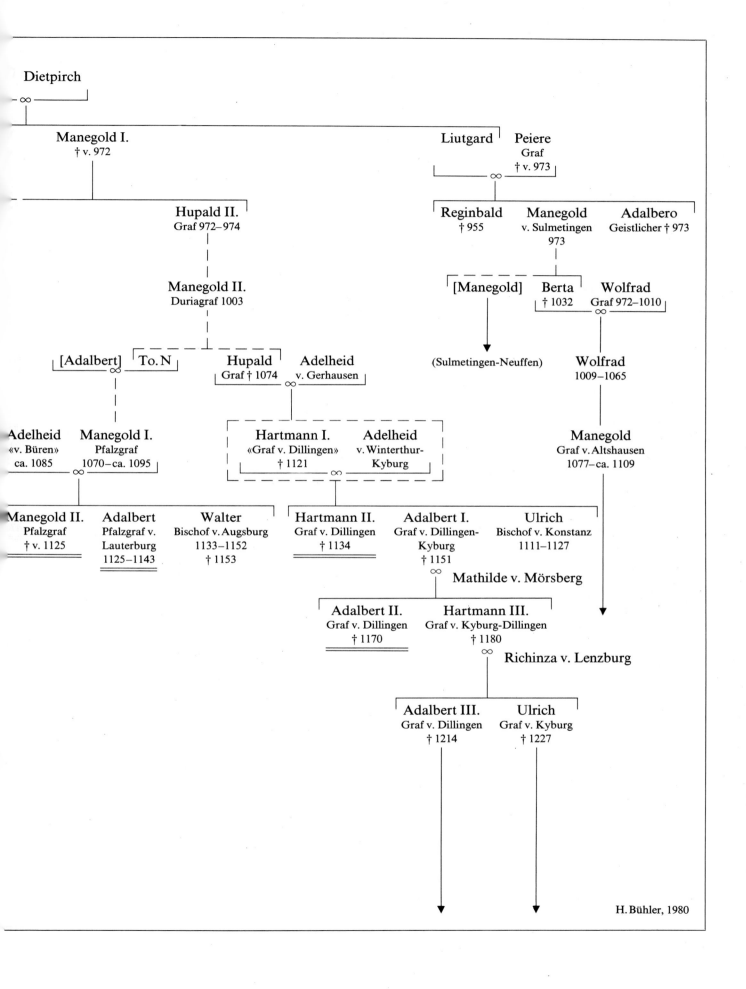

II. Die Vorfahren des Bischofs Ulrich von Augsburg (923–973) (auszugsweise)

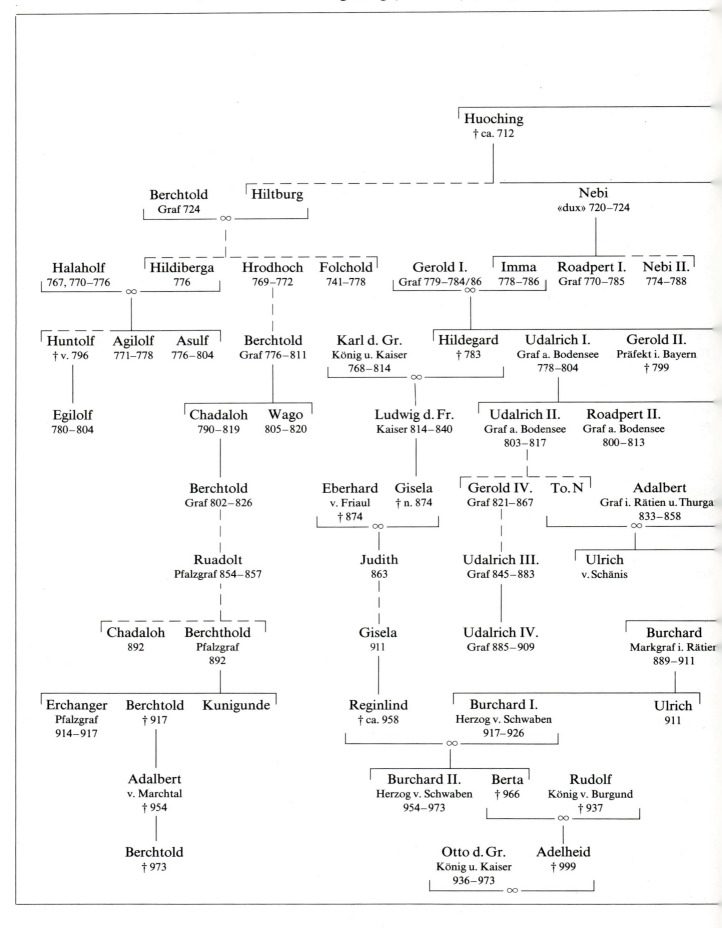

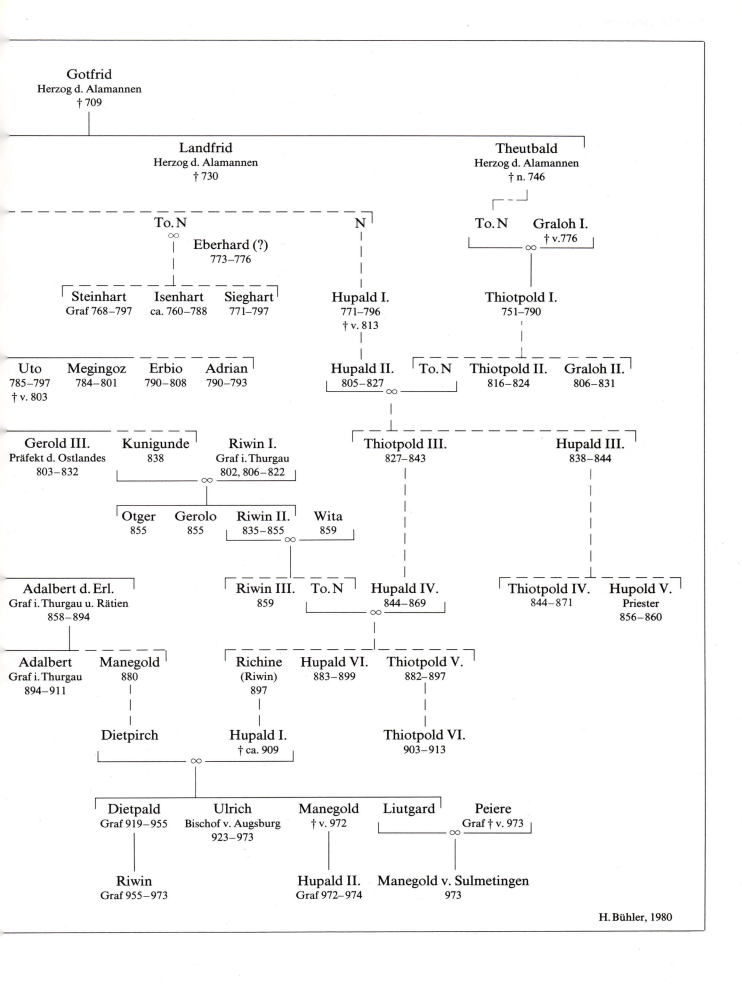

Die Herkunft der Hupaldinger

Eine Vorstellung von dem, was Bischof Ulrichs Eltern Hupald und Dietpirch um 900 besaßen, gewinnt man, wenn man zum Besitz der Grafen von Dillingen hinzurechnet, was den nächstverwandten Geschlechtern der Herren von Werd (Donauwörth), der schwäbischen Pfalzgrafen, der Herren von Stubersheim-Ravenstein und von Albeck aus «hupaldingischem» Erbe zugefallen war.

Dazu kommen die Güter der Diepoldinger, die wir größtenteils erst in Händen der Markgrafen von Burgau und der Herzöge von Bayern fassen können. Schließlich ist hinzuzuzählen, was aus dem Erbe von Ulrichs Schwester Liutgard an die von Sulmetingen-Neuffen und von Altshausen gelangte.

Dies zusammen ergibt einen beachtlichen, in sich ziemlich geschlossenen Besitzkomplex beiderseits der Donau von Ulm bis über Donauwörth hinaus; er reichte fast bis zum Nordrand der Alb und erstreckte sich nach Süden weit in den bayerisch-mittelschwäbischen Raum.

Wer über solchen Besitz verfügte, muß unter die führenden Geschlechter der Zeit gerechnet werden. Den Bertholdingern, Udalrichingern, Hunfridingern dürften die «Hupaldinger» wenig nachgestanden sein.

Doch sind wir über die «Hupaldinger» vergleichsweise schlecht informiert. Wie erwähnt, unterrichtet über sie fast ausschließlich die «Vita» des Bischofs Ulrich, die der Augsburger Dompropst Gerhard bald nach Ulrichs Tod verfaßt hat.[24] Sie rühmt Ulrichs Herkunft aus edlem alamannischen Geschlecht und betont die Gottesfurcht seiner Eltern. Sie enthält aber wenig konkrete Nachrichten, die auf Verwandtschaft Ulrichs zu bekannten Geschlechtern schließen ließen.

Wir erfahren lediglich, daß Ulrich auf Betreiben seines «nepos», des Herzogs Burchard I. von Schwaben (917–926), dem König Heinrich I. für den Augsburger Bischofsstuhl empfohlen wurde.[25] Ferner hören wir, daß die Königin Adelheid, Witwe Ottos des Grossen, als Verwandte (propinqua) sich für Ulrichs Neffen Manegold und Hupald II. einsetzte, damit sie ihre augsburgischen Lehen behalten durften.[26]

Adelheid war eine Enkelin Herzog Burchards I. Da Burchard als «nepos» (Vetter) Ulrichs bezeichnet wird, kann Adelheids Verwandtschaft zu Ulrichs Neffen nur über Herzog Burchard gelaufen sein. Dieser war nach allgemeiner Ansicht mit Ulrichs Mutter Dietpirch verwandt. Doch über das «wie» der Verwandtschaft herrscht keine Einigkeit.[27]

Da die «Vita» so spärlich über Ulrichs Verwandtschaft informiert, ist die Nachricht um so wertvoller, die Gebehard überliefert, ein Nachfolger Ulrichs auf dem Augsburger Bischofsstuhl (996–1001). Ihr zufolge stammte Ulrich «aus dem erlauchtesten Geschlecht der Herzöge und Grafen Alamanniens».[28] Angesichts des reichen Besitzes der «Hupaldinger» haben wir keinen Grund, diese Nachricht zu bezweifeln. Sie kann sich nicht auf Ulrichs Verwandtschaft zu Herzog Burchard I. beziehen, der 917 als erster seines Geschlechts die Herzogswürde erlangte, während Ulrich schon 890 geboren wurde. Wenn Ulrich wirklich dem «erlauchtesten Geschlecht der Herzöge und Grafen Alamanniens» entstammte, kann nur das altalamannische Herzogshaus Gotfrids († 709) gemeint sein. Die unseres Erachtens ganz eindeutige Aussage Gebehards ist um so wichtiger, als genealogische Überlegungen bereits zur der Vermutung führten, der reiche Besitz der Ulrichsippe um Wittislingen und Dillingen könnte auf altalamannisches Herzogsgut zurückgeführt werden.[29] Überlegungen zur Besitzgeschichte führen grundsätzlich zum gleichen Ergebnis.

Der Besitz der «Hupaldinger» geht auf alamannisches Herzogsgut zurück

Über die Besitzlandschaft der «Hupaldinger» punktförmig verteilt findet sich beträchtlicher Fremdbesitz. Er erweckt auf den ersten Blick den Eindruck, als sei er aus einer ursprünglich geschlossenen Besitzmasse herausgeschnitten, habe also mit dem nunmehrigen «Hupaldingergut» früher einmal eine Einheit gebildet. Unter dieser Voraussetzung dürfen Erkenntnisse zur Herkunft des Fremdbesitzes als Hinweis gewertet werden, woher das «Hupaldingergut» stammt. Im Begüterungsbereich der «Hupaldinger» steckt viel Königsgut. Es scheint mit Bedacht ausgewählt, denn es findet sich vorwiegend an alten Verkehrswegen aufgereiht. So liegen an der Donaunordstraße Ulm–Regensburg die Königsgüter Ulm, Elchingen, Langenau, Sontheim an der Brenz, Brenz, Lauingen, Höchstädt, Blindheim und Donaumünster.

Mit der Donaunordstraße kreuzt sich die Nord-Süd-Verbindung über den Albpaß von Kocher und Brenz, die bei Günzburg die Donau überquert und in Richtung Mindelheim bzw. Augsburg führt. An ihr und ihren Querverbindungen liegen die Königsgüter Steinheim, Nattheim, Bolheim, Herbrechtingen, Günzburg, Mindelheim und Zusmarshausen.[30]

Die genannten Straßen wurden wohl in fränkischer Zeit als Aufmarschstraßen gegen Bayern und zu den Alpenpässen benutzt. Das Königsgut diente der Versorgung durchmarschierender Truppen. Es ist größtenteils in karolingischer Zeit bezeugt. Soweit es erst später urkundlich faßbar wird, ist es regelmäßig im Besitz von Karlingererben und kann daher auf karolingisches Königsgut zurückgeführt werden.

Karolingisches Königsgut aber stammt aus alamannischem Herzogsgut. Dieses wurde bei der Zerschlagung des alamannischen Herzogtums in den Jahren 730 bis 746 konfisziert. Davon betroffen war der Besitz der

Herzöge Landfrid († 730) und Theutbald († n. 746). Anderes stammte aus dem Heiratsgut und Erbe der Hildegard, der Gemahlin Karls des Grossen. Sie war durch ihre Mutter Imma eine Urenkelin Huochings und somit Teilhaberin am Herzogsgut. In der Besitzlandschaft der «Hupaldinger» bekam die Abtei Fulda in Hessen seit der Mitte des 8. Jahrhunderts viel Gut teils vom König, teils von privaten Wohltätern geschenkt. Mit den letzteren hat sich die Forschung befaßt und zum Teil interessante Ergebnisse erzielt. Ein Ebo (Apo), der in Gundelfingen schenkte, war auch am Rheinknie bei Lörrach, Rottweil am Neckar und Zuckenried im Thurgau begütert, und zwar jeweils in der Nachbarschaft von Herzogsgut, so daß es selbst als Abkömmling des Herzogshauses zu gelten hat.[31] Ähnliches gilt für Egilolf, der in Schnaitheim bei Heidenheim schenkte. Er dürfte ein Enkel der Stifter des Klosters Marchtal an der Donau, Halaholf und Hildiberga (776) sein[32] und stammt dann – nach den Erkenntnissen Hans Jänichens – von Herzog Huochings Tochter Hiltburg ab.[33] Damit stimmt überein, daß Schnaitheim nach anderweitig gewonnenen Erkenntnissen um 700 in Händen Herzog Gotfrids gewesen sein muß. Andere Schenker an Fulda haben sich als im Rhein-Main-Gebiet verwurzelte Franken erwiesen, was ihre Vorliebe für die Abtei Fulda erklärt.[34] Das Schenkungsgut aber stammte wohl größtenteils aus konfisziertem alamanischem Herzogsgut, das ihnen als Lohn für treue Dienste zu Lehen oder Eigen übertragen worden ist.[35]

Im Süden und Südwesten des Untersuchungsgebiets war die Abtei Kempten begütert. Die Herkunft dieses Besitzes läßt sich zwar in keinem Fall urkundlich ermitteln; aber gerade deshalb reicht er gewiß in sehr frühe Zeit zurück. Dies darf man um so eher annehmen, als in Unterroth (Kr. Illertissen), Billenhausen, Berg-Geismarkt (Kr. Krumbach) und Winterbach (Kr. Günzburg) die Kirchen den Titelheiligen von Kempten, Gordian und Epimachus, geweiht sind und daher unter dem Einfluß Kemptens gegründet wurden. Königin Hildegard hatte die Abtei Kempten entscheidend gefördert und ihr die Reliquien der erwähnten Heiligen verschafft. Ihr Gemahl Karl der Grosse und ihr Sohn Ludwig der Fromme haben Kempten reich dotiert und privilegiert. So spricht vieles dafür, daß die kemptischen Güter von Hildegard oder ihren Erben stammten. Sie waren dann ursprünglich Herzogsgut.[36]

Bemerkenswert ist das Schicksal der Reisensburg, die dicht neben dem Königsgut Günzburg liegt. Zur Zeit der Ungarnschlacht auf dem Lechfeld 955 befand sie sich offenbar in Händen Bertholds aus dem baierischen Geschlecht der Liutpoldinger. Berthold aber war ein Urenkel und Erbe der Kunigunde, Schwester Erchangers und Bertholds († 917), die dem Hause der Bertholdinger entstammten und ihren Besitz – wie Egilolf in Schnaitheim – über Huochings Tochter Hiltburg ererbt hatten. Im benachbarten Langenau, wo auch Königsgut bezeugt ist, hatte bis 1003 das Hochstift Freising namhaften Besitz, der ebenfalls von Kunigunde gestiftet oder aber schon durch Hildegards Bruder Gerold († 799) an Freising gelangt sein konnte.[37]

So erweist sich der Fremdbesitz im Begüterungsbereich der «Hupaldinger» letztlich fast durchweg als ehemaliges Herzogsgut. Es stand um 700 noch geschlossen in der Verfügungsgewalt des Herzogs Gotfrid. Soweit es danach an seine Söhne Landfrid und Theutbald übergegangen war, wurde es zumindest teilweise konfisziert und karolingisches Königsgut. Soweit es sich in den Händen seines Sohnes Huoching befand, vererbte es sich über dessen Tochter Hiltburg auf die Bertholdinger; anderes kam über seine Enkelin Imma an die Udalrichinger bzw. durch Immas Tochter Hildegard wiederum an die Karolinger.

Wenn nun das, was aus der ursprünglich einheitlichen Besitzmasse herausgeschnitten wurde, sich letztlich als Herzogsgut erweist, dann muß auch das «Hupaldingergut» ursprünglich Herzogsgut gewesen sein. Zeigen läßt sich dies an den Siedlungs- und Herrschaftsverbänden der «-heim-Orte» um Günzburg und Heidenheim: In der zweiten Hälfte des 6. Jahrhunderts wohl auf merowingischem Königsgut gegründet, waren sie vor 700 in die Verfügungsgewalt des Herzogs Gotfrid gelangt. Nach seinem Tod 709 wurden sie aufgeteilt. Ein Teil ist später Königsgut (Anteil Landfrids und Theutbalds?), anderes erscheint in Händen der Bertholdinger und ihrer Verwandten (Nachkommen der Huoching-Tochter Hiltburg), wieder anderes ist im Besitz der «Hupaldinger».[38]

Sind aber die «Hupaldinger» Teilhaber am ehemaligen Herzogsgut, ja Haupterben des ostschwäbischen Herzogsguts, dann sind auch sie mit dem Herzogshaus verwandt. Gebehards Nachricht von der Abstammung des Bischofs Ulrich findet in der Besitzgeschichte ihre Bestätigung.

Dietpirchs Ahnen

Leider verschweigt Gebehard, welcher Elternteil Ulrichs vornehme Abstammung vermittelte. Aus der «Vita» erfahren wir nur, daß Ulrich ein «nepos» Herzog Burchards I. (917–923) war. Die Forschung ist sich einig, daß diese «Vetternschaft» durch Ulrichs Mutter Dietpirch begründet wurde; sie muß dem Hause der Burchardinger oder Hunfridinger sehr nahe gestanden sein.

Die Überlieferung von St. Ulrich und Afra wie von Heiligkreuz sieht in Dietpirch eine Tochter des «Herzogs» Burchard von Schwaben[39]; sie meint tatsächlich den Markgrafen von «Rätien, der 911 umkam, als er versuchte, sich zum Herzog zu erheben. Er ist der Vater Herzog Burchards I. Dieser und Dietpirch wären dann Geschwister. Ulrich wäre der Neffe des Herzogs. Dieser Meinung sind fast alle neueren Genealogen gefolgt. Sie befriedigt jedoch nicht. Wäre nämlich Dietpirch die Tochter des Markgrafen Burchard und Schwester des Herzogs Burchard I., dann müßte der Name Burchard unter ihren Nachkommen zu finden sein. Dies trifft aber nicht zu. Unter Dietpirchs Nachkommen nimmt der Name Manegold eine bevorzugte Stellung ein, ein Name, der durch Dietpirch in die Familie gekommen sein muß. So hießen ein Sohn und ein Enkel der Dietpirch. Diese gaben den Namen weiter an die von Werd (Donauwörth), an die schwäbischen Pfalzgrafen, an die von Sulmetingen-Neuffen und von Altshausen. So ist Manegold wohl der häufigste Name im Sippenkreis der «Hupaldinger». Er geht auf einen Vorfahren Dietpirchs zurück.

Hagen Keller hat auf einen früher kaum beachteten Burchardinger namens Manegold aufmerksam gemacht, einen Sohn Adalberts d. Erl. († 894) und Bruder des Markgrafen Burchard. Dieser Manegold ging 880 an den päpstlichen Hof, um Bürgschaft für die Politik Karls III. zu leisten.[40] Kein anderer als er kann u. E. der Vater der Dietpirch sein; dann ist der Name Manegold unter ihren Nachkommen erklärt. Dietpirch und Herzog Burchard I. waren dann Vetter und Base. Bischof Ulrich war eine Generation jünger als der Herzog, der ihm zum Ausgburger Bischofsstuhl verhalf, d.h. sie waren Vettern ungleichen Grades – eine Verwandtschaft, die dem Begriff «nepos» durchaus entspricht.

Bischof Ulrich selbst muß seinen Namen von Mutterseite erhalten haben; ein Vetter seiner Mutter und ein Bruder Adalberts d. Erl., Ulrich von Schänis, hießen so. Letztlich weist der Name ins Haus der Udalrichinger oder Geroldinger. Mehrfache Besitzgemeinschaft, u. a. in Gurtweil bei Waldshut, besagt, daß Burchardinger und Udalrichinger verwandt gewesen sind.[41] Die Mutter Adalberts d. Erl. und Ulrichs von Schänis müßte eine Udalrichingerin gewesen sein, nach den Lebensdaten am ehesten eine Tochter Graf Udalrichs II. (803–817). Die Udalrichinger aber waren über die Stammutter Imma (778–786) mit dem alten Herzogshaus verbunden.

Bischof Ulrichs mütterliche Ahnenreihe bestätigt also die Nachricht Gebehards, daß er «aus dem erlauchtesten Geschlecht der Herzöge und Grafen Alamanniens» stamme.

Über Dietpirch mag ehemaliges Herzogsgut an die «Hupaldinger» gelangt sein. Die Masse des «Hupaldingerguts» freilich stammt nicht von Dietpirch, denn so groß kann nach allem, was wir wissen, der Anteil der Udalrichinger am ostschwäbischen Herzogsgut nicht gewesen sein.

Die durch Dietpirch vermittelte Verwandtschaft erklärt auch nicht, weshalb die «Hupaldinger» als einziges Geschlecht in Schwaben den Namen Theutbald-Dietpald pflegten, der an Herzog Gotfrids Sohn Theutbald gemahnt, und weshalb sie im Namen Hupald-Hucpald offenbar die Erinnerung an Huoching, den anderen Sohn Gotfrids, wach hielten. Wie die Besitzgeschichte zeigt, müssen diese beiden in Ostschwaben reich begütert gewesen sein; Ulrichs Ahnenreihe müßte unmittelbar auf diese beiden zurückzuführen sein.

Hupalds Ahnen

Dietpirch hat ihren Nachkommen die Namen Ulrich und Manegold vermittelt. Die Namen Dietpald und Riwin müssen daher von Hupalds Seite stammen. Die Überlieferung gibt Hupald einen «Grafen von Kyburg» zum Vater.[42] Dies ist gewiß nicht wörtlich zu nehmen. Ist doch erst Graf Hartmann I. von Dillingen durch seine Heirat mit Adelheid von Winterthur-Kyburg in den Besitz der Kyburg gelangt. Und doch mag die Überlieferung nicht völlig aus der Luft gegriffen sein. Sie gibt zumindest einen Fingerzeig, wo man Vorfahren Hupalds finden könnte. Gilt es doch ältere Träger der Namen Hupald, Dietpald und Riwin zu ermitteln, die als Vorfahren Bischof Ulrichs bzw. als Taufpaten seiner Geschwister und Neffen in Betracht kommen könnten. Diese Namen sind im 8. und 9. Jahrhundert gewiß nicht häufig. Wenn man bedenkt, daß in dieser Zeit bestimmte Namen ihre Träger als Angehörige bestimmter Sippenkreise ausweisen, wird man die Aussagekraft von Namen gewiß nicht gering einschätzen.

Ostschwaben ist für das 8. und 9. Jahrhundert arm an Quellen. Dort zu suchen, wäre aussichtslos. Doch war der Adel des frühen Mittelalters nicht regional gebunden. Ein und dieselbe Familie, dementsprechend dieselben Personen konnten in recht verschiedenen Gegenden begütert und somit bei Gütergeschäften anzutreffen sein; dies gilt insbesondere für die führenden Geschlechter. Wenn Bischof Ulrich wirklich «dem erlauchtesten Geschlecht der Herzöge und Grafen Alamanniens» entstammte, dann mußten seine Vorfahren auch in Gegenden anzutreffen sein, die quellenmäßig besser erschlossen sind als Ostschwaben.

Für das Schwaben jener Zeit gibt es keine reichere Sammlung von Namen als den Urkundenbestand des Klosters St. Gallen. Sie ist am ergiebigsten für die nähere Umgebung des Klosters, den alten Thurgau. Gerade der Thurgau aber war eine Domäne des alten Herzogshauses.[43] Hier müßten Vorfahren Ulrichs zu finden sein.

Im Jahre 897 wurde in Wiesendangen (bei Oberwinterthur) ein Gütergeschäft zwischen dem Abt von St. Gallen und einem gewissen Othere beurkundet.

Der Abt gab Güter in Jonschwil (Kt. St. Gallen) und erhielt dafür solche in den Nachbarorten Bazenheid, Wilen und (Ober- bzw. Nieder-)Uzwil. Unter den Zeugen, die zugegen waren, hat man sich Grundbesitzer aus der Gegend vorzustellen, Leute, die Othere nahestanden. Die Zeugenreihe eröffnen Richine, Huppold, Thiotpold; das sind Richwin/Riwin, Hupald und Dietpald.[44]

Ihr Auftreten als Gruppe in der Zeugenreihe besagt, daß sie untereinander eng verbunden waren. Sie tragen Namen, die in der Familie des Bischofs Ulrich bei dessen Vater, Bruder und Neffen wiederkehren; es sind Namen, die durch Ulrichs Vater Hupald in die Familie gekommen sind. Dies läßt keinen anderen Schluß zu, als daß es sich um nächste Verwandte von Ulrichs Vater Hupald handelt. Über die Art der Verwandtschaft läßt sich vorerst freilich nichts sagen.

Vierzehn Jahre früher, 883, fand in Oberwinterthur ein Gütertausch Thiotpolds mit dem Kloster statt. Thiotpold gab 55 Jauchert zwischen Zihlschlacht, Schocherswil, Aach und Hefenhofen nebst einem Wald bei Wilen. Dafür erhielt er Klostergut in Kradolf an der Thur. Zeuge nach dem Amtsgrafen Adalbert d. Erl. (Burchardinger) war Hupold; ein weiterer Zeuge war Othere.[45] Gewiß handelt es sich bei Thiotpold, Hupold und Othere um die gleichen Personen, die uns 897 begegnet sind. Hupolds Stellung als führender Zeuge spricht für seine enge Verbundenheit mit Thiotpold.

Thiotpold war schon 882 in Romanshorn Zeuge eines Gütertauschs zwischen Bischof Salomo II. von Konstanz und dem Abt von St. Gallen, wobei letzterer Klostergüter in Lenzwil (bei Langenrickenbach) und Buch sowie in Sirnach (bei Wil) nebst Waldland zwischen Sirnach und Gloten weggab.[46]

Er begegnet wieder 894 in Wertbühl (bei Sulgen) als Spitzenzeuge für Engilpret, als dieser Gut in Wuppenau, Zuckenriet, Zuzwil und Hagenbuch an St. Gallen übertrug.[47] Diese Orte liegen den 883 und 897 genannten benachbart, so daß an der Identität Thiotpolds nicht zu zweifeln ist. Derselbe Hupold wie 883 und 897 aber ist 899 in der St.-Mang-Kirche zu St. Gallen Spitzenzeuge für Cunzo, der dem Kloster Besitz in Zihlschlacht übertrug.[48] Dort war ja auch Thiotpold begütert, für den Hupold 883 Zeugenschaft leistete.

Die Urkunden von 882, 883, 894, 897 und 899 gehören somit zusammen. Die darin genannten Personen gleichen Namens sind identisch. Da ihre Lebensdaten nun näher bekannt sind, darf man sie wohl als Angehörige der gleichen Generation betrachten, am ehesten als Brüder. Nach der Zeit handelt es sich wahrscheinlich um Angehörige von Bischof Ulrichs Großvatergeneration.

Die genannten Orte umreißen ein relativ geschlossenes Gebiet beträchtlicher Ausdehnung im östlichen Thurgau. Es ist offenbar die Besitzlandschaft einer Sippe, die die Namen Riwin, Hupald und Thietpald pflegte. Für Hupald lassen sich engere Beziehungen zu den Udalrichingern wie zu den Bertholdingern feststellen. Beide Geschlechter hatten in Herzog Huoching den gemeinsamen Ahnherrn.

Hupald war im Jahr 886 in Aadorf zugegen, als die Äbtissinnen des dortigen Frauenklosters, Irmintrud und Perehtrud, die Töchter des Grafen Udalrich IV., mit ihrer Schwägerin Engilbirc einen Präkarienvertrag eingingen über Güter in Hettlingen (bei Winterthur) und Hochfelden (bei Bülach).[49] Es handelte sich um ein familieninternes Gütergeschäft. Wer dem als Zeuge beiwohnte, muß der Familie der Udalrichinger wohl näher verbunden gewesen sein.

Graf Udalrich IV. übertrug dem Kloster Aadorf, dem seine Töchter vorstanden, 894 beträchtlichen Besitz in verschiedenen Orten, u.a. in Wittershausen (bei Aadorf) zwei ihm gehörige Huben, das Gut der freien Leute, das Widumgut sowie das Eigengut Hugibalds (= Hupald).[50] Hupald hatte somit Eigengut im selben Wittershausen, in welchem Graf Udalrich IV. begütert war und ortsherrliche Rechte besaß. Diese Besitzgemeinschaft wird man als Erbengemeinschaft aufzufassen haben. Hupald hatte dann Anteil an einem Gut, das wahrscheinlich einst Herzogsgut war. Hupald war außerdem 892 auf dem Bussen (bei Riedlingen an der Donau) Zeuge eines Tauschs zwischen Chadaloh und dem Abt von St. Gallen.[51] Er steht somit in Verbindung zum nördlichen Oberschwaben, wo 80 Jahre später Bischof Ulrichs Neffe Manegold die Herrschaft Sulmetingen (bei Laupheim) innehatte. Zugleich aber hatte er enge Beziehungen zu Chadaloh, einem Angehörigen der Bertholdinger, die von Huochings Tochter Hiltburg abstammten und an der oberen Donau reichen Anteil am ehemaligen Herzogsgut hatten.[52] Hupalds örtliche und persönliche Beziehungen erklären sich, wenn auch er am dortigen Herzogsgut teilhatte.

Ältere Thiotpolde:

Kehren wir in den Thurgau zurück. In dem Bereich, den wir als Besitzlandschaft der Riwin-Hupald-Thietpald-Sippe umrissen haben, sind Träger des Namens Thietpold/Thietpald seit der Mitte des 8. Jahrhunderts nachweisbar. Sicherlich handelt es sich um Vorfahren der Zeugen von 897. Ein erster Thiotpold bezeugte 762 in Weiern (Kt. St. Gallen) die Schenkung von Gut in Züberwangen (bei Wil).[53] Als 782 in Zukenriet ein Rechtsgeschäft beurkundet wurde, bei welchem Roadpert die Hälfte seines Besitzes in Zuckenriet an St. Gallen gab, war Deotpald zweiter Zeuge nach dem Spitzenzeugen Wurmher.[54] Deotpald (= Thiotpold) stand dem Schenker Roadpert offenbar sehr nahe. Roadpert aber ist kaum ein anderer als der gleichnamige Sohn Nebis, der seinerseits ein Sohn Huochings und Enkel Herzog Gotfrids war.⁵⁴ᵃ

Zuckenriet selbst war ehemaliges Herzogsgut, und in der Umgebung gab es viel Herzogsgut. So schenkte König Karl III. 879 Güter in Zuckenriet und in (Ober- oder Nieder-)Uzwil⁵⁵, Güter, die entweder aus konfisziertem Herzogsgut oder aus dem Erbe der Königin Hildegard stammten. An letzteres wäre etwa bei Uzwil zu denken, das urkundlich Uzzenwilare heißt und sich damit als Gründung oder früherer Besitz eines Uzzo = Ulrich aus der Sippe der Udalrichinger verrät. Wenige Kilometer von Zuckenriet entfernt liegt Oetlishausen (bei Bischofszell), das seinen Namen vom Bayernherzog Odilo († 748) erhalten haben dürfte, dem auch Pfungen bei Winterthur gehörte und der ein Sohn Herzog Gotfrids war.⁵⁶

Um Zuckenriet war auch jener Ebo/Apo begütert, der uns als Schenker in Gundelfingen an der Brenz, unweit von Dillingen, begegnet ist. Er bezeugt 762 die Schenkung eines Joto in Tägerschen und 787 die Belehnung eines Waldbert in Zuzwil und Zuckenriet. Ebo/Apo muß (nach Koepf) ein direkter Nachkomme Huochings gewesen sein, nach der Zeit am ehesten ein Enkel.⁵⁷ Zu ihm hatte Thiotpold gleichfalls enge Beziehungen, denn er bezeugte 751 eine Schenkung Ebos und seiner Gemahlin Odalsind im südlichen Breisgau, in Wahinkofen (abgegangen bei Haltingen/Lörrach) und Rötteln.⁵⁸ Thiotpold selbst war im nahen Kandern und in Ober- bzw. Niederweiler (bei Badenweiler) begütert.⁵⁹ Die Gegend nördlich des Rheinknies bei Basel/Lörrach aber wimmelte geradezu von ehemaligem Herzogsgut. Die Könige Karl III. und Arnulf hielten sich 887 bzw. 896 in Kirchen bei Lörrach auf, das als «curtis regia» bezeugt ist.⁶⁰ Karl III. verfügte 877 auch über Gut in Mühlheim und Kems.⁶¹ In der unmittelbaren Nachbarschaft dieser Orte hatte 764 der damalige Statthalter Alamanniens, Graf Rudhart, reichen Besitz in den Orten Rümmingen, Tumringen, Küttingen, Wollbach, Haltingen, Eimeldingen, Binzen und Ötlingen an Kloster Saint-Denis (bei Paris) verkauft. Diese Güter waren zur Zeit Pippins d. J. und Karlmanns für den Fiskus eingezogen worden, aber danach an andere gelangt, die sie wie Eigengut behandelt und an Rudhart verkauft hatten. Auf ähnliche Weise hatte St. Martin in Tours Fiskalgüter in Steinenstadt von einem gewissen Fulrid erhalten.⁶² Ohne Zweifel handelt es sich hier um Besitz, der nach der Niederwerfung des Herzogs Theutbald 746 beschlagnahmt worden war. Thiotpold war somit Anrainer an Gut, das Herzog Theutbald gehört hatte.

Thiotpold hatte auch Beziehungen zur Baar. Er leistete Zeugenschaft, als 765 Amalbert Hörige und Güter in Klengen (bei Villingen) und als 769 die Nonne Cotaniwi Besitzungen in Lauterbach (bei Schramberg) und Beffendorf (bei Oberndorf) an St. Gallen übertrug.⁶³ In Klengen erscheint 821 ein jüngerer Theotbald, wohl des ersteren Sohn.⁶⁴ Dies beweist, daß unsere Sippe mit der Gegend wirklich verbunden war. Klengen aber erweist sich 817 und 881 als Königsgut und war somit ehemaliges Herzogsgut.⁶⁵ Im Ortsnamen Klengen – urkundlich Chnevinga – steckt offenbar der Personenname Chneve (= Nebe/Genefus), den Siegwart auf Nebi, den Sohn Huochings, bezogen hat.⁶⁶

Thiotpolds Beziehungen beschränken sich nicht auf das alamannische Stammesgebiet. Er stand auch in Verbindung zu Kloster Lorsch an der Bergstraße. Er schenkte dorthin 781 Güter in Ober- bzw. Niederweiler (bei Badenweiler) und 786/790 Güter in Kandern.⁶⁷ Gewiß ist er damit personengleich mit jenem Teutbald, der 767 eine Schenkung in Handschuhsheim (bei Heidelberg) an dieses Kloster bezeugte.⁶⁸ Er muß in jener Gegend begütert gewesen sein, denn ein jüngerer Teotbald – wohl sein Sohn – ist 821 im benachbarten Plankstadt Spitzenzeuge für Landbald und Erhard.⁶⁹ In Handschuhsheim aber war Ruotpert begütert⁷⁰, der wohl mit Roadpert, dem Sohne Nebis, identisch ist, den wir von Zuckenriet her kennen. In Handschuhsheim treffen wir 768 auch Steinhart, später Graf im Rammagau südwestlich Ulm, den Koepf als Enkel Huochings von einer Tochter desselben ermittelt hat.⁷¹ Im benachbarten Plankstadt aber hatten Gerold und Imma, Schwager und Schwester Roadperts, Besitz.⁷² Auch im Gebiet um die Neckarmündung steht Thiotpold somit in enger Beziehung zu Teilhabern am alamannischen Herzogsgut. So ergeben sich für Thiotpold im Thurgau, am Rheinknie bei Lörrach, in der Baar und um die Neckarmündung Beziehungen zu Herzogsgut. Geradezu frappierend ist dies im südlichen Breisgau, wo sein Gut im Kandertal erschließbarem Besitz des Herzogs Theutbald unmittelbar benachbart liegt. Dies kann kein Zufall sein; zwischen Thiotpold und Herzog Theutbald besteht gewiß ein Zusammenhang.

Herzog Theutbald war nach seinem letzten Aufstand 746 in Gefangenschaft gestorben. Von Nachkommen ist nichts bekannt. Dies besagt, daß er keine Söhne hinterließ, schließt jedoch nicht aus, daß er eine Tochter hatte. Diese konnte den Namen des Vaters und wohl auch einiges von seinem Besitz, der ihr verblieben war, auf etwaige Nachkommen vererben.

Thiotpold dürfte aufgrund der Lebensdaten ein Enkel Herzog Theutbalds sein. Dann erklärt sich seine Verbindung zu Roadpert in Zuckenriet und Handschuhsheim, denn sie waren Vettern zweiten Grades. Thiotpolds Vater hieß Graloh. Er ist als Grundbesitzer im Thurgau 776 posthum bezeugt.⁷³ Er wäre der Gemahl von Herzog Theutbalds Tochter.

In der Folgezeit sind die Namen Thiotpold und Graloh im Thurgau wiederholt bezeugt.⁷⁴ Thiotpolde finden sich ferner bei Lörrach⁷⁵, in der Baar⁷⁶, an der oberen Donau⁷⁷ und im Nibelgäu⁷⁸ – alles Gegenden mit Herzogsgut. Sie verteilen sich auf drei Generationen und überbrücken den Zeitraum vom Verschwinden des ersten Thiotpold (751–790) bis zum Auftreten der Zeugengruppe von 897.

Daß die Angehörigen dieser Sippe im karolingischen Frankenreich keine Grafenämter bekleideten, wundert uns nicht angesichts der grausamen Härte, mit der die Karolinger gegen den unbotmäßigen Herzog Theutbald und seine Anhänger vorgegangen sind (Blutbad von Cannstatt 746). Dem Ansehen der Sippe tat dies keinen Abbruch; und ein Teil des alten Herzogsguts wird den Erben Theutbalds geblieben oder später zurückerstattet worden sein.

Woher kommt der Name Hupald?
In den älteren St. Galler Urkunden sucht man den Namen Hupald vergebens. Doch trifft man in Urkunden der Klöster Lorsch und Fulda einen Hupald zuerst am Mittelrhein von 771 bis 796.[79] Dieser Hupald hat Besitz in Mainz, Plankstadt bei Heidelberg und Menzingen östlich Bruchsal, vielleicht auch in Edesheim nördlich Landau, wo nach seinem Tod 813 Güter für sein Seelenheil gestiftet wurden. Er ist in diesen Gegenden überdies mehrfach als Zeuge tätig.

Aufschlußreich sind die persönlichen Beziehungen, die sich für Hupald aus Besitznachbarschaft und Zeugenschaften ergeben.

In Mainz ist Hupald 785 Besitznachbar eines Klerikers Walther, an den wiederum das Gut eines Hug und eines Hrôdberct (Robert) angrenzten.[80] 789 folgt er unmittelbar hinter Uto in der Zeugenreihe einer Schenkung in Mainz.[81] Die Namen Robert und Uto verdienen unser Interesse; es sind Namen, die in der Familie der Imma, der Enkelin Huochings und Schwiegermutter Karls d. Gr., bekannt sind. Robert heißt ein Bruder der Imma; er ist 770 bis 785 bezeugt und uns von Zuckenriet im Thurgau und von Handschuhsheim her bekannt. Mit ihm könnte der Mainzer Robert, der Nachbar Hupalds, sehr wohl identisch sein. Derselbe Robert ist es wohl, der 771 die Schenkung des Traher und Gerbert für ihren verstorbenen Bruder Adalbert in Flohnheim (bei Alzey) bezeugt.[82]

Uto heißt ein Sohn der Imma aus ihrer Ehe mit dem Grafen Gerold († 784/86.) Dieser Uto offenbar schenkte 797 dem Kloster Fulda zum Seelenheil seiner Gemahlin Geilswind zwei Hofstätten in Mainz sowie Weinberge in Mainz und Bretzenheim (bei Bad Kreuznach); Zeuge war sein Bruder Megingoz.[83] Megingoz aber verfügte 801 über einen Anteil an der St. Lambertskirche in Mainz samt zugehörigen Gebäuden und Gütern, wie sie ihm sein Bruder Gerold hinterlassen hatte.[84] Es ist dies der Baiernpräfekt Gerold, der Schwager Karls d. Gr., der 799 im Kampf gegen die Awaren umkam und keine direkten Erben hinterließ. Megingoz verfügte 795 auch über Güter in Bodenheim (bei Mainz) und 784/795 über Weinberge in Rohrbach (bei Heidelberg) sowie über Güter in Malsch (südlich Wiesloch); letztere hatte ihm sein Vater Gerold († 784/86) auf dem Sterbebette übereignet.[85] Auch der Vater Gerold ist in Mainz bezeugt: als 762 Bernhari mit Gattin Waltheid und Schwester Hiltilauc zwei Hofstätten in Mainz an die Abtei Fulda schenkten, sind Gerold und Agilulf als Angrenzer genannt.[86] Agilulf erinnert an den Sohn des Stifterpaares von Marchtal an der Donau, Halaholf und Hildiberga; die Mutter Hildiberga war eine Nichte Nebis. Agilulfs Bruder muß dann wohl jener Asulf sein, der 804 in Mainz Nachbar der Fastburg war.[87] Ein weiterer Angehöriger der Gerold-Sippe, Erbio, Sohn Gerolds und Bruder Adrians, bezeugt 796 und 800 Schenkungen in Mainz.[88] Adrian übertrug dem Kloster Lorsch 793 für Erbios Seelenheil Güter in Flohnheim.[89]

Flohnheim aber ist uns schon in Verbindung mit Robert begegnet. Dies bestärkt uns in der Annahme, daß Robert tatsächlich zum Sippenkreis der Geroldinger gehört und daß es sich um Immas Bruder handelt. Erbio und Adrian aber müssen, wegen ihres Vaters Gerold (= Gerold d. Ä., † 784/86), als weitere Brüder von Uto und Megingoz und somit als Söhne der Imma gelten. Wir treffen also in Mainz und Umgebung fast die ganze Sippe Immas an.

In enger Verbindung zu diesem Personenkreis stand Hupald. Dies wird dadurch noch unterstrichen, daß Hugbald 785 in Paderborn die Schenkung eines Ratboto in Roxheim (bei Bad Kreuznach) bezeugte, während wenige Jahre später Megingoz und Erbio demselben Ratboto wegen Roxheim Beistand leisteten.[90] Ratboto ist vielleicht personengleich mit Ratbald, der gemeinsam mit Hugibald (= Hupald) 790 eine Schenkung in Gau-Heppenheim (bei Alzey) bezeugte.[91]

Imma und ihre Angehörigen sind für uns vor allem Abkömmlinge des alamannischen Herzogshauses, und wir zählen sie zu dessen Erben. Für Mainz und Umgebung gilt dies nicht uneingeschränkt. Imma ist ja auch Gemahlin des Grafen Gerold († 784/86). Gerade in Mainz, wo Gerold nachweislich begütert war und wo dessen gleichnamige Vorfahren nachzuweisen sind, dürfte manches, was uns im Besitz von Gerolds und Immas Söhnen begegnet, nicht Erbe der alamannischen Herzöge sein, sondern eben von Gerolds Seite stammen. Dies gilt insbesondere für den Anteil an der St. Lambertskirche in Mainz, über den Megingoz als Erbe seines Bruders Gerold († 799) verfügte.[92]

Neuere Forschung hat jedoch gezeigt, daß die Geroldinger ein Zweig des Geschlechts der Agilolfinger sind, denen das alamannische Herzogshaus auch angehörte.[93] Die Ehe Gerolds d. Ä. († 784/86) mit Imma, der Tochter Nebis, verbindet nur erneut zwei Zweige ein und desselben Geschlechts. Dies will besagen, daß da, wo Geroldingergut nachzuweisen ist, auch Gut der Herzogsfamilie angenommen werden darf.

Daß der Zweig des Herzogshauses, dem Imma entstammte, selbst in Mainz Besitz hatte, ist schon dadurch belegt, daß Robert, den wir für den Bruder Immas halten, in Mainz Besitznachbar Hupalds war. Überdies waren dort Agilulf und Asulf begütert, wahrscheinlich Söhne der Hildiberga, die eine Nichte Nebis war.[94] Schließlich ist 763 ein Folcholt als Angrenzer an das Gut des Grafen Leidrat in Mainz bezeugt.[95] Folcholt aber ist wohl der Namengeber der alamannischen Folcholtsbaar und – wie Koepf zeigen konnte – ein Sohn von Nebis Schwester Hiltburg.[96] Er ist somit ein Vetter von Imma und Robert. Damit aber ist erwiesen, daß die Sippe der Imma in Mainz und Umgebung nicht nur über Gut von Gerolds Seite verfügte, sondern daß schon Immas Großvater Huoching oder ihre unbekannte Großmutter dort begütert war.

Dafür spricht auch das Auftreten eines jüngeren Nebi am Mittelrhein. Er schenkte für das Seelenheil seiner Gattin Herswind 774 Ackerland in Geinsheim (westlich Speyer) und wenig später einen Weinberg in Mettenheim (östlich Alzey), während ein Gundi 788 für Nebis und seiner Gemahlin Seelenheil erneut Güter in Geinsheim an Kloster Lorsch übergab.[97] In Mettenheim waren auch Gerold und Imma begütert.[98] Immas Mitwirkung an der Vergabung dortigen Besitzes 784 will doch wohl besagen, daß sie daran Anteil hatte, d.h. daß dieser Besitz zumindest teilweise von ihrer Seite kam. Die Besitzgemeinschaft Nebis mit Gerold und Imma aber bestätigt, daß sie verwandt gewesen sind. Nebi kann nach den Lebensdaten und wegen seines überaus seltenen Namens wohl nur ein Sohn Nebis d. Ä. und somit ein Bruder Immas sein.

Erwähnt sei schließlich, daß die Brüder des Rammagaugrafen Steinhart, den wir von Handschuhsheim her kennen, Sieghart und Isenhart, 771 über Gut in Freimersheim (südlich Alzey) verfügten.[99] Als Neffen Nebis d. Ä. hatten auch sie am Erbe der alamannischen Herzöge Anteil.[100]

Hupald, den wir in Mainz in Verbindung mit den Erben Huochings getroffen haben, war auch in Plankstadt (bei Heidelberg) begütert. Er ist dort 771 als Besitznachbar des älteren Gerold (†784/86) bezeugt.[101] Doch verfügten Gerold und Imma 784 gemeinsam über dortigen Besitz, so daß vermutet werden darf, daß er nicht ausschließlich von Gerolds Seite stammte, sondern daß Imma selbst ererbte Anrechte daran hatte. Dazu paßt, daß 821 ein Teotbald in Plankstadt bezeugt ist, sicherlich ein Nachfahre des Herzogs Theutbald aus der Thiotpold-Hupald-Sippe; er bestätigt unsere Annahme, daß es in Plankstadt Herzogsgut gegeben hat.[102] Im benachbarten Handschuhsheim war 767 Teutbaldus, der mutmaßliche Enkel Herzog Theutbalds, als Zeuge tätig.[103] In Mannheim aber ist der aus Mainz bekannte Folchold 766 als Grundbesitzer bezeugt.[104] Er vergab 770 dortige Güter an die Abtei Lorsch, wobei zwei Gerolde, offenbar Vater (†784/86) und Sohn (†799), sowie zwei Racher Zeugenschaft leisteten.[105] Der jüngere Racher ist es offenbar, der 813 für das Seelenheil des verstorbenen Hupald Güter in Edesheim (nördlich Landau) schenkte[106]; die Racher müssen also Verwandte sowohl Folcholds als auch Hupalds sein. Die Besitzverhältnisse in Plankstadt und Umgebung scheinen ganz dieselben zu sein wie in und um Mainz: neben Gut der Geroldinger bedeutendes Erbgut des alamannischen Herzogshauses. Hupald vergab schließlich 796 Ackerland in Menzingen im Kraichgau (bei Bruchsal).[107] Auch dort hatten Gerold und Imma gemeinsam Besitz. Eigenkirchenherr aber war Gundbald, der gleichfalls zu den Teilhabern am alamannischen Herzogsgut zu rechnen ist.[108] So entsprechen die Besitzverhältnisse in Menzingen denen in Plankstadt und Mainz.

Für den ältesten Hupald ergibt sich somit an drei relativ weit entfernten Orten des Mittelrheingebiets – Mainz, Plankstadt und Menzingen – Besitzgemeinschaft mit den Erben des alamannischen Herzogshauses, insbesondere mit den Nachkommen Huochings. Sehr eng sind offenbar die Beziehungen zu Nebis Zweig, so daß eine nahe Verwandtschaft anzunehmen ist. Hupalds Lebensdaten lassen ihn mit Nebis Tochter Imma generationsgleich erscheinen. Er könnte ein weiterer Bruder von Imma, Robert und Nebi d. J. sein; oder vielleicht eher ein Vetter derselben, Sohn eines Bruders oder einer Schwester Nebis. In jedem Fall müßte er unter die Enkel Huochings eingereiht werden, von dem er sicherlich den Namensstamm «Hug» geerbt hat. Der zweite Bestandteil seines Namens, «Pald», könnte vom anderen Elternteil stammen.[108a]

Die enge Verbindung der Träger des Namens Hupald zu Huochings Familienzweig bestätigt sich in den folgenden Generationen. Ein jüngerer Hugibold, gewiß des ersteren Sohn, wohl derselbe, der 822 eine Schenkung in Dornheim (bei Darmstadt) bezeugt[109], erscheint 805 in Zell (bei Riedlingen) an der oberen Donau. Er leistet hier Zeugenschaft für die Brüder Wago und Chadaloh, die über Güter in vielen Orten Oberschwabens zwischen Riedlingen und Ehingen verfügten.[110] Wago und Chadaloh waren Söhne des Grafen Berthold (776–811), der durch seine Großmutter Hiltburg ein Urenkel Huochings und somit Teilhaber am Gut der Herzogsfamilie war. Hugibald/Hupald war nach unserer Annahme ein Vetter des Grafen Berthold im zweiten Grad. Gewiß hatte auch er Anteil am oberschwäbischen Herzogsgut. An die von Wago und Chadaloh vergabten Güter schließt sich östlich der Besitzkomplex um Sulmetingen (bei Laupheim) an, der 973 im Besitz von Bischof Ulrichs Neffen Manegold war.

In eben diesem Bereich bezeugt 838 ein Hunpold der folgenden (dritten) Generation eine Schenkung Pattos in Bettighofen, Rißtissen und Bierlingen.[111] 843 ist ein

Diotbald in Altheim (bei Riedlingen oder Langenschemmern) Zeuge betreffs Andelfingen (bei Riedlingen.)[112]

851 erscheint in Laupheim wieder ein Hupold der nächstfolgenden (vierten) Generation als Zeuge eines Gütertauschs zwischen dem Bischof Erchanbert von Freising, der als Abt von Kempten handelt, und dem Priester Milo, wobei es um Gut in Langenschemmern, Altheim, Griesingen und Sulmetingen geht.[113] Diese bisher kemptischen Güter stammen gewiß aus Zuwendungen der Königin Hildegard oder ihrer Erben an das Kloster und damit aus Herzogsgut. Sie liegen im Gemenge mit dem Zugehör der Herrschaft Sulmetingen, als deren Inhaber sicherlich Hupold diesem Tauschgeschäft beiwohnte.

Wie erwähnt, begegnet 843 erstmals ein Diotbald im oberschwäbischen Interessenbereich der «Hupaldinger». Dies besagt wohl, daß sich die Sippe der Hupalde mit den Thiotpolden verbunden hat. Die Verbindung muß in der vorhergehenden Generation von Hupald II. geschlossen worden sein. Dieser Hupald, der 805 in Zell (bei Riedlingen) erstmals im schwäbischen Stammesbereich nachweisbar ist, bezeugte 808 im Kloster St. Gallen die Schenkung eines Cunderat in Höchst an der Einmündung des Rheins in den Bodensee und 820 in Lauben (bei Leutkirch) im Nibelgau die eines Adalhart in Leutkirch.[114] Im Jahr 827 erscheint er in Elgg im Thurgau und leistet zusammen mit Graloh und Thiotpold Zeugenschaft für Immo, der Güter in Affeltrangen, Stettfurt, Immenberg, Wezikon, Zezikon, Märwil, Battlehausen u. a. Orten an St. Gallen schenkte.[115]

Hier sind erstmals Hupald und Angehörige der Thiotpold-Sippe gemeinsam am selben Gütergeschäft interessiert, ein Beweis, daß sie zusammen geheiratet haben. Ein Angehöriger der vordem nur am Mittelrhein, dann an der oberen Donau und im Nibelgau nachweisbaren Hupalde hat in die vorwiegend im Süden Alamanniens begüterte Familie der Thiotpolde eingeheiratet und somit auch im Thurgau Fuß gefaßt.

Die Hupalde wie die Thiotpolde sind als mutmaßliche Abkömmlinge des Herzogs Gotfrid miteinander verwandt. Die seit 827 deutlich erkennbare Verbindung beider Familien ist offenbar zum frühestmöglichen Zeitpunkt geschlossen worden, den das kanonische Recht erlaubte, nämlich zwischen Hupald II. und einer Schwester Thiotpolds II. (816–824) und Gralohs II. (806–831) etwa um das Jahr 780. Die Ehegatten waren Vetter und Base dritten Grades. Die Mitzeugen Hupalds II. sind offenbar sein Schwager Graloh II. und sein Sohn Thiotpold III.; dieser dürfte nämlich wegen seines Platzes gegen Ende der Zeugenreihe erheblich jünger als die anderen gewesen sein.

Infolge dieser Verbindung finden wir in der darauffolgenden (dritten) Generation Träger des Namens Diotbald/Thiotpold an der oberen Donau (843)[116], in der übernächsten (vierten) Generation im Nibelgau (871)[117], somit in Bereichen, die Stammgut der Hupalde gewesen zu sein scheinen. Umgekehrt tauchen Hupalde künftig nicht nur im Thurgau (852, 969)[118], sondern auch in der Baar (863)[119] auf, den Stammgütern der Thiotpolde. Sie schlagen die Brücke zu der Zeugenreihe von 897 (fünfte Generation). Dieselbe Verbindung beider Namen aber zeigt sich auch am Mittelrhein. Im Kloster Prüm in der Eifel wurde 844 ein Gütertausch zwischen dem Abt und dem Kraichgaugrafen Sieghart vereinbart. Dieser überließ dem Kloster Eigengüter im Bitgau in Idesheim, Hüttingen, Metterich und Eisenach sowie in Klüsserath an der Mosel und erhielt dafür Klostergut im Lobdengau in Hermsheim, Dossenheim, Mannheim, Kloppenheim (abgegangen), Handschuhsheim, Raubach, Wiblingen, Weinheim und Münchhof (bei Handschuhsheim). Unter den Zeugen sind ein älterer und ein jüngerer Hucbald sowie ein Teodbald.[120] Es handelt sich wohl um Hupald III., seinen Sohn oder Neffen Hupald IV. und dessen Vetter Thiotpold IV. An dem Gütertausch waren sie gewiß als in der Heidelberger Gegend Begüterte interessiert. Doch waren sie wohl auch mit dem Kraichgaugrafen Sieghart (844–858) verwandt. Dieser dürfte ein Enkel jenes Sieghart sein, der mit seinem Bruder Isenhart 771 über Gut in Freimersheim (südlich Alzey) verfügte.[121] Ein weiterer Bruder ist der Rammagaugraf Steinhart. Diese Brüder wurden von Koepf als Söhne einer Schwester Nebis und somit als Enkel Huochings erkannt. Demzufolge müßten der Kraichgaugraf Sieghart (844–858) und Hupald III. Urenkel von Geschwistern sein; Graf Sieghart hätte dann Anteil an Huochings Erbe. Sollte dazu etwa auch der von ihm vertauschte Besitz in der Eifel und an der Mosel gehören? Wir kommen darauf zurück.

Ältere Riwine:

Die Thurgauer Urkunde von 897 ist die erste und einzige, die den Namen Richine (Riwin) in Verbindung mit Huppold und Thiotpold nennt. Da der Name Riwin bei einem Neffen und Großneffen des Bischofs Ulrich wiederkehrt, muß Richine/Riwin zu den nächsten Verwandten von Bischof Ulrichs Vater Hupald gehören. Wir betrachten Richine/Riwin als einen Bruder der Zeugen Huppold und Thiotpold von 897. Da er in der Zeugenreihe den beiden vorausgeht, ist er als der Älteste zu betrachten. Sein Name ist neu in der Sippe. Er müßte vom Großvater von Mutterseite stammen, von einem Riwin, der zwischen 830 und 860 in Erscheinung treten müßte.

Der Name Riwin ist selten. Bedeutendster Träger des Namens in Alamannien ist Graf Riwin (Rifoin), der 802 die Grafschaft im Nibelgau verwaltete, dann 806 sowie von 817 bis 822 im Thurgau tätig war.[122] Er ist wohl personengleich mit dem alamannischen Grafen Ripoin, dem Karl d. Gr. sächsische Geiseln anvertraute und der 811 das Testament des Kaisers bezeugte.[123] Er starb vor 838. In diesem Jahr schenkte sein Sohn Riwin (II.) dem Kloster St. Gallen Besitz in Lenzwil (bei Langenrickenbach) und Wolfertswil (bei Flawil) zum Seelenheil seines Vaters und seiner Mutter Kunigunde.[124] In Berg südlich Arbon hatte St. Gallen eine «Richineshube», offenbar aus der Schenkung eines Riwin.[125] Wolfertswil liegt in nächster Nachbarschaft der Güter, die 897 in Gegenwart von Richine, Huppold und Thiotpold vertauscht wurden. Bei einem Gütergeschäft, das Lenzwil betraf, leistete Thiotpold 882 Zeugenschaft.[126] Aufgrund dieser nachbarschaftlichen Beziehungen muß eine enge Verbindung bestanden haben zwischen der Familie des Thurgaugrafen Riwin und unserer Zeugengruppe von 897, die von Richine angeführt wird. Der Thurgaugraf ist sicherlich ein Vorfahr der letzteren. Seine Familie aber war ihrerseits offenbar am selben Erbe beteiligt, an dem die Thiotpolde Anteil hatten, nämlich am alten Herzogsgut.

855 vergleicht sich Rihwin – offenbar derselbe wie 838 – mit dem Abt von St. Gallen wegen strittigen Gutes in Seppenwang (abgegangen bei Dießenhofen) und erwähnt dabei seine Brüder Otger und Gerolo.[127] Otger dürfte ein Vorfahr jenes Othere sein, für den Richine, Huppold und Thiotpold 897 zeugten. Gerolo ist die Verkleinerungsform von Gerold. Der Name ist dem Haus der Geroldinger oder Udalrichinger eigen, aus dem Karls d. Gr. Gemahlin Hildegard kam und das sich über deren Mutter Imma auf das alamannische Herzogshaus (Huoching) zurückführen läßt. Die Mutter Kunigunde, Gemahlin des Thurgaugrafen Riwin, dürfte aus dem Haus der Udalrichinger stammen.[128] Dazu paßt, daß der Thurgaugraf Udalrich III. dem Vergleich von 855 als Spitzenzeuge beiwohnte und ihn überdies als Amtsgraf bestätigte. Er muß in einem ganz engen Verhältnis zu Riwin (II.) und seinen Brüdern Otger und Gerolo gestanden sein.

Graf Riwin (802–822) war im Thurgau auf den Grafen Udalrich I. (787–799) gefolgt und hatte die Grafschaft im Wechsel mit dessen Söhnen Robert II. (806) und Udalrich II. (814–815) verwaltet.[129] Dies ist am ehesten verständlich, wenn er ein Schwiegersohn Udalrichs I. und damit Schwager Roberts II. und Udalrichs II. war. So wird auch sein enges Verhältnis zu Karl d. Gr. klar. Dessen Gemahlin Hildegard († 783) war die Vaterschwester seiner Gemahlin Kunigunde. Der Thurgaugraf Udalrich III. von 855 war ein jüngerer Vetter zu Graf Riwins Söhnen Riwin II., Otger und Gerolo. Riwin II. starb offenbar vor 859. Seine Witwe dürfte jene Wita sein, die mit ihrem Sohn Richini (Riwin III.) in diesem Jahr Güter in Fägswil (bei Rapperswil) schenkte und dagegen eine mit St. Gallen strittige Hube in Hadlikon behalten durfte.[130]

Eine Tochter Riwins II. stellte dann die Verbindung zur Thiotpold-Hupald-Sippe her. Sie hat sich um 830 aller Wahrscheinlichkeit nach mit jenem Hupald (IV.) vermählt, der uns 844 im Kloster Prüm, 851 in Laupheim, 852 im Thurgau und 863 in Ewattingen (bei Bonndorf) begegnet. Sie hat in diese Ehe den Namen ihres Vaters wie auch Besitz aus dem Erbe der Udalrichinger eingebracht. Es ist kein Zufall, daß dieser Hupald IV. 852 in Romanshorn eine Schenkung Wolverats in Keßwil bezeugt, einem Nachbarort von Lenzwil, wo Riwin II. 838 begütert war.[131] Es ist folgerichtig, wenn in der darauffolgenden Generation der Thiotpold-Hupald-Sippe, bei den mutmaßlichen Söhnen Hupalds IV., der Namen Richine-Riwin erscheint. So fügen sich die Thiotpolde, Hupalde und Riwine des 8. und 9. Jahrhunderts in ein Schema, das als Diskussionsgrundlage dienen kann.

Es lohnt, die Vorfahren des Thurgaugrafen Riwin (802–822) aufzuspüren. Im Jahre 788 ist in Elgg (bei Aadorf) ein Richin Zeuge, als Abt Werdo Güter mit einem gewissen Werinbert tauschte. Der Abt gab Klostergut in Fridaperteswilare (?) gegen Gut Werinberts in Zuckenriet.[132] Dieser Ort liegt in dem Bereich, in dem wir Güter der Riwine kennen. So darf man den Zeugen Richin als älteren Verwandten des Grafen Riwin, am ehesten als dessen Vater betrachten. Somit hat nicht erst Graf Riwin im Thurgau eingeheiratet, sondern schon sein Vater war dort begütert. Der ältere Richin von 788 aber ist wohl personengleich mit Riphwin, der im Rheingau, Wormsgau und Lobdengau reich begütert war. Er ist dort von 768 bis 806 bezeugt.[133] Als er sich 792 anschickte, mit Karl d. Gr. in die Lombardei zu ziehen, übergab er seinen gesamten Besitz in Bensheim (Bergstraße) seinem Bruder Giselhelm.[134] Schon hier wird eine Beziehung der Riwine zu Karl d. Gr. sichtbar. Diese kommen bezeichnenderweise aus derselben Gegend, in welcher wir die Hupalde zuerst angetroffen haben. Der ältere Richin-Riphwin hatte einen weiteren Bruder namens Stal (766–782). Seine Eltern waren Liutwin († v. 766) und Massa (766–773).[135]

Ergebnis und Folgerungen

Ausgehend von der Thurgauer Zeugengruppe von 897 sind wir den Namen Thiotpold, Hupald und Riwin nachgegangen und haben Träger dieser Namen nicht nur im Interessenbereich des Klosters St. Gallen im Thurgau, im südlichen Breisgau und an der oberen Donau angetroffen, sondern auch im Bereich der Klöster Lorsch und Fulda am Mittelrhein. Damit wird deutlich, daß zumindest ein Teil der Vorfahren der Thiotpolde, Hupalde und Riwine aus Rheinfranken stammt.

In allen Begüterungsbereichen ergaben sich enge Beziehungen zum alamannischen Herzogsgut. Sind es für die Thiotpolde deutliche Beziehungen zum Gute Herzog Theutbalds, so ist für die Hupalde und Riwine die Verbindung zum Erbe Huochings offenkundig. Besitzgemeinschaft, Namensgleichheit und Lebensdaten lassen den ersten Thiotpold als Enkel Herzog Theutbalds erscheinen. Dieselben Gründe sprechen dafür, daß der älteste Hupald ein Enkel Herzog Huochings war. Für den Thurgaugrafen Riwin ergeben sich so deutliche Beziehungen zu den Udalrichingern, daß man ihn für den Schwiegersohn des Grafen Udalrich I. (778–804), den Schwager Karls d. Gr., halten muß.

Die Zeugen von 897 stammen damit in dreifacher Weise vom alten Herzogshaus und zugleich von den vornehmsten Grafen Alamanniens ab.

Die Kombination der Namen Richine, Huppold, Thiotpold in derselben Familie und Generation wie auch die Beziehung ihrer Träger zu der Gegend um Sulmetingen in Oberschwaben beweisen, daß es sich um Vorfahren des Bischofs Ulrich handelt. Ihre Lebensdaten zeigen, daß es sich um Ulrichs Großvatergeneration handeln muß (sie sind wohl um 830–835 geboren). Wer der Vater von Bischof Ulrichs Vater Hupald war, läßt sich nur vermuten. Am meisten spricht wohl für Richine/Riwin, den Ältesten, der im Thurgau nur einmal, eben im Jahr 897, auftritt, und zwar doch wohl deshalb, weil er vorwiegend in Ostschwaben tätig war und das umfangreiche Hausgut um Wittislingen und Dillingen verwaltete.

Wenn Bischof Ulrich der Enkel eines der Zeugen von 897 war, bestätigt sich die Aussage des Biographen Gebehard, daß er «aus dem erlauchtesten Geschlecht der Herzöge und Grafen Alamanniens» stamme.[136]

Über seine Mutter Dietpirch war er zudem ein Nachkomme der Burchardinger (Hunfridinger) und Udalrichinger, die seit Generationen Grafenrechte in Rätien und im Bodenseegebiet ausübten.

Der ostschwäbische Besitzkomplex der «Hupaldinger» zeigt etwa die gleiche Zusammensetzung, die wir im Thurgau und anderwärts für das Gut der Thiotpold-Hupald-Riwin-Sippe ermitteln konnten.

Wir fanden dort viel Königsgut, das in der Hauptsache wohl aus dem nach 746 konfiszierten Besitz des Herzogs Theutbald stammt. Seiner (erschlossenen) Tochter muß jedoch einiges Gut verblieben sein, das sie auf ihre Nachkommen aus der Ehe mit Graloh vererbte.

Reicher scheint das Gut Huochings gewesen zu sein. Die Reisensburg (bei Günzburg) und Langenau finden wir in Händen der Bertholdinger, denen auch die Schenker Ebo/Apo in Gundelfingen und Egilolf/Agilulf in Schnaitheim zuzurechnen sind. Ihr Gut leitet sich von Huochings Tochter Hiltburg her. Die Güter der Abtei Kempten aber stammen aus dem Besitz der Geroldinger oder Udalrichinger, die sich von Huochings Sohn Nebi ableiten. Daneben aber muß beträchtliches Gut Huochings an den ältesten Hupald gefallen sein, den wir als Enkel Huochings betrachten. Schließlich mag manches vom Gut der Udalrichinger über Kunigunde an die Sippe des Grafen Riwin (802–822) und über dessen Enkelin an die Thiotpold-Hupald-Sippe gelangt sein. Dies erklärt nämlich, daß Orte wie Gerolzweiler (abgegangen bei Giengen und Steinheim am Albuch) oder Gerlenhofen (bei Neu-Ulm) – wohl Gründungen oder Besitz des Bayernpräfekten Gerold († 799) – später im Besitz der «Hupaldinger» und ihrer Erben sind. Daß schon im 8. und 9. Jahrhundert mächtige Grundherren namens Thiotpold und Hupald in Ostschwaben tätig gewesen sind, zeigen die Ortsnamen Diepertshofen (Diepelzhofen, bei Neu-Ulm) und Diepertsbuch (Diepoldsbuch, bei Ebnat) bzw. Haupeltshofen (Hupoltzhofen, bei Krumbach) und Hubatsweiler (Hubolzweiler, abgegangen bei Großkuchen). Somit läßt sich das genealogische Schema, das wir gewonnen haben, auf Ostschwaben übertragen.

An Ausdehnung übertrifft der ostschwäbische Besitzkomplex der «Hupaldinger» alle anderen. Dies ist gewiß der entscheidende Grund, weshalb die Grafen von Dillingen ihn im wesentlichen bis zu ihrem Erlöschen im 13. Jahrhundert festgehalten haben. Hier war Wittislingen ein uralter Familien- und Herrschaftsmittelpunkt. Dort in der Martinskirche ruhten die «parentes» des Bischofs Ulrich, nämlich seine Vorfahren zurück bis ins frühe 8. Jahrhundert. Ein Adelsgrab mit Silbersporn aus dieser Zeit im Bereich der Martinskirche legt dafür Zeugnis ab.[137]

Herrschaftssitz aber war Wittislingen schon um die Mitte des 7. Jahrhunderts. Am Ostrand des Dorfes wurde 1881 ein Frauengrab des späteren 7. Jahrhunderts freigelegt, das wegen seiner überaus reichen Ausstattung von Joachim Werner als «Fürstengrab» bekanntgemacht wurde.[138]

Wer war die Wittislinger «Fürstin»?

Die Wittislinger «Fürstin» wurde bald als Ahnfrau der «Hupaldinger», bald als Angehörige des alamannischen Herzogshauses angesprochen (als Mutter oder Großmutter Herzog Gotfrids).[139] Da wir die «Hupaldinger» mit größter Wahrscheinlichkeit als Abkömmlinge des Herzogshauses betrachten dürfen, müßte sie beides zugleich gewesen sein.

Ihre Grabbeigaben zeigen, daß das linksrheinische Franken ihre Heimat war. In diese Gegend weisen Besitzbeziehungen der ersten Hupalde und Thiotpolde. Die Namensstämme Hug und Theud, die wir bei Herzog Gotfrids Söhnen Huoching und Theutbald und später bei den «Hupaldingern» finden, kommen offenbar aus dem moselfränkischen Raum.

Wir erinnern uns des Gütertauschs, den der Kraichgaugraf Sieghart 844 im Kloster Prüm in der Eifel in Gegenwart zweier Hucbalde und eines Teodbald vorgenommen hat. Graf Sieghart überließ dem Abt von Prüm Güter im Bitgau in Idesheim, Hüttingen, Metterich und Eisenach sowie in Klüsserath an der Mosel.[140] Graf Sieghart muß unter die Nachkommen und Erben des Herzogs Huoching gerechnet werden. Auch war er offenbar zu den Hucbalden und zu Teodbald verwandt, für die wir die gleiche Abstammung annehmen dürfen und die – wegen ihrer Zeugenschaft – womöglich in derselben Gegend begütert waren. Sollte der Besitz in der Eifel und an der Mosel etwa von einer Ahnfrau des Herzogshauses stammen?

Die Güter des Grafen Sieghart liegen im Begüterungsbereich der Klöster Echternach, Pfalzel und Prüm, die von Irmina von Oeren und ihren Töchtern Adela und Bertrada d. Ä. gestiftet wurden, Angehörigen der Hugobert-Irmina-Sippe, aus der die karolingischen Ahnfrauen Plektrudis, Gemahlin Pippins d. Mittl. († 714), und die eben genannte Bertrada d. Ä., Urgroßmutter Karls d. Gr., stammen.[141] In dieser Sippe sind u. W. erstmals die Namensstämme Hug und Theud vereinigt (den Theud-Stamm vermittelt Irmina). Sie kehren, wie erwähnt, unter den Söhnen des Alamannenherzogs Gotfrid bei Huoching und Theutbald wieder. Vordem sind sie im Herzogshaus unbekannt. Daher liegt die Vermutung nahe, sie könnten von Gotfrids Gemahlin vermittelt sein und diese gehöre der Hugobert-Irmina-Sippe an. Nach der Zeit könnte es sich wohl nur um eine (weitere) Tochter Hugoberts († 697/98) und Irminas († v. 710) handeln. Als vielleicht älteste Tochter dieses Paares müßte sie in sehr jungen Jahren den um einiges älteren Gotfrid geheiratet und ihm in rascher Folge etwa zwischen 660 und 675 seine Söhne und Töchter geboren haben. Sie könnte Güter in der Eifel und an der Mosel ihren Nachkommen aus der Ehe mit Gotfrid vererbt haben, und davon könnte einiges im Erbgang an den Grafen Sieghart gelangt sein.

Es wäre also zu prüfen, ob in den Orten, in denen Graf Sieghart begütert war, sich tatsächlich Besitz der Hugobert-Irmina-Sippe findet und ob sich dort vielleicht noch auf andere Weise Gut des alamannischen Herzogshauses nachweisen oder wenigstens wahrscheinlich machen läßt. Ein Nebeneinander von Besitz der Hugobert-Irmina-Sippe und des alamannischen Herzogshauses am selben Ort könnte dann als Bestätigung dafür gelten, daß vom Besitz der Hugobert-Irmina-Sippe einiges durch Heirat und Erbschaft an das alamannische Herzogshaus gelangt ist.

In Idesheim, Hüttingen und Klüsserath, wo wir Besitz des Grafen Sieghart kennen, hatte die von Bertrada d. Ä. 721 gegründete Abtei Prüm laut eines Güterverzeichnisses von 893 Besitz.[142] Man könnte vermuten, daß es sich eben um die Güter handelt, die Graf Sieghart 844 an das Kloster vertauscht hatte. Vergleicht man jedoch die Zahl der Mansen, die das Güterverzeichnis in den genannten Orten ausweist und die der Tauschvertrag von 844 nennt, ergibt sich, daß zumindest in Idesheim (Kr. Bitburg) nicht alle Mansen aus dem Tausch von 844 stammen. Sie müssen teilweise von anderer Seite an das Kloster gelangt sein, und nichts liegt näher als die Annahme, daß sie aus dem Sippenkreis der Klosterstifter, der Hugobert-Irmina-Sippe, stammen. Möglicherweise ergibt sich dann für Idesheim ein Nebeneinander von Gut der Hugobert-Irmina-Sippe und von alamannischem Herzogsgut, das sich auf den Grafen Sieghart vererbt hatte.

In Eisenach (bei Welschbillig) übergab vor 835 ein Gerold seiner Gemahlin Irmintrud Güter als Morgengabe.[143] Gerold dürfte aus der uns bekannten Sippe der Geroldinger (Udalrichinger) sein, ja, nach der Zeit könnte es sich um den Präfekten des Ostlandes Gerold (803–832), den Sohn Udalrichs I. (778–804), handeln oder um den Zürichgaugrafen dieses Namens (821–867), den mutmaßlichen Sohn Udalrichs II. (803–817). Er hätte dann sehr wahrscheinlich Anteil am alamannischen Herzogsgut. Dies würde die Vermutung stützen, daß es in der Eifel alamannisches Herzogsgut gab und daß auch Graf Sieghart offenbar daran beteiligt war.

In Klüsserath an der Mosel, wo Sieghart gleichfalls begütert war, schenkte im Jahre 699 Haderich sein Erbgut an die Abtei Echternach.[144] Haderich ist ein Sohn Adelas, der Stifterin von Pfalzel, und somit Enkel Hugoberts und Irminas. Somit ergibt sich hier ein Nebeneinander von Gut der Hugobert-Irmina-Sippe und zu vermutendem Gut der alamannischen Herzogsfamilie, das im Erbgang auf Sieghart übergegangen war. Im dicht benachbarten Köwerich sind Irmina, ihre Töchter Adela und Chrodelind sowie der eben genannte Haderich begütert.[145] Klüsserath und Köwerich stammen offenbar aus Irminas Erbgut.

So ergänzen und stützen sich die Befunde von Eisenach und Klüsserath gegenseitig: ist in Klüsserath Besitz der Hugobert-Irmina-Sippe eindeutig nachgewiesen, so gab es in Eisenach mit hoher Wahrscheinlichkeit alamannisches Herzogsgut. Siegharts Besitz an beiden Orten würde sich leicht erklären, wenn er, der Nachkomme der alamannischen Herzöge, von einer Tochter Irminas abstammte.

Den Besitzverhältnissen von Klüsserath-Köwerich vergleichbar sind die von Echternach und Badelingen (Echternacherbrück). In Badelingen waren – soweit feststellbar – nur Angehörige der Hugobert-Irmina-Sippe begütert, nämlich Irmina und ihre Töchter Adela und Chrodelind.[146] Das dicht benachbarte Echternach war Irminas väterliches Erbe, stammte also aus dem Hause des Herzogs Theutarius († n. 682/83), wohl Vaterbruder der Irmina. Dasselbe dürfte für Badelingen gelten. Dort aber erwarb Adela um 700 Gut von Gauciofridus (Gotfrid) und Wighericus (Wigerich).[147] Es handelt sich wahrscheinlich um zwei Brüder, die über Erbgut verfügten; wegen der Besitzverhältnisse in Badelingen gehören sie gewiß in den Kreis der Hugobert-Irmina-Sippe. Sie müssen Nachkommen der Irmina sein, und zwar – nach der Zeit – Söhne einer sonst nicht bekannten Tochter Irminas. Als Vater der beiden kommt aus zeitlichen Gründen, wegen des Namens Gotfrid und wegen der über das Gut des Grafen Sieghart zu erschließenden Besitzverhältnisse im Eifel-Mittelmoselgebiet wohl kein anderer als Herzog Gotfrid von Alamannien in Betracht. Er wäre der Schwiegersohn von Hugobert und Irmina.

Eine solche Verbindung könnte erklären, weshalb auch einer der Enkel der Plektrudis den Namen Gotfrid trägt; er hieße nach dem vornehmen Schwager der Großmutter bzw. nach dem älteren Vetter. Vielleicht würde sich so auch der Name Nebi-Nebelung im alamannischen Herzogshaus und bei den Karolingern in der gleichen Generation erklären, nämlich bei Huochings Sohn Nebi und bei Nebelung, dem Sohn von Pippins d. Mittl. illegitimem Sohn Childebrand.[148] Der Name käme wohl aus der Hugobert-Irmina-Sippe. Herzog Gotfrid bekäme freilich auf diese Weise zwei weitere Söhne, Gotfrid und Wigerich. Sie könnten aber früh, vielleicht schon vor dem Vater, verstorben sein und hätten daher in Alamannien keine Rolle gespielt.

Unser besonderes Interesse verdient der mutmaßliche Gotfrid-Sohn Wigerich. Sein Name stellt nämlich die Verbindung zu der Wittislinger «Fürstin» her. Im Grab der «Fürstin» fand sich als wertvollste Beigabe eine große goldene Bügelfibel mit Gedächtnisinschrift für Uffila, angefertigt in einer rheinischen Werkstatt kurz vor der Mitte des 7. Jahrhunderts.[149] Die Fibel wurde nicht der verstorbenen Uffila ins Grab gelegt, sondern sie gelangte als Geschenk an jene vornehme Dame, die aus dem Rheinland stammte und um 670–680 in Wittislingen bestattet wurde. Die Fibelinschrift ist signiert mit «Wigerig fe(ci)t».[150] Man nahm an, es handle sich um den Goldschmied, der die Fibel angefertigt hat. Jedoch liegt viel näher, in ihm denjenigen zu sehen, der die Fibel in Auftrag gab. So war es auch Brauch bei vergleichbaren römischen Grabinschriften. Wigerig wäre somit wohl der Gemahl oder Sohn der um 645 verstorbenen Uffila. Der Name Wigerig-Wigerich stammt offenbar aus dem linksrheinischen Franken. Die von Wigerig im Gedenken an Uffila in Auftrag gegebene Fibel wurde – wie erwähnt – in einer rheinischen Werkstatt hergestellt. Sie gelangte in den Besitz einer sehr vornehmen Dame, die mit Uffila und Wigerig eng verbunden war, sich mit einem Vorfahren der «Hupaldinger» vermählte, mit ihm nach Ostschwaben zog und schließlich in Wittislingen ihr Begräbnis fand.

Zwei oder drei Generationen später, um 700, begegnet ein Träger des überaus seltenen Namens Wigerich, somit gewiß ein Verwandter des Auftraggebers der Fibel, im Besitzbereich der Hugobert-Irmina-Sippe in Verbindung mit einem Gotfrid, der wegen des gemeinsamen Besitzes als sein Bruder gelten darf. Der Name Gotfrid bringt die beiden in engste Verbindung zum gleichnamigen Herzog der Alamannen, dessen Familie – wohl von Frauenseite – in derselben Gegend begütert gewesen sein muß und für den Verschwägerung mit der Hugobert-Irmina-Sippe überaus wahrscheinlich ist. So könnte man sich folgenden Zusammenhang denken:

Die um 645 verstorbene Uffila könnte die Mutter Hugoberts oder Irminas gewesen sein. Wigerig, der die Fibel in Auftrag gab, war dann der Vater oder Bruder einer der beiden Personen. Er machte die Fibel einer Tochter Irminas, seiner Enkelin oder Nichte, zum Hochzeitsgeschenk, als sie sich um 660 mit Gotfrid, dem späteren Alamannenherzog, vermählte. Die Tochter Irminas zog mit Gotfrid nach Ostschwaben. Sie wurde die Mutter seiner Söhne und Töchter. Unter den Söhnen war ein nach dem Vater benannter Gotfrid und ein nach dem Großonkel oder Urgroßvater benannter Wigerich, die beide vielleicht den von der Mutter stammenden Besitz in der Eifel verwalteten, offenbar auch früh starben und daher in Alamannien nicht in Erscheinung traten.

Die Wittislinger «Fürstin» wäre somit die um 675/680 im Alter von etwa 35 Jahren verstorbene Gemahlin des Alamannenherzogs Gotfrid und zugleich die Ahnfrau der «Hupaldinger». Die Ahnenreihe des Hauses Dillingen reichte damit über das alamannische Herzogshaus in die vornehmsten Geschlechter der Merowingerzeit zurück. Wittislingen aber wäre dann ein frühes Machtzentrum des alamannischen Herzogshauses.

Dies würde erklären, warum sich in Ostschwaben in beträchtlicher Zahl Ortsnamen finden, deren Bestimmungswort an Angehörige der Herzogsfamilie (im weitesten Sinn) erinnert[151] und weshalb wir bei besitzgeschichtlichen Untersuchungen so häufig auf ehemaliges Herzogsgut stoßen.

---

[1] UB zur Geschichte der Bischöfe zu Speyer, hrsg. von Franz Xaver Remling, Bd. 1, S. 88, Nr. 80.

[2] Königsdorfer, C.: Gesch. des Klosters z. Heil. Kreuz in Donauwörth, 1. Bd., 1819, Tfl. nach S. 22. – Braun, Pl.: Gesch. d. Grafen v. Dillingen u. Kiburg, Histor. Abhandl. d. bair. Akademie d. Wissensch. V, 1823, Tfl. 1. – Stälin, Chr. Fr.: Wirtemberg. Geschichte Bd. 1, 1841, S. 562. – Schmid, L.: Die Stifter des Klosters Anhausen a. d. Brenz, Beiträge z. Gesch. d. Bistums Augsburg, hrsg. v. A. Steichele, Bd. 3, 1851, S. 143 ff. – Steichele, A. v.: Das Bistum Augsburg Bd. 3, S. 55. – Brun C.: Geschichte der Grafen v. Kyburg, Inaugural-Diss., Zürich 1913, Tfl. nach S. 201. – Bühler, Wittislinger Pfründen, Tfl. III nach S. 58. – Layer, A.: Die Grafen v. Dillingen, JHV Dillingen a. D. Jahrgang LXXV, 1973, S. 52.

[3] «clarissima ducum et comitum Alamanniae prosapia oriundus extitisse dignoscitur», Welser, M.: Opera, 1682, S. 591.

[4] Vf. stützt sich im wesentlichen auf eigene Vorarbeiten: Bühler, Wittislinger Pfründen; Bühler, Vorfahren; ferner Köpf, Laupheim (Sonderdruck mit Quellen- und Literaturangaben ist zu erwarten).

[5] MG. SS. IV, S. 385 ff.

[6] «Vita beati Hucbaldi», MG.SS.X, S.20, Anm. 23 im Auszug.
[7] MG.SS. IV, S.402 f.; vgl. Volkert-Zoepfl, Regesten der Bischöfe von Augsburg, Nr.100.
[8] «Chronicon Ottenburanum», MG.SS. XXIII, S.615; Volkert-Zoepfl, Regesten a.a.O., Nr.156 Anm.
[9] Wirtemberg. UB, Bd.V, S.278 ff., Nr.1512.
[10] Ulmisches UB, Bd.1, hrsg. von Fr. Pressel, S.187 f., Nr.157.
[11] Schröder, A.: Der «Stammbaum St. Ulrichs» in der Stadtbibliothek zu Worms, Der Wormsgau, Bd.I, 1933, S.164 ff.
[12] Welser, M.: De vita s. Udalrici Augustanorum Vindelicorum episcopi, Augsburg, 1595; wieder abgedruckt in Welser, M.: Opera, 1682, S.589. – Goldast, M.: Rerum Alamannicarum Scriptores, 1606; Editio tertia 1730, Tom. I. nach S.256. – Stengel, C.: Kurtze Kirchen Chronick von Augsburg, 1620, S.69.
[13] Die Ellwanger u. Neresheimer Geschichtsquellen, hrsg. von J.A. Giefel, Württemberg. Geschichtsquellen II, 1888, S.17.
[14] MG. Necrol. I, S.96 (Juni 23.).
[15] MG. Necrol. I, S.97 u. 98. – Bühler, Wittislinger Pfründen, S.53.
[16] Brun, C.: Geschichte der Grafen v. Kyburg, a.a.O., S.16 ff.
[17] Bühler, Wittislinger Pfründen, S.54 ff. – Ders.: Schwäbische Pfalzgrafen, frühe Staufer u. ihre Sippengenossen, JHV Dillingen a.D. Jahrgang LXXVII, 1975, S.118 ff., insbes. S.122 ff.
[18] Bühler, Wittislinger Pfründen, S.56, Anm. 120.
[19] Bühler, Wittislinger Pfründen, S.28–51. – Ders.: Giengen im Mittelalter, 900 Jahre Giengen an der Brenz, 1978, S.25 ff.
[20] Bühler, Wittislinger Pfründen, S.51 ff.
[21] MG. Dipl. Heinr. II. S.66 f., Nr.55.
[22] Bühler, H.: Schwäbische Pfalzgrafen, frühe Staufer..., JHV Dillingen a.D. Jahrgang LXXVII, 1975, S.135 ff.
[23] Steichele, A.v.: Das Bistum Augsburg, Bd.3, S.8, Anm. 11 (nach Raiser).
[24] MG.SS., IV. S.384 ff.
[25] MG.SS., IV. S.387.
[26] MG.SS., IV. S.416.
[27] Bühler, Vorfahren, S.23.
[28] Wie Anm. 3.
[29] Decker-Hauff, Hansmartin: Die Ottonen u. Schwaben, ZWLG XIV, 1955, S.233 ff., insbes. S.311 ff.
[30] Bühler, Vorfahren, S.18. – Ders.: Die «Duria-Orte» Suntheim u. Navua, Das Obere Schwaben H.8 (im Druck). – Matzke, J.: Die ehemaligen Besitzungen des Klosters Reichenau im heutigen Kreis Neu-Ulm, Ulm und Oberschwaben, Bd.36, 1962, S.57 ff.
[31] FUB, S.430, Nr.316. – Vgl. Köpf, Laupheim, S.44.
[32] FUB, S.429, Nr.311. – Vgl. Böhne, W.: Zur frühmittelalterl. Geschichte Ellwangens nach Fuldaer Quellen, Festschrift Ellwangen 764–1964, Bd.1, S.73 ff. – Bosl, K.: Franken um 800, 2.Aufl. 1969, S.70. – Mayr, G.: Studien zum Adel im frühmittelalterl. Bayern, Studien z. Bayer. Verfassungs- u. Sozialgeschichte Bd.V, 1974, S.117.
[33] Jänichen, H.: Die alemannischen Fürsten Nebi und Berthold, Schriften des Vereins für Geschichte des Bodensees H.94, 1976, S.57 ff.
[34] Bühler, Vorfahren, S.19.
[35] Vgl. Dronke, E.Fr.Joh.: Traditiones et Antiquitates Fuldenses, S.125. Überschrift zu c.44.
[36] Bühler, Vorfahren, S.19 f.
[37] Bühler, Vorfahren, S.20. – Ders.: Die «Duria-Orte» Suntheim und Navua, a.a.O, S.25 ff.
[38] Bühler, H.: Die Herrschaft Heidenheim, 75 Jahre Heimat- u. Altertumsverein Heidenheim 1901–1976, S.121 ff., insbes. S.133. – Ders.: Leipheim u. die Güssen, Leipheim, hrsg. von der Stadtverwaltung Leipheim, 1981 (im Druck).
[39] Siehe Anm. 11 u. 12.
[40] Keller, H.: Kloster Einsiedeln, Forschungen z. Oberrhein. Landesgesch. Bd. XIII, 1964, S.22. – Vgl. Dümmler, E.: Geschichte d. Ostfränk. Reiches Bd.3, S.110.
[41] Siehe Urk. Graf Adalberts von 873 für Kl. Rheinau, Quellen z. Schweizer Geschichte, 3. Bd., 1883, Tl. 2, S.17 Nr.12 und Urk. Graf Udalrichs IV. für Kl. Aadorf von 894, Wartmann Nr.691. – Vgl. Maurer, H.: Das Land zwischen Schwarzwald u. Randen, Forschungen z. Oberrhein. Landesgesch. Bd. XVI, 1965, S.58f.
[42] Wie Anm. 11 u. 12.
[43] Dienemann-Dietrich, I.: Der fränk. Adel in Alemannien, Vorträge u. Forschungen, Bd. 1, 1955, S.149ff., insbes. S.179. – Feger, O.: Zur Gesch. des alemann. Herzogtums, ZWLG XVI, 1957, S.41ff., insbes. S.54 u. S.69f.
[44] Wartmann, Nr.712.
[45] Wartmann, Nr.631 = Thurgauer UB I, Nr.124.
[46] Wartmann, Nr.621.
[47] Wartmann, Nr.692.
[48] Wartmann, Nr.717.
[49] Wartmann, Nr.655.
[50] Wartmann, Nr.691.
[51] Wartmann, S.684 = Wirtemberg. UB I, S.195f., Nr.168.
[52] Wie Anm. 33.
[53] Wartmann, Nr.34.
[54] Wartmann, Nr.98.
[54a] Bühler, Vorfahren, S.30, Anm. 58.
[55] Wartmann, Nr.613 = MG. Dipl. Karl III. Nr.14.
[56] Chronik des Gallus Öhem, hrsg. von K. Brandi, S.8f.
[57] Wartmann, Nr.35 u. 113. – Vgl. Köpf, Laupheim, S.44.
[58] Wartmann, Nr.14.
[59] CL, Nr.2659, 2667 u. 2669.
[60] Wartmann, Nr.661. – MG. Dipl. Karl III. Nr.159. – MG. Dipl. Arn. Nr.191.
[61] Wartmann, Nr.602. – MG. Dipl. Karl III. Nr.2.
[62] Reg. Alsatiae, Nr.198. – Vgl. MG., Dipl. Karl d.Gr. Nr.166 u. 167.
[63] Wartmann, Nr.48 u. 53.
[64] Wartmann, Nr.269.
[65] Wartmann, Nr.226 u. 615.
[66] Siegwart J.: Zur Frage d. alemann. Herzogsguts um Zürich, Zur Geschichte der Alemannen, Wege der Forschung Bd. C, 1975, S.283.
[67] Wie Anm. 59.
[68] CL, Nr.286.
[69] CL, Nr.786; ebenfalls 821 ist Thiotbald in Weißenburg (Elsaß) Zeuge, als Erhard in Büsweiler schenkt, Reg. Alsatiae, Nr.453.
[70] CL, Nr.319. – Vgl. Siegwart, J.: Zur Frage des alemannischen Herzogsguts, a.a.O., Nr.253.
[71] CL, Nr.302. – Vgl. Köpf, Laupheim, S.36 u. S.47f. – Steinhart hatte einen Bruder Isenhart, der 776 an Kloster Schlehdorf schenkte, wobei Deotpald Zeugenschaft leistete. – Bitterauf, Th.: Die Traditionen d. Hochstifts Freising Bd.1, Quellen u. Erört. z. bayr. u. deutschen Gesch. NF.4, S.99f., Nr.75 u. 76. Vgl. auch Mitterauer, M.: Karolingische Markgrafen im Südosten, Archiv f. österreich. Gesch. 123.Bd., S.214f., der als Vater Siegharts und damit wohl auch Steinharts einen in Mannheim begüterten Eberhard nachweist, CL, Nr.568, vgl. Nr.315, 2729 u. 370.
[72] CL, Nr.1880.
[73] Wartmann, Nr.80.
[74] Thiotpold: Wartmann, Nr.86, 89, 238, 244, 287, 307, 335, 345, 471, 472, 548. – Graloh: Wartmann, Nr.190, 232, 249, 287, 307, 335, 337.
[75] Wartmann, Nr.490 u. 555.
[76] Wartmann, Nr.269 u. 493.
[77] Wartmann, Nr.387.
[78] Wartmann, Nr.554.
[79] Bereits 754 bezeugt ein Humbald die Schenkung der Nonne Adala, Tochter Bodals (Etichone), in Wasselnheim und Elbersweiler im Elsaß an Kloster Hornbach. – Reg. Alsatiae, Nr.174.
[80] FUB, S.238f., Nr.161.
[81] FUB, S.278f., Nr.184.
[82] CL, Nr.935 – laut M.Gockel, Karoling. Königshöfe am Mittel-

rhein, S. 240 ist der Mainzer Robert nicht personengleich mit dem Rupertiner Rupert II. (770, 795–807), dem Sohn Turincberts.
83 FUB, S. 353 ff., Nr. 248.
84 CL, Nr. 1974.
85 CL, Nr. 1327 u. 791.
86 FUB, S. 63 ff., Nr. 37.
87 Wartmann, Nr. 81. – Dronke, E. Fr. Joh.: Codex diplomat. Fuldensis, S. 118, Nr. 224. Asulf bezeugt 798 eine Schenkung in Dienheim bei Oppenheim, FUB, S. 367 f., Nr. 259.
88 FUB, Nr. 245 u. 266.
89 CL, Nr. 936.
90 FUB, Nr. 165 u. 185.
91 CL, Nr. 877.
92 Gockel, M.: Karolingische Königshöfe am Mittelrhein, Veröffentlichungen des Max-Planck-Instituts für Geschichte 31, 1970, S. 239 f. u. S. 242 ff.
93 Werner, K. F.: Bedeutende Adelsfamilien im Reich Karls d. Gr., Karl der Große Bd. 1, 1965, S. 83 ff., insbes. S. 106 ff. – Zöllner, E.: Die Herkunft der Agilulfinger, Zur Geschichte der Bayern, Wege der Forschung Bd. LX, S. 107 ff., insbes. S. 124 ff.
94 Wie Anm. 86 u. 87; vgl. Jänichen, (wie Anm. 33) S. 63; ders.: Baar und Huntari, Vorträge u. Forschungen Bd. 1, 1955, S. 83 ff., insbes. Tfl. 2 nach S. 148.
95 FUB, Nr. 71.
96 Köpf, Laupheim, S. 57 ff.
97 CL, Nr. 2102, 1827 u. 2101 – eine Hersint war in Münsingen und Hayingen «in pago Alemannorum» begütert, CL, Nr. 3221, 3224 u. 3225.
98 CL, Nr. 1880.
99 CL, Nr. 1758.
100 Köpf, Laupheim, S. 46 ff.; vgl. Anm. 71.
101 CL, Nr. 776, vgl. Nr. 1880.
102 CL, Nr. 786.
103 CL, Nr. 286.
104 CL, Nr. 548.
105 CL, Nr. 561 – in Mannheim war auch Eberhard, der Vater Siegharts (und wohl auch Isenharts und Steinharts) begütert. – CL, Nr. 568; vgl. Mitterauer, Karolingische Markgrafen im Südosten, a. a. O., S. 214 f.
106 CL, Nr. 2061.
107 CL, Nr. 2213, vgl. Nr. 1880.
108 Köpf, Laupheim, S. 46; vgl. Anm. 145.
108a Als Vater Hupalds kommt aus zeitl. Gründen kaum in Betracht jener Huoching, der 773 bzw. 782 Gut in Mundelfingen (b. Donaueschingen) u. Mulfingen (b. Schw. Gmünd) an Kl. Lorsch schenkte. CL, Nr. 3277, 3622. – Dieser Huoching war gewiß ein Enkel des Herzogssohnes Huoching. In Mundelfingen war auch Graf Berchtold begütert, der Sohn Hrodhochs u. Urenkel des älteren Huochings. – Wartmann Nr. 170. – Eher könnte ein 754 in Berg (Kr. Zabern/Elsaß) bezeugter Humbald (= Huginbald) als Vater Hupalds u. Sohn Huochings in Betracht gezogen werden; s. Anm. 79.
109 CL, Nr. 199.
110 Wartmann, Nr. 185 u. 186.
111 Wartmann, Nr. 372 u. 373.
112 Wartmann, Nr. 387.
113 Bitterauf, Th.: Die Traditionen des Hochstifts Freising Bd. I, Quellen u. Erörterungen zur bayr. u. deutschen Geschichte, NF 4, Nr. 730.
114 Wartmann, Nr. 198 u. 252.
115 Wartmann, Nr. 307.
116 Wie Anm. 112.
117 Wartmann, Nr. 554.
118 Thurgauer UB, I, Nr. 80. – Wartmann, Nr. 544.
119 Wartmann, Nr. 493.
120 Beyer, H.: UB z. Geschichte der mittelrhein. Territorien Bd. 1, Nr. 58; wegen des Datums vgl. Bd. 2, S. 591.
121 CL, Nr. 1758; vgl. Anm. 100. Zwischenglied dürfte jener Sieghart sein, der 812 in Handschuhsheim schenkte, CL, Nr. 367, vielleicht auch Graf Sicardus 812 in Aachen, MG. Dipl. Karl. d. Gr., Nr. 216.
122 Wartmann, Nr. 168, 191, 225, 226, 229, 232, 233, 238, 239, 244, 249, 271, 272, 273, 274, 275. – Wartmann, Tl. II, S. 394 f., Anhang Nr. 17.
123 Böhmer-Mühlbacher, Regesta Imperii, I, Nr. 410. – Einhardi vita Caroli Magni, c. 33; Ausgewählte Quellen V, S. 210/211.
124 Wartmann, Nr. 374.
125 Wartmann, Nr. 304.
126 Wartmann, Nr. 621.
127 Wartmann, Nr. 439; vgl. die Nennungen zu 839, 840 u. 854. – Wartmann, Nr. 393, 426 und Tl. II, S. 400, Anhang Nr. 26.
128 Der Name Kunigunde scheint im Haus der «Udalrichinger» nicht neu zu sein: 788 schenkte eine Kunigunde in Handschuhsheim (bei Heidelberg), wo auch Ruotpert begütert war. – CL, Nr. 329 u. 293. 319. – Die Genealogien der Klöster St. Ulrich u. Afra in Augsburg und Heiligkreuz in Donauwörth verzeichnen eine Kunigunde, Klosterfrau in Buchau, als Nichte des Bischofs Ulrich, Tochter seiner Schwester Liutgard, wie Anm. 11 u. 12.
129 Zu Udalrich I. siehe Wartmann, Nr. 113–155; zu Robert II. siehe Wartmann, Nr. 188 u. 190; zu Udalrich II. siehe Wartmann, Nr. 212 u. 215.
130 Wartmann, Nr. 468.
131 Wie Anm. 118.
132 Wartmann, Nr. 118.
133 CL, Nr. 247, 344, 241, 610, 253, 245, 249, 246, 170, 228, 230, 255, 256, 878, 215, 257, 216, 259, 3605.
134 CL, Nr. 256.
135 CL, Nr. 231, 234, 235, 236, 240.
136 Wie Anm. 3.
137 Werner, J.: Das alamannische Fürstengrab von Wittislingen, Münchner Beiträge zur Vor- und Frühgeschichte, Bd. 2, 1950, S. 9 f. u. 78 f.
138 Wie Anm. 137.
139 Wie Anm. 137, S. 78. – Decker-Hauff, H.: Die Ottonen u. Schwaben, ZWLG XIV, 1955, S. 312 f.
140 Wie Anm. 120 u. 121.
141 Hlawitschka, Ed.: Zur landschaftl. Herkunft der Karolinger, Rhein. Vierteljahrsblätter, Jahrg. 27, 1962, S. 1 ff., insbes. S. 7 ff. – Ders.: Die Vorfahren Karls d. Gr., Karl der Große Bd. 1, 1965, S. 51 ff. u. Tfl. nach S. 72.
142 Beyer, UB z. Geschichte der mittelrhein. Territorien Bd. 1, S. 142 ff., Nr. 135.
143 Beyer, UB z. Geschichte der mittelrhein. Territorien Bd. 2, S. 10, Nr. 22. – Vgl. Mitterauer, Karolingische Markgrafen im Südosten, a. a. O., S. 17 ff. u. S. 25.
144 Halbedel, A.: Fränkische Studien, Historische Studien H. 132, 1915, S. 23, Anm. 20. – Hlawitschka, Die Vorfahren Karls d. Gr., a. a. O., S. 76, Nr. 24.
145 Goerz, A.: Mittelrhein. Regesten Tl. 1, 1876, Nr. 116. – Halbedel, a. a. O., S. 23, Anm. 20. – Vom Namen Haderich aus ergeben sich interessante Beziehungen: Ein Haderich, der wohl um zwei Generationen jünger war als der Teilhaber an Klüsserath und Köwerich, erscheint 778 in Laupheim (Kr. Biberach) zusammen mit dem Grafen Steinhart (Bruder von Sieghart und Isenhart), Gundbald, Cherilo (= Gerold, † 799) als Zeuge für die Söhne Fuccos (= Folchold); Wartmann, Nr. 82. Schenker und Mitzeugen sind Teilhaber am Erbe des alamannischen Herzogshauses (Nachkommen Huochings). – Vgl. Köpf, Laupheim, S. 377 ff. u. 60 ff., somit wird dies auch für Haderich gelten. Haderich (767–796) verfügte um 789/92 über Besitz in Erfelden, Dornheim (beide bei Großgerau), Dienheim, Dalheim (beide Kr. Oppenheim) Mainz und Bretzenheim (bei Mainz), wobei Uoto, Gerold († 799) und Erbio Zeugenschaft leisteten (FUB, Nr. 213). Er war ferner Zeuge bei Vergabungen in Handschuhsheim (Mitzeuge Ruotbert, CL, Nr. 288, 289), Wallstadt bei Mannheim (Mitzeugen Gerold, Ruotbert, CL, Nr. 487, 497), Schwetzingen (CL, Nr. 754, 755) und Pfungstadt (CL, Nr. 214). So-

mit ergeben sich auch am Mittelrhein Beziehungen zum gleichen Personenkreis, nämlich den Nachkommen Huochings. Zugleich war Haderich wohl mit dem älteren Haderich, Teilhaber an Klüsserath und Köwerich 699, verwandt; zwar nicht als direkter Nachkomme, aber etwa als jüngerer Vetter. Dies stützt die Annahme, daß das alamannische Herzogshaus in weiblicher Linie von der Hugobert-Irmina-Sippe abstammte. Der Name Haderich käme wohl aus dieser Sippe.

[146] Goerz, Mittelrhein. Regesten, a. a. O., Nr. 110, 116 u. 117.

[147] Heyen, Franz-Josef; Untersuchungen zur Geschichte des Benediktinerinnenklosters Pfalzel bei Trier, Veröffentlichungen des Max-Planck-Instituts für Geschichte 15, 1966, S. 42. – Hlawitschka, E.: Zur landschaftlichen Herkunft der Karolinger, Rhein. Vierteljahrsblätter Jahrg. 27, 1962, S. 9.

[148] Siehe Hlawitschka, E.: Die Vorfahren Karls d. Gr., Karl der Große, Bd. 1, 1965, Tfl. nach S. 72.

[149] Werner, J.: Das alamannische Fürstengrab von Wittislingen, a. a. O., S. 15 ff.

[150] Werner, J.: Das alamannische Fürstengrab von Wittislingen, Epigraphisches Gutachten, II, S. 68 ff.

[151] Bühler, Vorfahren, S. 21; ders.: Woher stammt der Name Gerlenhofen?, «gerilehova», Beiträge zur Geschichte von Gerlenhofen, Das Obere Schwaben vom Illertal zum Mindeltal, Folge 9, 1973, S. 14 ff.; ders.: Die Herrschaft Heidenheim, a. a. O., S. 130 f.

Verzeichnis abgekürzt zitierter Literatur

Bühler, Wittislinger Pfründen
    Bühler, Heinz: Die Wittislinger Pfründen – ein Schlüssel zur Besitzgeschichte Ostschwabens im Hochmittelalter, Jahrbuch des Historischen Vereins Dillingen an der Donau, LXXI. Jahrgang 1969, S. 24 ff.

Bühler, Vorfahren
    Bühler, Heinz: Die Vorfahren des Bischofs Ulrich von Augsburg (923–973), Jahrbuch des Historischen Vereins Dillingen an der Donau, LXXV. Jahrgang 1973, S. 16 ff.

CL
    Codex Laureshamensis, bearb. von Karl Glöckner, Bd. 1–3, 1929 ff.

FUB
    Urkundenbuch des Klosters Fulda, bearb. von Edmund E. Stengel, Bd. 1, 1958

JHV
    Jahrbuch des Historischen Vereins

Köpf, Laupheim
    Köpf, Hans Peter: Der Laupheimer Raum im frühen und hohen Mittelalter bis zum Übergang an Österreich, in: Laupheim, hrsg. von der Stadt Laupheim in Rückschau auf 1200 Jahre Laupheimer Geschichte 778–1978, 1979

MG. Dipl.
    Monumenta Germaniae historica Diplomata regum et imperatorum Germaniae

MG. Necrol.
    Monumenta Germaniae historica Necrologia Germaniae

MG. SS:
    Monumenta Germaniae historica Scriptores in folio

Reg. Alsatiae
    Regesta Alsatiae aevi Merovingici et Karolini, bearb. von Albert Bruckner, 1949

UB
    Urkundenbuch

Wartmann
    Urkundenbuch der Abtei Sanct Gallen, bearb. von Hermann Wartmann, Teil I und II, 1863–1866

ZWLG
    Zeitschrift für Württembergische Landesgeschichte

Adolf Layer

Die Grafen von Dillingen-Kyburg in Schwaben und in der Schweiz

Die zwei abendländischen Hauptprobleme des 11. Jahrhunderts, Investiturstreit und Reichsverfassung, zwangen die politisch handelnden Gestalten dieser geschichtlichen Phase zur Parteinahme für Papsttum oder Kaisertum. In diese schwierige Situation gestellt und zur Entscheidung pro oder contra aufgefordert, sah sich Graf Hartmann I. von Dillingen, der Sproß eines hochadligen schwäbischen Geschlechtes, das sich bis in die karolingische Zeit zurückverfolgen läßt und bei dem genealogische Beziehungen zum alamannischen Herzogshaus überzeugend nachgewiesen sind. Dieser erste Hartmann Graf von Dillingen und dann auch von Kyburg verkörpert ein gewichtiges Kapitel schwäbischer und schweizerischer Geschichte.

Graf Hartmann, geboren wohl um 1040, erlebte in seiner Jugend die Glanzzeit des salischen König- und Kaisertums unter Heinrich III., den verhängnisvoll frühen Tod dieses Herrschers und die schwache Regentschaft seiner Gemahlin Agnes für den minderjährigen Sohn Heinrich IV. Um 1065 vermählte sich der schwäbische Graf mit Adelheid von Kyburg-Winterthur, der einzigen Tochter und Erbin des Edelfreien Adalbert, die ihm mit der Kyburg ansehnliche Besitzungen in der Nordostschweiz in die Ehe brachte. Der Vater Adelheids gehörte dem im Bodenseeraum begüterten Geschlecht der Udalrichinger an und war ein Verwandter des Papstes Leo IX., für den er 1053 in der Schlacht bei Cividale gefallen war. Aber nicht nur durch seine Heirat mit der Herrin der Kyburg kam Graf Hartmann mit den Reformerkreisen und der Adelsopposition gegen Heinrich IV. in Verbindung. Papst Leo IX. weilte 1049 persönlich bei schwäbischen Verwandten und Anhängern in Donauwörth – knappe dreißig Kilometer von der Dillinger Burg entfernt – und weihte das von Manegold I., einem Verwandten des Dillinger Grafen, gegründete Benediktinerinnenkloster Hl. Kreuz. Durch Heirat und Herkunft war somit Graf Hartmanns Parteinahme in den Auseinandersetzungen zwischen Papst und Kaiser vorherbestimmt, er stand als Verwandter jener Geschlechter, denen der Reformpapst Leo IX. entstammte, auf der Seite der fürstlichen Opposition gegen den jungen König Heinrich IV., damit im Lager der Herzöge Welf von Bayern, Rudolf von Schwaben und Berthold von Kärnten.

Graf Hartmann I. griff persönlich in die Kämpfe mit dem König ein und baute seine Burgen in Schwaben und der Schweiz zu Stützpunkten der Adelsopposition aus. Mit der Gefangennahme Bischof Altwins von Brixen (1076) forderte er die Gegner heraus, die sich einige Jahre später im Schweizer Herrschaftsbereich des Grafen rächten. Zu den Widersachern zählten in der Schweiz der Abt von St. Gallen und der Graf von Lenzburg, in Schwaben Markgraf Diepold zu Giengen an der Brenz, Friedrich von Staufen, Graf Heinrich von Lechsgemünd und Bischof Embriko von Augsburg. Graf Hartmann I. galt nach dem Zeugnis des St. Galler Mönches Ekkehard IV. als einer der erbittertsten Gegner König Heinrichs IV., weshalb seine Feinde sowohl in seinen Dillinger als auch in seinen Kyburger Herrschaftsbereich einfielen. Wohl in Abwesenheit Hartmanns griff 1079 Abt Ulrich von St. Gallen die Kyburg an und eroberte sie; des Abtes Mannen schleppten dabei den Sohn des Grafen und viel Beute hinweg, außerdem steckten sie die Burg in Brand. Das schwäbische Donautal und das Gebiet um Ulm waren ebenfalls Schauplätze kriegerischer Unternehmungen. Bei Donauwörth zerstörte ein Aufgebot des Königs unter Führung des Stauferherzogs Friedrich 1081 die Burg Mangoldstein des Edelfreien Manegold III. von Werd, eines Verwandten des Dillinger Grafen und ebenfalls eines Anhängers der päpstlichen Partei. Donauaufwärts kam es am 21. August 1081 bei Höchstädt zur ersten der drei Schlachten, die nach dem Donaustädtchen benannt sind. Als hier Herzog Friedrich von Staufen und Kuno von Rott, der Sohn des bayerischen Pfalzgrafen, in den schwäbischen Machtbereich Hartmanns I. von Dillingen-Kyburg vordrangen, kamen der kurz zuvor zum Gegenkönig erhobene Graf Hermann von Salm und wohl auch Herzog Welf zu Hilfe. Durch ihren Sieg bei Höchstädt über den Stauferherzog scheint ein unmittelbarer Angriff auf die Burg Dillingen vereitelt worden zu sein.

Graf Hartmann I. von Dillingen-Kyburg ging aus dem lange sich hinziehenden Ringen zwischen Anhängern Heinrichs IV. und der Partei der Adelsopposition während des sog. Investiturstreites trotz anfänglicher Rückschläge gestärkt hervor. Vor allem seinen Machtbereich in der Nordostschweiz verstand er geschickt zu erweitern. Im letzten Jahrzehnt des 11. Jahrhunderts gelangte er dort in den Besitz der Grafschaft im Thurgau, nachdem Herzog Berthold von Zähringen darauf verzichtet hatte. Der politische Einfluß und das Ansehen seiner Familie mehrte sich insbesondere noch im Jahre 1111 durch die Übertragung des Bistums Konstanz an seinen Sohn Ulrich. Nachdem König Heinrich V. Ende 1104 zur päpstlichen Partei übergewechselt war und sowohl die Fürsten als auch das Episkopat für seine Ziele gewonnen hatte, befanden sich die Grafen von Dillingen-Kyburg nunmehr auf der Seite des letzten Saliers, mit dem sie auch an der Beisetzung des einstigen Feindes Heinrich IV. in der Kaisergruft zu Speyer und am dortigen Hoftag teilnahmen.

Das Verhältnis des ersten Grafen von Dillingen-Kyburg zum ersten staufischen Herzog von Schwaben war problematisch gewesen. Das änderte sich unter den Nachfolgern. In ihrem Stammgebiet im Ries und um Göppingen-Lorch gehörten die Staufer zum räumlich benachbarten Hochadel der Dillinger in ihrem schwäbischen Herrschaftsbereich und ebenso der Pfalzgrafen von Schwaben aus dem Stamme der Hupaldinger, die mit den Dillingern nahe verwandt waren. Ihren Aufstieg zum Herzogtum erreichten die Staufer, nachdem Graf Hartmann I. durch seine Heirat mit der Kyburgerin seine Aktivitäten zu einem wesentlichen Teil in die Schweiz verlagert hatte. Als der pfalzgräfliche Zweig der Hupaldingernachfahren mit Bischof Walter den wichtigen Augsburger Bischofsstuhl für etwa zwei Jahrzehnte besetzte, erreichte die Hausmacht der Grafen von Dillingen-Kyburg und der mit ihnen verwandten Pfalzgrafen gleichen Stammes während des 12. Jahrhunderts in Schwaben die größte Ausdehnung. Graf Adalbert I., der Sohn Hartmanns I. von Dillingen-Kyburg, der seinen Namen offenbar dem Großvater mütterlicherseits, dem Edelfreien Adalbert von Kyburg, verdankte, vermehrte zudem seine Besitzungen in der Nordschweiz durch seine Heirat mit der Erbin der Mörsburg. Spätestens seit etwa 1140 beherrschte er sowohl die Kyburg als auch die Mörsburg, somit das Land südlich und nördlich der Talebene von Winterthur. Der Landesausbau im nordschweizerischen Herrschaftsbereich scheint dazu geführt zu haben, daß ihm Graf Adalbert sein Hauptinteresse zuwandte. Da damals auch die Markgrafen von Giengen-Vohburg-Cham den Schwerpunkt ihres Wirkens nach Nordostbayern verlagerten und überdies die pfalzgräfliche Linie der Hupaldingererben um Ulm und in der Schwäbischen Ostalb erlosch, konnten nunmehr die Staufer in dem machtverdünnten nordostschwäbischen Raum an die Donau und darüber hinweg vorstoßen. Vor allem Friedrich I. Barbarossa verstand es hier, Vogteien und ans Reich heimgefallene Lehen an sich zu bringen. So kann die zunehmende Ausbreitung des staufischen Machtbereiches und Einflusses im Gebiet um Dillingen an der Donau mit dem verstärkten Engagement in Zusammenhang gebracht werden, das Graf Adalbert I. und nach ihm sein Sohn Hartmann III. dem schweizerischen Anteil ihrer Hausgüter widmeten. Vielleicht kam deswegen auch nicht ein Graf von Dillingen-Kyburg zum Zuge, als um die Mitte des 12. Jahrhunderts

Abb. 1 Benediktinerabtei Neresheim im Härtsfeld, eine Gründung des Grafen Hartmann I. von Dillingen und Kyburg
Foto: Reinhold Schönwetter, Dillingen

nach dem Erlöschen der pfalzgräflichen Linie des Hupaldstammes das Pfalzgrafenamt in Schwaben neu vergeben wurde.

Die Grafen Adalbert II. und Hartmann III., beide Söhne Adalberts I., scheinen sich das schwäbische und schweizerische Erbe geteilt zu haben, wobei Hartmann III. mit dem schweizerischen Anteil gewiß nicht schlechter wegkam. Er verstand es wie sein Großvater Hartmann I. und auch der Vater Adalbert I., bei der Verheiratung den Besitz zu vergrößern und durch zielbewußten Landesausbau, insbesondere durch die Gründung von Städten, den Wert seiner Herrschaftskomplexe zu erhöhen. Es geschah unter anderem durch die Gewinnung der Vogteirechte für die Propstei Ittingen. Durch die Heirat mit Richenza, der Tochter des Grafen Arnold von Baden, fielen beim Erlöschen der Lenzburger, ihrer Verwandten, die allodiale Hinterlassenschaft ihres Vaters und ein Teil der Grafschaftsrechte im Zürichgau an ihn. Das war ein beträchtlicher Zuwachs an Land und Leuten, Macht und Ansehen. Nach dem Tode seines Bruders Adalbert II., der ohne männliche Erben gestorben zu sein scheint, kam es unter Graf Hartmann III. von Kyburg nochmals zur Vereinigung der schwäbischen und schweizerischen Herrschaftsbereiche in einer Hand, und zwar zwischen 1170 und 1180. Mit dem schwäbischen Herzogs- und Königshaus der Staufer standen die Grafen von Dillingen und Kyburg in der zweiten Hälfte des 12. Jahrhunderts in gutem Einvernehmen, wie ihr wiederholtes Auftreten in Zeugenreihen von Stauferurkunden beweist. Im politischen Kräftespiel zwischen Staufern und Welfen in Schwaben und zwischen Staufern und Zähringern in der Schweiz erwies sich ihre prostaufische Haltung für sie als klug und zweckmäßig.

Die erfolgreiche Familien- und Hausmachtpolitik der Grafen von Dillingen-Kyburg hatte ihre Fortsetzung auch nach der Trennung in zwei Linien gefunden. Nachdem die beiden Besitzkomplexe in Schwaben und in der Schweiz, abgesehen von einer Zwischenphase nach dem Tode Hartmanns I. um 1120/1130, nahezu etwa neunzig Jahre, nämlich von etwa 1065 bis 1151, zusammengefaßt und von einem politischen Willen beherrscht waren, hatten sie die Brüder Adalbert II. und Hartmann III. etwa zu Beginn der Regierungszeit Friedrichs I. unter sich geteilt. Nach einer nochmaligen vorübergehenden Vereinigung im Jahre 1170 kam es ein Jahrzehnt später zur endgültigen Trennung, bei der in der Hauptsache je ein Herrschaftsbereich für einen in Schwaben und einen in der Schweiz wirkenden Zweig des Geschlechtes geschaffen wurde. Diese leiteten sich von Graf Adalbert (Albert) III. von Dillingen und von Graf Ulrich von Kyburg her. Beide vermählten sich mit Frauen aus süddeutschen Herzogshäusern, was für ihr Ansehen und ihr politisches Gewicht im schwäbisch-schweizerischen Hochadel spricht: Adalbert III. erwählte eine Tochter Ottos von Wittelsbach, des von Kaiser Friedrich I. im Jahre 1180 zum Herzog erhobenen staufertreuen Paladins, zur Gemahlin; Ulrich von Kyburg heiratete eine jüngere Schwester des Herzogs Berthold von Zähringen, eines der mächtigsten Männer im Südwesten des Reiches, und ermöglichte dadurch für seine Familie Ansprüche auf Teile des Zähringererbes.

Zu einem Zentrum des Landesausbaus in Schwaben entwickelte sich das Hauskloster der Grafen von Dillingen-Kyburg, die Abtei Neresheim, die von Hartmann I. 1095, unmittelbar vor seinem Aufbruch zum 1. Kreuzzug, gegründet worden war. Nachfahren des Stifters blieben etwa eineinhalb Jahrhunderte Vögte des Klosters im Härtsfeld, das nach der Übernahme durch Benediktinermönche im Strahlkreis des Geistes von Hirsau-Cluny stand und aufblühte. Rodungen, Siedlungsausbauten und vermutlich auch noch Siedlungsneugründungen im Waldland der Schwäbischen Ostalb gehörten zu den strukturellen Verbesserungen, durch die das Kloster und seine Vögte den Wert ihrer Besitztümer steigerten. In einer Bestätigungsurkunde des Papstes Eugen III. von 1152 sind 50 Siedlungen erwähnt, in denen Neresheim Güter, Rechte und Einkünfte besaß. In einer 1125 von Papst Honorius II. gewährten Bulle für Neresheim sind neben Graf Hartmann I. und seiner Gemahlin Adelheid auch deren drei Söhne Adalbert, Hartmann und Ulrich als Mitstifter genannt. Zwei von ihnen haben sich auch um geistliche Stiftungen in der Nordschweiz verdient gemacht: Graf Adalbert von Dillingen-Kyburg förderte im Thurtal die frühe Entwicklung des Klosters St. Johann; sein Bruder Ulrich, der Bischof von Konstanz, ein tatkräftiger Kirchenfürst, stiftete in Kreuzlingen das Augustinerkloster St. Ulrich und Afra zu Ehren seines Namenspatrons und der Patrone seiner Heimatdiözese Augsburg, die zugleich die Patrone des Hausklosters seiner Familie in Neresheim waren. Noch eine weitere geistliche Stiftung der Familie sei in diesem Zusammenhang erwähnt: Die Schwester Adelheid, die den Grafen Ulrich von Gammertingen geheiratet hatte, ließ nach dem Tode ihres Gatten im schwäbischen Zwiefalten ein Benediktinerinnenkloster errichten, in das sie selbst eintrat. In der nächsten Generation zeichnete sich Graf Hartmann III. auf dem Gebiete des Landesausbaus durch eine auffallend zielbewußte Politik aus. Nach dem Vorbild der Zähringer, vielleicht auch nach dem Kaiser Friedrichs I., ging er an die Gründung von Städten, zuerst 1178 an der Rheinstraße in Dießenhofen, wo das Stadtrecht von der Zähringergründung Freiburg i. Br. übernommen wurde, und etwa gleichzeitig in dem 1180 urkundlich gesicherten Winterthur. Durch eine kirchenorganisatorische Neueinteilung in Winterthur, eben im Jahre 1180 und offenbar im Einvernehmen mit dem Grafen Hartmann, wurde die Unabhängig-

Abb. 2 Epitaph in der Abtei Neresheim
Foto: Reinhold Schönwetter, Dillingen

keit der Neugründung von der Urpfarrei Oberwinterthur betont.

Nach der endgültigen Trennung der beiden Gebietsteile der Grafen von Dillingen-Kyburg unter den Söhnen Hartmanns III. in einen eigenen schwäbischen und einen schweizerischen Herrschaftsbereich des Geschlechtes erscheinen ihre Herren, Graf Adalbert III. von Dillingen und Graf Ulrich von Kyburg, weiterhin als getreue Vasallen der Staufer. Hatte ihren Vorfahren die Gefahr gedroht, einerseits zwischen Staufern und Welfen, andererseits zwischen Staufern und Zähringern zerrieben zu werden, so bot sich ihnen nunmehr Zuwachs an Macht, Ansehen und Rang, wenn sie unter den staufischen Herrschern deren Reichspolitik mittrugen und bei den Nachfolgern Friedrich Barbarossas jeweils auf die richtige politische Karte setzten. 1185 nahmen die Brüder aus Dillingen und Kyburg am schwäbischen Herzogslandtag im Königsstuhl teil und ordneten sich dem schwäbischen Herzog unter, vier Jahre später zogen sie mit dem greisen Kaiser in dessen Kreuzzug, bei dem sie sich durch hervorragende Tapferkeit ausgezeichnet haben sollen. Und auch nach der glücklichen Heimkehr beteiligten sie sich weiterhin rege an den politischen Geschehnissen im Reiche. Ihre prostaufische Einstellung bewährte sich insbesondere während des staufisch-welfischen Doppelkönigtums. Nach der Ermordung König Philipps von Schwaben durch Pfalzgraf Otto von Wittelsbach, den Schwager Adalberts III. von Dillingen, erkannten der Graf von Dillingen und der von Kyburg mit den übrigen süddeutschen Großen den Welfen Otto IV. nach dessen nochmaliger Wahl als König an. Nach der Rückkehr des inzwischen gebannten Welfen aus Italien distanzierten sich die gräflichen Brüder von ihm. Als dann der junge Staufer Friedrich II. erstmals nach Deutschland kam, gelangte er mit der Hilfe des Kyburgers nach Basel und an den Oberrhein in staufisches Kernland. Zweifellos verdankte er es vornehmlich dem Grafen Ulrich von Kyburg, daß er in der Heimat seiner Vorfahren rasch Boden und Anhänger gewinnen konnte. Der Kyburger war genug Realpolitiker, um sich seine Hilfeleistung bezahlen zu lassen, vermutlich mit Teilen des lenzburgischen Erbes, die 1173 Kaiser Friedrich I. vereinnahmt hatte. Dadurch dürften 1212 die Vogteien über Schänis, Beromünster und Glarus an das Haus Kyburg gekommen sein.

Graf Ulrich von Kyburg überlebte seinen Bruder Adalbert von Dillingen um mehr als ein Jahrzehnt und erwies sich bei Auf- und Ausbau einer kyburgischen Landesherrschaft mitunter als ein rigoroser Mehrer seiner Hausmacht. Unter ihm erlangte die Linie Kyburg des Hauses Dillingen-Kyburg die größte Bedeutung unter den Adelsgeschlechtern der Nordschweiz. Sein dynastischer Ehrgeiz verrät sich in Familienallianzen seiner Kinder mit den Häusern Lothringen, Savoyen und Habsburg. Die Besetzung des Churer Bischofsstuhls mit seinem gleichnamigen Sohn Ulrich sollte gleichfalls der machtpolitischen Stärkung seines Hauses dienen. Zur Sicherung des ausgedehnten kyburgischen Machtbereichs trugen Vasallen und Ministerialen samt ihren Burgen bei, unter ihnen die Inhaber zweier Hofämter, nämlich der Schenk Kuno und der Truchseß Gottfried von Ossingen. Unter der Ägide des Grafen Ulrich von Kyburg und seines Sohnes Hartmann entstanden eine Anzahl von Märkten und Städten, beispielsweise Beromünster, Zug, Baden, etwas später Aarau, Mellingen, Lenzburg, Frauenfeld. Im Vergleich dazu hinken die städtebaulichen Initiativen der schwäbischen Verwandten nach und bleiben bescheiden. Eine Stiftung der letzten Lebensjahre des Grafen Ulrich von Kyburg (um 1223) dürfte das Kollegiatstift St. Jakob auf dem Heiligberg bei Winterthur gewesen sein.

Auch dem Bruder in Dillingen, Graf Adalbert III., wird eine geistliche Stiftung zugeschrieben: das noch bestehende Kloster Oberschönenfeld bei Augsburg, heute das letzte Zisterzienserinnenstift in Ostschwaben. Zur Gefolgschaft Adalberts III. zählten die hauptsächlich im schwäbischen Donautal und in den benachbarten Teilen des Schwäbischen Juras sowie des Hügellandes südlich der Donau begüterten Edelfreien von Gundelfingen und von Albeck, die Ministerialen von Höchstädt, die Gusse, von Knöringen und andere. Von seinen Kindern mit einer Tochter des bayerischen Herzogs Otto von Wittelsbach vermählte sich eine Tochter mit dem Grafen von Bogen in Niederbayern, den später der wittelsbachische Herzog beerbte, wobei das bogensche Rautenwappen wittelsbachisch-bayerisches Hoheitszeichen wurde. Eine zweite Tochter Adalberts III. von Dillingen heiratete den bayerischen Pfalzgrafen Rapoto aus dem Hause Ortenburg, eine weitere Tochter den Grafen Ludwig von Württemberg, weshalb später die Württemberger unter den Erben der Grafen von Dillingen erscheinen.

Im schwäbischen Machtbereich der Grafen von Dillingen herrschte seit 1214 Graf Hartmann IV., im schweizerischen Territorium der Grafen von Kyburg seit 1227 Graf Hartmann IV. von Kyburg; beide waren Cousins. Hartmann IV. von Dillingen bemühte sich ebenso wie sein Vater vor ihm und wie sein Oheim Ulrich in der Schweiz um ein gutes Verhältnis zum staufischen Herrscherhaus, das wenige Meilen von der Stammburg Dillingen entfernt, im Westen in Lauingen und im Osten in Höchstädt an der Donau, unmittelbarer Gebietsnachbar war. Ziemlich häufig erscheint der Graf in Urkunden zusammen mit dem jungen Stauferkönig Heinrich (VII.) und seinen Betreuern und Ratgebern während seiner Unmündigkeit in den 1220er Jahren. 1227 übertrug ihm König Heinrich die Vogtei des Chorherrenstiftes Herbrechtingen. Als Herzog Ludwig I. von Bayern, Hartmanns Oheim, der von 1226 bis 1228 als Reichsgubernator an der Spitze des königlichen Regentschaftsrates stand, sich nach der Bannung des Kaisers Friedrich II. von diesem abwandte, kam es auch zum Bruch mit König Heinrich (VII.), der, inzwischen 18 Jahre alt geworden, nunmehr selbst die Regierung in Deutschland übernehmen wollte. Damals zog sich zusammen mit dem wittelsbachischen Onkel auch Graf Hartmann IV. von Dillingen vom jungen König zurück und verzichtete auf eine weitere Einflußnahme. Die Distanz wirkte sich einige Jahre später für den Dillinger Grafen keineswegs ungünstig aus, als sich Heinrich (VII.) gegen seinen Vater empörte und von ihm abgesetzt wurde. Graf Hartmann fand sich – wie schon bei früheren Gelegenheiten – während der erneuten Anwesenheit des Kaisers im Süden Deutschlands in seinem Hoflager ein und begleitete ihn von Augsburg aus auf der Strafexpedition gegen den Babenberger Friedrich den Streitbaren, den Schwager des gefangengehaltenen Königs Heinrich, bis nach Wien. Die Vermählung einer Tochter des Bayernherzogs mit Friedrichs II. Lieblingssohn Konrad brachte Graf Hartmann IV. von Dillingen sogar in verwandtschaftliche Beziehungen zur kaiserlichen Familie.

In der Schweiz hielt das gute Einvernehmen der Kyburger Grafen zu Kaiser Friedrich II. zunächst bis zum zähringischen Erbfall im Jahre 1218 an; dabei gelangten an das Haus Kyburg Besitzungen in Zürich und im Aargau, außerdem in Burgund viel Land mit Freiburg, Burgdorf und Thun. Mehrmals lassen sich in den Jahren vor 1218 Graf Ulrich von Kyburg und seine Söhne Werner und Hartmann in der Umgebung des Königs nachweisen. Ende der 1220er Jahre beteiligte sich Graf Werner, der mit einer Schwester des regierenden Herzogs von Lothringen verheiratet war, am Kreuzzug Friedrichs II. und kehrte aus dem Heiligen Land nicht zurück. Sein Bruder Hartmann IV. unterhielt enge Verbindungen zum staufischen König Heinrich (VII.) bis zu dessen Absetzung. Die Loyalität der Grafen von Kyburg und von Dillingen hatte ihr Ende schließlich in den 1240er Jahren. Graf Hartmann IV. von Kyburg begann eine antistaufische Politik, als er zusammen mit seinem Neffen Hartmann V. die Vogteien über die Klöster Interlaken und Rüeggisberg, über das reichsfreie Hasletal und die Städte Bern und Murten an sich zu bringen trachtete. Nach der Absetzung Kaiser Friedrichs II. auf dem Konzil von Lyon standen die Grafen von Kyburg und die von Dillingen auf der Seite der päpstlichen Partei, was ihnen und ihren Gebieten in der Schweiz und in Schwaben mancherlei Kämpfe und Zerstörungen einbrachte. Im Frühjahr 1249 beteiligte sich Hartmann IV. von Kyburg im Elsaß an einem siegreichen Feldzug gegen König Konrad IV. Auch in Schwaben kam es zu Kämpfen zwischen den Grafen von Dillingen, die zum Gegenkönig, dem Reichsgubernator Heinrich Raspe, übergegangen waren, und König Konrad IV.; dabei wurde der Machtbereich der Dillinger wiederholt erheblich in Mitleidenschaft gezogen.

Mit dem «Statutum in favorem principum» hatte Kaiser Friedrich II. 1231 den hohen Adligen des Reiches bedeutsame Zugeständnisse gemacht und deren Territorienbildung begünstigt. Die beiden Vettern in Dillingen und Kyburg, die zwei Hartmann IV., konnten jetzt wichtige Hoheitsrechte selbst wahrnehmen.

Abb. 3 Turm des Schlosses in Dillingen an der Donau, mit Buckelquadern des Bergfrieds der ehemaligen hochmittelalterlichen Burg Dillingen
Foto: Reinhold Schönwetter, Dillingen

Hartmann IV. von Dillingen baute wohl erst jetzt die Siedlung bei seiner Burg in Dillingen planmäßig zur Burgstadt aus, ließ eine Stadtbefestigung errichten, Gericht halten, Zölle erheben, Märkte abhalten und eigene Münzen schlagen. Diese Brakteaten wurden vermutlich in Ulm hergestellt, wo den Grafen von Dillingen seit alter Zeit gewichtige Rechte zustanden, wie der Vogtvertrag mit der Stadt vom Jahre 1255 bestätigte. Dem Ausbau einer Dillinger Landesherrschaft im heute bayerisch-württembergischen Grenzraum diente außer der Gründung der Stadt Dillingen ein verstärkter Burgenbau durch viele Dillinger Ministerialen nördlich und südlich der Donau. Wie der Vetter in der Kyburg besetzte auch der Graf in Dillingen die

Hofämter des Schenken und des Truchsessen; das Schenkenamt übten Ritter von Wittislingen, das Truchsessenamt Ritter von Söflingen (bei Ulm) aus. Die Gründungen der Klöster der Franziskanerinnen in Dillingen, der Dominikanerinnen in Maria Medingen, der Klarissen in Söflingen, schließlich noch die Stiftung des Spitals in Dillingen, vielleicht auch die des weltlichen Frauenstiftes in Reistingen bekundeten einerseits den frommen Sinn und ein karitatives Gefühl der Dillinger Grafenfamilie, andererseits verdienen sie auch Beachtung im Rahmen der Bemühungen der Dillinger Grafenfamilie um den inneren Ausbau und die Inwertsetzung ihrer Gebietsanteile. Drei dieser geistlich-karitativen Gründungen unter Graf Hartmann IV. bestehen und blühen bis heute: das Franziskanerinnenkloster Dillingen, das Spital Dillingen und das Kloster Maria Medingen. In Anwesenheit seines Kyburger Oheims Ulrich verkaufte Hartmann IV. von Dillingen 1227 dem Edlen Heinrich von Rapperswil ein Gut in Wettingen samt der Kirche, damit auf ihm ein Zisterzienserkloster errichtet werden konnte. Die dortige Marienkapelle wurde die Grablege einiger Grafen von Kyburg und eines Grafen von Dillingen. Vogteirechte nahmen Graf Hartmann IV. von Dillingen und sein frühverstorbener Sohn Adalbert (Albert) IV. wahr für Besitzungen des Klosters Reichenau in und bei Ulm sowie östlich von Dillingen, für Besitzungen des Klosters St. Georgen im Schwarzwald bei Ehingen/Donau, weiter für die Klöster Neresheim, Herbrechtingen, Reistingen, Maria Medingen. Einträglicher dürfte für sie die Reichsvogtei in Ulm gewesen sein. Der Titel eines Marschalls im Herzogtum Schwaben mag für Graf Hartmann IV. von Dillingen nicht mehr als ein Ehrenamt bedeutet haben.

Auch der Vetter Hartmann IV. von Kyburg beherrschte in seinem Hausmachtbereich kein von festen Grenzen umrissenes Gebiet, kein fertiges, in sich geschlossenes Territorium, wenn auch beiden die Bildung integrierter Territorien mit landeshoheitlichen Rechten vorgeschwebt haben mögen. Spätere Formen der Staatlichkeit befanden sich zu ihrer Zeit im Stadium der Ausbildung. Wie beim gleichnamigen Dillinger Cousin fällt bei Hartmann IV. von Kyburg ebenfalls eine ausgesprochen kirchen- und klosterfreundliche Haltung auf, die sicherlich bei beiden auf eine vorwiegend vom Religiösen her bestimmte Geisteshaltung schließen läßt. In Töß gründete er 1233 ein Dominikanerinnenkloster, in St. Katharinental 1242 gleichfalls ein Dominikanerinnenkloster, in Fraubrunnen 1246 ein Zisterzienserinnenkloster und in Paradies bei Schaffhausen 1253 ein Klarissenstift. Wenn Hartmann IV. von Kyburg in der Zeit des Endkampfes zwischen Papsttum und staufischer Dynastie und in den Jahren des Interregnums seine starke Stellung machtpolitisch nicht genügend ausnützte, wie Oswald Redlich in seiner Biographie Rudolfs von Habsburg

Abb. 4 Übergabe der Burg Dillingen durch Hartmann IV., Graf von Dillingen, an seinen Sohn Hartmann V., Graf von Dillingen, Bischof von Augsburg, mit dem sein Geschlecht im Jahre 1286 in der männlichen Linie erlosch. Spätmittelalterliches Denkmal im Innenhof des Schlosses zu Dillingen an der Donau
Foto: Reinhold Schönwetter, Dillingen

an ihm bemängelt, so läßt sich dafür mit der Kinderlosigkeit seiner Ehe eine plausible Erklärung geben. 1250 überließ Hartmann IV. seinem Neffen Hartmann V. einen Teil seiner Besitzungen; von dem übrigen Erbe hofften die Grafen von Savoyen, die Brüder seiner Gemahlin, den Löwenanteil an sich bringen zu können.

Es kam allerdings anders, als 1263 und 1264 zuerst Graf Hartmann V. der Jüngere, dann Hartmann IV. der Ältere starb und damit die Kyburger Linie der Grafen von Dillingen im Mannesstamm erlosch. Der Haupterbe wurde Graf Rudolf von Habsburg, dessen Mutter Heilwig eine geborene Gräfin von Dillingen-Kyburg, eine Schwester Hartmanns IV. von Kyburg, war. Rudolf von Habsburg bemächtigte sich, nachdem er von seinem Oheim Hartmann IV. wenige Monate vor dessen Tode den Großteil der Lehen zugesprochen erhalten hatte, mitunter auf rigorose Weise weiterer Teile des kyburgischen Erbes und konnte dadurch seinen Machtbereich in der Schweiz beträchtlich ausweiten. Für seinen Aufstieg zum deutschen Königtum bedeutete dies eine wichtige Etappe. In Dillingen waren bereits Ende der 1250er Jahre die Vettern Hartmann IV. von Dillingen und sein Sohn Albert IV. gestorben, und zwar wie in der Schweiz zuerst der vorgesehene Erbe und Nachfolger. Ein Sohn überlebte hier den Grafen Hartmann IV., nämlich Hartmann V., aber er war Bischof von Augsburg und hatte somit keine Erben. Er übertrug Burg und Stadt Dillingen samt zugehörigen Besitzungen und Rechten dem Hochstift Augsburg und begründete damit eine fünfeinhalb Jahrhunderte währende geistliche Herrschaft der Fürstbischöfe von Augsburg, die Dillingen zu ihrer zweiten Residenzstadt, zum Regierungssitz ihres weltlichen Territoriums und zur ostschwäbischen Universitätsstadt erhoben und ausbauten.

Die Lehen der Grafen von Dillingen fielen 1257/58 an das Reich und das Herzogtum Schwaben heim. Das Marschallamt des Herzogtums Schwaben, die Vogtei in Ulm und das Gericht in der Pirs westlich von Ulm auf dem Hochsträß verlieh der junge Schwabenherzog Konradin 1259 dem Grafen Ulrich von Württemberg, einem Verwandten der Dillinger Grafen. Die Dillinger Grafschaftsrechte sprach 1261 König Richard von Cornwall dem bayerischen Herzog Ludwig II. zu, der auch verwandtschaftlicher Beziehungen zum Hause Dillingen wegen Anrechte auf Erbanteile geltend machen konnte.

Drei hochadligen Geschlechtern, den Habsburgern, den Württembergern und den Wittelsbachern, brachte das Erlöschen der Dillinger und der Kyburger Linie der Grafen von Dillingen-Kyburg an der Wende vom Hochmittelalter zum Spätmittelalter einen bedeutsamen territorialen Gewinn und Machtzuwachs, der nicht unwesentlich zum weitern politischen Aufstieg dieser drei Dynastien beitrug. Insofern war das Ende des Dillinger Grafengeschlechtes in Schwaben und in der Schweiz für die Geschichte des süddeutschen Raumes von nicht geringer historischer Tragweite; denn Habsburgern, Württembergern und Wittelsbachern gehörte die Zukunft bis in unser Jahrhundert herein.

Literatur

Braun, Placidus: Geschichte der Grafen von Dillingen und Kiburg. In: Historische Abhandlungen der Akademie zu München V, 1823, 373–492

Brun, C.: Geschichte der Grafen von Kyburg bis 1264, Dissertation Zürich 1913

Bühler, Heinz: Die Wittislinger Pfründen – ein Schlüssel zur Besitzgeschichte Ostschwabens im Hochmittelalter. In: Jahrbuch des Historischen Vereins Dillingen 71, 1969, 24–67

Historisch-Biographisches Lexikon der Schweiz (HBLS) 2, 723; 4, 483 ff.

Largiadèr, Anton: Die Kyburg, 3. Auflage, Zürich o. J., 10–13

Layer, Adolf: Alte und neue herrschaftsbildende Kräfte. In: Spindler, Max: Handbuch der bayerischen Geschichte III/2, München 1971, 860 f.

Layer, Adolf: Dillingen an der Donau, 2. Auflage, Dillingen 1971, 40 ff.

Layer, Adolf: Die Grafen von Dillingen. In: Jahrbuch des Historischen Vereins Dillingen 75, 1973, 46–101

Layer, Adolf: Hartmann I. Graf von Dillingen und Kyburg. In: Lebensbilder aus dem Bayerischen Schwaben 11, Weißenhorn 1977, 1–15

Layer, Adolf: Bei Höchstädt anno 1081. Die erste der drei Schlachten bei Höchstädt an der Donau. In: Jahrbuch des Historischen Vereins Dittingen 82, 1980, 128–131

Salis-Soglio, P. Nikolaus von, OSB: Das Dillinger Grafenhaus und seine Stiftung Neresheim. In: Benediktinische Monatsschrift, Beuron 1921

Weber, Ambros: Graf Hartmann von Dillingen, Bischof von Augsburg (1248–1286), Eichstätt 1927

Zoepfl, Friedrich: Dillingen, schwäbisches Grafengeschlecht. Neue Deutsche Biographie 3, 1957, 720

Zoepfl, Friedrich: Geschichte der Stadt Dillingen an der Donau, München 1964, 17–21

Roger Sablonier

Kyburgische Herrschaftsbildung im 13. Jahrhundert

Eine bunte Vielfalt großer und kleiner, im einzelnen nach Aufbau und Bedeutung recht unterschiedlicher Adelsherrschaften prägt das Erscheinungsbild der politisch-organisatorischen Strukturen im Hochmittelalter auch für das Gebiet der späteren Schweiz. Das Adelsgefüge befindet sich hier wie überall ständig im Wandel; nach 1150 wird mehr und mehr die Konzentration an der Spitze bedeutsam. Durch den wechselhaften und komplexen Prozeß der Territorialisierung, wie er schon vorher angebahnt ist und nach 1200 beschleunigt fortschreitet, entstehen einige wenige, großräumig organisierte landesherrliche Herrschaftsgebilde. Diese sind ihrerseits Grundlage der sich ausbildenden Territorialstaaten des 14. Jahrhunderts und damit wichtige Vorläufer moderner Staatlichkeit. Die Vorgänge im schweizerischen Raum stellen dabei vorerst nur eine regionale Variante einer allgemeinen Entwicklung im Rahmen des deutschen Reichsverbandes dar. Bekanntlich ist hier die Errichtung großer territorialstaatlicher Machtgebilde vor allem den Habsburgern und den Savoyern gelungen. Im Hinblick auf die Frage nach den frühen Etappen des langen Wegs von der traditionellen Adelsherrschaft zum landesherrlichen Staat ist aber auch die kyburgische Herrschaftsbildung von Interesse.

Dieses allgemeine Problemfeld bildet den Rahmen für die im folgenden darzulegenden Materialien und Ueberlegungen zur Geschichte der kyburgischen Herrschaft.* Die Grafen von Kyburg, spätestens nach 1180 losgelöst vom Stammhaus Dillingen, waren schon vor 1150 durch die Beteiligung am Erbe der älteren Winterthurer und Nellenburger Grafen zu bedeutendem Besitz in der nördlichen Ostschweiz gekommen.[1] Wesentlich begünstigt durch die Erbvorgänge beim Aussterben der Lenzburger (1172/73) und der Zähringer (1218) stiegen sie in der Folge, zumindest vom äußerlichen Umfang ihres Besitzes her beurteilt, zu den «mächtigsten Dynasten zwischen Thur und Saane»[2] auf. Allerdings nur für kurze Zeit: Mit dem Tod Hartmanns V. (1263) und seines Onkels Hartmann IV. (1264) starben sie im Mannesstamm aus, und als ihr Erbe setzte sich zur Hauptsache Rudolf von Habsburg, der nachmalige König, durch. Der kyburgische Besitz bildete nun seinerseits einen wesentlichen Teil der Besitzgrundlagen für die habsburgisch-österreichische Landesherrschaft in weiten Gebieten der Ostschweiz und des Mittellandes. Insgesamt steht außer Zweifel, daß die Grafen von Kyburg als Machtfaktor im schweizerischen Raum während der ersten Hälfte des 13. Jahrhunderts von erheblicher Bedeutung waren. Entsprechend häufig haben sie in der schweizergeschichtlichen Forschung Beachtung gefunden. Einige der vorhandenen Arbeiten[3] und eine im Vergleich gute Quellenlage erleichtern den Versuch, unter dem genannten, bisher noch kaum berücksichtigten Aspekt die Geschichte der Kyburger und ihrer Herrschaft nach 1170 erneut zu überdenken.

Konkret stellt sich zuerst die Frage nach der Bedeutung der Kyburger für die Territorialisierungskontinuität. Die «Territorialisierungslinie» soll nach hergebrachter Auffassung in direkter Abfolge – sozusagen genealogisch – von den Zähringern über die Kyburger zu den Habsburgern führen. Sind aber die Grafen von Kyburg nach 1218 wirklich in die Machtstellung der Zähringer eingerückt? Wie gestaltet sich, in bezug auf territorialpolitische Zusammenhänge, ihr Verhältnis zu den Staufern? Und ebenso wichtig: In welchen Bereichen haben die Kyburger tatsächlich Grundlagen gelegt für die habsburgisch-österreichische Landesherrschaft, von der bloßen Besitzvererbung einmal abgesehen? Zwar sind 1264 die kyburgischen Personen abgetreten; trotzdem ist natürlich danach zu fragen, wieweit die kyburgische Herrschaftsausübung in der einen oder andern Richtung strukturelle Bedingungen für die Folgezeit geprägt hat. Das führt direkt weiter zu einer andern, gleichermaßen zentralen wie schlecht geklärten Frage: Wie sind Art und Grad des inneren Ausbaus kyburgischer Herrschaft zu beurteilen? Auf einer allgemeinen Ebene wird dabei als entscheidendes Merkmal früher Formen von Landesherrschaft nicht so sehr die (erst viel später erreichte) Flächenhaftigkeit in den Vordergrund zu stellen sein. Allenfalls nachweisbare Tendenzen in Richtung Vereinheitlichung und Zentralisierung der Herrschaftsausübung, die Einführung neuer Bindungsformen für das adlige Gefolge, Ansätze zur Aufwertung der Landstädte, zur Straffung des Steuerwesens und zur schriftlichen Verwaltung, konkrete Bemühungen um Herrschaftsintensivierung auf allen Ebenen: all dies sind viel wichtigere Entwicklungszüge und übrigens Phänomene, wie sie im Rahmen der habsburgisch-österreichischen Landesherrschaft dann um 1300 gut sichtbar werden und hinreichend bekannt sind.[4]

Eine umfassende Untersuchung dieser Fragen hätte eine sehr große Zahl möglicher Kriterien und Aspekte einzubeziehen. Die nachstehenden Ausführungen beschränken sich im vornherein auf wenige ausgewählte Punkte: Zunächst soll versucht werden, einige wichtige Grundzüge der äußeren Geschichte der Kyburger im Sinne einer Klärung der politischen und besitzmäßigen Voraussetzungen der Herrschaftsbildung darzulegen. Aus dem sehr weiten Bereich des inneren Gefüges kyburgischer Herrschaft sind dann lediglich zwei Gesichtspunkte herausgegriffen: das Verhältnis zu den Edelfreien (nobiles) und die Stellung der kyburgischen Ministerialität. Es sind dies immerhin zwei Teilprobleme, die bisher – nach meiner Ansicht – nur schlecht oder überhaupt nicht gelöst sind und die zudem für die Beurteilung des Ganzen erhebliche Bedeutung haben.

An der Wende zum 13. Jahrhundert starben innerhalb von knapp fünfzig Jahren gleich zwei der für unser Gebiet bedeutendsten Adelsgeschlechter aus: 1172/73 die Grafen von Lenzburg, denen ein umfangreicher, weit über fast das ganze Gebiet der heutigen Schweiz gestreuter Besitz an Gütern und Rechten eine höchst mächtige Stellung gesichert hatte, und 1218 die Zähringer, die als fast ebenbürtige Konkurrenten der Staufer auf dem besten Weg waren, von ihrer überragenden Position im westlichen Mittelland aus eine großflächige Herrschaft zu errichten. In beiden Fällen waren die Kyburger am Erbe beteiligt, und zuerst muß hier nach dem Gewicht dieser Erbvorgänge für die Ausweitung kyburgischer Herrschaft nach 1150 gefragt werden.

Lenzburger und Zähringer Erbe

Hartmann III. von Kyburg (belegt 1155–1180) war verheiratet mit Richenza, der Erbtochter des 1172 gestorbenen Arnold IV. von Baden-Lenzburg. Durch den nachfolgelosen Tod Ulrichs IV. von der älteren Lenzburger Linie (1173) erhielt diese Heiratsverbindung noch erhöhte Bedeutung. Was dabei oberflächlich wie eine besonders tüchtige Heiratspolitik der Kyburger aussehen mag, ist völlig anders zu beurteilen: Die Lenzburger waren besondere Vertraute Friedrich Barbarossas, und der Einbezug der Kyburger in ihre Verwandtschaft bedeutete zugleich eine festere Bindung an das staufische Gefolge, die Eingliederung in die staufisch-lenzburgische Klientel.

Friedrich I. kam denn auch 1173 eigens auf die Lenzburg, um das Erbe zu regeln. Die tatsächliche Verteilung der großen Lenzburger Erbschaft kann allerdings fast nur aus späteren Zuständen und Quellen erschlossen werden. Gewinner waren sicher in erster Linie die Staufer selber, dann aber auch die Zähringer mit dem Erwerb der Zürcher Reichsvogtei und die Habsburger. Es ist unklar, was eigentlich schon 1172/73 den Kyburgern zufiel. Eine höhere Wahrscheinlichkeit besteht nur für die allodialen Güter Arnolds von Baden im Gaster-Walensee-Gebiet und in der Gegend von Baden. Später befinden sich allerdings eine ganze Reihe von Rechten, die zunächst in staufischer Hand verblieben waren, ebenfalls bei den Kyburgern, oder sie werden von diesen zumindest beansprucht: So unter anderem die Vogtei über das Stift Schänis, vielleicht mit Windegg, auch Vogteirechte über das Stift Beromünster, beides zunächst bei Friedrich selber; dann auch Allodialgüter Ulrichs von Lenzburg im Gaster und die Vogtei im Lande Glarus, die allerdings erst spät und in einer eher fragwürdigen Form als ausschließlich kyburgischer Besitz überliefert ist. Diese Teile gingen vorerst an Friedrichs jüngsten Sohn, an den 1200 verstorbenen Pfalzgrafen Otto.

Noch 1254 machte Elisabeth von Châlons, die Urenkelin des Pfalzgrafen Otto, Ansprüche auf Lenzburg und auf nicht genauer umschriebene Rechte in der Ostschweiz geltend und übertrug sie auf ihren Gemahl Hartmann V. von Kyburg. Damit wurden offensichtlich seit langem unklare Besitzverhältnisse endlich formal bereinigt. Denn ganz allgemein ist bei den genannten ehemals lenzburgischen Gütern nicht in allen Teilen befriedigend geklärt bzw. klärbar, wann und wie sie in kyburgische Hände übergegangen sind. Anhaltspunkte für eine Übertragung von unbekanntem Umfang bestehen höchstens für die Zeit um 1212, da Friedrich II. wahrscheinlich die kyburgische Hilfeleistung für seine Reise nach Deutschland belohnte. Trotzdem ist die Vermutung nicht abwegig, daß sich die Kyburger teilweise einfach faktisch, durch Usurpation, in den Besitz solcher Güter und Rechte gesetzt haben, weil sie sozusagen näher dran waren als die Staufer und die Erben Ottos. In diese Richtung weist übrigens auch der erbitterte Streit von 1223 mit dem Stift Beromünster um die Vogtei. Für die Stärkung der kyburgischen Stellung nach dem Ausscheiden der Lenzburger wäre somit weniger der normale Erbgang als die nach 1190/1200 vorübergehend erhebliche Schwächung staufischer Machtposition und Präsenz entscheidend gewesen. Dieser Sachverhalt mag nicht weniges am späteren politischen Verhalten der Kyburger erklären.

Weitaus wichtiger für die Grafen war nun ihre Beteiligung am Erbe der Zähringer. Ulrich III. von Kyburg (belegt 1183–1227) war verheiratet mit Anna, der Tochter Berchtolds IV. von Zähringen. Die politische Zielsetzung dieser Heirat war von den Zähringern bestimmt: Sie versuchten auf verschiedenen Wegen, ihren Einfluß in der Ostschweiz auszudehnen und deshalb unter anderem die Kyburger ihrer Klientel einzugliedern. Kyburgische Hilfe für zähringische Politik ist denn auch in den Wirren um 1208 durchaus belegbar. Mit dem Tode Berchtolds V., des letzten Zähringers, entstand allerdings 1218 eine völlig neue, folgenschwere Situation. Innerhalb eines sehr weiten Kreises von Berechtigten und Ansprechern am zähringischen Erbe konnten sich die beiden Schwestermänner Berchtolds V., Egeno von Urach und Ulrich III. von Kyburg, als Allodialerben mehr oder weniger durchsetzen. Die Kyburger erhielten die linksrheinischen Eigengüter, vor allem Burgund, mit den Städten Freiburg, Thun und – nach Auseinandersetzungen – Burgdorf, dann einiges im Aargau und im Zürcher Gebiet. Allerdings erlangten sie von der durch Friedrich II. aufgelösten Reichsvogtei über Zürich lediglich Teile, Bern behauptete die Reichsfreiheit, und im Berner Oberland verselbständigte sich die ehemals zähringische Gefolgschaft, wie sich hier auch die Talschaft Hasli einem kyburgischen Zugriff entzog. Gleichzeitig bauten die Habsburger ihre Stellung in der Innerschweiz aus.

Insgesamt konnten also die Kyburger mit dem Zähringer Erbe ihren Besitz massiv vergrößern. Im selben Zuge hatte sich aber auch die staufische Stellung entschieden verstärkt, nur schon passiv durch das Ausscheiden der zähringischen Konkurrenz, aktiv unter anderem durch die Reichsfreienpolitik. Die zunehmende Selbständigkeit der Städte Zürich und – vor allem – Bern stellte eine schwerwiegende Hypothek für die kyburgische Machtstellung dar. Ferner war der Einfluß auf die ehemals zähringische Gefolgschaft erst noch zu erringen, in der Innerschweiz und im Berner Oberland eigentlich schon von Anfang an verloren, auch in der Ostschweiz – beispielsweise bei den Herren von Klingen und von Regensberg – nicht einfach ohne weiteres gegeben.

Zur Umgestaltung nach dem Ausscheiden der Zähringer gehört nun auch noch ein anderer Vorgang: Am 1. Juni 1218 gaben Thomas von Savoyen für seine damals etwa sechsjährige Tochter Margarete und Ulrich von Kyburg für Hartmann (IV.), seinen jüngern Sohn, das Heiratsversprechen ab. Wahrscheinlich konnten im Zuge dieser Vereinbarungen savoyische Erbansprüche aus einer früheren Zähringerheirat geregelt werden, und damit verknüpft ist vielleicht der kyburgische Verzicht auf die Vogtei über Lausanne. Zur Hauptsache ging es um die gegenseitige Abgrenzung; Hartmann war offensichtlich dafür vorgesehen, die westlichen Teile der kyburgischen Herrschaft, die an die Zielgebiete savoyischer Expansion grenzten, als Erbteil zu erhalten oder wenigstens zu verwalten. Schließlich dürfte auch die wechselseitige Rückendeckung gegen staufische Territorialpolitik eine gewisse Rolle gespielt haben.

Das Verhältnis zu den Savoyern gehört denn auch zu den wesentlichen Bestimmungselementen kyburgischer Politik in den folgenden Jahrzehnten. In dieser Hinsicht war der Umstand nicht unbedeutend, daß der ältere Sohn Ulrichs III., Werner, 1228 auf dem Kreuzzug ums Leben kam und nur einen noch minderjährigen Sohn, Hartmann (V.), hinterließ. Denn damit rückte Hartmann IV. zum Haupt der Dynastie auf, und dies wiederum hatte nicht vorhersehbare Konsequenzen wegen seiner savoyischen Heirat und seiner späteren Kinderlosigkeit. Trotzdem wird man aber im unzeitigen Tod Werners nicht – wie es gelegentlich geschieht – einen geradezu katastrophalen Schicksalsschlag für die Dynastie zu sehen haben. Hartmann IV. hatte dadurch gerade die Chance, den Besitz ungeteilt zusammenzuhalten. Dies bedeutete eine durchaus günstige Ausgangslage, denkt man an die Teilung bei den Habsburgern und an die blutigen Erbhändel bei den Toggenburgern um eben diese Zeit. Für Erfolg oder Mißerfolg kyburgischer Politik war in den Jahren nach 1218 das Verhältnis zu den Staufern weit wichtiger.

Kyburger und Staufer

In der zweiten Hälfte des 12. Jahrhunderts können die Grafen von Kyburg zur staufischen Klientel gezählt werden. Entsprechend gehörten sie auch zu jenen, die 1212 nach Konstanz geeilt sind, um den aus Italien kommenden Friedrich II. auf dem Weg nach Basel zu begleiten. Bis 1216 sind sie dann noch mehrmals im kaiserlichen Gefolge anzutreffen, insbesondere Ulrich III., im Jahre 1216 auch Hartmann IV. während längerer Zeit.[5] Der scheinbar problemlose Anfang steht nun in schärfstem Kontrast zur Situation in den vierziger Jahren: Nach 1243 bis zum Tode Friedrichs II. spielen die Kyburger in der Region eine führende Rolle innerhalb der antistaufischen bzw. päpstlichen Partei. Daß für diese spätere Parteinahme abstrakte universalpolitische Überlegungen nur sehr am Rande – wenn überhaupt – mitspielten, ist seit langem erkannt. Das stellt aber auch die geläufige Meinung in Frage, der kyburgisch-staufische Gegensatz wäre erst nach 1239, nach dem Beginn des letzten und entscheidenden Konflikts zwischen Kaiser und Papst, aktuell geworden. Der Vorgeschichte der späteren Parteiungen soll deshalb im folgenden ausführlicher nachgegangen werden.

In den Jahren nach 1216 ist eine kyburgische Präsenz am kaiserlichen Hof nur noch im Zusammenhang mit der Regelung der zähringischen Erbsachen (1218/19) festzustellen.[6] Dies mag bereits darauf hindeuten, daß für die folgende Zeit nicht bloß vordergründig der Wegzug Friedrichs nach Italien entscheidend war. Die Maßnahmen Friedrichs um das Zähringer Erbe – z. B. bei der Zürcher Reichsvogtei – tangierten die kyburgi-

41

schen Interessen ganz massiv. Warum sollten die Kyburger nicht spätestens in dieser Ausmarchung gemerkt haben, wer ihr eigentlicher territorialpolitischer Konkurrent war? Weiterer Konfliktstoff häufte sich schon bald an: Im Streit um die Vogtei über Beromünster waren die Kyburger letztlich kaum erfolgreich. Friedrich erzwang mit der Reichsacht einen für die Kyburger nicht besonders günstigen, ihrem Ziel jedenfalls nicht entsprechenden Kompromiß.[7] Völlig gescheitert sind die für 1226 belegten Bemühungen um Teile der Reichsvogtei St. Gallen; der erfolgreiche Widerstand des Abtes wäre kaum denkbar ohne eine entsprechende Haltung des Kaisers.[8] Wenn sich 1226 Werner von Kyburg tatsächlich beim Kaiser in Italien aufgehalten hat (was nicht sicher belegt ist), dann am ehesten in dieser Angelegenheit.[9] 1228 nahm Werner am Kreuzzug teil, aber auch die Kreuzzugteilnahme muß nicht auf eine besondere Stauffertreue zurückzuführen sein. Vielleicht ging es direkt um einen Versuch, doch noch die Gunst Friedrichs II. zu erwerben, allerdings wiederum erfolglos und durch den Tod Werners in Akkon auch mit einem bösen Ende.

Seit 1225/26 hatte sich die Lage immerhin durch die zunehmende Aktivität des jungen Heinrich (VII.), des Sohnes Friedrichs, gewandelt. Heinrich stand den territorialen Ambitionen der Fürsten und Herren vielleicht wohlgesinnter, eher noch ganz einfach machtlos gegenüber.[10] Den Kyburgern mußte dies durchaus bewußt sein, war es doch Heinrich (VII.) gewesen, der ihnen 1226 den Erwerb sanktgallischer Vogteirechte versprochen hatte. Durch seine Politik geriet Heinrich (VII.) immer mehr in Gegensatz zu seinem Vater, besonders dann nach 1230/31. Im sich abzeichnenden Konflikt schlugen sich die Kyburger auf die Seite des Sohnes; ihre königsfreundliche Aktivität ist um so auffälliger, als sich andere wie die Rapperswiler und Habsburger offensichtlich zumindest neutral verhielten und schon damit eher Friedrich II. unterstützten. Nach 1231 hielt sich Hartmann IV. recht häufig im königlichen Gefolge auf[11], noch bis 1235, bis kurz vor dem katastrophalen Ende Heinrichs (VII.), der schließlich vom Vater als Gefangener nach Italien gebracht wurde. Übrigens spielten am Hofe Heinrichs die Uracher ebenfalls eine wichtige Rolle[12], ein direkter Hinweis darauf, wie die Voraussetzungen dieser Parteiungen in die Zeit der Ausmarchung um das Zähringer Erbe zurückreichen.

Für die Kyburger war aus der Unterstützung Heinrichs (VII.) vorerst beträchtlicher Nutzen zu ziehen. Ulrich, der Bruder Hartmanns IV., erlangte 1231 vom König die Investitur als Propst von Beromünster und die Ernennung zum königlichen Hofkaplan. 1233 wurde er dann Bischof von Chur; damit brachte er dem Hause Kyburg eine für die Einflußerweiterung sehr wichtige Position zu (er starb allerdings schon 1237).[13] Auch die allgemeine Politik Heinrichs (VII.) in unserem Raum – etwa die urnerische Reichsfreiheit von 1231 und die Bestätigung der Reichregalien für die Zürcher Äbtissin 1234 – konnte indirekt kyburgischen Interessen durchaus förderlich oder zumindest nicht abträglich sein. Mit dem Ausscheiden Heinrichs (VII.) waren allerdings die kyburgischen Hoffnungen zunichte, Hartmann IV. wohl auch als Gegner Friedrichs II. erheblich kompromittiert. Ganz im Unterschied zu anderen Dynasten und kleineren Herren aus der Region, die von 1236 an wieder im kaiserlichen Gefolge auftreten, sind denn auch die Kyburger dort nicht mehr anzutreffen; sie haben höchstens vorübergehend um 1240 nochmals eine Annäherung an Konrad IV. gesucht.[14]

Wahrscheinlich hatte sich in der Zwischenzeit der territorialpolitische Konfliktstoff noch auf andere Weise vermehrt, in Bereichen, wo sich regionale Rivalitäten mit der territorialpolitischen Gegnerschaft zwischen Kyburgern und Staufern überschneiden konnten. Unter anderem war objektiv schon früh eine gewisse Konkurrenzlage zu den Habsburgern gegeben. Vielleicht diente aber die Verheiratung Heilwigs, der Schwester Hartmanns IV., mit Albrecht IV. von Habsburg einer gewissen Stabilisierung und Abgrenzung, und ohnehin war nach der habsburgischen Teilung von 1232 von dieser Seite vorerst nicht viel zu befürchten. Die laufenburgische Linie hielt dann nach 1239 zeitweise zur päpstlichen Partei und wurde vom Staufer – ohne die schwyzerische Reichsfreiheit von 1241 einseitig auf diese Parteinahme zurückzuführen – sicher nicht gefördert, während Rudolf, der Sohn der Heilwig und spätere König, erst nach 1242 in den Vordergrund trat und sich dann als entschiedener Stauferanhänger profilierte. Ein weniger beachtetes, vermutlich aber doch nicht unwichtiges Problem in den dreißiger Jahren liegt beim Verhältnis zu den benachbarten Grafen von Rapperswil.

Um 1230 befanden sich die Einsiedler Vögte von Rapperswil in vollem Aufstieg, und 1233 erscheint Rudolf (IV.) erstmals mit dem Grafentitel.[15] Gewisse Spannungen zwischen Kyburg und Rapperswil, unabhängig von der Frage genealogischer Kontinuität im Hause Rapperswil, könnten schon früh bestanden haben. 1210 wird jedenfalls ein Rapperswiler in ganz einmaliger und entsprechend betonter Weise als Lehensmann (feodatarius) des Kyburgers bezeichnet, und bei dieser Gelegenheit deutet sich für die Zeit um 1200 vielleicht eine gewisse Konkurrenz um den Einfluß auf die Zürcher Fraumünsterabtei (und später auf die Stadt) an.[16] Noch weiter zurück könnte man an die früheren Konflikte zwischen den Einsiedler Vögten und den Lenzburgern wegen der Schwyzer Marchenstreitigkeiten denken. Das wiederum weist auf einen nach 1200 sicher vorhandenen Berührungspunkt der beidseitigen Interessen hin: Es ist dies das Lenzburger Erbe im Gaster und in Glarus. Hier urkunden denn auch 1232

Kyburg und Rapperswil gemeinsam über Besitz in der Gegend von Weesen, und 1240 siegeln sie beide in der Beilegung des Streits zwischen der Äbtissin von Säckingen und dem Meier von Glarus.[17] Diese gemeinsame Tätigkeit muß allerdings in keiner Weise ein friedliches Einvernehmen zwischen den beiden Konkurrenten um Einflußnahme in diesem Gebiet bedeuten. Bestimmt nicht unwichtig ist auch, daß 1231 die Erbtochter des Pfalzgrafen Otto, Beatrix, gestorben war. Anstelle der (oder zumindest: der unbestrittenen) Kyburger (Reichs-)Vogtei in Glarus wäre auch eine ganz andere Möglichkeit denkbar: Vogteirechte könnten auch Angehörige anderer edelfreier Geschlechter ausgeübt haben, kleinere Herren, die sich vielleicht mit Rapperswiler oder gar Habsburger Hilfe, sicher aber nicht ohne staufisches Dazutun hier festgesetzt hatten. Möglicherweise änderte sich diese Lage 1240, und damit wären wohl auch die diversen Auseinandersetzungen um das Meieramt zu verknüpfen.[18]

Solche Spuren bedürfen der weiteren Abklärung. Aber auch ohne sie ist die These eines Gegensatzes zwischen Kyburg und Rapperswil um ehemals lenzburgische Güter und Rechte durchaus plausibel, jedenfalls nicht weniger als die gängige Meinung eines gegenseitigen Einvernehmens. Dieser Gegensatz ist nun wiederum für das Verhältnis zwischen Kyburgern und Staufern interessant: Es steht außer Zweifel, daß die Rapperswiler von den Staufern entschieden gefördert worden sind, haben sie doch möglicherweise schon um 1230, vielleicht auch erst um 1239/40 die Reichsvogtei Urseren erhalten.[19] Und die Frage, ob die (oder die nach 1230 auftretenden) Herren von Rapperswil nicht mit staufischer Nachhilfe zu ihrem neuen Zentrum Neu-Rapperswil und zum Grafentitel gekommen sind, ist nach meiner Ansicht noch immer offen.[20] Jedenfalls gehören die Rapperswiler in den vierziger Jahren eindeutig zur staufischen Partei.

Diese Überlegungen lassen vielleicht die Heiratsverschreibungen Hartmanns IV. für seine Gattin Margarete von Savoyen in einem anderen Licht erscheinen. 1230 verschrieb er ihr als Leibding unter anderem zahlreiche Güter aus dem lenzburgischen Erbe mit Schwergewicht im ostkyburgischen Bereich.[21] Wäre es nicht möglich, daß er dies zur besseren Absicherung tat, weil das Erbe (oder wenigstens Teile davon) nicht unumstritten war, sogar konkret ein Eingreifen Friedrichs II. zugunsten der Rapperswiler drohte? Hier könnte auch einer der Gründe – neben andern – für die auffällig häufige Bestätigung und Veränderung der Verschreibungen für Margarete liegen. Kein einleuchtenderes Motiv als das Bedürfnis nach Absicherung läßt sich jedenfalls für eine Handlung Hartmanns IV. von 1244 finden: Damals gab er den größten Teil der ostkyburgischen Güter dem Bischof von Straßburg auf, um sie als Lehen wieder zu empfangen.[22] Die Interpretation dieses ungewöhnlichen Schritts als generelle Vorsichtsmaßnahme gegen einen allfälligen staufischen Zugriff ist sicher richtig. Immerhin mögen auch hier noch – unter anderem – konkrete Befürchtungen wegen der (zweifellos nicht völlig aussichtslosen) Rapperswiler Ansprüche auf Lenzburger Erbe im Linthgebiet im Hintergrund gestanden haben. Auch die Heirat Hartmanns des Jüngeren mit einer Anna von Rapperswil zu einem unbekannten Zeitpunkt gegen 1248 hin könnte in denselben Kontext gehören.[23] Möglicherweise bedeutet dies einen Versuch zum Ausgleich, wobei die Kyburger die Bedingungen diktierten, weil die Rapperswiler nach 1245, nach dem Wegfall der staufischen Präsenz, in der schwächeren Position waren. Für die Richtigkeit der Vermutung, die Bereinigung der Lenzburger Erbsachen und damit des zentralen Streitpunktes könnte einer der wichtigeren Gründe für diese Heirat gewesen sein, gibt es noch einen anderen Hinweis: Nach dem Tod der Anna heiratete Hartmann V. Elisabeth von Châlons (1254), und auch dort spielte – auf einer mehr formalen Ebene – das Motiv der definitiven Bereinigung alter Lenzburger Sachen eine nicht zu unterschätzende Rolle.[24]

Bestimmt wären diese Ausführungen zum Verhältnis Kyburg-Rapperswil noch zu vertiefen. Sie genügen aber, um zu zeigen, daß regionalpolitische Bemühungen und Auseinandersetzungen der Kyburger eng verschränkt sein konnten mit dem Problem ihrer territorialen Konkurrenz zu den Staufern. Wie sich auf diese Weise territorialpolitischer Konfliktstoff anhäufte, ließe sich wohl auch an anderen Beispielen bzw. in anderen Bereichen zeigen. Insgesamt wird damit lediglich ein schon vorher angedeuteter Sachverhalt weiter bestätigt: Es bedeutet nur eine konsequente Fortsetzung des vorgezeichneten Wegs, wenn nach 1243, nach der Wahl Innozenz IV., die Kyburger in eine regionale Führungsrolle innerhalb der antistaufischen Partei hineinwuchsen. Die rasche Zuspitzung des Kaiser-Papst-Konfliktes und die massiven Schwierigkeiten Friedrichs II. mußte der Kyburger als eine große Chance sehen, den territorialen Einfluß der Staufer definitiv zurückzudrängen und die bisherigen Mißerfolge wettzumachen. Dabei konnte er auf Solidarität oder wenigstens gleichgelagerte Interessen bei einem beträchtlichen Teil des schwäbischen Adels zählen.

Nach der Absetzung Friedrichs 1245 wird die Parteinahme eindeutig: Offensichtlich bestanden Kontakte zum Gegenkönig Heinrich Raspe. 1247/48 begaben sich dann die beiden Kyburger an den päpstlichen Hof in Lyon, und 1248 beteiligte sich Hartmann IV. auch führend an der erfolgreichen Fehdetätigkeit gegen Konrad IV. im Elsaß, wie sie insbesondere vom Bischof von Straßburg ausging. Entscheidender sind die Vorgänge in der Region selber: Wieweit die Kyburger an den innerschweizerischen Wirren dieser Jahre beteiligt waren, wo nach 1245 unter dem Etikett

43

päpstlicher oder kaiserlicher Parteinahme lokale Gegensätze und Fehden offen ausbrachen, ist schwer zu beurteilen.[25] Die Schwerpunkte lagen anderswo: Schon bald nach der Absetzung Friedrichs haben sie vielleicht ein Vorgehen gegen Bern geplant.[26] Mit Sicherheit aber unternahmen sie sofort gezielte Anstrengungen, den Einfluß im staufertreuen Zürich zu verstärken.[27] Das spricht nicht nur für ihre Ambitionen, sondern auch für die politische Klarsicht. Die zunehmende Selbständigkeit der beiden Städte stellte zweifellos eines der entscheidenden Hindernisse für eine großangelegte kyburgische Territorialpolitik dar.

Mit dem Tod Friedrichs II. (1250) war die staufische Zeit ohnehin faktisch zu Ende. Das Fazit kyburgischer Politik in der Zeit nach 1212, und damit kann der Abschnitt über das kyburgisch-staufische Verhältnis abgeschlossen werden, ist rasch gezogen: Trotz des gewaltigen Zähringer Erbes hatte Hartmann IV. die territoriale Machtstellung seines Hauses kaum konsolidieren und ausdehnen können, und Haupthindernis war bis in die Jahre nach 1240 die politische Aktivität Friedrichs II., in einem weiteren Sinne die politische Präsenz der Staufer in diesem Raum überhaupt. In den Jahren nach 1245/50 mußte sich zeigen, ob es nun den Kyburgern auch wirklich gelingen sollte, ihr Ziel zu erreichen.

Zur Lage nach 1250

Alles in allem wird man die kyburgische Machtstellung um 1250 nicht unterschätzen dürfen. Dies gilt auch dann, wenn die staufische Präsenz eine erfolgreiche Territorialpolitik verhindert hatte. Deren Ende veränderte allerdings die Situation nicht einfach nur zugunsten der Kyburger. Die staufische Politik hatte Entwicklungen gefördert – man denke an die Reichsfreien –, die auch in Zukunft wesentlich über deren Chancen mitentscheiden sollten, und die Rolle als Bannerträger der Päpstlichen brachte auf die Dauer überhaupt nichts ein. Die Auseinandersetzungen in der Innerschweiz kamen schon gegen 1252 ohne irgendwelchen sichtbaren kyburgischen Gewinn zum Erliegen. Die Einmischung in stadtzürcherische Angelegenheiten führte nicht zum angestrebten Ziel und zwang in der Folge Hartmann IV. zu erheblichen Zugeständnissen, um wenigstens einen gewissen Ausgleich zu retten.[28] Bern behauptete seine Selbständigkeit, und wenn schon, war hier viel eher der Savoyer zur Stelle. Im Westen waren die Savoyer nun definitiv nicht mehr potentielle Bundesgenossen gegen Staufer und Reichsfreie, sondern zusammen mit Bern die schärfsten territorialpolitischen Konkurrenten, eine Lage, die sich schon seit einiger Zeit angedeutet hatte und die wegen der Kinderlosigkeit Hartmanns des Älteren und der Stellung Margaretes von Savoyen zusätzlich zu Komplikationen führen mußte. Auf die Dauer nicht minder wichtig war etwas anderes: Rudolf von Habsburg schlug sich nach 1242/45 entschieden auf die staufische Seite und konnte sich gerade in den kritischen Jahren um 1250 als Helfer der Staufertreuen profilieren. Dank seiner zielbewußten Aktivität begann schon jetzt Habsburg die Rolle der legitimen und zunehmend mächtigen – regionalen Ordnungsmacht zu übernehmen.[29]

Somit waren schon um 1250 alle Elemente gegeben, welche den Spielraum kyburgischer Politik in den folgenden Jahren bestimmten oder besser gesagt einengten. Dazu kam nun noch die Teilung von 1250/51: im großen ganzen übernahm Hartmann V. die westlichen Teile mit dem Zentrum Burgdorf, während Hartmann IV. die ostkyburgischen Gebiete behielt.[30] Aus kyburgischer Sicht war die Teilung durchaus eine Demonstration des gesteigerten Machtbewußtseins des Geschlechts; sie brauchte nicht im vornherein eine Schwächung der Machtstellung zu bedeuten. Vielleicht wurde übrigens schon zu diesem Zeitpunkt Hartmann V. als künftiger Gesamterbe betrachtet, weil die Kinderlosigkeit Hartmanns des Älteren langsam offenkundig wurde. Darauf deutet jedenfalls die Tatsache hin, daß nachher der jüngere Hartmann sehr oft zu ostkyburgischen Angelegenheiten beigezogen wurde. Andererseits ist ein gewisses Mißtrauen des Älteren seinem Neffen gegenüber schon vor 1250 gelegentlich spürbar. Damit und mit der Teilung mag auch die 1251 vom Papst ausgesprochene, aber von Hartmann dem Jüngeren merkwürdigerweise nicht vollzogene Scheidung von seiner Gemahlin Anna von Rapperswil zusammenhängen.[31] Mehr noch als dieses später mit Sicherheit vorhandene gegenseitige Mißtrauen wirkte sich als schwere Belastung aus, daß Hartmann IV. ganz offensichtlich nicht in der Lage war, die ehrgeizigen Pläne seines Neffen in den Jahren nach 1253 wirkungsvoll zu unterstützen. Hartmann V. stand auch ganz andern politischen Problemen gegenüber, als sie im ostkyburgischen Gebiet zu lösen waren. Die Voraussetzungen für eine gemeinsame Entwicklung der beiden Herrschaftsteile und für eine gemeinsame Wahrung der territorialen Machtstellung waren deshalb kaum mehr gegeben, und in diesem Sinne hatte die Teilung eben doch unvorhersehbare negative Folgen.

Die Ereignisse nach 1250 sollen hier nur noch ganz kurz überblickt werden. Im ostkyburgischen Bereich Hartmann IV. von da an als politisch fast inaktiven, älteren Grafen zu sehen, der sich in zunehmender Senilität nur noch um die Versorgung seiner allfälligen Witwe und um Vergabungen an Klöster gekümmert hätte, wäre sicher falsch. In nicht wenigen Angelegenheiten fungierte er als Landgraf und Schiedsrichter, Belege für einen immer noch beträchtlichen Einfluß in der Ostschweiz. Gegenüber Rapperswil und Regensberg scheint er eine Verständigungspolitik betrieben zu haben, und mit Zürich, wo er vielleicht 1254/55 bei den Äbtissinnenwahlen die Hände im Spiel hatte, suchte er den Ausgleich.[32] Wenn sich die Zürcher 1262 nicht mehr für Konradin gewinnen ließen, dann deutet schließlich auch dies darauf hin, daß der Kyburger schon längst keine Bedrohung mehr für die städtische Autonomie darstellte.[33] Nach 1257 ist trotz allem eine gewisse Wende festzustellen. Offensichtlich betrieb nun Margarete eine durchaus eigenständige Politik; ihre Bedeutung in diesen letzten Jahren ist nicht zu unterschätzen, und die savoyischen Absichten in Hinblick auf das Erbe waren klar. 1259 setzte dann auch schon das Erbgerangel von seiten des Bischofs von Konstanz und (weniger gewichtig) des Abtes von St. Gallen ein.

Wesentlich aktiver war nun immerhin die Politik Hartmanns des Jüngeren im Westen. Seine großangelegte und zielstrebige Territorialpolitik führte zum Zusammenstoß mit Bern, und das ermöglichte Peter von Savoyen eine entscheidende Ausdehnung seines Einflusses. Der 1256/57 vorübergehend erreichte Ausgleich bedeutete nichts anderes als das endgültige Scheitern kyburgischer Ausbauabsichten. In den nachfolgenden Wirren ist von besonderem Interesse, daß sich Hartmann der Jüngere (nach schon wesentlich früheren Kontakten) spätestens 1261 stark an Rudolf von Habsburg anzulehnen begann.[34] Bei seinem Tode am 3. September 1263 hinterließ Hartmann V. nur die unmündige Tochter Anna. An ihrer Vormundschaft sicherte sich Rudolf einen wichtigen Anteil, und schon am 16. Februar 1264 ernannten ihn die Freiburger zu ihrem Schirmherrn.[35] 1264 lehnte sich aber auch Hartmann der Ältere an den Sohn seiner Schwester an, der ihm beim Aufstand der Winterthurer zu Hilfe eilte und dort am 29. Juni auch das Stadtrecht ausstellte[36], ein Aufstand, der wohl in erster Linie gegen die Savoyerin und ihre Politik gerichtet war. In welcher Art sich nach dem Tode Hartmanns IV. (am 27. November 1264) Rudolf von Habsburg hier als Erbe gegen die Ansprüche Margaretes und gegen Peter von Savoyen durchsetzte und wie er dann 1273 von Anna auch noch einen weiteren wichtigen Teil des Erbes Hartmanns V. erwarb, braucht nicht mehr dargestellt zu werden.

Wie soll man zum Abschluß diese letzten Jahre kyburgischer Politik beurteilen? Sicher ist nicht auszumachen, was geschehen wäre, wenn die Kyburger nicht sozusagen «biologisches Pech» gehabt hätten. Aber diese triviale Feststellung sollte nicht über eines hinwegtäuschen: Gesamthaft gesehen war die kyburgische Politik seit 1220 wenig erfolgreich, und nach dem Wegfall der staufischen Präsenz war schon zu viel Terrain an die aufstrebenden Konkurrenten verloren. Äußerlich wäre das umfangreiche Zähringer Erbe sicher eine gute Grundlage für die Errichtung einer großräumigen territorialen Herrschaft im schweizerischen Mittelland gewesen. Die bloße Tatsache, ein großes Erbe angetreten zu haben, genügte allerdings nicht. Um die machtmäßige Präsenz durchzusetzen und von dort aus auch weiter auszugreifen, mußte das Erbe behauptet und integriert, herrschaftlich durchdrungen werden. Das überstieg offenbar die Möglichkeiten der Kyburger. Man gewinnt den Eindruck, daß dafür letztlich ihre Grundlagen allodialer, lehensmäßiger und vogteilicher Art – und damit auch die Einkünfte – zu bescheiden waren. Zudem hätte dies wohl vorausgesetzt, die Herrschaft auf neue Weise zu gestalten und zu organisieren. Ob Ansätze dazu vorhanden waren, muß mit einer Analyse der inneren Ausbautätigkeit der Kyburger geklärt werden.

*

Das Problem des inneren Ausbaus wäre unter vielen verschiedenen Gesichtspunkten zu erörtern. Wesentliche Aktivitäten wie Städtegründung und Vogteipolitik bleiben hier unberücksichtigt, und auch die in diesem Zusammenhang nicht etwa nebensächliche Stiftungs- und Klosterförderungstätigkeit kann höchstens beiläufig erwähnt werden. Im Hinblick auf die Beurteilung des inneren Ausbauerfolgs nicht minder wichtig ist die Frage nach dem Verhältnis der Kyburger zu den Edelfreien in ihrem Einflußgebiet, wie auch jene nach Stellung und Bedeutung kyburgischer Ministerialität. Diese beiden Bereiche sollen im folgenden überblicksweise behandelt werden. Die Beispiele dazu sind vorwiegend aus dem ostschweizerischen Gebiet gewählt.[37]

Kyburger und einheimische Edelfreie
In der älteren Literatur ist viel von edelfreien Gefolgsleuten und «Freunden» der Kyburger die Rede. Solche Aussagen beruhen meistens auf der Annahme, das Auftreten einer ganzen Reihe von nobiles (vorwiegend) als Zeugen in kyburgischen Urkunden, besonders in den Heiratsverschreibungen für Margarete, müßte ein engeres Gefolgsverhältnis dieser Leute zu den Kyburgern bedeuten. Diese Vorstellung ist zweifellos falsch, obschon das Problem nicht so einfach zu lösen ist. Über kyburgische Lehensbindungen von Edelfreien ist praktisch nichts bekannt, was trotz der bekannten quellenkritischen Schwierigkeiten beim Nachweis derartiger Lehensverhältnisse kein Zufall sein kann. Die Quellen weisen eher auf Fälle hin, wo die Kyburger gegen den Willen der Betroffenen (und vielleicht gegen ihr Recht) ihre übergeordneten Lehensrechte beanspruchten.[38] Zudem dürfte es den Kyburgern kaum gelungen sein, allenfalls vorhandene zähringische Lehensbindungen zu übernehmen und zu behaupten.

Solche Überlegungen bieten eine zusätzliche Rechtfertigung für den Versuch, hier das Problem von einer ganz andern Seite her anzugehen. Grundsätzlich sind die Edelfreien standesgleich mit den Kyburgern. Die bedeutenderen Geschlechter dieser Gruppe, wie die schon erwähnten Rapperswiler, aber auch etwa Regensberg, Klingen, Tengen und Eschenbach konnten durchaus als Konkurrenten auftreten, gerade in den Parteiungen des 13. Jahrhunderts. Deren Streubesitz, aber auch Besitz und Rechte kleinerer Geschlechter aus der nobiles-Gruppe, wie sie beispielsweise in der Ostschweiz sehr zahlreich vertreten waren, stellten im engeren kyburgischen Einzugsgebiet sozusagen Fremdkörper dar und standen einer territorialen Vereinheitlichung und Verdichtung entgegen. Von den territorialpolitischen Zielen her mußte es also den Kyburgern darum gehen, größere wie kleinere nobiles-Geschlechter entweder aus dem Gebiet zu verdrängen oder dann in die kyburgische Herrschaft zu integrieren, bedeutendere Nachbarn zumindest in ihre Klientel einzubeziehen. Wie weit ist dies gelungen?

Ein kurzer Überblick über die entsprechenden Vorgänge in der Ostschweiz ergibt etwa folgendes: Zu keiner Zeit waren die Kyburger in der Lage, auf die Großen der Nachbarschaft nachhaltig genug Druck auszuüben. Die lange Suche nach einem Ausgleich mit den Rapperswilern wurde schon oben dargelegt. Ähnliches gilt auch für die mit den Kyburgern verwandten Regensberger und für die kaum weniger begüterten Herren von Tengen. Angehörige beider Geschlechter treten häufig im Gefolge der Kyburger auf; dies bedeutet aber keineswegs den Verzicht auf eine eigenständige Politik, und sie dazu zu zwingen vermochte der Kyburger schon gar nicht. Gegenseitigen Ausgleichsbemühungen dürfte es entsprechen, wenn die Regensberger vor 1250 ihren thurgauischen Besitz (zur Hauptsache) aufgaben.[39]

Erfolgversprechender war naturgemäß der kyburgische Verdrängungsdruck auf kleinere Geschlechter. Ein Weg dazu war die Beanspruchung des Erbes. Dies ist offenbar vor 1200 gegenüber den Herren von Weißlingen und Roßberg gelungen; beides waren wohl Splitter einer größeren Familiengruppe, die mit alten Nellenburger Gütern zu tun hatte. Solche Okkupationen scheinen allerdings nicht unumstritten gewesen zu sein und konnten noch viel später zu Schwierigkeiten führen.[40] Wahrscheinlich wichen dem kyburgischen Druck (oder jenem der von ihnen geförderten Leute) auch die Herren von Hasli[41], und die Abwanderung der kleinen edelfreien Herren von Humlikon[42] – ein Heinrich ist offenbar um 1240 nach Zürich gezogen – dürfte ebenfalls darauf zurückzuführen sein.

Für dieses Problem muß noch auf ein anderes Phänomen hingewiesen werden: Die neuen Klöster der Gegend, die kyburgische Stiftung Töß, das von Hartmann IV. maßgeblich geförderte Paradies und auch Katharinental, kommen in der Frühzeit in auffälliger Weise zu Besitz an Orten, in denen Besitz eben solcher kleinerer edelfreier Geschlechter – wie Teufen, Schad von Radegg, Eschlikon, Winterberg, Humlikon/Kempten u. a. – lag, zum Teil direkt aus den Händen der nobiles, zum Teil indirekt über kyburgische Ministerialen und die Hand des Grafen.[43] Die kyburgische Förderung und der Aufstieg dieser Klöster könnte durchaus in den Zusammenhang gräflicher Politik gegen die kleineren nobiles gehören, sei es, daß sie den letzteren Zuflucht für Güter vor kyburgischen Machtansprüchen boten (wie vielleicht bei Katharinental), sei es als Folge direkter Verdrängungsmaßnahmen. Manche der sogenannten kyburgischen Schenkungen oder Überlassungen, besonders an Töß, könnten durchaus umstrittene Güter betroffen haben, eine ebenso ketzerische wie untersuchungswürdige Vermutung. Wohl nicht zufällig tauchen übrigens ähnliche Splitter auch in den Verschreibungen und Käufen für Margarete von Savoyen auf.[44]

Ob diese Verdrängungspolitik tatsächlich viel Nutzen gebracht hat, steht dahin. Und sicher war sie nicht immer erfolgreich. Das deutlichste Beispiel für Widerstand sind die Herren von Teufen. Sie treten nur sehr selten in kyburgischen Urkunden auf, stehen mindestens vor 1230 in besonders engen Beziehungen zu Friedrich II. (und zu den Rapperswilern), und Kuno von Teufen amtet sogar 1235 als kaiserlicher procurator in Burgund.[45] Vor diesem Hintergrund ist es doch auch äußerst interessant, daß im Winterthurer Stadtrechtbrief von 1264 neben den Tengen ausgerechnet die Teufen und die Humlikon als einzige edelfreie Zeugen auftreten.[46] Noch bedeutend weniger Erfolg scheinen die Versuche zur Integration gehabt zu haben: Ein einigermaßen sicheres Beispiel dafür sind nur die Herren von Wart. Rudolf von Wart urkundet 1245 als kyburgischer iusticiarius im Zürichgau. Die Warter sind sonst auch recht häufig im kyburgischen Gefolge, allerdings nur bis 1254, kaum zufällig bis zur (erzwungenen?) Liquidation ihres Kaiserstuhler Besitzes.[47] Auch der edelfreie Ulrich von Wetzikon tritt regelmäßig in der Umgebung des Kyburgers auf. Seine Stellung kann aber nicht genauer definiert werden, und seine Einordnung stellt beträchtliche Probleme auch genealogischer Art. Unsichere Anzeichen deuten darauf hin, daß er zu den Bonstetten gehörte; auch wenn dies zutrifft, könnte der merkwürdige Umstand nicht beseitigt werden, daß die Herren von Bonstetten, die doch nach gängiger Meinung seit etwa 1150 auf Burg Uster als kyburgischem Lehen gesessen haben sollen, überhaupt nie in kyburgischen Urkunden auftreten.[48]

Vieles müßte in diesem Bereich noch genauer abgeklärt werden. Aber schon der summarische Überblick, beschränkt auf die Verhältnisse in der Ostschweiz, läßt nur den einen Schluß zu: Im ganzen waren die kyburgischen Verdrängungsbemühungen kaum sehr erfolgreich, von realem Gewicht vielleicht noch am ehesten bei kleineren Herren, wobei indirekt die neuen Klöster eine wichtige Rolle gespielt haben dürften. Noch weniger gelang die Integration edelfreier Herren in den kyburgischen Dienst, und mit den bedeutenderen Nachbarn wie Regensberg konnte höchstens ein Ausgleich erzielt werden. Die Annahme, in den bernischen und aargauischen Gebieten sei die Lage nicht viel anders gewesen, ist durchaus begründet. Dieser Sachverhalt macht wesentliche Strukturschwächen kyburgischer Herrschaft offenkundig.

Kyburgische Ministerialität
Die Herausbildung einer eigenen ritterlichen Dienstmannschaft durch geistliche und weltliche Herren gehört zu den wichtigsten Merkmalen einer auf territoriale Herrschaftsintensivierung ausgerichteten Ausbaupolitik. Eine kyburgische Ministerialität ist in den Quellen schwach ab 1180, deutlicher dann nach 1230 faßbar, relativ spät also, was nicht ausschließlich mit der Quellenlage zu begründen ist. Schwierigkeiten macht auch, besonders in der Zeit nach 1240, die Abgrenzung der eigentlichen Dienstmannen von anderen, zumeist ritterlichen Gefolgsleuten und Lehensträgern. Die explizite ministerialis-Bezeichnung wird sehr ungleichmäßig verwendet, und entgegen aller Erwartungen werden schon ab 1230 die Konturen der Ministerialengruppe zunehmend unscharf.

Ganz allgemein darf die Abhängigkeit der kyburgischen Ministerialität von der Herrschaft nicht überschätzt werden.[49] Über die Lehensverhältnisse an Burgen und Dienstmannen ist sehr wenig bekannt; in vielen Fällen jedoch ist eine kyburgische Lehensherrlichkeit fraglich oder gar auszuschließen. Manche kyburgische Dienstleute müssen allodiale Güter besessen haben, andere dürften schon früh im Besitz echter Lehen gewesen sein, öfters auch von fremden Herren. In der Spätzeit scheint die gräfliche Bestätigung von ministerialischen Güterübertragungen an Klöster, beispielsweise an Töß, in erster Linie auf das Begehren der geistlichen Empfänger zurückzugehen, also viel eher deren Sicherungsbedürfnis als einer realen und durchsetzbaren Kontrolle durch die Herrschaft zu entsprechen. Bis zu einem gewissen Grade und besonders nach 1250 mag die recht lockere Abhängigkeit der Ministerialität allgemeine Tendenzen der Zeit spiegeln, und schließlich kommt es hier sehr auf die faktische Macht zur Durchsetzung ministerialischer Verfügungsbeschränkungen an. Andere Herren, wie beispielsweise die Regensberger, versuchten immerhin, ein wesentlich restriktiveres Ministerialenrecht zu handhaben. Die Schwäche des kyburgischen Zugriffs auf die Ministerialität dürfte also noch andere, spezifische Gründe haben.

Ein wesentlicher Schwächefaktor ist die heterogene Herkunft und Zusammensetzung dieser Dienstmannschaft und des kyburgischen Gefolges überhaupt. Die Heterogenität war von Anfang an gegeben: Zu einer kleinen Gruppe aus dem engsten Kerngebiet (etwa Schad und Schenk von Liebenberg, Wurmenhusen, Schlatt, Hettlingen u. a.) stießen durch die Erbvorgänge Dienstleute ehemals lenzburgischer und zähringischer Zugehörigkeit. Die Verfügungsgewalt nach Dienstmannenrecht über diese Herkunftsgruppen scheint von vorneherein beschränkt gewesen zu sein, wenn nicht schon immer die Macht fehlte, sie überhaupt durchzusetzen. Eine sehr selbständige Stellung wahrten jedenfalls die Herren von Hallwil[50] aus dem ehemaligen Lenzburger Gefolge (und wohl ursprünglich freier Herkunft). Dasselbe gilt für jene Herren von Liebenberg, die offenbar aus dem Zähringer Gefolge stammten, sich zum Teil als Reichsministeriale bezeichneten und irgendwie als Vorläufer oder gar direkte Vorfahren der erst nach 1250 in den Vordergrund rückenden Landenberger zu betrachten sind.[51] Gleichzeitig ging die weitere Entwicklung einer eigenen Ministerialität nur mühsam voran. In den westlichen, d.h. aargauischen und bernischen Gebieten bildete sich in der Zeit nach 1220 offenbar nur ganz allmählich eine eigenständige kyburgische Gruppe aus, die noch um 1240 sehr schmal war (z.B. Oenz, Schüpfen, Stein u. a.) und erst nach 1250 deutlicher und zahlenmäßig stärker in Erscheinung trat, übrigens sich im Aargau auch durch einzelne Zuwanderer aus dem Thurgau ergänzte. Im östlichen Teil, quellenmäßig etwas besser überblickbar, bestanden vielleicht günstigere Voraussetzungen; die Erweiterung führte aber auch hier in erster Linie zu einer noch ausgeprägteren Heterogenität.

Erstens wurde im Osten nach 1230/40 wenigstens teilweise erfolgreich versucht, ritteradlige Gefolgsleute anderer Herren, insbesondere geistlicher Herrschaften, zu integrieren. Es gilt dies etwa für die Herren von Hegi, die als Zweig der konstanzischen Ministerialen von Hugelshofen zu betrachten sind, weniger sicher auch für die wohl zuerst reichenauischen Herren von Strass. Häufig im kyburgischen Gefolge befinden sich nach 1240 auch die sanktgallischen Schenken von Landegg; bei der Landenberg-Gruppe dagegen, deren Angehörige gelegentlich im kyburgischen Umkreis auftreten und teilweise ebenfalls als sanktgallische Dienstleute bezeichnet werden, fällt eine wesentlich selbständigere Stellung und eine sehr breite Fächerung der Beziehungen auf.

In denselben Zusammenhang gehört ein ähnliches Integrationsphänomen auf einer anderen Ebene: Die Hofämter alter Art, insbesondere Schenk und Truchsess, scheinen schon nach 1230 nicht mehr eigentliche Hoffunktionen zu beinhalten. An ihrer Stelle bildet sich spätestens ab 1240 eine engere Hofadelsgruppe heraus, als Folge eines neuartigen, vielleicht an savoyische Vorbilder angelehnten Ausbaus der zentralen Hofhaltung. Diese gehobene Dienst- und Beratergruppe umfaßt zunächst vor allem Kleriker. Dazu gehören die notarii, und unter ihnen besaß besonders der Notar Friedrich eine ganz außerordentliche Stellung und einen politischen Einfluß, der weit über die Regelung von kyburgischen Familienangelegenheiten und das bloße Urkundenverfassen hinausging.[52] Seine Herkunft ist nicht zu bestimmen, aber er dürfte kaum der kyburgischen Ministerialität entstammen. Ebenso wichtig sind die hier tätigen Kleriker aus ebenfalls nicht «kyburgischen» Geschlechtern. Insbesondere Heinrich von Klingenberg, in päpstlichen Urkunden als kyburgischer consiliarius, vom Kyburger selber – wie Friedrich und andere – als familiaris und magister bezeichnet, übte am Hofe Hartmanns des Älteren zentrale Funktionen aus.[53] Alle diese Kleriker waren nicht bloß schreibkundig, sondern besaßen vielleicht eine Rechtsschulung in Bologna; das gilt eventuell auch für den schon oben erwähnten Ulrich von Wetzikon und für Diethelm von Steinegg, der 1230 bei der ersten Verschreibung für Margarete die rechtsgültigen Formeln auszusprechen hatte.[54] Auf den selben Sachverhalt deutet auch der Titel magister bei einzelnen Amtsleuten.[55] Damit sind Entwicklungszüge gegeben, die dann in habsburgischer Zeit größte Bedeutung erlangen.[56]

Zweitens entsteht eine neuartige ritterliche Dienstleutegruppe in Verbindung mit der Entwicklung der kyburgischen Städte. Die entsprechenden Geschlechter sind zum einen direkt in den Landstädten seßhaft: So die Truchsessen von Dießenhofen (ein Zweig der älteren Hettlingen) und die Herren von Frauenfeld als die bekanntesten Beispiele.[57] Zum andern gibt es Anzeichen dafür, daß sich aus den Landstädten heraus eine neue Ritteradelsschicht zu bilden begann. Dieser Vorgang ist aus habsburgischer Zeit wohlbekannt (als Beispiel die Zum-Tor aus Winterthur[58], die später auf Teufen sitzen), kann aber wenigstens für Winterthur schon in kyburgischer Zeit angenommen werden. Anhaltspunkte in dieser Richtung bestehen für die Girsberg und Goldenberg, die unter diesen Bezeichnungen erst Ende der vierziger oder anfangs der fünfziger Jahre auftreten, aber offenbar schon vorher als «von Winterthur» belegt sind, in etwas anderer Weise wohl für die genealogisch unklare Gruppe Adlikon-Wagenberg-Meier von Neuburg, und wahrscheinlich auch für die auffallend spät unter diesem Namen auftretenden Sulz und Seen.[59] Bei einzelnen dieser Geschlechter dürfte auch eine Beziehung zu Gütern bestehen, die für Margarete von Savoyen gekauft worden sind. Und nebenbei sei immerhin vermerkt, daß interessanterweise die Girsberg, Goldenberg, Sulz und Seen in kyburgischen Urkunden nie explizit als ministeriales bezeichnet werden. Jedenfalls tritt diese neue Schicht kleinerer Ritteradelsgeschlechter in den fünfziger Jahren sehr deutlich neben die ältere Kerngruppe, wenn nicht sogar an deren Stelle, verlieren doch die Wurmenhusen, Schenk und Schad von Liebenberg, Schlatt und Wida schon ab 1260 zunehmend rasch an Bedeutung.

In den Zusammenhang des Problems einer neuen stadtgebundenen Ministerialenschicht gehört schließlich auch noch die deutliche Abwanderungsbewegung aus dem Thurgau in aargauische Kyburgerstädte, wie etwa Zweige der Hettlingen[60] nach Baden. Andere Gründe wird dagegen die Festsetzung einzelner kyburgischer Ministerialen – vor allem der Herren von Schönenwerd[61] – in der Stadt Zürich haben. Insgesamt ist die Neubildung einer auf die eine oder andere Weise eng mit den Landstädten verknüpften Ministerialengruppe ein Indiz dafür, daß sich das Schwergewicht kyburgischer Herrschaftsausübung mehr und mehr Richtung Städte verschoben hat. Gleichzeitig dürften die Kyburger bestrebt gewesen sein, damit eine neue, tatsächlich stärker an die Herrschaft gebundene Dienstmannenschicht zu schaffen.

Drittens: Das zuletzt genannte Ziel, die Schaffung einer neuen, stärker der Herrschaft verpflichteten Dienerschaft wurde auch noch auf andere Weise verfolgt. Schon ab 1230 wird eine neue Gruppe der officiales, ministri und servi, also der Ammänner und Diener faßbar[62], und zwar zuerst vor allem im Aargau, später auch in anderen Gebieten. Einerseits ist die Entstehung dieser Amtsträger- und Verwalterschicht eine Folge des ansatzweise bereits früh, im Kyburgischen Urbar von ca. 1260[63] dann deutlich erkennbaren Versuchs zur Organisation der Herrschaft in Ämter. Das Kyburgische Urbar, seinerseits ein interessanter Beleg für die Anfänge neuartiger, stärker an Schriftlichkeit gebundener Formen der Herrschaftsausübung, zeigt bereits teilweise Ämter, die um Zentralburgen und ihre Vorstädte gruppiert sind, wie es in habsburgischer Zeit zur Regel wird. Inhaber bedeutender Ämter sind quasi Vorläufer späterer habsburgischer Amtsvögte und brauchen sozial keineswegs schlechter zu stehen als Angehörige des Ritteradels.[64] Andererseits bildet sich mit den servi und ministri trotzdem bzw. gleichzeitig eine neue Gefolgschaft sehr verschiedener, teilweise landstädtischer und auch ministerialischer, meist wohl eher bescheidener Herkunft, die sich sozusagen unterhalb der alten ritterlichen Ministerialität einschiebt. Bereits in kyburgischer Zeit beginnt also die Heranbildung einer Art von – nichtritterlichem und in sich sozial abgestuftem – «Lokaladel», der dann nach 1300 in den Quellen, vor allem als Inhaber kleinerer Lehen, sehr deutlich in Erscheinung tritt.[65]

Wie sind nun zusammenfassend diese Entwicklungen zu beurteilen? Trotz all den geschilderten neuen Ansätzen bleibt die eine Tatsache bestehen: Die «autochthone» kyburgische Ministerialität war von Anfang an schwach und blieb auch in der Folgezeit vergleichsweise unbedeutend. Die eigenständigen neuen Dienst- und Verwalterschichten in der Stadt und den Ämtern bildeten außerdem nur ein sehr bescheidenes Gegengewicht zur recht großen Gruppe der besitzmäßig starken und sehr selbständigen älteren Ritteradelsgeschlechter vom Lande. Unter ihnen ragten schon um 1260 etwa die Hallwil, Landenberg, Rinach, Baldegg, Klingenberg und andere hervor; sie alle sind ja dann auch, ganz im Gegensatz zur Ministerialität echt kyburgischer Herkunft, zu den Stützen – und Profiteuren – habsburgischer Landesherrschaft geworden.[66] Weder waren die Kyburger in der Lage, allenfalls mit Gewalt diese Geschlechter zu kontrollieren und zu integrieren, noch hatten sie ihnen genügend zu bieten, um sie auf andere Weise in den Dienst ihres territorialen Ausbaus zu ziehen – wie es dann dem Habsburger gelungen ist.

Eine seit Beginn schwache Basis, die äußerst schwierige Ausgangslage (auch etwa im Hinblick auf eine konsequente Lehenspolitik) mit der heterogenen, durch die Erbvorgänge fast zufälligen Zusammensetzung des potentiellen ritterlichen Gefolges, offenbar zu bescheidene Mittel, mit Ausnahme des engeren Hofadels und landstädtischer homines novi in bezug auf die Gefolgschaftsbildung auch in der Folge eine konsequente, genügend attraktive Ausbaupolitik zu betreiben, letztlich das Unvermögen, radikal neue Wege – wie die Habsburger mit Burglehen und (Amts-)Pfändern – zu beschreiten: alle diese Tatsachen ergeben ein sehr ungünstiges Bild. Es ist den Kyburgern nicht gelungen, eine starke Ministerialität herauszubilden und sie für den territorialen Ausbau einzusetzen. Die feststellbaren Neuansätze, die zum Teil tatsächlich in die Zukunft weisen, ändern daran nichts. Auch in diesem Bereich zeigen sich also wesentliche Strukturschwächen kyburgischer Herrschaft.

Die Probleme um den inneren Ausbau sind mit den Themen Edelfreie und Ministerialität selbstverständlich noch lange nicht definitiv gelöst. War aber die kyburgische Städtepolitik erfolgreicher, wenn man nicht bloß die Gründungstätigkeit, die für sich allein noch nicht viel besagen will – auch die Frohburger haben viele Städte gegründet –, betrachtet? Und die Vogteipolitik, die ja auch Steuerpolitik bzw. die Erschließung neuer Einkünfte bedeutet? Das ist sehr fraglich, ohne den Vergleich nach vorne, mit dem, was dann in habsburgischer Zeit geschehen ist, allzustark strapazieren zu wollen. Günstigere Perspektiven ergeben sich immerhin im Bereich der Herrschaftsorganisation. Wenigstens ansatzweise sind mit dem Ausbau der zentralen Hofhaltung, den Versuchen zur Ämterorganisation und zur vermehrten Schriftlichkeit bedeutsame Absichten – noch nicht unbedingt Erfolge – in Richtung Herrschaftsintensivierung erkennbar.

Alle die genannten Aspekte bedürfen noch der weiteren Erforschung. Ein Gesamturteil über den kyburgischen Ausbau steht unter diesem Vorbehalt; es wird dennoch kaum positiv ausfallen können, weil nur schon in den beiden hier näher dargelegten Bereichen zu gewichtige Strukturschwächen nachzuweisen sind. Diese Feststellung erlaubt, den abschließenden Überblick doch noch mit dem Versuch zu verbinden, Antworten auf die eingangs gestellten Fragen wenigstens anzudeuten. Im ganzen waren die kyburgischen Territorialisierungsbemühungen alles andere als erfolgreich. Ein zentrales Hindernis im politischen Bereich bildete dabei bis 1245 die staufische Präsenz. Nach deren Wegfall waren die Kyburger nicht mehr in der Lage, ihre Ziele durchzusetzen. Die Territorialisierungslinie führte für unser Gebiet demnach eher von den Zähringern über die Staufer zu Savoyen, Bern und Habsburg und kaum über die Grafen von Kyburg. Die Weichen waren schon vor deren Aussterben gestellt. Neben den äußeren Schwierigkeiten fielen dabei wesentliche innere, strukturelle Schwächen ins Gewicht. Sie werden zumindest darin deutlich, daß es den Kyburgern nur in bescheidenem Maße gelungen ist, einheimische nobiles zu verdrängen oder zu integrieren, gleichzeitig die eigene Ministerialität unbedeutend war und blieb, sich außerdem der Kontrolle zunehmend entzog und die Bildung einer neuartigen Gefolgschaft höchstens im engsten Hofbereich und auf einer unteren Stufe gelingen konnte. Gerade in diesen beiden Bereichen wird man auch aus vergleichender Sicht zum Schluß kommen, die kyburgische Herrschaft habe die Entwicklung in Richtung Territorialisierung eher verzögert denn gefördert. Die Strukturbereinigung unter Rudolf und Albrecht von Habsburg war nicht zufällig in jeder Hinsicht um so rascher und gründlicher.[67]

Gründe für die Erfolglosigkeit kyburgischer Territorialisierungsanstrengungen – und für die relative Rückständigkeit kyburgischer Herrschaft – sind auf verschiedenen Ebenen zu suchen. Wesentlich verantwortlich dafür war ihre (im Verhältnis etwa zu den Staufern und Zähringern) immer recht bescheiden gebliebene Machtposition und Machtgrundlage. Sie kamen, etwas überspitzt formuliert, ja doch sozusagen zufällig als kleine ostschweizerische Dynasten zu Teilen des lenzburgischen und zähringischen Erbes. Das erklärt allerdings nicht alles, genau wie die Berufung auf die Glücklosigkeit ihrer Politik gegenüber den Staufern und auf das biologische Pech die Kyburger als nur individuellen Einzelfall absondern würden. Und die nicht unbedeutenden Neuansätze waren nicht einfach zu schwach, weil sozusagen «die Zeit» dafür noch nicht «reif» gewesen wäre. In Rechnung zu stellen ist auch der sichtbare Wandel der Herrschaftsmentalitäten im Laufe des 13. Jahrhunderts: Denkt man an die zielbewußte Erwerbs- und Organisationstätigkeit Rudolfs von Habsburg oder der Savoyer, dann blieben die Kyburger sehr viel stärker traditionellen Verhaltensweisen verhaftet. Besitzerweiterungen wurden auf den hergebrachten Wegen der Heirat, der Beerbung und – vielleicht besonders – der Usurpation gesucht; es gelang nicht, neue, machtvergrößernde Wege in der Gefolgschaftsbildung zu finden; ein Ausbau des Vogtsteuerwesens, wie er für die habsburgischen Einkünfte und damit als Mittel zur Finanzierung «staatlicher» Verwaltungsleistungen und militärischer Machtausübung entscheidend war, blieb offenbar in allerersten Ansätzen stecken; die Aufzählung wäre fortzuführen.

Das Festhalten an hergebrachten Formen der Herrschaftsausübung und Machtbehauptung – mit den entsprechenden Folgen – bedeutet nun nicht einfach persönliches Unvermögen oder Dekadenz der Kyburger. Vielmehr steht dahinter ein nicht vollzogener Anpassungsprozeß an sich im 13. Jahrhundert rasch verändernde allgemeine gesellschaftliche Gegebenheiten und an sich damit wandelnde Voraussetzungen von Herrschaftsausübung überhaupt. Die Vorgänge weisen somit weit über lediglich verfassungsgeschichtliche Fragen hinaus, und das gilt für die gesamte Territorialisierungsproblematik.

---

* Der vorliegende Text, als Tagungsreferat konzipiert und grundsätzlich in der ursprünglichen Form belassen, will nicht mehr bieten als eine Ideenskizze zuhanden der weiteren Diskussion. In den Anmerkungen ist nur auf m. E. wichtigere (und neuere) Literatur sowie besonders herangezogene Quellenstellen verwiesen, und ich verzichte darauf, den teilweise neuen Perspektiven eine umfangreichere Referierung älterer Standpunkte bzw. Interpretationen beizufügen, was in keiner Weise eine Geringschätzung anderer Meinungen andeuten soll. Für einige kritische Hinweise im Anschluß an einen Vortrag zum selben Thema im Rahmen des Alemannischen Instituts in Tübingen bin ich dankbar.

[1] Siehe dazu Paul Kläui, Hochmittelalterliche Adelsherrschaften im Zürichgau, (Mitteilungen der Antiquarischen Gesellschaft Zürich 40 Heft 2) Zürich 1960, grundlegend trotz vieler offener Fragen und methodischer Vorbehalte.

[2] So Hans Conrad Peyer, Die Entstehung der Eidgenossenschaft, in: Handbuch der Schweizergeschichte (HbSG) I, Zürich 1972, 170.

[3] Für den weiteren Rahmen maßgebend sind die entsprechenden Abschnitte von Hans Conrad Peyer in HbSG I, bes. 151ff., 163ff.; äußerst nützlich bleibt Carl Brun, Geschichte der Grafen von Kyburg bis 1264, (Diss.) Zürich 1913; wichtig ferner Markus Feldmann, Die Herrschaft der Grafen von Kyburg im Aaregebiet 1218–1226, (Schweizer Studien zur Geschichtswissenschaft 14,3) Zürich 1926, und Bruno Meyer, Studien zum habsburgischen Hausrecht IV: Das Ende des Hauses Kyburg in: ZSG 27 (1947), 273–323; vgl. auch etwa Hans Kläui, Das Aussterben der Grafen von Lenzburg und die Gründung der Stadt Winterthur, in: Winterthurer Jahrbuch 20 (1973), 39–66. Auf die bei Peyer und Brun leicht auffindbaren allgemeinen Sachverhalte wird in den Anmerkungen nicht gesondert verwiesen.

[4] Siehe zu letzterem die Zusammenfassung in Roger Sablonier, Adel im Wandel. Eine Untersuchung zur sozialen Situation des ostschweizerischen Adels um 1300, (Veröff. des Max-Planck-Instituts für Geschichte 66) Göttingen 1979, 211ff. und die dort zitierte Literatur. Für allgemeine verfassungsgeschichtliche Problemstellungen vgl. Der deutsche Territorialstaat im 14. Jahrhundert, hg. Hans Patze, I (Vorträge und Forschungen 13) und II (VF 14), Sigmaringen 1971.

[5] Regesta Imperii V/1 Nrn. 670g, 671 für 1212, vgl. dazu den Bericht von Burchard von Ursberg (MG SS rer. Germ. in usum schol. 16, hg. O. Holder-Egger u.a.) und Conradus de Fabaria, Continuatio casuum sancti Galli, hg. G. Meyer von Knonau (MVG NF 7) St. Gallen 1879, cap. 14, S. 173–179; zu 1213–1216 Regesta Imperii V/1 Nrn. 699, 700, 711, 724, 737, 852, 868, 869, 879, 882, 886, 924.

[6] Regesta Imperii V/1 Nrn. 946a, 949, 1052.

[7] Urkundenbuch des Stiftes Beromünster 1.16 (1218), 1.18 bis 1.22 (alle 1223); die Auseinandersetzungen gingen bekanntlich weiter, und wie eingeschränkt letztlich die Kyburger bzw. später die Habsburger Rechte waren, zeigt auch das Habsburgische Urbar, hg. Rudolf Maag, (Quellen zur Schweizer Geschichte 14/15) Basel 1899 (HU), I, S. 225–233; dies entgegen der Darstellung von Brun, 71ff.

[8] Vgl. Brun, 75f., nach Conradus de Fabaria cap. 23, S. 202–204, bes. Anm. 198.

[9] Regesta Imperii V/1 Nr. 1598.

[10] Zur Stellung und Politik Heinrichs (VII.) vgl. Odilo Engels, Die Staufer, Stuttgart usw. 1977, 124ff.

[11] Regesta Imperii V/1 Nrn. 4018, 4087 (Werner 1226/27), dann für Hartmann IV. die Nrn. 4140, 4189 (1229–31), 4283 (1233), 4346 und 4356 (1234), 4366 (Januar 1235).

[12] Engels (wie Anm. 10), 125; vgl. zahlreiche Belege im Fürstenbergischen Urkundenbuch.

[13] Helvetia Sacra I/1, S. 479.

[14] Regesta Imperii V/1 Nr. 4430 (1240); für andere vgl. etwa Nrn. 2138 (1236), 2308 (1238), 3204 (1241); auch etwa Zürcher Urkundenbuch (Z) 2.505 (1236), Schnabelburger in Italien.

[15] Zu den Herren von Rapperswil vgl. Genealogisches Handbuch zur Schweizergeschichte (GHS) I, 63ff. (Diener), Die Wappenrolle von Zürich (WR), hg. Walter Merz und Friedrich Hegi, Zürich usw. 1930, Wappen im Haus zum Loch Nr. 16, ferner Historisch-biographisches Lexikon der Schweiz V, 536f. (Schnellmann); Georg Boner, Zur Genealogie der Einsiedler Kastvögte, der Herren und Grafen von Rapperswil im 13. Jahrhundert, in: Festschrift Gottfried Boesch, hg. Kommission Festschrift Boesch, Schwyz 1980, 57–84.

[16] Z. 1.368 (1210); die Bezeichnung wird von den geistlichen Richtern verwendet, dürfte aber vom Kyburger ausgehen und seinen Standpunkt wiedergeben.

[17] Urkundenbuch der südlichen Teile des Kantons St. Gallen (GS), 1. 348 (1232) und 1. 376 (1240).

[18] Zum Problem der (Reichs-)Vogtei in Glarus vgl. die Ausführungen von Rudolf Maag in HU I, S. 498–500, Anm. 2 und Paul Schweizer in der Anm. 2 zu Z. 3. 1265 (1264), auch Brun, 55, 158, 199. Die für Kyburg entscheidende Urkunde Z. 3.1265 wird von Brun, Schweizer und Perret (GS. 1. 517 in Anm. 2 statt Glarus allerdings Bezug auf «gasterische Belange» angedeutet) nicht in Frage gestellt, von B. Meyer, Ende, 306 inkl. Anm. 78 und 314 inkl. Anm. 94, mit guten Gründen als unecht betrachtet. Das Problem wäre einer erneuten Überprüfung wert. Einige Hinweise: In gasterischen und glarnerischen Angelegenheiten tauchen in auffälliger Weise immer wieder Angehörige der nobiles von Kempten (die ihrerseits mit den Humlikon verknüpft, vielleicht mit ihnen sogar identisch sind) auf, in geringerem Maße Wetzikon (die mit den Kempten eng zusammenhängen) und vielleicht mit GS. 1. 462 von 1256 auch Uster-Bonstetten (Heinrich «de Ostra»); gleichzeitig haben alle diese Leute mit den Meier von Windegg zu tun (sie treten später zusammen mit anderen aus dem gleichen Kreis wie die Ritter von Glarus zu Zürich auf, besitzen übrigens auch deutlich Habsburger-Beziehungen). Trotz seiner Fälschungstätigkeit (vgl. GS. 1. 353, GS. 1. 449, GS. 1. 463) dürfte Tschudi den Namen der Edelfreien «von Schwanden» nicht aus der Luft gegriffen haben (und dies würde mit den

Einsiedler Äbten «von Schwanden» wieder auf Rapperswiler Beziehungen verweisen). In GS. 1. 379 (1240) siegelt auch Rudolf Meier von Windegg, was zu dieser Zeit für einen Ministerialen in unserer Gegend noch ganz ungewöhnlich ist. Handelt es sich bei ihm um einen nobilis (was trotz der Bezeichnung ministerialis möglich wäre)? Auffällig sind auch die drei Adler in seinem Siegelbild; bei aller Skepsis gegenüber Spekulationen aufgrund von Wappen könnte dies auch auf die Liebenberger (und damit u. a. wieder auf Kempten) zurückverweisen usw.!

[19] GS. 1. 370; QW I/1. 409; HbSG I, 176 inkl. Anm. 45.

[20] Ein zentraler Punkt dabei bleibt die Lösung der viel diskutierten Probleme um die Rapperswiler Genealogie, die trotz der sorgfältigen neuesten Übersicht von Boesch (wie Anm. 15), die gewissermaßen einen Mittelweg zwischen Krüger und Zeller-Werdmüller vorschlägt, noch immer nicht gefunden ist. Wenn überhaupt, ist eine überzeugende Klärung nur dann möglich, wenn ein breites Umfeld mituntersucht wird, einerseits Richtung süddeutsch-bündnerische Beziehungen, andererseits in Richtung der «kleineren Geschlechter» in der ostschweizerischen Umgebung (wie v.a. Hinwil, Schnabelburg, Uster, Wädenswil usw.); vgl. auch die Hinweise bei Sablonier, Adel, S. 25 Anm. 27, S. 29 Anm. 32.

[21] Z. 1. 459 (1230).

[22] Z. 2. 600 (1244).

[23] Z. 2. 861, 862 (1253), 805 (1251), 714 (1248); die merkwürdigen Geschehnisse um diese Heirat (vorher Verlobung mit der *matertera* der Anna; vom Papst ausgesprochene, aber nicht vollzogene Scheidung) sind kaum klärbar, bevor nicht die genealogischen Probleme um die Rapperswiler besser gelöst sind. Die Möglichkeit, daß zwei verschiedene Annas «von Rapperswil» (die erste die Tochter Heinrich Wandelbers?) im Spiel waren, ist nicht auszuschließen.

[24] Fontes rerum Bernensium (FRB) 2. 346, vgl. dazu Brun, 177f.

[25] HbSG I, 177; Brun, 110ff.

[26] Brun, 111, 113, 160f.

[27] Am päpstlichen Bann über das staufertreue Zürich und an den nachfolgenden internen Auseinandersetzungen in Zürich (vgl. etwa Paul Schweizer, Die Anfänge der zürcherischen Politik, in: Zürcher Taschenbuch 11 (1888), 116ff.) waren die Kyburger wesentlich beteiligt, vgl. auch z.B. Z.2. 758 (1249), Z.2. 840 (1252), Z.2. 881 (1254) usw.

[28] In diesen Zusammenhang gehören wohl die bisher nicht recht erklärbaren Abtretung der Wasserkirche an die Probstei Z.3. 958, 959 (1256) und die stärkere Bindung der kyburgischen Ministerialen von Schönenwerd an städtische Interessen (Z.3. 994 von 1257).

[29] Vgl. HbSG, I, 177f.; Meyer, Ende, 287 Anm. 59, und Bruno Meyer, Rudolf von Habsburg, Graf, Landgraf und König, in: Schriften des Vereins für die Geschichte des Bodensees und seiner Umgebung, NF 98 (1980), bes. 7f., Anm. 11 und 12.

[30] Für die Einzelheiten der Teilung vgl. Brun, 132f., Feldmann, 249f.

[31] Vgl. oben Anm. 23.

[32] Vgl. oben Anm. 28.

[33] Siehe dazu Helmut Maurer, Der Herzog von Schwaben. Grundlagen, Wirkungen und Wesen seiner Herrschaft in ottonischer, salischer und staufischer Zeit, Sigmaringen 1978, 275f.

[34] Brun, 180, 184, 190; Meyer, Ende, 297f. (engere Kontakte schon 1253; Hartmann der Jüngere soll damals zur «staufischen Partei» übergetreten sein), 300 (1261).

[35] Brun, 194; Feldmann, 203; Meyer, Ende, 304; für Freiburg FRB 2. 556 (1264).

[36] Z. 3. 1268 (1264), zum Aufstand Christian Kuchimeister, Nüwe Casus Monasterii sancti Galli, hg. G.Meyer von Knonau, (MVG NF 8) St.Gallen 1881, cap. 25, S. 72–78, vgl. auch in der Edition von Eugen Nyffenegger (Quellen und Forschungen zur Sprachgeschichte der germanischen Völker NF 60, Berlin usw. 1974) S. 47f.

[37] In erster Linie deshalb, weil mir die Verhältnisse in dieser Region aus eigener Arbeit weniger schlecht als anderswo vertraut sind. Entsprechend wird im folgenden oft nach Sablonier, Adel, zitiert, weil die dort reichlich vorhandenen Verweise auf Literatur und Quellen hier nicht nochmals angehäuft werden sollen.

[38] Beispiele: 1) Das in Z.2. 511 (1238) erwähnte *homagium* in Dindlikon, wo der Kyburger offensichtlich über Güter der nobiles von Kempten Oberlehensrechte beansprucht, was mit der Auflösung von Besitz der Humlikon (= Kempten?) und dem Abgang ihrer (?) Burg bei Dindlikon zu tun haben muß; 2) Die Überlassung von Schwarzach an Paradies, die bei den «Lehensmannen» auf Widerstand stieß, vgl. Thurgauer Urkundenbuch 3. 309, 310, 311, Z.2. 876 (1253), Z.3. 1025, Z.3. 1028 (1257).

[39] Z.2. 459 (1230), zu Veltheim und Achern, Verzicht zugunsten der Ausstattung Margaretes; Z.2. 596 (1244), zu Tuttwil, Buch, Krillberg Murkart und Dingenhart, an Kreuzlingen; auch noch Z.3. 983 (1256), zu Hagenbuch. Diese Regensberger Güter haben vielleicht weniger mit den Toggenburger Händeln des 13.Jahrhunderts als mit alten Nellenburger Splittern (oder noch älteren Ansprüchen) zu tun.

[40] Edelfreie von Roßberg und Weißlingen sind vor 1200 verschwunden (zumindest unter diesem Namen). Um Erbe der Weißlingen wird noch vor 1216 (Z.1. 379) gestritten; ein längst zerfallenes *castrum* in Roßberg wird 1266 (1262?) in Z.4. 1310 erwähnt. Interessanterweise gingen offensichtlich wesentliche Teile dieser Güter an Margarete (schon 1230, Z.1. 459). Auf Schwierigkeiten verweisen ganz klar Z.1. 379 und Z.4. 1310; ferner die Vorgänge um die Güter der Herren von Kempten in den Jahren 1261/62 (vgl. Sablonier, Adel, 36 Anm. 49). Mindestens teilweise dürften zu diesem Komplex auch die Güter gehören, die im Zusammenhang mit der Erbauung der Moosburg für Margarete (Z.2. 902) erworben werden mußten, und zwar von den nobiles von Wädenswil und von Rittergeschlechtern, darunter den von Schönenwerd (die ihrerseits vielleicht mit den nur kurz genannten Rittern von Weißlingen und evtl. mit Windegg zusammenzubringen sind). All dies deutet erstens darauf hin, daß die gängige Vorstellung eines geschlossenen Kyburger Besitzes auch in unmittelbarer Umgebung der Kyburg vor 1200 nicht richtig ist, bzw. (altkyburgische oder viel wahrscheinlicher) umstrittene altnellenburgische Erbsplitter sich auch hier noch befanden (wie weitere im Zürcher Oberland z.B. in Wermatswil und Ringwil). Zweitens wird man den Verdacht nicht mehr los, Margarete könnten auch hier (und nicht nur im Lenzburger Erbgebiet) teilweise umstrittene Güter verschrieben worden sein. Drittens wäre sogar denkbar, daß auch die Erstausstattung von Töß 1233/34 (Z.1. 484, 496) in diesen Kontext gehört.

[41] Vgl. Sablonier, Adel, 92f.; Z.2. 709 (1248) und Z.3. 1052 (1259) belegen wohl deutlich genug kyburgischen Druck.

[42] Vgl. oben Anm. 38 und Sablonier, Adel, 96.

[43] Dieses wichtige, bisher m.W. noch kaum beachtete Problem kann hier nur allgemein formuliert werden und bedarf dringend einer gezielteren Untersuchung (vgl. auch oben Anm. 38 und 40). Teilweise bestehen übrigens ganz auffällige Querverbindungen zu den oben in Anm. 18 angedeuteten Zusammenhängen. Auf etwas andere Weise in den Rahmen landesherrlicher Ausbaupolitik stellt die Rapperswiler Gründung von Wurmsbach Ferdinand Elsener, Zisterzienserwirtschaft, Wüstung und Stadterweiterung am Beispiel Rapperswil, in: Stadtverfassung – Verfassungsstaat – Pressepolitik, FS Eberhard Naujoks, hg. Franz Quarthal und Wilfried Setzler, Sigmaringen 1980, 47–71; auch hier ist die Tatsache bemerkenswert, daß zu Wurmsbach *quondam fuit nostra munitio* (Z.3. 1085).

[44] Vgl. oben Anm. 40; z.B. auch Z.2. 578 (1243), Z.2. 687 (1247), ehemals Wartenberger Besitz zu Rickenbach.

[45] Zu Teufen allgemein vgl. GHS II 106ff. und Sablonier, Adel, 31 Anm. 41; zur Tätigkeit als *procurator* GHS II, 109.

[46] Z.3. 1268 (1264).

[47] Z.2. 625 (1245, *iusticiarius*); zur Frage Wart-Kaiserstuhl vgl. Sablonier, Adel, 27 Anm. 28.

[48] Zu den Problemen um die Genealogie der Bonstetten/Wetzikon vgl. ausführlich Sablonier, Adel, 34f., Anm. 46 und 47, und allg. ibd. S.33ff. Zu Uster ergänzend: Uster ist als *proprietas* der Kyburger

erstmals in Z.2. 599 (1244; Auftragung an Bischof von Straßburg) erwähnt. Das braucht nicht zu bedeuten, hier hätte unbestrittener Kyburger Besitz (und überhaupt: was alles?) gelegen. Es wäre sehr wohl möglich, daß noch in den Jahren 1230/40 Rapperswiler Ansprüche bestanden (aus dem Erbe einer ersten Rapperswiler Familie oder in der Hand von deren Erben Richtung Bonstetten/Schnabelburg). Gegen die Ansichten von Paul Kläui (z.B. Geschichte der Gemeinde Uster, Uster 1960, 46ff.) spricht auch die Rapperswiler Kirchengründung in Uster. Burg Uster könnte ebenfalls zu den oben, Anm. 38, erwähnten Fällen gehören.

49 Vgl. dazu allgemein Sablonier, Adel, 50ff., 74f., 152ff.

50 Siehe August Bickel, Die Herren von Hallwil im Mittelalter. Beitrag zur schwäbisch-schweizerischen Adelsgeschichte, (Beiträge zur Aargauer Geschichte) Aarau usw. 1978, bes. 48ff.

51 Vgl. Sablonier, Adel, 112ff. (und 64 Anm. 103).

52 Zur zentralen Hofhaltung vgl. Feldmann, 318ff., zu Notar Friedrich ibd., 322ff. und Brun, 114ff.; die Kyburger scheinen allerdings nicht eine eigentliche Kanzlei ausgebildet zu haben (frdl. Mitteilung von W. Heinemeyer). Eine Einsichtnahme in das Manuskript der Arbeit von Rieger (1941) über das kyburgische Urkundenwesen, die für diese Fragen wohl weitere zentrale Information enthält, war leider nicht möglich; die Arbeit soll 1981 erscheinen. Es gibt – näher zu untersuchende – Indizien dafür, daß Friedrich dem Geschlecht der von Schönenberg entstammte (konstanzische Ministeriale; unter diesem Namen jedenfalls genealogisch nicht dieselben vor 1250 und nach 1260; die ersteren (evtl. nobiles) mit vermutlichem Zusammenhang zu Sulgen (und Räterschen, Schauenberg?), zuerst vielleicht eher nach dem in Z.3. 990 (1257) erwähnten Schönenberg bei Gündlikon [vgl. auch Z.13. 376c von 1213, Liquidation von Besitz der Schönenberger in Hagenbuch] benannt).

53 Vgl. zu Heinrich von Klingenberg etwa Z.2. 714, 731 (1248), Z.3. 958 (1256), Z.3. 1074 (1259).

54 Ulrich von Wetzikon befand sich vielleicht 1244 in Italien (schwacher Hinweis in Z.2. 596); zu Diethelm von Steinegg, der wohl am ehesten den Krenkingen zuzuordnen wäre, vgl. Z.1. 439 *(verba... docuit!).*

55 So der *magister Hugo dictus de Staege minister illustris domini comitis de Kiburg in Windegge* von GS1. 475 (1257). Daß dieser bedeutende kyburgische Ammann ein Angehöriger irgendeines «Rapperswiler oder Kyburger Ministerialengeschlechts» wäre, das sich «wahrscheinlich nach der Burgstelle Steg» (ibd. Anm. 3) bei Fischenthal ZH benannte, halte ich für völlig unwahrscheinlich. Wenn er nicht eben doch, wie auch schon vermutet wurde, ein Zürcher Mülner (oder ein Rapperswiler Stadtsässiger) ist, dann vielleicht noch am ehesten ein Landenberger.

56 Vgl. dazu Sablonier, Adel, 180.

57 Zu Frauenfeld vgl. auch Kurt Burkhardt, Stadt und Adel in Frauenfeld, (Diss.) Zürich 1977, und zur Kritik der herkömmlichen Ableitung von den «von Wiesendangen» Sablonier, Adel, 61, inkl. Anm. 97.

58 Vgl. WR Nr. 558.

59 Diese Annahmen stehen unter dem Vorbehalt einer gründlichen und vor allem zusammenhängenden Neubearbeitung der Geschichte (und Genealogie) aller dieser Geschlechter. Die Indizien können hier nicht detailliert ausgebreitet werden; die wichtigsten Materialien dazu sind zusammengestellt in Sablonier, Adel, S.54 Anm.89, S.63 Anm.101, S.66 Anm.104, S.76 Anm.125 (wo mir aber die Bedeutung dieses Phänomens noch nicht klar war). Interessant ist übrigens auch die Berufung auf eine Familiengrablege beim Stift Heiligenberg 1268 durch Konrad von Schalken, habsburgischer *minister* auf Windegg (Z.4. 1382).

60 Vgl. z.B. Z.13. 1029c (1257).

61 Vgl. Sablonier, Adel, 125.

62 Z.1. 459 (1230); für nachher vgl. etwa die Nachweise in den Registern Z.2 S.402 und Z.3 S.381.

63 Das Kyburger Urbar, in: HU II/1, S.1–36.

64 So besonders etwa der *minister* auf Windegg (vgl. oben Anm.55) und die ministri in Baden (teilweise Angehörige der Hettlingen, vgl. Z.13. 1029c von 1257, derselbe auch z.B. in Z.3. 1007 (1257); oder Johannes, Sohn des Ulrichs, z.B. Z.3. 1037 von 1258; auch der streitbare Vogt Arnold von Richensee, als *officialis* Hartmanns des Jüngeren bezeichnet in Z.3. 935 (1255).

65 Vgl. Sablonier, Adel, 161f., 182ff.

66 Vgl. Sablonier, Adel, 136f., 179ff.

67 Vgl. zusammenfassend Sablonier, Adel, 250ff., 255.

Alfred Häberle

Die Grafen von Kyburg und ihre kirchlichen Stiftungen

Auf etwas ungewohnte Weise trat vor gut 900 Jahren die Kyburg in den Kreis der Kirchengeschichte. Im sogenannten Investiturstreit, als sich Papst und Kaiser wegen der notwendig gewordenen Kirchenreform aufs heftigste befehdeten, sehen wir als Inhaber der Kyburg den Grafen Hartmann I. von Dillingen, seit 1070 mit der Erbtochter Adelheid aus dem Hause der Grafen von Winterthur-Kyburg verheiratet[1] und eifriger päpstlicher Parteigänger.[2] Seines festen Platzes, den er eben durch die erwähnte Heirat gewonnen hatte, erfreute sich der Graf zunächst nur kurze Zeit. 1079 zerstörten ihm nämlich die Truppen des dem Kaiser ergebenen Abtes von St. Gallen seine Kyburg und nahmen dort zu alledem noch den Sohn des Grafen gefangen. Vorübergehend war die Kyburg also verloren, was sich später aber wieder änderte.[3]

Graf Hartmann von Dillingen blieb gleichwohl auf dem reformeifrigen päpstlichen Kurs. Dies zeigte sich erneut, als er 1095 im heute württembergischen Neresheim eine Propstei stiftete und diese dem damaligen Papst zu Handen der römischen Kirche übergab. Als Inhaber der Vogtei über die Stiftsgüter wandte Hartmann seiner Gründung weiterhin seine besondere Sorge zu. Er ließ aus Petershausen bei Konstanz sogar Benediktinermönche kommen und leitete die Umwandlung des Chorherrenstiftes in ein Benediktinerkloster in die Wege.[4]

Noch zu Lebzeiten des Grafen Hartmann I. stand sein Sohn Ulrich als Bischof der Diözese Konstanz vor. Auch er förderte Klöster und Stifte mit dem Einsatz seines persönlichen Eigentums. Sowohl das Spital in Kreuzlingen wie auch das dortige Augustinerkloster verdankten ihm ihre Gründung.[5]

Den kirchlichen Sinn bewahrten auch die auf Hartmann I. von Dillingen folgenden Generationen. Nur im Vorbeigehen sei erwähnt, daß die drei Söhne des Grafen Adelbert I. von Dillingen-Kyburg, nämlich Adelbert II., Hartmann III. und Ulrich II. im Jahre 1155 zugegen waren, als Lioba von Fluntern eine Schenkung an das Martinskloster auf dem Zürichberg verurkunden ließ.[6] Im Spätherbst desselben Jahres finden wir Hartmann III. und seinen Bruder Adelbert II. bei König Barbarossa in Konstanz, was keinen Zweifel darüber aufkommen ließ, daß sich das Haus Dillingen-Kyburg im Aufstieg befand.[7]

Jetzt verstehen wir auch, weshalb 1151 die Stifter der Augustinerpropstei Ittingen im Thurgau, die drei Brüder Albert, Berchtold und Ulrich von Ittingen, in freier Wahl den Grafen Hartmann III. von Kyburg zum Vogt ihres eben gegründeten Gotteshauses erkoren. Dieser bereits mächtig gewordene Gaugraf des Thurgaus, der zudem im Jahrzehnt von 1170 bis 1180 wieder beide Herrschaften, Dillingen und Kyburg, in seiner Hand vereinigte, war durchaus imstande, ihrer Stiftung den notwendigen Schutz zu gewähren. Ittingen hatte diese Wahl denn auch nie zu bereuen. Das Kloster überließ den Kyburggrafen nicht umsonst die Vogtei, bis dann 1264 das Haus Kyburg im Mannesstamme ausstarb.[8]

Das Laurentiuspatrozinium von Winterthur

Auf dieses Ittingen müssen wir noch aus einem andern Grund zu sprechen kommen. In der zweiten Hälfte des 11. Jahrhunderts erhob sich dort nachweisbar eine Burg, die dem Abt der Reichenau wie auch Herzog Welf IV. offenstand. 1079 teilte diese Veste im Investiturstreit das Schicksal mit der Kyburg: Auch die Burg Ittingen wurde durch den kaiserlichen Parteigänger, den Abt von St. Gallen, zerstört. St. Gallen setzte sich hier dauernder fest. Die Abtei an der Steinach hatte daher bei der Gründung der Augustinerpropstei Ittingen noch etwas mitzureden. Das Kloster wurde zunächst der geistlichen Obhut des Gallusklosters anvertraut.[9]

In diesem Zusammenhang stellen sich noch einige Fragen. Wir treffen hier in Ittingen nämlich das Laurentiuspatrozinium an. Die Wahl des römischen Erzdiakons zum Patron der neuen Augustinerpropstei, die ja vorerst noch durch St. Gallen betreut wurde[10], könnte mit der Laurentiusverehrung in St. Gallen in Zusammenhang stehen. Unlängst hat der Stiftsbibliothekar von St. Gallen, Professor Dr. Johannes Duft, aufgezeigt, wie sich schon auf dem berühmten St. Galler Klosterplan von 820 ein eigener Laurentiusaltar eingezeichnet findet und wie im übrigen die Laurentiusverehrung im Kloster St. Gallen schließlich zum Laurentiuspatrozinium der St. Galler Stadtpfarrkirche führte.[11]

In Ittingen nun mit seinem Laurentiuspatrozinium und der noch längere Zeit anhaltenden Betreuung des neuen Klosters durch die Abtei St. Gallen[10] finden wir, wie wir bereits wissen, als ersten und von den Augustinermönchen selbst erwählten Vogt, den Grafen Hartmann III. von Kyburg. So stellt sich hier die Frage: Sprang vielleicht der Funke der Laurentiusverehrung von St. Gallen und Ittingen auf das Haus Kyburg über[12], daß auch das Gotteshaus in Niederwinterthur – so hieß der Ort vor der Stadtwerdung –, sozusagen im Zentrum des kyburgischen Herrschaftsbereiches, Laurentius als seinen Patron verehrte? Freilich, über das Alter der Kapelle Niederwinterthur rätselten die Geschichtsforscher schon vor hundert und mehr Jahren. Als Kapelle nämlich bezeichnete die Urkunde vom 22. August 1180 diese Kultstätte, die mit diesem Dokument erstmals ins Licht der Geschichte tritt. Wir haben in dieser Urkunde, der ältesten, die das Stadtarchiv Winterthur aufbewahrt, einen problemgeladenen Text vor uns.

Es wird ausgesagt, daß an dieser Kapelle ein eigener Administrator, «capelle provisor», wirkte, der dort wahrscheinlich die Seelsorge für jene Lehenbauern ausübte, die ihren Zehnten von altersher, und zwar im Hinblick auf die (seinerzeitige) Bewidmung der Kapelle, diesem Gotteshaus entrichteten. Innerhalb der Mutterpfarrei Oberwinterthur kam der Kapelle Niederwinterthur demnach eine gewisse Selbständigkeit zu. Von den jeweiligen Leutpriestern zu Oberwinterthur wurde dieser Status indessen ungern gesehen. Gegen die Ansprüche der Mutterpfarrei verteidigte Graf Hartmann III. von Kyburg hartnäckig die Freiheit der Kapelle Niederwinterthur. Zugleich erstrebte er nun die Verselbständigung des Gotteshauses zu einer Pfarrkirche, was mit der Entstehung einer eigenen Stadt in Verbindung zu sehen ist. Die Auseinandersetzungen endigten mit dem Vergleich vom 22. August 1180. Die Kapelle in Niederwinterthur wurde nun zur Pfarrkirche erhoben. Ihr Sprengel umfaßte indessen nicht das ganze Gebiet der spätern Stadt Winterthur. Nur das Territorium zwischen Neumarkt und Graben einerseits, der heutigen Technikumstraße sowie der Stadthausstraße anderseits, gehörte zur neuen Pfarrei. Die beiden Quartiere Obertor und Untertor aber, obwohl diese im 13./14. Jahrhundert in den städtischen Mauerring einbezogen wurden, verblieben bei der Mutterpfarrei Oberwinterthur, bis sie dann 1482 endlich auch der Stadtpfarrei zugeteilt wurden.[13]

Die Urkunde vom 22. August 1180, so reichhaltig ihr Inhalt auch sein mag, vermittelt uns keine Angaben über das Alter der Kapelle von Niederwinterthur. Die Forschung aber hat sich besonders in jüngster Zeit um diese Frage bemüht. Mit guten Gründen führte man die Entstehung des Winterthurer Laurentiuspatroziniums, das die Kapelle Niederwinterthur bestimmt schon aufgewiesen hat, in die zweite Hälfte des zehnten Jahrhunderts zurück. Am Laurentiustage, dem 10. August 955, hatte König Otto der Große, die wilden Horden der Ungarn in der blutigen Schlacht auf dem Lechfeld endgültig geschlagen. An jenem Kampf waren unter anderm auch Ahnen des spätern Hauses Winterthur-Kyburg beteiligt, in der Schlacht aber umgekommen.

Trotz der namhaften Verluste, welche dieser Kampf gegen die Ungarn mit sich gebracht hatte, ging vom Sieg auf dem Lechfeld eine religiöse Wirkung aus. Schon Dr. Hans Kläui[14], jetzt aber erneut Professor Dr. Johannes Duft[11], haben darauf hingewiesen, wie nach diesem am Laurentiustag 955 erfochtenen Sieg die Laurentiusverehrung neu einsetzte und dementsprechend der altrömische Blutzeuge und Erzdiakon häufig zum Patron neu entstehender Gotteshäuser erwählt wurde. Auch das Laurentiuspatrozinium der frühern Kapelle Niederwinterthur ist von Dr. Hans Kläui damit in Verbindung gebracht worden.[14] Freilich kann es sich dabei nur um eine hypothetische, wenn auch sehr plausible Möglichkeit handeln, das Alter des Gotteshauses Niederwinterthur zu erklären; denn für die Zeit vor 1180 liegen immer noch keine schriftlichen Zeugnisse vor, welche das Entstehen der erwähnten Kapelle klar dokumentierten.[15] Doch tritt hier nun vielleicht die Wissenschaft des Spatens in die Bresche. Seit dem März 1980 laufen im Zuge der Restaurierung der Stadtkirche Winterthur zugleich Ausgrabungen. Von den Ergebnissen dieser archäologischen Untersuchungen erhofft man sich unter anderm Informationen, sowohl was das Alter als auch die Bausubstanz des ältesten Gotteshauses von Winterthur betrifft. Die Hinweise hier in dieser Studie über das Laurentiuspatrozinium können vielleicht dazu beitragen, Licht in die bisher unerhellte Frühgeschichte des Gotteshauses Niederwinterthur zu bringen. Es ist durchaus denkbar, daß bereits die Ahnen des Hauses Winterthur-Kyburg in der zweiten Hälfte des zehnten Jahrhunderts in Erinnerung an den erwähnten Laurentiustag 955 in ihrem Dorf und Marktort Niederwinterthur diese Kapelle als Eigenkirche gestiftet haben.[16] Würden aber die archäologischen Untersuchungen in der heutigen Winterthurer Stadtkirche gar frühmittelalterliche Funde zutage fördern, wären dabei, immer das Laurentiuspatrozinium der Kapelle Niederwinterthur vorausgesetzt, Einflüsse des Klosters St. Gallen in Betracht zu ziehen, wo, wie bereits dargelegt[11], Laurentius in besonderer Weise schon im 9. Jahrhundert verehrt worden ist. Die Beziehungen des Gallusklosters zur Gegend von Winterthur, wo die Abtei bereits 774 in Seen und Veltheim Grundbesitz erhielt, dürften sich auch in religiös-kulturellen Belangen ausgewirkt haben.

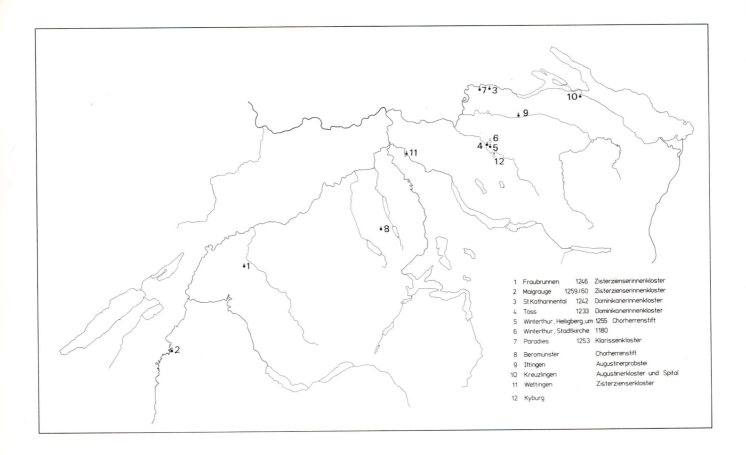

1	Fraubrunnen 1246	Zisterzienserinnenkloster
2	Maigrauge 1259/60	Zisterzienserinnenkloster
3	St. Katharinental 1242	Dominikanerinnenkloster
4	Töss 1233	Dominikanerinnenkloster
5	Winterthur, Heiligberg, um 1255	Chorherrenstift
6	Winterthur, Stadtkirche 1180	
7	Paradies 1253	Klarissenkloster
8	Beromünster	Chorherrenstift
9	Ittingen	Augustinerprobstei
10	Kreuzlingen	Augustinerkloster und Spital
11	Wettingen	Zisterzienserkloster
12	Kyburg	

Die Grafen von Kyburg als Stifter einer Kollegiatkirche und von Klöstern

Nach diesem Exkurs über das Alter des kyburgischen Winterthurer Gotteshauses wenden wir uns Kollegiatkirchen und Klöstern zu. Als prominente Stifter kirchlicher Institutionen traten die Grafen von Kyburg auffallend spät in Erscheinung. Nicht, daß es ihnen etwa an kirchlichem Sinn gefehlt hätte. Nein, vielmehr gebrach es ihnen noch über Jahrzehnte hinweg an hinreichendem Eigengut wie auch an einem größern und zusammenhängenden Territorium, das sie vollständig hätten beherrschen können. Die Grafen von Kyburg mögen es daher als ihre vordringliche Aufgabe betrachtet haben, erst einmal eine Machtposition aufzubauen. Aus diesem Grunde konnten sie ihren Hausbesitz nicht schon bald durch großzügige Vergabungen an geistliche Institutionen zersplittern. Erst, nachdem sie 1218 einen ansehnlichen Teil zähringischen Erbes hatten übernehmen können, begannen die Grafen, sich auch als fromme Gründer kirchlicher Stiftungen einen Namen zu schaffen.

Das Chorherrenstift auf dem Heiligberg bei Winterthur
Wohl nicht umsonst vernimmt man denn auch bald nach 1218 von einer ersten kyburgischen Gründung, nämlich dem Chorherrenstift auf dem Heiligberg im Süden von Winterthur und der Stadt ganz nahe. –

Kaiser Friedrich II. wurde einst durch Thomas von Gaeta ernsthaft ermahnt, er möge endlich ein Gott wohlgefälliges Werk errichten, wie es die allerchristlichsten Könige von Sizilien, seine Vorfahren, auch gehalten hätten. Doch der Appell blieb ohne Erfolg. Dieser seltsame Stauferherrscher stiftete kein Kloster.[17] Im Mittelalter erwartete man indessen allgemein von Kaisern, Königen und vom ganzen Adel die Gründung kirchlicher Institutionen. Die Gesellschaftsschicht mit den großen Einkünften und umfangreichen Ländereien konnte damit ihren vom Volke erwarteten religiösen Sinn unter Beweis stellen.
Professor Dr. Karl Schib hat die bei den Stiftungen geistlicher Institutionen maßgebenden Motive prägnant geschildert, wenn er in seiner Geschichte des Klosters Paradies ausführt: «Abgesehen vom rein religiösen Interesse fühlte sich der Hochadel des Mittelalters berufen, nicht nur auf politischem und militärischem, sondern auch auf kirchlich-kulturellem Gebiet zu wirken. Klostergründungen auf eigenem Territorium waren Zeugen hochadeliger Macht, Fundamente des Ansehens in Gegenwart und Zukunft. Klösterliche Bauwerke verewigten den Ruhm ihrer Gründer. Nicht zuletzt war die Sorge um das Heil der Seele ein wirksamer Ansporn zur Gebefreudigkeit gegenüber Mönchen und Klosterfrauen, deren Gebetseinsatz den Spendern zugute kam. Wie ein zusätzlicher Trost begleitete den Adeligen zeit seines Lebens die Gewißheit, nach dem Tode im eigenen Kloster unter der Ob-

hut frommer Mönche begraben liegen zu dürfen.»[18]
Die Grafen von Kyburg begannen mit der Stiftung von Gotteshäusern indessen behutsam. Sparsamkeit mag sich den Stadtherren von Winterthur immer noch aufgedrängt haben; denn was für eine seltsames Chorherrenstift haben sie doch um 1225 auf dem Heiligberg errichtet![19]

Einmal erstaunt hier die bescheidene Zahl von nur vier Kanonikaten, auch wenn Graf Hartmann der Ältere kurz vor seinem Tode noch ein fünftes folgen ließ. Und erst die Verfassung! Nebenbei bemerkt: Auf alle Fälle keine Rede von einem Augustinerchorherrenstift, wie Dr. Kaspar Hauser in seiner sonst so gediegenen Studie den Heiligberg betitelte.[20] Hier lebte nämlich jeder Chorherr in seinem eigenen Haus, wie dies in einem freien Chorherrenstift die Übung war. Nie aber ist die Rede vom eigentlichen Vorsteher dieser Kanonikergemeinschaft. Vor allem läßt sich kein Propst nachweisen. Bei dem 1273 erwähnten Dekan Cunradus kann es sich wohl nur um den Dekan des Priesterkapitels Winterthur gehandelt haben und nicht um den Leiter dieser Priestergemeinschaft auf dem Heiligberg. In der Zeugenreihe der Urkunde folgt sein Name nämlich erst an zweiter Stelle, nach demjenigen des amtierenden Leutpriesters auf dem Heiligberg. Dieser freilich, in den lateinischen Urkunden als Plebanus bezeichnet, scheint auf dem Heiligberg die erste Dignität bekleidet zu haben. Nicht umsonst traten die Leutpriester hier meist selbständig auf. Namhafte Persönlichkeiten wie etwa Friedrich, der Notar der Grafen von Kyburg[21], versahen dieses Amt. Dem Leutpriester auf dem Heiligberg oblag es, das Licht zu unterhalten, das Tag und Nacht vor dem Altar des heiligen Jakobus, nämlich dem Hauptaltar, brannte.[22] Ebenfalls auf eigene Kosten hatte er für das Licht auf dem Stiftergrab zu sorgen.[23] Angehörige des Hauses Kyburg, mit Sicherheit freilich nur Ulrich III., hatten sich hier ihre Grablege gewählt.[24] Das Stiftergrab befand sich zwar innerhalb des Kirchenraumes, aber außerhalb des Chores.

Die Kirche auf dem Heiligberg diente indessen nicht nur den dortigen Chorherren. Sie war zugleich Pfarrkirche. Hier stellt sich die Frage: Welches Alter wies denn diese Pfarrei Heiligberg auf, welches Gebiet war ihr zugeteilt und wer alles wurde denn von den Leutpriestern auf dem Heiligberg seelsorgerlich betreut? Professor Dr. Werner Ganz hat im ersten Teil der von ihm verfaßten zweibändigen Stadtgeschichte von Winterthur solche Fragen zu beantworten versucht. Er zog dabei in Betracht, es könnten sowohl die Besatzung des am Heiligberg bestehenden Wehrturms wie auch die zu diesem bescheidenen Herrschaftsbereich gehörende bäuerliche Bevölkerung zum Sprengel Heiligberg gehört haben. Man darf dieser Annahme ruhig folgen.[25]

Im Norden grenzte die Pfarrei bestimmt an jene von Oberwinterthur und von 1180 weg zugleich auch an die neue Pfarrei Niederwinterthur, die spätere Stadtpfarrei.[26] Südwärts aber erstreckte sie sich über den westlichen Eschenberg bis hinunter an die Töß. Noch 1464 gehörten jedenfalls die Waldbrüder im Bruderhaus auf dem Eschenberg zur Pfarrei St. Jakob auf dem Heiligberg.[27] Über den Verlauf der Grenzen aber lassen uns die Quellen im ungewissen. Ein volksreiches Gebiet hatte der Leutpriester bestimmt nicht zu betreuen. Im Jahre 1275 betrug sein Einkommen ganze 20 Pfund, während dem Pfarrer der Stadtkirche 91 Pfund zur Verfügung standen.[28] Man könnte an eine durch die Grafen von Kyburg oder sogar deren Vorfahren gegründete Eigenkirche denken, zu welcher um 1225 noch das Chorherrenstift hinzugekommen wäre. Dies würde wohl am ehesten die selbständige Stellung erklären, die hier der Leutpriester einnahm.[25]

Auch das Patrozinium der Stifts- und Pfarrkirche auf dem Heiligberg vermag uns keine nähern Aufschlüsse über das Alter dieser Institution zu vermitteln. Der Apostel Jakobus der Ältere deutet vielleicht auf eine Verbindung mit den im Mittelalter häufigen Wallfahrten zu seinem Grab in Sant Jago di Compostella im fernen Spanien hin. Meist befand sich bei solchen Jakobskirchen entweder eine Pilgerherberge, wenn nicht gar ein Spital. Auf dem Heiligberg lassen die auf uns gekommenen Nachrichten beides vermissen. Erst spät, sehr spät, nämlich im Jahre 1486, gründeten hier Leute aus der Stadt Winterthur und der Grafschaft Kyburg, die nach Compostella gewallfahrtet waren, eine eigene Jakobsbruderschaft. Aus Gründen, die nicht genannt sind, feierten sie das jährliche Bruderschaftsfest indessen nicht am 25. Juli, dem Festtag ihres Patrons, sondern sie wählten dafür den 1. Mai, an dem die Kirche das Fest des Apostels Jakobus des Jüngern beging.[29]

Das Dominikanerinnenkloster Töß

Ungefähr acht Jahre, nachdem die Grafen Ulrich III. und seine beiden Söhne Werner und Hartmann IV. das Chorherrenstift auf dem Heiligberg gegründet hatten, stifteten Hartmann IV. und sein gleichnamiger Neffe an der hölzernen Brücke, die südwestlich der Stadt Winterthur über die Töß führte, das Dominikanerinnenkloster Töß.[30] Dem noch jungen Predigerorden waren die Grafen wohl in Straßburg begegnet, mit welchem Bistum insbesondere Hartmann der Ältere gute Verbindungen pflegte.[31] In der Stadt an der Iller gab es schon bald nach der Gründung des Ordens eine Niederlassung der Dominikaner. Ebenso existierte dort in St. Marx auch schon ein Frauenkloster des Predigerordens, dessen Statuten zudem für die meisten künftigen Dominikanerinnenklöster nordwärts der Alpen zur Richtschnur genommen wurden. Aus Straßburg schließlich waren 1229 die Predigerbrüder nach Zürich gekommen.[32] Ihr Ordensgründer, der heilige Dominikus, sah als eine der Aufgaben seiner neuen Ordensgenossenschaft die Bekehrung der Häretiker, die der Kirche damals in einer beängstigenden Vielzahl den Rücken gekehrt hatten. Auf die eindringliche und klare Verkündigung des Wortes Gottes durch die Predigt wurde daher größter Wert gelegt.[33] Leider gerieten die Dominikaner dann nur allzubald in den Sog der 1231 eingerichteten Inquisition, mittels derer man wähnte, der Ketzer habhaft werden zu können.[34] Den Grafen von Kyburg wird nachgesagt, sie hätten sich eifrig an der Ketzerverfolgung beteiligt. Diese Kunde bezieht ihre Glaubwürdigkeit einzig aus der Bulle Papst Gregors IX. vom 8. Januar 1233. Der Papst nahm darin den Grafen Hartmann den Älteren in den Schutz Sankt Peters, und zwar als erbetene Belohnung für den bewiesenen Eifer, mit dem der Graf in den Gebieten seiner hohen Gerichtsbarkeit die Ketzerei verfolgt habe.[35] Da jedoch Hartmann IV. dieses Schutzversprechen Gregors IX. selber erbeten hatte, mag er der Kurie gegenüber seine Verdienste etwas zu sehr in den Vordergrund gerückt haben. Wie dem immer auch gewesen sein mag, bis heute ließ sich in keinem einzigen Dokument ein Bluturteil des Kyburgers in Glaubenssachen nachweisen.[36] Was anderseits aus den Urkunden deutlich hervorgeht, ist sein gutes Einvernehmen mit den Dominikanern. Predigerbrüder treten in Kyburger Urkunden häufig auf. Dominikaner haben wohl zu den Ratgebern vor allem Hartmann des Ältern gezählt.[37]

Doch die Grafen von Kyburg stifteten den Predigerbrüdern nicht etwa ein Kloster, gar noch eines in ihrer eigenen Stadt Winterthur. Dies wäre den Zürcher Dominikanern ohnehin nicht besonders willkommen gewesen. Ein so nahes Kloster ihres eigenen Ordens hätte nämlich ihren Gebietskreis eingeengt, innerhalb dessen sie als Bettelorden Almosen einsammelten.[38] Den Grafen hinwiederum verursachte die Stiftung eines Frauenklosters noch lange nicht denselben Aufwand, wie sich ein solcher bei der Gründung eines Männerklosters als notwendig erwiesen hätte. Das Stiftungsgut der Grafen für das Klöster Töß bestand daher vorwiegend in der Hofstatt und der Mühle bei der Tößbrücke.[39] Vermutlich hat die dem Adel entstammende Matrone Euphemia von Herten, die sich anscheinend in der Stadt Winterthur niedergelassen hatte, bevor sie nach Töß zog, der neuen Niederlassung einiges an zusätzlichem Gut eingebracht. Am Markustag 1233 konnte man mit dem klösterlichen Leben beginnen und zur Errichtung der notwendigen Bauten schreiten, um möglichst bald aus dem Provisorium herauszukommen. Vergabungen und Almosen flossen anscheinend reichlich.[40] Auch die Aussteuern der eintretenden Schwestern, die ja zum Teil aus gehobeneren Kreisen stammten, trugen dazu bei, daß das Kloster in den ersten drei Jahrzehnten seines Bestehens, also bis zum Aussterben des Stifterhauses Kyburg, mehr Güter zu erwerben vermochte als ihm in der erwähnten Zeitspanne als Vergabungen zukamen.[41] Die Grafen von Kyburg wußten es zu schätzen, wenn ihre Ministerialen, hier vor allem die Herren von Wurmenhusen, dem Kloster Grundbesitz zuwandten, auch wenn es sich dabei um kyburgische Lehen handelte, auf deren Obereigentum verzichtet werden mußte.[42] Als Donatoren von Töß aber traten die Grafen selber weiters nicht mehr in Erscheinung. Ja, 1262 erwarben die Nonnen von Hartmann IV. sogar ein Gut in Grafstal.[43]

Die gewaltige, eindrucksvolle religiöse Bewegung, welche im 13. Jahrhundert die Frauenwelt ergriff, brachte auch der Neugründung Töß beträchtlichen Zustrom. Die Klosterökonomie sah sich dadurch bald einmal überfordert. Zusätzlich zur Askese in Speise, Trank und Wohnkomfort hatten die Nonnen daher bald erhebliche weitere Entbehrungen auf sich zu nehmen.[44] Doch die mystische Versenkung in Gott, die von den Schwestern zu Töß in hervorragender Weise geübt wurde, half vielen Nonnen, die Unbilden des strengen klösterlichen Alltags zu überwinden.[45] Zuweilen sahen sich die Dominikaner von Zürich zum Einschreiten veranlaßt, wenn einzelne Klosterfrauen an Bußübungen des Guten zuviel taten.[46] Die Schwestern von Töß wurden vom Predigerkloster Zürich aus ordensgemäß betreut.[47] Den Gottesdienst in der 1240 geweihten Klosterkirche aber versahen in der Regel Weltgeistliche als Kapläne oder Leutpriester.[48] Der Bischof von Konstanz genehmigte am 19. Dezember 1233 die Stiftung des Klosters[49] und gestattete 1240 die Anlage eines eigenen Friedhofes. Töß wurde aus der Pfarrei Oberwinterthur herausgelöst und bildete fortan als Klosterbezirk eine eigene Pfarrei.[50]

Das Dominikanerinnenkloster St. Katharinental
Nicht alle frommen Jungfrauen und Witwen aber konnten sich entschließen, unverzüglich in ein geschlossenes und strenges Kloster wie in jenes von Töß einzutreten. Manche taten sich daher zu einer Art klösterlicher Gemeinschaft zusammen, besuchten gemeinsam die Gottesdienste und pflegten ebenso gemeinsam das Gebetsleben. In ihrer Stadt versahen sie zudem meist die Krankenpflege und übten auch die weitere karitative Tätigkeit aus. Solche Gemeinschaften bezeichnete man als Beginen, ein Name, der aus der Gegend des heutigen Belgien übernommen wurde.[51] In Winterthur nannte man ihre Niederlassung einfach «Sammlung»[51] oder halbwegs im Dialekt «Sammnung». Ob Töß aus einer solchen Gemeinschaft herausgewachsen ist, wie Professor Dr. Arno Borst in seinem großangelegten Werk «Mönche am Bodensee» andeutet[52], bleibe dahingestellt. Sicher bestand zur Zeit, da das Kloster Töß gegründet wurde,

57

in der Stadt Winterthur eine Gemeinschaft frommer Frauen. Diese hatte das Glück, in Williburg von Hünikon eine dem Adelskreise entstammende Dame[53] zur Priorin wählen zu können.[54] Unter Einsatz ihres persönlichen Vermögens vermochte sie der klosterähnlichen Gemeinschaft aufzuhelfen.

Doch hielt sich diese Niederlassung in der Stadt Winterthur nicht lange. Um 1235 folgten die Frauen dem Rat des Pfarrers von Dießenhofen, sich dort niederzulassen, und wechselten so, ihrer vierzehn Frauen und Jungfrauen, von einer Kyburgerstadt in die andere. Professor Dr. Arno Borst attestiert ihnen den Charakter von Krankenpflegerinnen, die im Spital der kleinen Rheinstadt besonders willkommen gewesen wären.[55] Diese Auffassung mag ihre Richtigkeit besitzen, läßt aber gleichwohl Fragen offen. Dann wäre nämlich dieser Gemeinschaft der christliche Dienst an den Kranken und Armen bald zu einer Art Belastung geworden. Doch war dem kaum so. Vielmehr wurde auch diese bereits klosterähnlich organisierte Niederlassung in Dießenhofen von der Welle der Mystik erfaßt. Die Schwestern erklärten, in ihrem geistlichen Leben durch den Lärm beständig gestört zu werden und sahen sich deshalb nach einer Oase der Stille um, fernab vom Betrieb der Markt- und Transitstadt.[56] Sie fanden jedenfalls eine halbe Stunde rheinabwärts ein stilles kleines Tal, dem sie selber den Namen «Tal der heiligen Katharina» gaben, ein Name, der dieser Siedlung bis heute geblieben ist, obwohl das Kloster 1861 durch die Thurgauer Regierung aufgehoben wurde. Mit der Wahl der heiligen Katharina von Alexandrien zu ihrer Patronin, die im gelehrten Dominikanerorden wegen der klugen Antworten, die sie ihren heidnischen Richtern erteilt hatte, besonders verehrt wurde[57], bekundeten die frommen Frauen von Dießenhofen deutlich, was sie anstrebten, nämlich den Anschluß ihrer neuen Niederlassung an den Dominikanerorden. Jetzt traten die Grafen von Kyburg auf den Plan, namentlich Hartmann der Ältere. Als Stadtherr von Dießenhofen[58] mochte ihm, der bereits zur Gründung von Töß in der Nähe seiner Stadt Winterthur beigetragen hatte, ein Kloster unweit der eigenen, durch besondere Privilegien geförderten Rheinstadt, willkommen sein. Das Territorium, das sich die frommen Frauen von Dießenhofen für ihre neue Niederlassung auserkoren hatten, gehörte dem Grafen. Im noch unwirtlichen Gelände stand dort eines seiner Jagdhäuser. Er schenkte nun alles, was er dort besaß, und sicherte sich damit erneut den Ehrentitel eines Klostergründers. Hartmann der Jüngere, sein Neffe, fügte sich dabei gerne in die Rolle des Mitdonators.

Der Bischof von Konstanz, Heinrich von Tanne, den Bettelorden ohnehin gewogen, entließ am 3. März 1242 die Schwestern aus dem Pfarrverband der Stadtpfarrei und gestattete ihnen zugleich, nach den Satzungen des Straßburger Dominikanerinnenklosters St. Markus zu leben. Beide Grafen von Kyburg, Inhaber des Patronatsrechtes der Dießenhofener Kirche, entließen am darauffolgenden 1. Juli die Schwestern ebenfalls aus ihrer Pfarrei, was bedeutete, daß Katharinental in der Folge mit seinem Klosterbezirk eine besondere Pfarrei bilden durfte. Die Kyburger schlossen für sich ferner das Vogtamt aus und gewährten dem neuen Kloster ihren Schutz in einem viel weitern Sinn, nämlich als Landesherren. Auch die freie Wahl der Priorinnen wurde den Nonnen zugestanden. Die Verfügungen der beiden Grafen entsprachen genau den bereits schon für Töß getroffenen Anordnungen.[59] Nun fehlte nur noch die Aufnahme der Niederlassung in den Predigerorden. Das aber hatte seine besondere Mühe. Just in jenem Jahre 1242 verbot der Dominikanerorden seinen Mitgliedern, in Frauenklöstern Seelsorge und Visitation zu übernehmen.[60] Warum diese Maßnahme gegen eine ausgesprochen religiöse Bewegung? Unwillkommen war der Zug weiter Kreise zu einem Leben der Askese und Frömmigkeit auch den Dominikanern nicht. Nur schreckten jetzt die wachsenden Aufgaben, wenn ein Frauenkloster nach dem andern entstand und die Männerklöster somit viel zuviele Kräfte für die seelsorgerliche und ordensgemäße Betreuung all dieser frommen Niederlassungen einsetzen mußten. Solches hielt nämlich die Dominikaner von der ins Auge gefaßten Volksseelsorge und dem Wirken für die theologische Wissenschaft ab. Anderseits vermochte ein geschlossenes Frauenkloster auf die Dauer nur zu bestehen, wenn es zu einem bestimmten Orden gehörte und entsprechend betreut wurde. Da nun der Ordensgeneral der Dominikaner, Johannes Teutonicus, von 1241 bis 1252 an der Spitze des Ordens, sich beharrlich weigerte, die Seelsorge in Frauenklöstern durch Predigerbrüder ausüben zu lassen, wandten sich zahlreiche Frauenkonvente mit Bittschriften direkt an den Papst. Innozenz IV. kam ihnen entgegen. Am 2. September 1245 erklärte er eine ganze Reihe solcher Frauenklöster als dem Dominikanerorden zugehörend. Auch die Klöster Töß und Oetenbach (in Zürich) erfreuten sich solchen Gunsterweises.[61] In Katharinental jedoch fand man den Weg auf etwas andere Art. Der Gemeinschaft, die ja einige Jahre zuvor von Winterthur weg nach Dießenhofen gezogen war und jetzt Katharinental aufbaute, gehörten unter anderem zwei Töchter des angesehenen Winterthurer Bürgers Konrad von Kloten an. Konrad Kloter nun unternahm im Sommer 1245 eigens eine Reise nach Lyon, wohin sich Papst Innozenz IV. bekanntlich vor Kaiser Friedrich II. geflüchtet hatte. Der Papst entsprach den Bitten des von weither angereisten Fürsprechers. Er erteilte dem Provinzial der deutschen Dominikanerprovinz den Befehl, St. Katharinental in den Orden aufzunehmen sowie dort durch das Predigerkloster Konstanz Visitation und Seelsorge auszuüben.[62]

Mit der Schenkung eines Gebietes bescheidenen Ausmaßes ließen es die Grafen von Kyburg nicht nur in Töß, sondern auch in Katharinental bewenden. Die Siedlung mußte indessen bald erweitert werden. So verkauften die Nonnen 1246 ihr Haus in der Stadt Dießenhofen und tauschten dagegen einen großen Acker ein in der Nähe ihres Klosters am Rhein.[63] Unter den kyburgischen Ministerialen sowie den Bürgern der Städte Schaffhausen und Villingen stellten sich ansehnliche Gönner ein, was besonders dem Neubau zugute kam. Dieser konnte um 1251 bezogen werden.[64]

Das Klarissenkloster Paradies bei Schaffhausen
Neben den Dominikanern gab es gleichzeitig noch den Bettelorden der Franziskaner. Graf Hartmann der Ältere fühlte sich diesem ebenfalls zugetan. Schon 1240 hören wir von einem Minoritenprediger der Grafen von Kyburg.[65] Gleichwohl stiftete Hartmann der Ältere auch den Franziskanern kein Kloster. Es gab ihrer nämlich in der Rhein- und Bodenseegegend bereits genug. Hingegen bot der Graf 1253 Hand zur Gründung eines Klarissenklosters am Rhein etwas oberhalb Schaffhausens. Um eine reine Neugründung handelte es sich dabei freilich nicht. Die Schwesterngemeinschaft kam nämlich von Konstanz her. Dort, ganz nahe der Stadtmauer, aber auf deren Außenseite, hatten sich um 1240 fromme Frauen ein Kloster gebaut. Sie folgten der Klarissenregel und gehörten somit zum zweiten Orden der Franziskaner. Der weibliche Zweig des Franziskanerordens nannte sich nach seiner Gründerin, der heiligen Klara von Assisi, der ersten Jüngerin Franziskus von Assisi. Anders als die Franziskaner aber begaben sich die Klarissen indessen nicht auf die Bettelreise. Sie lebten in geschlossenen Klöstern nach einer außerordentlich strengen Regel in großer Armut. Der geistige Reichtum aber, der ihnen bei der Loslösung vom Irdischen zuteil wurde, sowie die eindrucksvolle benediktinische Liturgie, in welcher man bei den Klarissen den Gottesdienst feierte, mag die Nonnen von Konstanz veranlaßt haben, ihrem dortigen Kloster den Namen Paradies zu geben. Nur zeigte es sich hier bald einmal, daß die Existenz des Klosters ökonomisch auf einer viel zu schmalen Grundlage stand. Bedeutende Schenkungen waren ohnehin kaum mehr zu erwarten; denn die Bodenseegegend wies bereits eine ganze Anzahl geistlicher Institutionen auf, eingerechnet das Franziskanerkloster Konstanz, das die Klarissen von Paradies betreute. Es kam daher den Schwestern sehr gelegen, als sie Gönner fanden, die ihnen einen bessern Platz zu sichern suchten.[66]
Am Anfang stand die Schenkung eines Grundstückes im heute schaffhausischen Lohn. Die Nonnen von Paradies bei Konstanz durften diese Vergabung am 2. Juli 1253 aus der Hand des Winterthurer Bürgers Heinrich Barbo und dessen Gattin Lucardis entgegennehmen. Das Grundstück stand als Lehen im Obereigentum der Grafen von Kyburg. Gerne erteilten diese der Schenkung ihre Zustimmung. Der Vergabung wurde erhebliche Bedeutung beigemessen. Zur Beurkundung fanden sich nämlich der Schultheiß von Schaffhausen sowie verschiedene Stadtbürger ein. Ja, an diesem Dokument hängt heute noch das älteste auf uns gekommene Siegel der Stadt Schaffhausen.[67] Mit dem Eigentum an diesem umfangreichen Grundstück allein ließ sich indessen noch keine Verlegung des Klosters verwirklichen. Hier trat nun Graf Hartmann IV. von Kyburg in die Bresche, er, der sich der armen Nonnen erbarmte, die sich nach seinen eigenen Worten «umb götliche liebe in söllich hart band der geistlichkait verstrickt haben», mit welchem Ausdruck er ihr geistliches Klosterleben kennzeichnete.[68] Am 6. Dezember 1253, nur gut drei Monate nach dem Tod der Ordensstifterin Klara von Assisi, schenkte der Graf an Äbtissin und Kloster in Paradies bei Konstanz seine Güter und Rechte in dem Dorfe, das in den Urkunden Schwarza heißt. Zur Schenkung gehörte auch das Patronatsrecht der dort bestehenden Pfarrkirche.[69]

Was freilich hier so großzügig vergabt wurde, befand sich indessen zum Teil noch als Lehengut in den Händen kyburgischer Gefolgsleute, die aus diesen Gütern und Rechten ihren Nutzen zogen. Bedeutende Vasallen befanden sich unter ihnen, die nicht ohne weiteres gesonnen waren, dem frommen Aufruf des Grafen zum Mitverzicht zu folgen. Hartmann der Ältere hatte in seinen Bittruf sogar die Möglichkeit eingeflochten, in besondern Fällen könnten solche Lehengüter schließlich auch verkauft werden. In der Tat gab Friedrich von Randenburg seine Schwarzacher Lehen erst am 20. November 1257 auf und ließ sich vom Kloster Paradies dafür den ansehnlichen Betrag von «115 Mark Silber auszahlen sowie sich die Nutzung von Gütern in Lohn und Gächlingen zusichern». Freilich sollte dann die erwähnte Summe nach seinem Tod unter Ausschluß aller Erben an das Kloster Paradies zurückfallen.[70] Diese Verfügung läßt vielleicht erahnen, vor welche finanzielle Folgen Klostergründungen zuweilen den Adel zu stellen vermochten.

Als endgültiges Gründungsdokument des Klosters Paradies bei Schaffhausen darf die Urkunde von Mitte Dezember 1257 gelten. In diesem Dokument ist zusammengefaßt, was den Klarissen alles übertragen worden war.[71] Erst jetzt konnte wohl beim Dorf Schwarzach gebaut und anschließend das Kloster von Konstanz weg hieher verlegt werden.[72] Darüber, wie dieser Ortswechsel verlief und wann genau er stattgefunden hat, berichten leider keine Dokumente. Nur eines ist dabei sicher verbürgt: Die Nonnen nahmen aus Konstanz den Klosternamen Paradies mit, wo er noch heutzutage, fast 150 Jahre nach der 1836/37 erfolgten Aufhebung des Klosters durch die damalige thurgauische Regierung, an der Siedlung haftet. Die Klostergebäude, pietätvoll restauriert, beherbergen seit drei Jahrzehnten die Eisenbibliothek der Industriefirma Georg Fischer AG Schaffhausen.

Graf Hartmann der Ältere von Kyburg aber wandte seiner Klosterstiftung, die 1253 und 1257 von seinem Neffen Hartmann dem Jüngern mitbestätigt wurde, weiterhin seine Gunst zu. So erhielten die Schwestern am 1. Februar 1259 seinen Hof in Lohn samt dem Patronatsrecht der dortigen Kirche und ferner einen Wald in Büttenhardt.[73] Noch am 28. Juli 1264, vier Monate vor seinem Hinschied, bestätigte Hartmann der Ältere dem Kloster Paradies feierlich den Besitz aller Güter, die es von seinen Gefolgsleuten durch Kauf erworben, durch Schenkung erhalten habe und solches Grundeigentum fernerhin noch erwerben würde.[74]

Das Zisterzienserinnenkloster Fraubrunnen

Bei der Teilung des Kyburger Besitzes um 1250, die freilich nicht vollständig durchgeführt wurde, hatte Graf Hartmann der Ältere mehr die östlichen Gebiete übernommen, während seinem Neffen, Hartmann V. oder dem Jüngern, mehr die westlichen Teile zugefallen waren. Im Herrschaftsgebiet Hartmanns V. gab es kein Bettelordenskloster, das die Grafen von Kyburg gegründet hätten. Vielmehr begegnen wir hier den Zisterzienserinnen.

Im weiten Raum zwischen Limmat und Saane war der Zisterzienserorden mit den angesehenen Klöstern Hauterive bei Freiburg, Frienisberg bei Bern, Kappel am Albis, St. Urban im Oberaargau und Wettingen an der Limmat bei Baden vertreten. Die Hinneigung zu den Zisterziensern stand bei den Grafen von Kyburg, wenigstens was Hartmann IV. betraf, im Zusammenhang mit der gemeinsamen Stellungnahme zu Gunsten der päpstlichen Sache im Kampf gegen die staufische Partei. Bei Wettingen, einer verhältnismäßig späten Gründung des Ordens aus dem Jahre 1227, spielte ferner die Verbindung der Grafen von Kyburg mit den Rapperswilern eine bedeutende Rolle. Dem Grafen Heinrich von Rapperswil, der dieses Kloster Marisstella stiftete, stand am Territorium, auf dem diese neue Zisterzienserniederlassung zu stehen kam, zunächst wenig oder überhaupt kein Anteil zur Verfügung. Die Grundstücke gehörten vielmehr dem Grafen Hartmann IV. von Dillingen. Von ihm erwarb Heinrich von Rapperswil um 600 Mark den künftigen Klosterbezirk. Bei der Übergabe dieser Güter an die kirchlichen Instanzen waren sowohl Graf Hartmann von Dillingen wie auch seine Verwandten, die beiden Hartmann aus dem Hause Kyburg, zugegen. Hartmann IV. und Hartmann V. von Kyburg blieben Wettingen auch weiterhin verbunden. Dort wählten sie auch ihre Grabstätte, wo ihre Sarkophage noch heute zu sehen sind.[75]

Das gute Einvernehmen der Grafen von Kyburg mit diesem Orden führte schließlich zur Stiftung von zwei Zisterzienserinnenklöstern. Im Jahre 1246, als eben der Endkampf des Papsttums gegen die Machtstellung der Staufer begonnen hatte, entstand mitten im Bernbiet, in der weitern Nachbarschaft der aus dem zähringischen Erbe kyburgisch gewordenen Stadt Burgdorf, das Kloster Fraubrunnen, Fons beatae Mariae virginis, wie es mit dem lateinischen Namen hieß. Die Siedlung ward vorher Mülinon geheißen.[76] Einem Zisterzienserbrauch entsprechend, erhielt die neue klösterliche Siedlung jedoch einen Namen, der der Gottesmutter Maria als der Patronin des Zisterzienserordens galt. In der noch heute gebräuchlichen Form wurde er wohl deswegen gewählt, weil damals im Bereich des Klosters eine bedeutende Quelle frisches, gesundes Wasser spendete. Auf diese Weise stellte der neue Name eine schöne Verbindung von Natur und Übernatur her.

Wie schon Töß und St. Katharinental, die beiden Kyburgerstiftungen für die Dominikanerinnen, verfügte auch das Zisterzienserinnenkloster Fraubrunnen über kein ansehnliches Dotationsgut. Die beiden Stiftergrafen, Hartmann IV. und sein Neffe Hartmann V., empfanden offenbar diesen Mangel und schenkten den Nonnen 1249 noch Güter im nahen Schalunen im Wert von 17 Mark Silber. Bei diesem Anlaß erschien bereits der Abt des bei Bern gelegenen Zisterzienserklosters Frienisberg als Prokurator und Visitator der neuen klösterlichen Niederlassung.[77] Noch war aber Fraubrunnen dem Orden nicht eingegliedert. Auch die Zisterzienser versuchten ähnlich wie die Dominikaner, sich der Betreuung der Frauenklöster zu erwehren. Sie freilich aus einem noch etwas andern Grund als die Predigerbrüder. Die Zisterzienser waren ein Zweigorden der Benediktiner und gelobten daher wie diese bei ihrer Profeß die Stabilitas loci, die Ortsbeständigkeit in jenem Kloster, in das sie eingetreten waren. Die Äbte sahen es daher nicht gerne, wenn sie aus der Reihe ihrer Mönche Seelsorger für die Frauenklöster stellen mußten. Leicht konnten solche Patres den Kontakt mit ihrem Profeßkloster verlieren. Auch zeigten sich die Äbte gar nicht glücklich, wenn ihnen Visitationen in andern Klöstern meist größere Reisen und damit Zeiten längerer Abwesenheit von ihrem Gotteshaus bescherten. Doch vermochten wohl die Stifter von Fraubrunnen beim Generalkapitel der Zisterzienser erfolgreich zu intervenieren. Das Generalkapitel bestimmte jedenfalls die Äbte von Hauterive und Frienisberg zu Inspektoren, die dann in Cîteaux bei der nächsten Äbteversammlung darüber zu berichten hatten, ob die neue Niederlassung Fraubrunnen allen Vorschriften des Ordens auch entsprach. Sollte

dies zutreffen, waren die beiden Klostervorsteher zum vornherein ermächtigt, die Aufnahme Fraubrunnens in den Orden vorzunehmen. Dies taten sie denn auch. Offenbar geschah es gleichwohl etwas voreilig. Doch aus welchen Gründen sie vom Generalkapitel im Herbst 1250 böse Rüge erfuhren und einiges an Bußübungen aufgebrummt bekamen ist leider aus keiner Quelle zu erfahren.[78] Wie aber eine Urkunde von 1255 deutlich besagt[79], gehörte Fraubrunnen in diesem Jahre auf jeden Fall zum Zisterzienserorden.
Was hier dann besonders auffällt: Die Stiftergrafen erscheinen in keiner Urkunde dieses Klosters mehr. Weder schenkten sie Fraubrunnen noch irgendwelche Güter und Rechte, noch siegelten die Kyburger in Vergabungs- und Verkaufsurkunden ihrer Ministerialen, wenn es sich um dieses Kloster handelte. Und als dann um 1265 eine Rebellion ausbrach, weil sich die Mehrheit der Schwestern eine weniger strenge Ordensregel aussuchen wollte, lagen Hartmann der Ältere und Hartmann V. bereits im Grabe.[80]

Das Zisterzienserinnenkloster Maigrauge in Freiburg
Erfreuliche Züge weist dagegen die andere Stiftung eines Zisterzienserinnenklosters auf. Sie erfolgte auf dem Territorium der Stadt Freiburg im Uechtland. Fromme Frauen unter ihrer Vorsteherin Richenza wandten sich im Sommer 1255 an Burkhard, den Pfarrer von Tafers, und baten ihn um die Erlaubnis, sich in seiner Pfarrei bei der «rupes acuta» niederzulassen, worunter wir eine Flußaue bei jenen imposanten Felsen an der Saane der Unterstadt von Freiburg gegenüber zu verstehen haben. Das Gebiet, auf welches das Kloster zu stehen kommen sollte, gehörte dem Stadtherrn. Dieser, Hartmann V. von Kyburg, zeigte sich dem Plan sehr gewogen. Er schenkte am 24. Januar entweder 1259 oder 1260 der religiösen Gemeinschaft jenes erwünschte Grundstück. Jetzt vernehmen wir, daß es sich dabei um die Macra augia, die Magerau, handelte, oder wie das Kloster in der französischen Bezeichnung heute noch heißt, um die Maigrauge.[81]
Von einer ihnen gut gesinnten Matrone erhielten die Schwestern in der Magerau Güter im Freiburgischen und konnten nun daran gehen, die für ein Kloster erforderlichen definitiven Bauten zu errichten.
Vorderhand beobachteten sie aus freien Stücken noch die Ordensregel des heiligen Benedikt. Ihr Bestreben ging aber dahin, sich dem Zisterzienserorden anzuschließen. Längst hatten die Schwestern in der Maigrauge durch das Wirken der Zisterziensermönche im nahen Hauterive die Gebräuche dieses Ordens kennen- und schätzengelernt. Doch, wie wir dies bereits bei Fraubrunnen erfahren haben, stand auch hier die ablehnende Haltung des Generalkapitels im Wege. Den Frauen in der Maigrauge kam indessen der zuständige Bischof zu Hilfe. Johann von Cossonay, Bischof von Lausanne, gestattete den Schwestern, die Aufnahme in den Zisterzienserorden anzustreben. Um den Forderungen des Generalkapitels im vornherein entgegenzukommen, entließ er die klösterliche Niederlassung am 31. Juli 1261 aus seiner bischöflichen Jurisdiktion. Auf dem Generalkapitel vom darauffolgenden Herbst muß dann die Maigrauge dem Zisterzienserorden eingegliedert worden sein.
Das Kloster wurde von Hauterive aus betreut. Die bescheidene Ordensniederlassung überstand zum Glück alle Stürme der sieben Jahrhunderte und überlieferte bis zum heutigen Tag ein Stück erbauliches Mittelalter. Ihr Wappen aber, in das sich die Zisterzienserbalken mit den Kyburger Löwen teilen, läßt erkennen, daß das Kloster noch heute den Kyburger Grafen Hartmann den Jüngeren als seinen Stifter ehrt, Hartmann V., der sich seine Grabstätte ja im Zisterzienserkloster Wettingen gewählt hatte.

Im Schatten der Gunst der Grafen von Kyburg

Die «Sammlung» in Winterthur
Während nun die Grafen von Kyburg für Dominikanerinnen, Zisterzienserinnen und Klarissen eintraten und ihnen Klöster stifteten, hatten sie für die Beginenniederlassungen kaum etwas übrig.[82] Mißtrauten sie vielleicht derartigen religiösen Vereinigungen, wenn sich diese nicht entschließen konnten, einem bestimmten Orden beizutreten? Im 14. Jahrhundert verdächtigte man verschiedenerorts die Beginen offen der Ketzerei und verfolgte sie. Freilich nicht in Winterthur. Hier hatte sich nach dem Wegzug einer Gruppe solcher frommer Frauen nach Dießenhofen (um 1235) schon bald wieder eine neue Vereinigung karitativ tätiger Witwen und Jungfrauen gebildet. In der Stadt Winterthur waren sie sehr willkommen; denn man benötigte sie vor allem für die Krankenpflege. Der Bischof von Konstanz anerkannte diese Sammlung 1260 als klösterliche Gemeinschaft. Sie kam unter die Leitung der Prediger von Zürich und blieb der Stadt durch das ganze übrige Mittelalter hindurch erhalten.[83] Da aber die Grafen von Kyburg die Sammlung in Winterthur kaum gefördert haben[84], entfällt hier für unsere Betrachtung dieses an sich interessante Kapitel Winterthurer Kirchengeschichte.

Das Chorherrenstift Beromünster
Als Stifter einer Gemeinschaft von Chorherren, ferner zweier Dominikanerinnenklöster, einer Niederlassung von Klarissen sowie der Zisterzienserinnenklöster Fraubrunnen und Maigrauge standen die Grafen von Kyburg in kirchlichen Kreisen und wohl auch beim einfachen Volk in hohem Ansehen. Doch strahlt diese ihre Gloriole nicht so rein. Wenn ihnen nämlich etwas

in die Quere lief, ließen es die Grafen von Kyburg auch kirchliche Institutionen spüren. Dies widerfuhr in ausgesprochenem Maße dem Stift Beromünster. Nach dem Stand der heutigen Forschung zu schließen, wurde dieses Chorherrenstift in einsamer ländlicher Lage auf der rauhen Höhe zwischen See- und Suhrental im heutigen Kanton Luzern durch die Grafen von Lenzburg begründet, vermutlich im 10. Jahrhundert durch einen Aargaugrafen Bero[85], und zwar als ihre Grablege, eine Art lenzburgischer Nekropole.[86] Die Lenzburger betrachteten Beromünster jedenfalls als ihr Hausstift. Sie geboten als Vögte, das heißt in ihrer Eigenschaft als Schutzherren, über die umfangreichen Dotationsgüter.

Nach dem Aussterben der Lenzburger traten 1173 die Kyburger deren Erbe über das Stift an; denn Richenza, die Tochter des Grafen Arnold von Lenzburg-Baden, mit dessen Tod das Grafenhaus der Lenzburger ausstarb, hatte mit dem Grafen Hartmann III. von Kyburg die Ehe geschlossen. Indessen erlangte das Haus Kyburg 1173 nicht das volle Lenzburger Erbe über Beromünster. Es scheint nämlich, Kaiser Barbarossa habe bei der von ihm auf der Lenzburg persönlich vorgenommenen Erbteilung die Stiftsvogtei dem Reiche vorbehalten.[87]

Die Kyburger trachteten indessen danach, diese bedeutende Machtbefugnis wieder zurückzugewinnen. Dies haben sie um 1212 vermutlich erreicht.[88] Doch beharrte das Stift anscheinend auf dem vorherigen Rechtszustand, der dem Kapitel eine unabhängigere Stellung gewährleistet hatte. Solange Hartmann III. lebte, scheint es zu keinen Auseinandersetzungen zwischen dem Stift und den Kyburgern gekommen zu sein. Auch nach seinem Tode, 1180, blieb es für einige Zeit offenbar noch ruhig. Um 1216 aber hören wir von heftigen Auseinandersetzungen, an denen sich Graf Ulrich III. von Kyburg und dessen beide Söhne, die Grafen Hartmann IV. und Werner, kräftig beteiligten. Doch die angegriffene Institution setzte sich zur Wehr. Der Propst von Beromünster begab sich 1217 persönlich zu König Friedrich II. nach Eßlingen und erreichte dort, daß sein Gotteshaus mitsamt den Besitzungen in königlichen Schutz genommen wurde. Dies stachelte indessen nur die Rachsucht der Kyburger an. Sie überfielen das Stift, verjagten die Chorherren und schreckten mit weitern Untaten derart, daß sich sechs Jahre lang kein Kanoniker mehr nach Beromünster zurückwagte. Auch den Brand der Stiftskirche legte man den Haudegen zur Last.[89] Sie hausten jedenfalls übel; gar nicht auszudenken, was unter solchen Fehden das einfache Volk zu leiden hatte. Der Beromünster zugefügte Schaden wurde in einer vom König ausgestellten Urkunde als enorm bezeichnet. Die Exkommunikation aber, die der Bischof von Basel über die drei erwähnten Hauptschuldigen aussprach, das Interdikt, welches er anschließend über ihre Gebiete verhängte, vermochten nicht, die Wüteriche zur Umkehr zu bewegen. Propst Dietrich – er stammte aus dem Geschlecht der Freiherren von Hasenburg – verfiel schließlich auf ein probateres Mittel. Er scheute die Mühen einer weiten und beschwerlichen Reise nicht und trug in Süditalien, wo der Kaiser meistens weilte, Friedrich II. die Klagen persönlich vor. Am 23. Februar 1223 erklärte der Kaiser die drei Kyburger in die Reichsacht. Den Vollzug dieses Verdikts übertrug er seinem in deutschen Landen regierenden Sohn, König Heinrich.[90]

Die Reichsacht nun, die wirkte. Durch die Vermittlung des Bischofs von Konstanz kam bereits am 25. Mai desselben Jahres in Embrach ein Vergleich zustande. Wie schwierig es aber wurde, mit den Kyburgern zu einem einigermaßen befriedigenden Abkommen zu gelangen, zeigten die 47 prominenten Zeugen aus Kirche und Welt, die dazu aufgeboten waren. Seitdem nämlich die Kyburger 1218 die Herzoge von Zähringen beerbt hatten, verfügten diese Grafen über eine ansehnliche Machtposition.[91] Die Klagen betreffend übermäßige Forderungen von Abgaben, über Heimsuchung des Stiftes durch häufige Besuche der Grafen in Beromünster, wobei sie ihre beträchtliche, hungrige und durstige rauhe Gefolgschaft aus dem Vermögen des Gotteshauses verköstigten, Klagen ferner über den Eingriff in die Jurisdiktion des Propstes und anderes mehr, verstummten gänzlich wohl erst, nachdem zwei dieser ruppigen Vertreter des Hauses Kyburg sich zu den Vätern versammelt hatten. Graf Ulrich III. starb 1227. Sein Sohn Werner folgte ihm ein gutes Jahr später. Vom gewalttätigen Triumvirat war nurmehr Hartmann IV. übriggeblieben. Er wurde allmählich milderen und frommen Sinnes. Noch im höhern Alter bedrückten ihn aber jene Untaten. Er trennte sich 1253 von seinen Schwarzacher Besitzungen zu Gunsten der Klarissen von Paradies nicht umsonst ausdrücklich zu seinem Seelenheil sowie zur Tilgung seiner eigenen und seiner Vorfahren Sünden.[92]

Hier wäre nun so quasi wie in einer Einschaltsendung noch auf den Verlauf des Kampfes zwischen der päpstlichen Partei in unsern Landen und ihrem staufischen, kaisertreuen Widerpart hinzuweisen, auf die Rolle, welche in jenen Wirren die Grafen von Kyburg gespielt haben. Nur mit bemerkenswerter Vorsicht ergriffen Hartmann IV. und sein gleichnamiger Neffe offen Partei für Innozenz IV. In unsern Gegenden verfügten das staufische Königtum und seine Anhänger, darunter namhafte Reichsstädte wie Zürich und Bern, noch immer über eine starke Position. Den Großeinsatz wagten die Kyburger daher erst 1245 nach der erneuten Exkommunikation Friedrichs II. Wer aber jene Vorgänge, vor allem die rechtlichen Folgen kennenlernen will, kann sich eingehend in den Studien von Dr. Bruno Meyer über das habsburgische Hausrecht informieren, wo zugleich ein wesentliches Stück kyburgischer Geschichte dargestellt ist.⁹³ Einen Beitrag zu diesem Thema bietet ferner desselben Verfassers Studie «Das Ende des Herzogtums Schwaben auf linksrheinischem Gebiet».⁹⁴

Indessen leisteten die Grafen von Kyburg dem Papst ihre Dienste alles andere als aus reinem Idealismus. So erreichten sie zum Beispiel für ihre Gefolgsleute geistlichen Standes eine ganze Reihe päpstlicher Indulte, die solchen kirchlichen Würdenträgern gute Pfründen zuwiesen. Das Krebsübel der Pfründenhäufung bei ein und derselben Person begann in unsern Gebieten damals um sich zu greifen.⁹⁵

Mit dem Kampf der Kyburger wider die kaiserliche Partei kam es zu einem lang anhaltenden Kriegs- und Fehdezustand. Kein Wunder daher, wenn der Adel und seine Ministerialität verwilderten. Manche Rechtsfrage wurde damals mit dem Schwert entschieden. Beklagten sich die Geschädigten, wie zum Beispiel die Mönche von St. Urban über die Gewalttaten des Werner von Luternau, eines kyburgischen Ministerialen in der Region von Langenthal im Oberaargau, dann fiel es dem Lehenherrn offensichtlich schwer, seinen Gefolgsmann in die Schranken des Rechts zu weisen. Graf Hartmann der Jüngere empfand diese Mönche vielmehr als Querulanten, die ihm mit ihren Klagen beständig in den Ohren lägen und jammerte es in der Urkunde auf lateinisch: «monachi (de Sancto Urbano) sepius aures nostras querelando propulsarunt». Der Kyburger konnte damals seinem Ministerialen gegenüber nur leisetreten.⁹⁶ Er selber lag nämlich mit dem Stift Beromünster in einer üblen Fehde. Der Vergleich vom Jahre 1223 hatte die Kyburger nicht daran gehindert, ihre Machtstellung im Bereich dieses Gotteshauses weiter auszubauen. So mußten etwa die Chorherren 1237 dem Hause Kyburg im Seetal bei Hitzkirch einen Platz überlassen, auf dem eine «munitio», eine Veste errichtet werden sollte. Zum heute noch bestehenden markanten Turm mitten im Tal gesellte sich dann gleich auch noch das Städtchen Richensee, was alles den Grafen ermöglichte, von hier aus den bedeutenden Transitweg aus dem Luzernischen in den Aargau zu beherrschen.⁹⁷ Sie setzten hier einen Vogt ein, Arnold von Richensee, der die Herrschaft getreulich bediente. Bald begann er nämlich, das Stift Beromünster zu belästigen, und zwar mit Billigung und zeitweiliger direkter Hilfe durch seinen Lehenherrn, den Grafen Hartmann V. von Kyburg. Gewalttaten wie Raub und Gefangennahme, Rechtsverletzungen sowie üble Beleidigungen kirchlicher Würdenträger stehen auf ihrem Sündenregister, das so recht widerspiegelt, was man in den Schulbüchern unter der kaiserlosen, der schrecklichen Zeit, verstand.⁹⁸ 1255 war die Lage für das Stift und seine Gebiete vollständig unerträglich geworden. Der Bischof von Konstanz, um Hilfe angerufen, setzte am 7. Mai 1255 eine Untersuchungskommission ein mit je zwei Abgeordneten aus beiden Parteien. Vom 21. Mai weg bis gegen Mitte August prüften die vier nun die vorgebrachten Klagen. Wer etwa im Quellenwerk zur Entstehung der Schweizerischen Eidgenossenschaft nachliest, was da alles den Vermerk «probatum est» trägt, welche Klagen die Untersuchungskommission danach für berechtigt hielt, ist tief beeindruckt von dem, was sich Hartmann der Jüngere von Kyburg und sein gewalttätiger Vogt von Richensee während Jahren wider das Stift und dessen Leute alles erlaubt hatten.⁹⁹

Mit diesem düstern Bild wollen wir uns aber von den Grafen von Kyburg nicht verabschieden. Als Stifter und Förderer von kirchlichen Institutionen lernten wir sie ja auch von einer freundlichen Seite her kennen. In der Tat, wer immer die noch heute grundlegende Zürcher Dissertation von Carl Brun aus dem Jahre 1913 durchgeht, staunt über die Vielzahl von Klöstern, Stiften und Pfarrkirchen, denen die Grafen von Kyburg im Verlaufe ihrer wechselreichen Geschichte ihre Dienste liehen, nicht selten, indem sie Streitigkeiten durch einen annehmbaren Vergleich schlichteten.¹⁰⁰ Im übrigen waren sie Zeitgenossen einer rauhen Epoche¹⁰¹ sowohl wie auch des frommen Mittelalters.

---

¹ Kläui, Gründung von Winterthur, S. 50.
² Brun, Grafen von Kyburg, S. 45.
³ Brun, Grafen von Kyburg, S. 46.
⁴ Brun, Grafen von Kyburg, S. 46f. Dort S. 47 sowie S. 50ff. weitere Ausführungen über das gute Einvernehmen der Grafen von Dillingen mit andern Klöstern.
⁵ Über Bischof Ulrich von Konstanz siehe Brun, Grafen von Kyburg, S. 48ff.
⁶ UBZ 1, Nr. 310, S. 190ff.
⁷ Vgl. Brun, Grafen von Kyburg, S. 53.
⁸ Über Ittingen siehe u.a. KDM Thurgau I, S. 223. Dort wird in Anm. 17 u.a. auf das TUB 2, S. 114, Anm. 1 hingewiesen, wo sich eine wesentliche Auseinandersetzung zum Thema Kyburger und Ittingen findet. Dort auch ein Hinweis auf Kuhn, Thurgovia sacra II, S. 150.
⁹ Borst, Mönche am Bodensee, S. 356–359.
¹⁰ Über Ittingen siehe Borst, Mönche am Bodensee, S. 357f.
¹¹ Duft, Sankt Laurentius, S. 38ff.
¹² Es wäre ferner ein möglicher Einfluß aus der Bischofsstadt Konstanz in Betracht zu ziehen, wo ein frühes Laurentiusheiligtum (nach der Mitte des 10. Jahrhunderts) ebenfalls nachgewiesen wurde. Siehe Duft, Sankt Laurentius, S. 41.
¹³ Die Urkunde ist gedruckt in UBZ 1, S. 212ff., Nr. 336. Dort finden sich auch wesentliche Erläuterungen. 1980 erschien im Verlag Wolfgang Vogel, Winterthur, eine bibliophile Faksimile-Ausgabe des als Nr. 1 im Urkundenbestand des Stadtarchivs Winterthur aufbewahrten Originaldokumentes. Das Stadtarchiv Winterthur besitzt ferner eine Fotokopie der gleichlautenden, indes von anderer Hand geschriebenen Urkunde im Generallandesarchiv Karlsruhe.
¹⁴ Kläui, Gründung von Winterthur, S. 47.
¹⁵ Kläui, Gründung von Winterthur, und Kläui, 800 Jahre Winterthur, S. 7–23. Zur Übersetzung der Urkunde vom 22. August 1180 vgl. die in Anmerkung 13 erwähnte Faksimile-Ausgabe mit dem beigegebenen Blatt, auf dem sich die Textwiedergabe aus UBZ wie

auch eine eigens angefertigte Übersetzung aus dem Lateinischen ins Deutsche samt einem Kurzkommentar finden. – Was in der Stadtkirche Winterthur seltsamerweise fehlte, war eine eigentliche kyburgische Jahrzeitstiftung. Im Jahrzeitbuch der Stadtkirche ist einzig «Richentza comitissa de Kiburg» eingetragen. Schneller, Jahrzeitbuch Winterthur, Gfr. 14 (1858), S. 200.

[16] Vgl. Duft, Sankt Laurentius, S. 38 ff.

[17] Horst, Friedrich der Staufer, S. 165 f.

[18] Schib, Kloster Paradies, S. 14.

[19] Vgl. Helfenstein, Heiligenberg, S. 300–307. Der Name wird verschieden geschrieben. Dabei würde ich der Version «mons sanctus», wie der Name z. B. in der Urkunde vom 26. Januar 1257 (UBZ 3, Nr. 997, S. 80) lautet, dort «in monte sancto», den Vorzug geben, so daß die in Winterthur schon längere Zeit gebräuchliche Schreibweise «Heiligberg» wohl die ursprüngliche Fassung wiedergibt. «Ecclesia sancti Montis» steht ferner im Anniversarium Heiligberg (Staatsarchiv des Kantons Zürich F IIa 1461), fol. 17a.

[20] Hauser, Heiligenberg. In dieser Arbeit sind auch die einschlägigen Urkunden erwähnt – Was die bescheidene Dotierung mit Chorherrenpfründen betrifft, ließe sich vielleicht ein Vergleich mit dem Pelagiusstift Bischofszell anstellen, das ebenfalls nur eine kleine Zahl von Kanonikern aufwies. KDM Thurgau III, S. 52 f.

[21] Da dieser Friedrich, Notar der Grafen von Kyburg, unter anderem auch die Leutpriesterei auf dem Heiligberg innehatte und hier in diesem Chorherrenstift denn auch verschiedentlich geurkundet wurde, stellte sich die Geschichtsforschung die Frage, ob auf dem Heiligberg vielleicht eine kyburgische Kanzlei bestanden habe und dort zugleich das Archiv der Herrschaft Kyburg untergebracht war. Seit Jahrzehnten schon wartet man in Kreisen besonders der zürcherischen Geschichtsforschung auf die endliche Veröffentlichung der diesbezüglichen Studie von Rieger, die dieser in den dreißiger Jahren verfaßt hat. Das Manuskript des im Zweiten Weltkrieg gefallenen österreichischen Forschers hat eine zeitgemäße Wanderung hinter sich. Da aber der Text offenbar nur einigen wenigen Eingeweihten zugänglich war, muß leider bis zur geplanten Veröffentlichung des wertvollen Manuskripts die angeschnittene Frage nach dem Bestehen einer allfälligen kyburgischen Kanzlei noch unbeantwortet bleiben, sosehr es im Zusammenhang mit dieser Studie von Interesse gewesen wäre, die Resultate miteinzubeziehen.

[22] Staatsarchiv Zürich, Anniversarium Heiligberg (F IIa 1461), fol. 17a: «Item dominus plebanus dat lumen ante altare sancti Jacobi die noctuque.»

[23] Ebd. fol. 21b: «quod lumen extra chorum super sepulchrum fundatorum habet plebanus huius ecclesie suis expensis incendere et fovere.»

[24] Als Stifter dieser geistlichen Institution auf dem Heiligberg gelten Graf Ulrich III. von Kyburg († 1227) und seine Söhne Hartmann IV. († 1264) und Wernher († 1228 auf dem Kreuzzug Kaiser Friedrichs II. bei Akkon). Siehe Helfenstein, Heiligenberg. Wie sehr Heiligberg eine kyburgische Hausstiftung war, zeigt sich auch im Patronatsrecht, das die Grafen besaßen. Sodann besetzten die Kyburger die vakanten Pfründen. – Zur Zeit des Kampfes zwischen den Anhängern Kaiser Friedrichs II. und der päpstlichen Partei, welcher Koalition gegen die Staufer die Grafen von Kyburg führend angehörten, brachten sich die Dominikaner von Zürich, die zu den von den Kyburgern besonders geförderten Orden gehörten, 1247 für drei volle Jahre vor den kaisertreuen Zürchern und selbstverständlich auch vor dem verhängten Interdikt auf dem Heiligberg in Sicherheit und agierten von hier aus zusammen mit Hartmann IV. und andern Antistaufern für die päpstliche Sache. (Dazu Wehrli-Johns, Predigerkloster Zürich, S. 62 ff., namentlich S. 64. Vgl. auch UBZ Nr. 758. – Zur *Grablege der Kyburger auf dem Heiligberg* weiß Laurencius Boßhart, der Winterthurer Chronist im ausgehenden Mittelalter und zur Zeit der Reformation, folgendes zu berichten: «Aber die grafen von Kÿburg hand ir begredb uff dem Heiligenberg gehan, ee Winterthur ein statt wåre. Es ist ein grab uff dem Heiligenberg gesin, daruff stůnd ein langs totdenkrutz in stein gehowen und geschriben: Ůlrich, ein graf von Kÿburch, und kein jarzal darbÿ, und darbÿ ein annder grab, sind beide erhept mit großen grabsteinen; uff dem annderen grabstein was ein frow, die ein kelch in ir hand hatt, gebildet, und vil geschrifft darumb uff diß meinung: Hie ligt begraben Richenze von Lentziburch, die geborn hat Hartmannum von Kÿburch; die selb, was sÿ gehept in silber, gold und edelm gestein, ouch ein kelch, hat sÿ geben gen Nerisheim. Aber der hof, genempt das Gerute, hat sy geben diser pfrůnd Sannt Johannis Evangeliste, deren gedächtnuß all wochen am Mitwochen begangen und jarzit im meyen gehallten soll werden. Hie ist ouch kein jarzal ires absterbens gesin.» Veröffentlicht in Boßhart, Chronik, S. 312. Dieser Bericht des Winterthurer Chronisten wurde vom Herausgeber Kaspar Hauser S. 312 in Anmerkung 2 gleich dahin berichtigt, daß Richenza von Lenzburg gar nicht die Mutter des Grafen Hartmann IV. von Kyburg gewesen sei, sondern dessen Großmutter. Der Fehler steht freilich schon im Winterthurer Jahrzeitbuch (Gfr. 14, 1858, S. 200 zum 24. April). Dem Editor, Josef Schneller, ist die Unstimmigkeit nicht aufgefallen. – Was aber ebenso verwundert, ist die bei Laurencius Boßhart geradezu anachronistische Bemerkung, Richenza von Lenzburg habe den Hof Grüt (bei Burghalden, westlich von Mulchlingen (frühere Gemeinde, jetzt Stadtkreis Seen) an die Pfründe St. Johannes des Evangelisten vergabt. Erstens erweckt Laurencius Boßhart auf diese Weise den Eindruck, es habe sich um eine Heiligbergpfründe gehandelt. In Wirklichkeit galt die Vergabung des Hofes Grüt der Stadtkirche, in deren Jahrzeitbuch zum 24. April der Eintrag steht: «Richentza comitissa de Kiburg, mater comitis Hartmanni, qui legavit huic ecclesie predium apud Buochhaldun quod dicitur das grüt.» Hier ist keine Rede von einer Pfründe Johannes des Evangelisten, dessen Altar übrigens erst 1368 gestiftet wurde (Ganz, Winterthur, S. 63). Sodann bezieht sich das aus «q» aufgelöste «qui» auf den Grafen Hartmann IV. von Kyburg, der so für seine Großmutter in der Stadtkirche Winterthur eine Jahrzeit gestiftet hat. Nun will aber Laurencius Boßhart zu alledem auf dem Heiligberg noch den Grabstein und die Grabinschrift der Richenza von Lenzburg gesehen haben, wie wir dies aus dem obigen Bericht kennen. Als ehemaliger Chorherr auf dem Heiligberg könnte er zwar als Augenzeuge durchaus Glaubwürdigkeit beanspruchen. Doch wissen wir jetzt, daß er auch Nachrichten von zweifelhafter Güte vermittelt hat. Jedenfalls stellt uns sein Bericht von der Grabplatte der Richenza von Lenzburg vor eine nicht einfache Frage:

Einem Eintrag im Liber capellanorum (1562) im Stiftsarchiv Beromünster zufolge (QW Urkunden I, S. 72, Nr. 155) hat nämlich Graf Hartmann III. von Kyburg um 1170, spätestens 1172, zu seinem Seelenheil, aber auch zum Seelenheil seiner am 29. Juni wahrscheinlich des nicht genannten Vergabungsjahres in Beromünster bestatteten Gemahlin Richenza, das Gut Aspe zu Neuenkirch in der Pfarrei Sursee an den Marienaltar in Beromünster geschenkt mit der Verpflichtung für die Pfründer, wöchentlich zwei Messen zu feiern. War also Richenza von Lenzburg nun in Beromünster bestattet, wie es die erwähnte Vergabung des Gutes Aspe und die damit verbundene Nachricht von ihrer Beerdigung nahelegen, was ja auch von der Forschung seither übernommen wurde? (Siehe KDM Luzern IV, S. 8 und 20). Oder stimmt die Überlieferung des Winterthurer Chronisten Laurencius Boßhart, der auf dem Heiligberg bei Winterthur ihre Grabplatte und eine Inschrift gesehen haben will, wonach Richenza von Lenzburg in der Kirche auf dem Heiligberg bestattet gewesen wäre?

Vielleicht stimmen beide Aussagen. Als eine mögliche Erklärung sehe ich folgendes: Graf Hartmann III. von Kyburg ließ seine Gattin, die letzte Lenzburgerin, bestimmt in der Lenzburger Stiftung und Grablege zu Beromünster beisetzen. Als dann aber die Grafen Ulrich III. und die beiden Söhne Hartmann IV. und Wernher in den Jahren 1216–1223 das Stift Beromünster heftig befehdeten, wobei die Stiftskirche erhebliche Brandschaden erlitt, überdies der Vergleich vom 25. Mai 1223 (siehe diese Studie S. 63) mühsam genug zustande kam, haben die streitbaren Kyburger die Überreste ihrer um 1170 verstorbenen Ahnin Richenza von Lenzburg in das von ihnen in jenen Jahren – wohl um 1225 – gegründete Chorherrenstift auf dem Heiligberg übertragen und dazu eine neue Grabplatte anfertigen lassen, wenn sie nicht die in Beromünster bereits vorhandene mitgenommen haben. – Nach schriftlicher Auskunft von Canonicus und Custos Robert Ludwig Suter, Beromünster, (12.2.1981), dem hier für seine Bemühungen bestens gedankt sei, haben die bei der Öffnung des Stiftergrabes im Chor von Beromünster vorgenommenen Untersuchungen des Inhalts des (Lenzburger) Sammelgrabes durch Dr. Br. Kaufmann vom anthropologischen Institut in Basel leider gar keine konkreten Angaben über die dort beigesetzten Familienmitglieder der Lenzburger ergeben. Die Frage um die Bestattung der Richenza von Lenzburg bleibt also noch offen.

[25] Ganz, Winterthur, S.69. In diesem Zusammenhang ist an die Stelle in der Chronik der Laurencius Boßhart zu erinnern, wo dieser bemerkt, die Grafen von Kyburg hätten auf dem Heiligberg ihre Grabstätte besessen, «ee Wintertur ein statt wåre». Eine solche kyburgische Grabstätte auf dem Heiligberg hätte demnach bereits vor 1180 bestanden und schon ein gutes halbes Jahrhundert vor der Gründung des Chorherrenstiftes um 1225. Die Aussagekraft der erwähnten Stelle muß indessen ebenfalls überprüft werden. Laurencius Boßhart fährt nämlich dann unmittelbar mit dem Bericht weiter, auf dem Heiligberg habe es ein Grab gegeben, worauf ein in Stein gehauenes Totenkreuz gestanden habe mit der Inschrift «Ulrich ein graf von Kÿburch». Doch eine Jahrzahl habe gefehlt. Je nachdem wir nun diese beiden Nachrichten von der Grabstätte der Kyburger auf dem Heiligberg vor der Stadtwerdung Winterthurs und dem Totenkreuz des 1227 gestorbenen Grafen Ulrich III. als Ganzes betrachten oder die beiden Nachrichten besser auseinanderhalten, als dies bei Laurencius Boßhart zutrifft, gewinnt die Notiz von einer alten Grablege der Kyburger auf dem Heiligberg mehr oder weniger an Glaubwürdigkeit.

[26] Diese Pfarrei Heiligberg muß in einem verhältnismäßig frühen Zeitpunkt aus der Urpfarrei Oberwinterthur herausgelöst worden sein. Einen kleinen Sprengel wies auch die Pfarrei Veltheim (bei Winterthur) auf, deren Abtrennung von Winterthur Hans Kläui, Pfarrei Veltheim, noch in der fränkischen Zeit für möglich hält.

[27] Hauser, Heiligenberg, S.32f. Doch schon der östlich davon gelegene Hof Eschenberg gehörte bereits mit Seen zusammen zur Pfarrei Oberwinterthur. – Für die Ausführungen über die Pfarrei Heiligberg sei hier auf die bei Kaspar Hauser, Heiligenberg, zitierten Dokumente verwiesen. In dieser Studie hier kann nur auf die Wesenselemente der Pfarreistruktur hingewiesen werden.

[28] Hauser, Heiligenberg, S.20, nach dem Liber decimationis von 1275.

[29] Urkunden vom 23. April 1486 und vom 8. April 1502 (beide Nr.1580 des Stadtarchivs Winterthur). Die Urkunde von 1502 ist derjenigen von 1486 beigeheftet.

[30] Däniker-Gysin, Dominikanerinnenkloster Töß.

[31] Vgl. dazu den großen Lehenvertrag des Grafen Hartmann IV. von Kyburg mit der bischöflichen Kirche Straßburg vom Markustag, dem 25. April 1244, bei Brun, Grafen von Kyburg, S.103–108. Ebenso Däniker-Gysin, Dominikanerinnenkloster Töß, S.29, mit guter Übersicht.

[32] Siehe dazu Wehrli-Johns, Predigerkloster Zürich, S.62.

[33] Funk-Bihlmeyer, Kirchengeschichte 2, S.214ff.

[34] Ebd. S.224f.

[35] APH Nr.159. – Siehe auch Brun, Grafen von Kyburg, S.88f. und 102.

[36] Brun, Grafen von Kyburg, S.88f.

[37] Siehe dazu: Wehrli-Johns, Predigerkloster Zürich, S.52, 62ff. sowie 80.

[38] Siehe ebd. S.148ff.

[39] Däniker-Gysin, Dominikanerinnenkloster Töß, S.39, Anm.40.

[40] Däniker-Gysin, Dominikanerinnenkloster Töß, S.13 und 18f. Die Verfasserin bemerkt S.13 bei der Gründungsgeschichte des Klosters: «Das Schicksal des Klosters (Töß) und seiner Besitzungen blieb stets demjenigen der Grafschaft Kyburg verhaftet.»

[41] Ebd. S.39ff., 77f.

[42] Ebd. S.39.

[43] UBZ 3, S.262f., Nr.1170. Ebenso ein Gut in Buch am Irchel im Jahre 1260. (UBZ 3, S.190, Nr.1092).

[44] Däniker-Gysin, Dominikanerinnenkloster Töß, S.45, mit der interessanten Angabe, daß pro Schwester die Grenze des Existenzminimums (Ernährung und Kleidung) 3 Mark Silber betragen habe. Siehe ferner ebd. S.64f. – Zur Verköstigung, die sehr prekär war, da nach Elsbeth Stagel das Existenzminimum gar nicht erreicht wurde, siehe Däniker-Gysin, ebd., S.11 und 45.

[45] Töß wurde eine hervorragende Stätte der Mystik. (Däniker-Gysin, Dominikanerinnenkloster Töß, S.21, und Wehrli-Johns, Predigerkloster Zürich, S.99.

[46] Däniker-Gysin, Dominikanerinnenkloster Töß, S.21.

[47] Ebd. S.18 und Wehrli-Johns, Predigerkloster Zürich, S.94.

[48] Däniker-Gysin ebd. S.21: Das Kloster hatte für den Unterhalt der Geistlichen zu sorgen, die den Gottesdienst feierten und den Schwestern die Sakramente spendeten. Da das Kloster mit seinem Bezirk als Pfarrei galt, erscheint z.B. 1246 Werner «Plebanus de Toessa». Meist aber eignete den Klosterseelsorgern von Töß der Titel Kaplan.

[49] UBZ 1, Nr.484. Als Beilage zur Vierteljahresschrift Turicum, Herbst 1977, erschien der Urkundentext in einer Faksimile-Ausgabe in Originalgröße, begleitet von der deutschen Übersetzung des 15. Jahrhunderts, die sich ebenfalls im Staatsarchiv des Kantons Zürich befindet.

[50] Däniker-Gysin, Dominikanerinnenkloster Töß, S.50.

[51] Über das Beginentum gibt die Studie von Wehrli-Johns, Predigerkloster Zürich auf S.95, 101 und 104f. eine treffliche Übersicht. Siehe ebd. die eingehende und die Sozialaspekte der Beginenniederlassungen in Zürich aufzeigenden Ausführungen auf S.102–107. Die Ausführungen werten zudem das neueste allgemeine und besondere einschlägige Schrifttum über die Beginen aus.

[52] Borst, Mönche am Bodensee, S.286. Die Vorgänge werden hier zwar eingehend geschildert. Borst sagt indessen, Euphemia von Herten hätte den Grafen Hartmann IV. 1233 gebeten, einen Bauplatz für die Niederlassung einer Frauengemeinschaft zu stiften. Leider fehlt hiefür das entsprechende Zitat. Däniker-Gysin, Dominikanerinnenkloster Töß, S.14, ist jedenfalls vorsichtiger. Nach ihr darf Euphemia von Herten wohl als Mitstifterin von Töß gelten. Euphemia von Herten scheint in Winterthur gewohnt zu haben, bevor sie in Töß vermutlich selbst Nonne, wenn nicht gar die erste Priorin des Klosters wurde. Daß aber Euphemia von Herten, wie Borst anzunehmen scheint, zuvor Vorsteherin einer Beginenniederlassung in der Stadt Winterthur gewesen wäre und hernach mit verschiedenen Mitgliedern dieser Sammlung Töß besiedelt hätte, ist keineswegs erwiesen, kann aber im Bereich der Möglichkeit gelegen haben. Dieser Annahme kann freilich die Existenz einer Beginenniederlassung in Winterthur zur Zeit, da Töß gegründet wurde, entgegengehalten werden. Es handelt sich dabei um die Sammlung, die um 1235 nach Dießenhofen übersiedelte und 1242 St. Katharinental gründete.

[53] Über das Geschlecht der ritterlichen Herren von Hünikon siehe Kläui, Neftenbach, S.137–140. Über Willeburg von Hünikon ebd. S.139.

[54] Über das folgende siehe Borst, Mönche am Bodensee, S.284–289. Ferner Frei-Kundert, St.Katharinental, S.1–8. Ferner Müller, St.Katharinental.

[55] Prof. Dr. Arno Borst attestiert ihnen (S.287) den Charakter von Krankenpflegerinnen, was direkt nicht verbürgt ist und vom Verfasser in dieser Form wohl auf die Wohnsitznahme der Frauen im alten Spitalgebäude zurückgeführt wird. Beginen übten indessen die karitative Tätigkeit auch im weitern Sinn aus und beschränkten sich nicht nur auf die Krankenpflege.

[56] Borst, Mönche am Bodensee, S.287 bemerkt dazu: «Aber sie

wollten höher hinaus, wie ihre früheren Nebenbuhlerinnen in Töß einem profilierten Orden zugehören und luden gelegentlich zur Predigt Dominikaner aus Konstanz ein.» – Von einer Konkurrenz zwischen der durch Willeburg von Hünikon geleiteten Winterthurer Niederlassung und den Schwestern von Töß ist nichts bekannt. Borst zitiert auch keine entsprechende Quellenstelle. Die Vorgänge, die zur Übersiedlung von Winterthur nach Dießenhofen führten, können quellenmäßig zu wenig erfaßt werden. Mit Hypothesen ist daher Vorsicht geboten. – Im übrigen reiht sich die Veränderung einer Beginenniederlassung zu einem Dominikanerinnenkloster in die allgemeine Entwicklung ein. – Schließlich wäre auch noch der in einer Kleinstadt wie Dießenhofen für eine Beginenniederlassung beschränkte Aufgabenkreis in Betracht zu ziehen.

[57] Borst, Mönche am Bodensee, S. 287.

[58] Zur Gründung und Entwicklung der Stadt Dießenhofen, wobei auch die Gründung von St. Katharinental und die voraufgehende Sammlung zur Sprache kommen, siehe Rüedi, Dießenhofen, S. 17.

[59] TUB 3, Nr. 153: Die bischöfliche Urkunde vom 3. März 1242 ist derjenigen der Grafen von Kyburg vom 1. Juli 1242 inseriert.

[60] Borst, Mönche am Bodensee, S. 288.

[61] Däniker-Gysin, Dominikanerinnenkloster Töß, S. 19 und Borst, Mönche am Bodensee, S. 288. Borst erwähnt 32 inkorporierte Frauenklöster der deutschen Ordensprovinz, während dieselbe Ordensprovinz in dieser Zeitspanne nur vier neue Männerklöster gründete. Die Weigerung der Ordensleitung, die Betreuung so vieler Frauenklöster zu übernehmen, ist daher sehr verständlich.

[62] Borst, Mönche am Bodensee, S. 288.

[63] TUB 2, S. 581 ff.

[64] Darüber siehe Borst, Mönche am Bodensee, S. 288 f. – Die Begeisterung für die Bewegung der Mystik zeigte sich nicht nur im Kloster Töß, sondern auch in St. Katharinental, wo um 1280 bei 150 Schwestern gezählt wurden.

[65] Brun, Grafen von Kyburg, S. 92.

[66] Zu den Anfängen und ersten Jahrzehnten des Klosters siehe: Borst, Mönche am Bodensee, S. 301 ff.

[67] UBZ 2, Nr. 863.

[68] TUB 3, Nr. 482, S. 281. Nicht weniger beeindruckt der Passus in der Urkunde von Mitte Dezember 1257, die vom Rheinauer Mönch Ildefons von Fleckenstein übersetzt wurde und wo es heißt: «dem convent der klosterfrauen von Paradys, welche sich um gottes liebe willen unter das joch so strenger religion begeben.» Zitiert bei Schib, Kloster Paradies, S. 16.

[69] UBZ 2, S. 336 ff., Nr. 876. Diese, wie auch die Urkunde vom 2. Juli 1253 befinden sich im Staatsarchiv des Kantons Schaffhausen. Siehe auch Schib, Kloster Paradies, S. 15 f.

[70] TUB 3, S. 136 ff., Nr. 383. – Schib, Kloster Paradies, S. 15.

[71] TUB 3, S. 142 ff., Nr. 386. – Schib, Kloster Paradies, S. 16.

[72] Schib, ebd. S. 17.

[73] UBZ 3, S. 134 f.

[74] UBZ 3, S. 353, Nr. 1275. – Die Wertschätzung des Franziskanerordens im Grafenhaus Kyburg kam auch darin zum Ausdruck, daß sich Gräfin Elisabeth von Kyburg († 1275) im Franziskanerkloster Freiburg (Schweiz) bestatten ließ, wo ihre Grabplatte heute noch zu sehen ist. Die Gräfin ist dort im Habit des Dritten Ordens des heiligen Franziskus, dem sie als Tertiarin beigetreten war, abgebildet. Zu Füßen der Toten der sehr gut erhaltene Wappenschild der Grafen von Kyburg. (KDM Freiburg III, p. 28 f.). Über diese Gräfin Elisabeth von Châlons, Witwe des 1263 verstorbenen und in der Marienkapelle von Wettingen bestatteten Grafen Hartmann V., des Jüngern, von Kyburg, siehe auch: Schnürer, Kirche und Kultur, S. 484. Gräfin Elisabeth von Kyburg förderte die Beginen. – Ferner über die Heirat dieser ältesten Tochter des Pfalzgrafen von Burgund siehe: Meyer, Habsburgisches Hausrecht, ZSG 27, S. 292 f.

[75] Vgl. Brun, Grafen von Kyburg, S. 77 und 201. Über die Hausteilung der Grafen von Kyburg um 1250, siehe u. a. Meyer, Habsburgisches Hausrecht, ZSG 27, S. 284. – Über den Parteiwechsel Hartmanns V. zur Stauferpartei um 1254 ebd. S. 285–301.

[76] FRB 2, S. 274 f., Nr. 255.

[77] FRB 2, S. 312 f., Nr. 284.

[78] FRB 2, S. 332 f., Nr. 306.

[79] FRB 2, S. 388. Dasselbe für 1258 in FRB 2, S. 475.

[80] Über diese Ereignisse siehe Häberle, St. Urban; S. 100, Anm. 6. – Da eine wissenschaftliche Darstellung der Geschichte des Klosters Fraubrunnen noch aussteht, wissen wir noch zu wenig über die Gründe, die zur Auflehnung geführt haben. Die geringe Zahl von Urkunden vermittelt kaum ein Bild von der sozialen Struktur dieses bescheidenen Klosters. Sehr wahrscheinlich erschienen dem einflußreichern und aus gehobeneren Bevölkerungsschichten (Ministerialen) stammenden Teil der Klosterfrauen die Zistersziensersatzungen als zu streng. Wie aus der Urkunde von 1262 (FRB 2, S. 563 f.), hervorgeht, war das Kloster arm. Nachdem Fraubrunnen aber in den Orden aufgenommen worden war, gab das Generalkapitel den Übertritt – vielleicht zum Benediktinerorden – in eine weniger strenge Ordensgemeinschaft nicht mehr zu, zumal ein Teil des Konvents beim Zisterzienserorden verbleiben wollte. Zwiespältig erscheint die Rolle des Abtes von Frienisberg, der wohl aus Rücksicht auf die Herkunft der einflußreichen Schwestern zeitweilig die Möglichkeit eines Ordenswechsels in Aussicht gestellt hatte. – Zur Geschichte Fraubrunnens siehe die bescheidene Übersicht bei Schär, Fraubrunnen.

[81] Eine Darstellung der Geschichte der Maigrauge steht noch aus. Die Anfänge wurden von Léon Kern in einem unveröffentlichten Manuskript behandelt. Siehe dazu Pittet, Hauterive, S. 250, Anm. 4. Pittet schildert ebd. auf den Seiten 250–254 die Entstehung des Klosters und die Aufnahme in den Orden. – Einen trefflichen Überblick über die Gesamtgeschichte des Klosters bietet KDM II, S. 317–323. Dort sind auf S. 317 f. auch die einschlägigen Quellen zitiert.

[82] Borst, Mönche am Bodensee, S. 303 sagt: «Graf Hartmann tat für Klarissen von Konstanz mehr als für Beginen in Winterthur.»

[83] Wehrli-Johns, Predigerkloster Zürich, S. 156 führt aus: «Zu den Äußerungen der Stadtwerdung von Winterthur gehört auch die Gründung des einzigen Klosters in der Stadt, der sogenannten Sammlung. Seine Entstehungsgeschichte ist ähnlich der von St. Verena in Zürich. Wie in Zürich hatte sich auch in Winterthur zunächst mit Unterstützung der Prediger eine Schwesternsammlung gebildet, die dann vom Rat und der Bürgerschaft so ausgestattet wurde, daß der Bischof von Konstanz im Jahre 1260 seine Zustimmung zur Umwandlung in ein Augustinerinnenkloster unter Leitung der Prediger geben konnte. Die Sammlung bewohnte zunächst ein Haus am Kirchhof, das dem Kloster Töß gehörte und 1311 von der Stadt für die Schwestern aufgekauft wurde». – Werner Ganz, Winterthur, bemerkt S. 71 f.: «daß der Schwesternkonvent der Sammlung kein eigentliches Kloster darstellte, sondern eine Vereinigung, deren Mitglieder bedeutende persönliche Freiheiten besaßen. So machte der Konvent den Rat im Jahre 1500 ausdrücklich darauf aufmerksam, daß das Schwesternhaus kein geschlossenes Kloster sei.» Anderseits erwähnt Ganz ebd. S. 72 die Überlieferung des Winterthurer Chronisten Laurencius Boßhart, nach welcher die Schwestern seit 1512 die gleiche Kleidung wie die Nonnen des Dominikanerinnenklosters Töß getragen hätten; denn sie hätten (Ganz, Winterthur, S. 71) seit 1366 der geistlichen Leitung der Prediger- oder Dominikanermönche in Zürich unterstanden. Ohne hier auf die etwas verschiedenen Auffassungen einzugehen, sei auf das in der Studie von Hauser, Sammlung Winterthur, ausführlich zitierte Quellenmaterial verwiesen. – Recht klar umreißt übrigens die Urkunde Nr. 76 des Stadtarchivs Winterthur vom 22. Juli 1336 die kirchenrechtliche Stellung der Sammlung, wenn es in dieser Vergabungsurkunde des Hauses Eppenstein heißt: «daz die selben fröwen des selben conventes und ir nǎchkomen nach der vorgenanten frow Elsbeten tǒde eweklich sond ir wunonge han in dem selben hus und sond darinne haben ain gaistlich leben nach ordenunge des ... priors und des conventes der prediger ze Zurich und sulnt ain cappel in dem hus machen, da sie ir gzit inne lesent und begangent

nach ir gewonheit». Ferner heißt es in dieser Urkunde: «Es sond öch des vorgenannten conventes fröwen daz selbe hus buwen und besorgen an wenden, muren, tachern und venstern umb und umb, als *irem orden* und gaistlichen leben gezimet und erlichen ist».

[84] Das Haus Kyburg wäre doch sonst in den Urkunden erwähnt.
[85] Vgl. Siegrist, Lenzburg, S. 26 f.
[86] KDM Luzern IV, S. 8.
[87] Brun, Grafen von Kyburg, S. 54 f., namentlich S. 55.
[88] Brun, Grafen von Kyburg, S. 72. Zu den folgenden Ereignissen ebd. S. 72–75. Vgl. ferner Riedweg, Beromünster, S. 65–73. – Eine Übersicht über die Stiftsgeschichte in KDM Luzern IV, S. 7–12. – Zum Erlaß König Friedrichs II. vom Juli 1217 QW Urkunden I, S. 122, Nr. 253.
[89] KDM Luzern IV, S. 19.
[90] QW Urkunden I, S. 131 f., Nr. 279.
[91] Ebd. S. 133 f. Nr. 282. Hier finden sich auch die Klagen.
[92] Schib, Kloster Paradies, S. 16. – Daß nach dem Hinschied von Ulrich III. und Wernher wohl Ruhe einkehrte, wenn auch nur für einige wenige Jahre, kann vielleicht aus der Wahl Ulrichs IV., des Sohnes Ulrichs III., zum Propst von Beromünster ersehen werden. Ulrich IV., seit 1223 Domherr zu Basel, erhielt um den 25. Mai 1231 durch König Heinrich in Hagenau die Investitur (Belehnung) mit der Propstei Beromünster. Zugleich ernannte ihn der König zum Kaplan des Kaiserhofes. Ob Brun, Grafen von Kyburg, S. 78 wohl recht hat, wenn er dort sagt, mit der Propstei Beromünster sei die Würde eines Kaplans am kaiserlichen Hofe verbunden gewesen, bleibe dahingestellt. Ulrich IV. behielt die Propstei Beromünster übrigens nur bis zur Wahl zum Bischof von Chur im Jahre 1233. Siehe dazu QW Urkunden I, S., 151 f., Nr. 324 (Regest) und ebda. die Anmerkungen. In Gfr. 26 (1871) ist auf S. 294 der Urkundentext veröffentlicht. Die königliche comminatio könnte mit einer nicht ganz einhellig erfolgten Propstwahl im Zusammenhang stehen.
[93] ZSG 27 (1947), S. 273–323.
[94] In: Schriften des Vereins für Geschichte des Bodensees und seiner Umgebung 78 (1960), S. 65–109. Zu diesem Thema siehe auch Brun, Grafen von Kyburg, S. 102–113.
[95] Brun, Grafen von Kyburg, S. 113–123.
[96] Häberle, St. Urban, S. 153; Häberle, St. Urban und der Oberaargau, S. 55; Flatt, Oberaargau, S. 186 f.
[97] Bosch, Richensee und Siegrist, Lenzburg, hier S. 41.
[98] Zu dieser Fehde siehe Brun, Grafen von Kyburg, S. 170 ff. und Riedweg, Beromünster, S. 82–86. Vor allem aber ist auf QW Urkunden I, S. 335–341, Nrn. 746 ff. hinzuweisen.
[99] Siehe Anm. 98.
[100] Die Nachrichten über die Förderung kirchlicher Institutionen und von Hilfeleistungen in verschiedenen Formen sind imposant. Siehe die Ausführungen bei Brun, Grafen von Kyburg, S. 53, 60, 65, 77, 79 f., 83, 85 ff., 91 ff., 98–101.
[101] Vgl. etwa die Auseinandersetzungen des Grafen Ulrich III. von Kyburg mit weitern kirchlichen Institutionen bei Brun, Grafen von Kyburg, S. 61 f. (St. Johann im Thurtal) und S. 75 f. (St. Gallen).

Verzeichnis der abgekürzt zitierten gedruckten Quellen und Literatur

APH
    Acta Pontificum Helvetica. Hrsg. von August Bernoulli. 1891.

Borst, Mönche am Bodensee
    Borst, Arno: Mönche am Bodensee 610–1525. Sigmaringen, Jan Thorbecke Verlag 1978.

Bosch, Richensee
    Bosch, Reinhold: Richensee. In: ZSG 23 (1943), S. 52–68.

Boßhart Laurencius, Chronik
    Boßhart, Laurencius: Die Chronik des Laurencius Boßhart von Winterthur 1185–1532. Hrsg. von Kaspar Hauser. In: Quellen zur schweizerischen Reformationsgeschichte 3. Basel 1905.

Brun, Grafen von Kyburg
    Brun, Carl: Geschichte der Grafen von Kyburg bis 1264. Inaug.-Diss. phil. I Zürich. Zürich 1913

Däniker-Gysin, Dominikanerinnenkloster Töß
    Däniker-Gysin, Marie-Claire: Geschichte des Dominikanerinnenklosters Töß 1233–1525. 298. Njbl. StB Winterthur 1958. Winterthur 1957.

Duft, Sankt Laurentius
    Duft, Johannes: Von Sankt Laurentius zu Sankt Laurenzen. In: Die Kirche St. Laurenzen in St. Gallen. Zum Abschluß der Restaurierung 1963–1979 hrsg. von der Evangelisch-reformierten Kirchgemeinde St. Gallen. St. Gallen 1979. Hier S. 33–46.

Flatt, Oberaargau
    Flatt, Karl H.: Die Errichtung der bernischen Landeshoheit über den Oberaargau. Jahrbuch des Oberaargaus, Sonderband 1. Zugleich Sonderdruck aus dem Archiv des Historischen Vereins des Kantons Bern, Band 53 (1969). Bern 1969.

FRB
    Fontes Rerum Bernensium. Berns Geschichtsquellen 1ff. Bern 1883 ff.

Frei-Kundert, St. Katharinental
    Frei-Kundert, Karl: Zur Baugeschichte des Klosters St. Katharinental. In: Thurgauische Beiträge zur vaterländischen Geschichte 66 (1929), S. 1–176. Frauenfeld 1929.

Funk-Bihlmeyer, Kirchengeschichte
    Funk, F[ranz] X[aver] von [und] Bihlmeyer, Karl: Kirchengeschichte auf Grund des Lehrbuches von F. X. von F' neubearbeitet von K'B'. 9. vb. A. Paderborn 1932.

Ganz, Winterthur
    Ganz, Werner: Winterthur. Einführung in seine Geschichte von den Anfängen bis 1798. 292. Njbl StB Winterthur 1961. Winterthur 1960.

Gfr.
    Der Geschichtsfreund. Mitteilungen des Historischen Vereins der Fünf Orte Luzern, Uri, Schwyz, Unterwalden und Zug. 1ff. Einsiedeln/Stans 1843ff.

Häberle, St. Urban
    Häberle, Alfred: Die mittelalterliche Blütezeit des Cisterzienserklosters St. Urban 1250–1375. Luzern 1946.

Häberle, St. Urban und der Oberaargau
    Häberle, Alfred: Das Kloster St. Urban und der Oberaargau. In: Jahrbuch des Oberaargaus 7 (1964), S. 31–77. [o.O] 1964.

Hauser, Heiligenberg
    Hauser, Kaspar: Das Augustiner Chorherrenstift Heiligenberg bei Winterthur (1225–1525). Njbl StB Winterthur 1908.

Hauser, Sammlung Winterthur
    Hauser, Kaspar: Die Sammlung in Winterthur (1260–1523). Njbl StB Winterthur 1907. Winterthur 1906.

Helfenstein, Heiligenberg
    Helfenstein, Ulrich: Heiligenberg bei Winterthur. In: Helvetia sacra, Abt. II, Tl. 2: Die weltlichen Kollegiatstifte der deutsch- und französischsprachigen Schweiz, S. 300–307. Bern 1977.

Horst, Friedrich der Staufer
: Horst, Eberhard: Friedrich der Staufer. Eine Biographie. 1. A. Düsseldorf 1975.

Kläui, 800 Jahre Winterthur
: Kläui, Hans: 800 Jahre Winterthur. Der Anlaß zur Feier. In: WJ 1980, S. 7–23.

Kläui, Gründung von Winterthur
: Kläui, Hans: Das Aussterben der Grafen von Lenzburg und die Gründung der Stadt Winterthur. In: WJ 1973, S. 39–66.

Kläui, Neftenbach
: Ott, Eugen; Kläui, Hans und Sigg, Otto: Geschichte der Gemeinde Neftenbach. Hrsg. von der Gemeinnützigen Gesellschaft Neftenbach. Neftenbach 1979.

Kläui, Pfarrkirche Veltheim
: Kläui, Hans: Die Geschichte der Pfarrei (Veltheim) bis zur Reformation. In: Dorfkirche Veltheim. Festschrift zur Restauration 1977–1980, S. 7–15. Winterthur-Veltheim, [Verlag] Reformierte Kirchenpflege 1980.

KDM Freiburg II
: [Kunstdenkmäler]. Les monuments d'art et d'histoire du Canton de Fribourg. Tome II. La ville de Fribourg, par Marcel Strub. Bâle 1956.

KDM Freiburg III
: [Kunstdenkmäler]. Les monuments d'art et d'histoire du Canton de Fribourg. Tome III. La ville de Fribourg. Les monuments religieux (deuxième partie), par Marcel Strub. Bâle 1959.

KDM Luzern IV
: Die Kunstdenkmäler des Kantons Luzern. Band IV. Das Amt Sursee, von Adolf Reinle. Basel 1956.

KDM Thurgau I
: Die Kunstdenkmäler des Kantons Thurgau. Band I. Der Bezirk Frauenfeld, von Albert Knoepfli. Basel 1950.

KDM Thurgau III
: Die Kunstdenkmäler des Kantons Thurgau. Band III. Der Bezirk Bischofszell, von Albert Knoepfli. Basel 1962.

Meyer, Habsburgisches Hausrecht
: Meyer, Bruno: Studien zum habsburgischen Hausrecht. In: ZSG 25 (1945), S. 153–176, 27 (1947), S. 36–60 und [mit dem besondern Titel] IV: Das Ende des Hauses Kiburg, S. 273–323.

Müller, St. Katharinental
: Müller, Anneliese: Studien zur Besitz- und Sozialgeschichte des Dominikanerinnenklosters St. Katharinental bei Dießenhofen. Diss. phil. Tübingen 1971.

Njbl StB Winterthur
: Neujahrsblatt der Stadtbibliothek Winterthur. 1 ff. Winterthur 1660 ff.

Pittet, Hauterive
: Pittet, Romain: L'abbaye d'Hauterive au moyen âge. Archives de la Société d'Histoire du Canton de Fribourg 13. Fribourg 1934.

QW Urkunden I
: Quellenwerk zur Entstehung der Schweizerischen Eidgenossenschaft... Hrsg. von der Allgemeinen Geschichtsforschenden Gesellschaft der Schweiz. Abt. 1: Urkunden. Band I: Von den Anfängen bis Ende 1291, bearb. von Traugott Schieß. Aarau 1933.

Riedweg Beromünster
: Riedweg, Mathias: Geschichte des Kollegiatstiftes Beromünster. Luzern 1881.

Rüedi, Dießenhofen
: Rüedi, Willi: Geschichte der Stadt Dießenhofen im Mittelalter. Dießenhofen 1947.

Schär, Fraubrunnen
: Schär, Oskar: Das Kloster Fraubrunnen. (Vom Kloster zum Amtshaus.) In: Berner Zeitschrift für Geschichte und Heimatkunde 1955, S. 179–185. Bern 1955.

Schib, Kloster Paradies
: Schib, Karl: Geschichte des Klosters Paradies. Hrsg. von der Georg Fischer Aktiengesellschaft Schaffhausen. Schaffhausen 1951.

Schneller, Jahrzeitbuch Winterthur
: Schneller, J[osef]: (Das Jahrzeitbuch) der St. Laurenzenkirche in Winterthur. [Hrsg. von (J'Sch')]. In: Gfr. 14 (1858), S. 193–217.

Schnürer, Kirche und Kultur
: Schnürer, Gustav: Kirche und Kultur im Mittelalter. Band 2. 2. durchgesehene A. Paderborn 1929.

Siegrist, Lenzburg
: Siegrist, Jean Jacques: Lenzburg im Mittelalter und im 16. Jahrhundert. In: Argovia 67 (1955), S. 5–391. Aarau 1955.

TUB
: Thurgauisches Urkundenbuch. Bände 1 ff. Frauenfeld 1924 ff.

UBZ
: Urkundenbuch der Stadt und Landschaft Zürich. Bände 1 ff. Zürich 1888 ff.

Wehrli-Johns, Predigerkloster Zürich
: Wehrli-Johns, Martina: Geschichte des Zürcher Predigerkonvents (1230–1524). Mendikantentum zwischen Kirche, Adel und Stadt. Zürich 1980.

WJ
: Winterthurer Jahrbuch. 1 ff. Winterthur 1954 ff.

ZSG
: Zeitschrift für Schweizerische Geschichte. Hrsg. von der Allgemeinen Geschichtsforschenden Gesellschaft der Schweiz. Jahrg. 1–30 (1921–1950). Zürich 1921–1950.

Werner Meyer

Der Burgenbau im kyburgischen Machtbereich

Im kyburgischen Machtbereich, d.h. zunächst im Raume zwischen Boden- und Zürichsee, dann im Aargau, wo die Kyburger nach 1180 das Haus Lenzburg beerbten, und schließlich im Bernbiet, wo sie nach 1218 die Nachfolge der Herzöge von Zähringen antraten, hat es im Mittelalter Hunderte von Burgen gegeben.[1] Die historische Forschung hat in geduldiger Kleinarbeit zusammengetragen, was an schriftlichen Nachrichten aus mittelalterlicher Zeit über die Burgen in diesem Teil des deutschschweizerischen Mittellandes erhalten ist[2], doch reichen die dürftigen Überlieferungsfragmente nicht aus, um ein auch nur einigermaßen zusammenhängendes Bild über die Geschichte des Burgenbaues im Hochmittelalter erkennen zu lassen, und die Burgenarchäologie, die in der Lage wäre, einen großen Teil der Überlieferungslücke zu schließen, steckt – trotz wichtigen Teilergebnissen – noch tief in den Anfängen.[3] Inwieweit bisherige Grabungsresultate burgenkundlich verallgemeinert werden dürfen, bleibt noch abzuwarten. Immerhin scheint sich abzuzeichnen, daß die frühesten Adelsburgen, bestehend aus Holzbauten mit Annäherungshindernissen aus künstlich ausgehobener oder aufgeschütteter Erde, um die Wende vom 9. zum 10. Jahrhundert entstanden sind.[4] Auch die in den Fehden des 11. Jahrhunderts zweimal zerstörte älteste Anlage der *Kyburg* hat man sich zur Hauptsache als Holz- und Erdbau vorzustellen, wobei die Möglichkeit nicht auszuschließen ist, daß der Doppelgraben um das nachmalige Burgstädtchen herum als äußeres Annäherungshindernis bereits bei dieser ersten Anlage bestanden hat.[5] Gewisse Indizien weisen auch auf die Existenz einer frühen künstlichen Erdaufschüttung im Kernbezirk der *Mörsburg* hin.[6]

Zögernd setzt auf den Burgen im nachmaligen kyburgischen Machtbereich der Steinbau im Verlaufe des 11. Jahrhunderts ein, faßbar in einfachen Umfassungsmauern und Steinhäusern von bescheidenen Dimensionen. Im allgemeinen fällt bei diesen frühen Steinbauten des 11. und beginnenden 12. Jahrhunderts neben der geringen Mauerdicke die sorgfältige Schichtung des Steinmaterials aus kleinen, quaderförmig zurechtgehauenen Blöcken auf. Archäologisch datierte Beispiele kennen wir u.a. von Rickenbach, Alt-Regensberg, Sellenbüren und von der Habsburg.[7]

Der massive Steinturm von rechteckigem oder quadratischem Grundriß mit einer Mauerstärke zwischen 1,5 und über 3 m, der bei uns landläufig als charakteristisches Merkmal der mittelalterlichen Burg gilt, tritt nicht vor der Mitte des 12. Jahrhunderts auf[8], abgesehen von seltenen, unter westeuropäischem Einfluß entstandenen Sonderfällen.[9] Einer noch jüngeren Entwicklungsstufe des Burgenbaues gehört der wohl erst um 1250 von der oberitalienischen Burgenarchitektur übernommene sog. «wehrhafte Palas» an, der sich vom engen Hauptturm durch seine wohnliche und repräsentative Geräumigkeit unterscheidet.[10] Guterhaltene Beispiele zeigen die beiden einander benachbarten Anlagen von Girsberg und Schwandegg.[11]

Wenn wir nun versuchen, und das ist ja das Kernthema unserer Ausführungen, direkte Beziehungen zwischen den vielen Burgen im deutschschweizerischen Mittelland und dem Grafenhaus Kyburg-Dillingen aufzudecken, stoßen wir auf erhebliche Schwierigkeiten: In den urkundlichen Zeugnissen über die Grafen von Kyburg treten die Burgen wenig in Erscheinung, und es ist aufgrund der schriftlichen Überlieferung unmöglich, eine auch nur annähernd vollständige Liste derjenigen Burgen zusammenzustellen, die sich längere oder kürzere Zeit tatsächlich in kyburgischer Hand befunden haben. Dieses Problem gilt in besonderem Maße für die Burgen des kyburgischen Lehns- und Dienstadels.[12] Zunächst einmal fällt es äußerst schwer, diesen Personenkreis in seiner Gesamtheit überhaupt zu fassen. Wenn nicht ausdrücklich ein Lehns- oder Dienstverhältnis urkundlich genannt wird, sind wir nicht berechtigt, für ein Geschlecht Abhängigkeit vom Hause Kyburg anzunehmen, vor allem nicht für jene Familien, die ausschließlich in den Zeugenlisten kyburgischer Urkunden oder sonst «in der Nähe» der Grafen nachweisbar sind, aber dort kein spezifisches Prädikat tragen, von dem aus auf ein Dienst- oder Lehnsverhältnis geschlossen werden könnte.[13] Diese Einschränkung reduziert die Zahl der bisher vermuteten kyburgischen Vasallen und Ministerialen bereits ganz beträchtlich, aber die Schwierigkeiten gehen noch weiter. Denn nur in Ausnahmefällen lassen sich diejenigen Familien, für welche eine Lehns- oder Dienstabhängigkeit vom Hause Kyburg glaubhaft gemacht werden kann, schlüssig auf dieser

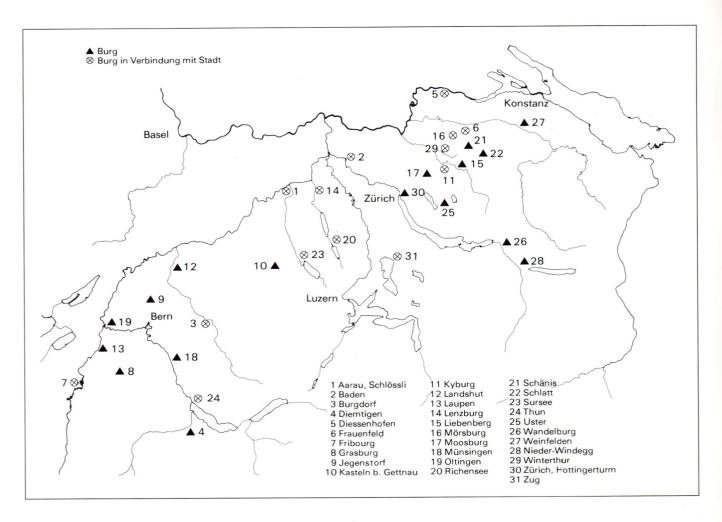

Burgen im Besitz der Grafen von Kyburg-Dillingen

oder jener bekannten Burg ansiedeln. Ein großer Teil des im Gefolge der Grafen auftretenden Adels hauste nachweislich in kyburgischen Städten oder Burgstädtchen, und es geht nicht an, irgendein lokaladliges Geschlecht, das sich nach einem Dorf nennt und uns in ein paar urkundlichen Erwähnungen entgegentritt, mit einer beliebigen Burganlage in Zusammenhang zu bringen, die sich in der Nähe des Ortes befindet, nach dem die fragliche Familie den Namen führt.[14] Derartige Identifizierungen sind vor allem dann zu unterlassen, wenn wegen fehlender archäologischer Untersuchungen über die Belegungszeit der betreffenden Burg gar nichts bekannt ist.[15] Im Hinblick auf die bekannte Mobilität des Adels im Besitzstand und in der Niederlassung während des 12. und 13. Jahrhunderts sind nicht einmal jene Familiennamen, die sich wie Girsberg, Schwandegg oder Goldenberg eindeutig auf Burgnamen beziehen, zur schlüssigen Identifizierung eines Wohnsitzes verwendbar.[16] Noch schwerer fällt für unsere Fragestellung ins Gewicht, daß konkrete Hinweise auf eine aus allfälligem Lehns- oder Dienst-

verhältnis abzuleitende Verfügungsgewalt der Grafen von Kyburg über die Burgen des in ihrem Gefolge befindlichen Ritteradels fehlen. Im Gegenteil, verschiedene Herren, die unbestreitbar als kyburgische Vasallen oder Dienstleute anzusprechen sind, hausen auf Burgen, die sich entweder wie Hallwil auf Eigengut erheben oder die wie Hegi unter anderweitiger Lehnsherrschaft stehen.[17] Nicht stichhaltig sind Rückschlüsse auf den kyburgischen Burgenbesitz aus späterer Zeit. Wir wissen, daß es den Habsburgern, den Rechtsnachfolgern des Hauses Kyburg, seit dem späten 13. Jahrhundert geglückt ist, zahlreiche Allodialburgen unter ihre Lehnsgewalt zu bringen.[18] Aus diesem Grund bleibt das Verzeichnis habsburgisch-österreichischer Lehen im Thurgau und Aargau von 1361, in dem u.a. die im einstigen kyburgischen Einflußbereich gelegenen Burgen Hettlingen, Girsberg oder Alt-Teufen genannt werden[19], für die Zeit der kyburgischen Herrschaft ohne Beweiskraft. Die landläufige Vorstellung, der Machtbereich der Grafen von Kyburg sei durch ein dichtes Netz von sog. «Ministerialenburgen» militärpolitisch abgesichert gewesen, entbehrt somit jeglicher Grundlage und muß fallengelassen werden.[20] Dies gilt sogar für die Burgplätze in unmittelbarer Umgebung der Kyburg selbst (z.B. Gamser, Ettenhusen, Chämleten). Es handelt sich hier um frühe Holz-Erdburgen, die mit dem kyburgischen Ministerialadel des 13. Jahrhunderts kaum in Verbindung gebracht werden können.[21]

Somit erhebt sich die Frage, welche Kriterien überhaupt dazu berechtigen, eine Burg als «kyburgisch» zu bezeichnen. Weder die geographische Lage – ich denke etwa an die in unmittelbarer Nachbarschaft der Kyburg gelegenen Burgplätze – noch bestimmte architektonische Merkmale weisen schlüssig auf kyburgischen Besitz hin. Einziges, wirklich sicheres Kriterium ist die direkte urkundliche Nennung, und hier zeigt sich nun, daß die Zahl der in kyburgischer Hand bezeugten Burgen gar nicht besonders groß ist. Zudem stammen diese Nachrichten mit einer Ausnahme (Weinfelden) aus der Spätzeit des Hauses Kyburg, d.h. aus dem 13. Jahrhundert, so daß wir für die ältere Zeit des 12. Jahrhunderts über Bestand und Funktion der kyburgischen Burgen nur Vermutungen anstellen können. Daß die Feste Kyburg selbst im Besitz des Grafenhauses gewesen ist, wird freilich wohl kaum jemand bestreiten wollen, umgekehrt verschwindet die 1180 urkundlich als erste kyburgische Burg erwähnte Feste Weinfelden – sie wird damals dem Bischof von Konstanz als Lehen aufgegeben – in der Folgezeit aus der kyburgischen Überlieferung.[22]

Einige andere Burgen, die urkundlich ausdrücklich in kyburgischem Besitz bezeugt sind, lassen sich nicht mit Sicherheit identifizieren (Stettenberg 1244, Schännis 1260 und Liebenberg 1244), sie entfallen somit für unsere weiteren Überlegungen.[23] Andere Anlagen – Weinfelden ist bereits genannt worden, Diemtigen im Berner Oberland gehört auch zu dieser Gruppe[24] – werden nur gelegentlich erwähnt und dürften sich wohl nur kurzfristig in kyburgischer Hand befunden haben.

Auf der Landkarte lassen sich die in kyburgischer Hand nachweisbaren Burgen in folgende drei Verbreitungszonen gliedern:
1. das kyburgische Hausgut im Thurgau
2. das Erbe des Hauses Lenzburg im Aargau und im Gasterland
3. das zähringische Erbe im Bernbiet.

Welche Bautätigkeit haben die Grafen von Kyburg auf ihren Burgen ausgeübt? Eigentliche Neugründungen sind kaum bezeugt.[25] Abgesehen von einer beschränkten Zahl von Turmburgen, für deren Errichtung im 13. Jahrhundert auf Veranlassung der Grafen von Kyburg gewichtige Argumente sprechen[26], besitzen wir nur eine einzige schriftliche Nachricht über eine kyburgische Burgengründung, nämlich die Urkunde von 1254 über den Bau der Feste *Moosburg* bei Effretikon.[27] Graf Hartmann IV. läßt damals die Burg erbauen und überschreibt sie seiner Gemahlin Margaretha von Savoyen. Dank umfassenden Freilegungsarbeiten sind wir über die Anlage der Moosburg gut unterrichtet[28]: Sie erhebt sich in ehemals sumpfigem Gelände auf einem niederen Hügel und beschreibt im Grundriß ein wehrhaftes Mauergeviert mit teilweiser Innenüberbauung und einem zentral angeordneten Hauptturm aus mächtigen Findlingen. Den Oberbau des Turmes hat man sich wohl als vorkragenden, hölzernen Gaden vorzustellen.

Die erwähnten, offenbar auf Veranlassung der Grafen von Kyburg errichteten Turmburgen werden später zu besprechen sein. Stellvertretend für diese ganze Gruppe von Wohntürmen aus der kyburgischen Spätzeit soll hier der im Pfarrhaus neben der Kirche eingebaute Turm von *Schlatt* erwähnt werden.[29] Kyburgische Ministerialen, urkundlich in der 1. Hälfte des 13. Jahrhunderts nachgewiesen, werden hier ihren Wohn- und Amtssitz gehabt haben.[30] Die markante Bauweise des Turmes in der sog. «Megalithtechnik» wird uns unten beschäftigen.[31]

Aufgrund der schriftlichen Überlieferung läßt sich den Grafen von Kyburg somit eine nur geringe Zahl von Burgengründungen zuschreiben und diese Anlagen müssen allesamt nach dem ausgehenden 12. Jahrhundert entstanden sein.[32] Einzelne Bauuntersuchungen und Grabungsbefunde sprechen jedoch für eine rege Bautätigkeit der Grafen im gleichen Zeitraum auf älteren, bereits bestehenden Burgen, und zwar vor allem auf jenen Anlagen, die für das Haus Kyburg als Herrschafts- und Verwaltungszentren oder als gräfliche Residenzen von besonderer Bedeutung waren. Gründliche archäologische und baugeschichtliche Untersuchungen könnten hier zweifellos weitere und genauere Angaben liefern, sind wir doch mangels archäologischer Befunde über eine allfällig Bautätigkeit der Grafen von Kyburg auf der Feste Baden, auf der Lenzburg, auf Burgdorf, Thun, Landshut, Jegenstorf, Oltingen oder Nieder-Windegg wenig bis gar nicht informiert. Erfreulicherweise haben jedoch die jüngsten Ausgrabungen auf der *Mörsburg* den Nachweis bedeutender Um- und Ausbauten zwischen ca. 1200 und 1260 erbracht. Auch die *Kyburg* muß um 1200 architektonisch völlig neu gestaltet worden sein. In mehreren Etappen sind damals diejenigen Baukörper entstanden, die heute noch die Gesamtanlage dieser Burg bestimmen, d.h. die südliche Schildmauer, der Bergfried und der angrenzende Wohntrakt, die Kapelle und der mächtige Palas.

Die archäologischen Untersuchungen in der Burg von *Zug* weisen ebenfalls auf einen bedeutenden Ausbau in kyburgischer Zeit um 1200 hin[33], und um 1250 wird auf der Burg *Kasteln* bei Gettnau inmitten einer älteren Erdburg ein mächtiger Wohnturm unter der Bauherrschaft der letzten Grafen von Kyburg aufgeführt.[34] Auf Kasteln, Kyburg und Mörsburg bauen die Grafen von Kyburg bereits bestehende Burgen aus

71

Kyburg/ZH um 1930

oder um, während sie in Zug durch die Errichtung eines Turmes mit wehrhaftem Bering einen älteren, nur schwach befestigten Herrenhof (curtis) in eine Burg (castrum) umwandeln.[35]
Diese Entwicklung vom Herrenhof zur Burg scheint sich auch auf Jegenstorf, Landshut und Oltingen abgespielt zu haben, allerdings noch in der Zeit der Herzöge von Zähringen (vor 1218).[36]
Bezieht sich die Urkunde von 1254 über die Errichtung der Feste Moosburg auf eine verhältnismäßig bescheidene Burganlage, wird in einem Vertrag von 1237 zwischen den Grafen von Kyburg und dem Stift Beromünster die Gründung einer größeren Befestigung angekündigt.[37] Hartmann IV. von Kyburg und sein gleichnamiger Neffe erstatten dem Stift widerrechtlich in Besitz genommene Güter zurück und erhalten dafür tauschweise ein Grundstück bei Ermensee, auf dem sie eine Befestigung (munitio) anzulegen wünschen. Wie schon Hektor Amman nachgewiesen hat[38], handelt es sich bei dieser Befestigung um das nachmalige Städtchen *Richensee*. Dessen Gründung muß unmittelbar nach 1237 erfolgt sein, denn seit 1242 wird der Kyburger Vogt Arnold von Richensee urkundlich re-

gelmäßig erwähnt.[39] Über die Stadtanlage von Richensee sind wir nur mangelhaft orientiert. Die heutige lockere Überbauung läßt keine Schlüsse auf die Parzellierung und Überbauung der Anlage zu. Sondierungen haben immerhin den Umriß der Stadtmauer zutage gefördert, der ein unregelmäßiges Oval von knapp 150 m Durchmesser beschreibt. Einzelne Türme mögen diesen Bering bewehrt haben. Im Zentrum des Städtchens erhebt sich noch heute ein mächtiger Turm von quadratischem Grundriß mit gut 11 m Seitenlänge und 3,5 m dicken Mauern, aufgeführt aus mächtigen Findlingen.
An dieser Stelle ist es notwendig, einige grundsätzliche Bemerkungen zu den Türmen vom Typus Richensee, insbesondere zu der «*megalithischen*» Mauertechnik, zu machen. Wir finden mittelalterliche Bauwerke aus großen, kaum bearbeiteten Blöcken, vor allem Findlingen, im Bereich der eiszeitlichen Gletscherablagerungen vom Bodenseeraum bis in die mittlere Aaregegend. Schloßwil und Oberwil (Simmental) markieren die westliche Verbreitungsgrenze. Neben quadratischen Türmen mit engem Innenraum vom Typus Richensee kommen auch geräumigere rechteckige Bauten vor wie bei Greifensee. Seltener findet sich die megalithische Bauweise auch bei Ringmauern (Meersburg). Ein bemerkenswertes architektonisches Detail mag hier vorgestellt werden: Der bisweilen nur ange-

Kyburg. Bergfried und Innenhof, links inneres Tor *Kasteln. Zustand um 1950*

deutete, aber exakt in der Vertikalen gehaltene Kantenschlag im Eckverband kann aus bautechnischen Gründen erst hinterher, d.h. nach der definitiven Einmauerung des Ecksteines, erfolgt sein. Wir finden diesen Kantenschlag in unterschiedlicher Qualität an den meisten Megalithtürmen. Ein altes Problem bildet die Datierung dieser grobschlächtigen Bauwerke. Der urtümliche Anblick hat immer wieder dazu verleitet, für die Megalithtürme ein besonders hohes Alter anzunehmen. Das «Schlößli» in Aarau wird ins 11. oder gar 10. Jahrhundert datiert, der Turm der Meersburg am Bodensee gar in die Merowingerzeit (7. Jahrhundert).[40] Es lohnt sich nicht, die Unhaltbarkeit dieser burgenkundlich völlig undiskutablen Frühdatierungen im einzelnen zu begründen.[41] Im Hinblick auf die besondere Bedeutung des «Megalithmauerproblems» für den Burgenbau der Kyburger seien hier wenigstens ein paar Erläuterungen angebracht:

1. Megalithtürme finden sich besonders häufig in Verbindung mit kyburgischen Stadtgründungen, wo sie offenbar die Rolle einer Art «Stadtburg», eines Amts- und Wohnsitzes für den kyburgischen Vogt, spielen. Bei Dießenhofen und Frauenfeld, vielleicht auch bei Sursee, erhebt sich der Turm auf markantem Geländesporn am Rande der Stadt, bei Aarau wenige Meter außerhalb der Stadtmauer, bei Richensee im Mittelpunkt des Stadtareals, bei Winterthur – sofern hier ein Megalithturm bestanden hat – auf einem Hügel südlich über der Stadt.[42]

2. Für Richensee enthält der Wortlaut der Urkunde von 1237 nicht den kleinsten Hinweis auf einen bereits bestehenden Burgturm. Seine Erbauung muß im Zusammenhang mit der Stadtgründung um 1240 erfolgt sein.[43]

3. Die Datierung des ebenfalls in megalithischer Mauertechnik errichteten Turmes der Moosburg ist urkundlich und archäologisch für die Zeit um 1250 gesichert.

4. Die megalithische Ummauerung eines älteren Steinbaues auf der Mörsburg ist aufgrund der Ausgrabungen von 1978/79 in die Zeit um 1250 zu datieren, während die Megalithtürme von Hünenberg und Zug archäologisch einwandfrei in die Zeit um 1200 anzusetzen sind.[44]

5. Was an historischen Indizien für ein höheres Alter des einen oder anderen Megalithturmes vorgebracht

Girsberg. Im Zentrum der Anlage ein imposanter, wehrhafter Palas. Dach neuzeitlich

wird – ich denke etwa an die Meersburg, an Greifensee oder an das «Schlößli» in Aarau[45] – kann allenfalls die Existenz eines älteren Vorläuferbaues glaubhaft machen, trägt aber zur Datierung der megalithischen Mauertechnik überhaupt nichts bei.[46]

Zusammenfassend können wir zum Problem der Megalithtürme festhalten, daß diese imposanten Bauwerke teils durch historische Quellen, mehrheitlich aber durch archäologische und burgenkundliche Befunde in die Zeit zwischen dem ausgehenden 12. und der Mitte des 13. Jahrhunderts zu datieren sind. Wo sie in Verbindung mit kyburgischen Städten auftreten, wie im Fall von Dießenhofen, Frauenfeld, Richensee, Zug, Aarau und vielleicht Sursee – bei Winterthur und Mellingen wissen wir zu wenig –, sind sie ungeachtet ihrer uneinheitlichen topographischen Lage erst im Zusammenhang mit der Stadtgründung gebaut worden.[47] Im übrigen dürfte ihre Errichtung von natürlichen Voraussetzungen, d.h. von einem genügend dichten Vorkommen von Findlingen, abhängig gewesen sein.

Fehlten diese dicken Brocken in der unmittelbaren Umgebung des Bauplatzes, griff man auf anderes Steinmaterial zurück, auf Molassesandstein wie auf der Kyburg, auf Tuff wie auf Kasteln, auf Kiesel oder Haussteine wie beim Ringmauerbau auf verschiedenen Burgen. Im Verbreitungsgebiet glazialer Findlinge kommen Megalithbauten häufig vor, sofern die Verwendung solchen Steinmaterials nicht durch andersartige Baugewohnheiten ausgeschlossen bleibt.[48] Zahlreiche Beispiele belegen, daß sich seit dem späten 12. Jahrhundert zwischen Bodensee und Aareraum die grobschlächtige Megalithbauweise allgemeiner Beliebtheit erfreut und keineswegs nur auf kyburgischen Burgen Anwendung findet.[49]
Bei der Errichtung von Wohntürmen für ihre Amtleute haben sich die Grafen von Kyburg in der ersten Hälfte des 13. Jahrhunderts offenbar einer damals allgemein üblichen Bauweise bedient.[50]

Die kyburgischen Megalithtürme, entstanden in Verbindung mit Stadtgründungen, stellen zusammen mit den Türmen zu Schlatt und auf der Moosburg die einzige Gruppe von Bauwerken dar, die innerhalb des kyburgischen Machtbereichs typologisch einen gewissen Zusammenhang erkennen lassen. Im Falle von Aarau und Richensee darf aufgrund der weitgehenden Übereinstimmungen in den Abmessungen vielleicht sogar

Moosburg. Fundamente des in Megalithtechnik errichteten Hauptturmes

an eine praktisch gleichzeitige, um 1240 anzusetzende Entstehung gedacht werden.[51]
Bei den übrigen kyburgischen Burganlagen, die grössere, einigermassen gesicherte datierte Bausubstanz aus der Zeit des Hauses Kyburg-Dillingen aufweisen, hat man Mühe, typologische Übereinstimmungen in der Bauweise, in architektonischen Einzelheiten oder in der baulichen Gesamtkonzeption zu erkennen, obwohl die betreffenden Bauten – es handelt sich um die kyburgischen Partien auf der Mörsburg, der Moosburg und der Kyburg sowie auf den Festen Zug und Kasteln – innerhalb des gleichen halben Jahrhunderts zwischen ca. 1200 und 1250 entstanden sind. Vielleicht ist man versucht, in der zentralen Lage der Hauptürme auf den Festen Zug, Kyburg und Moosburg eine typologische Gemeinsamkeit zu erblicken, doch findet sich diese Anordnung auch sehr häufig auf Burgen, die nicht den Kyburgern gehört haben – man denke etwa an Hagenwil, Hegi, Alt-Regensberg, Eglisau oder Mammertshofen –, so dass hier kaum von einem spezifisch kyburgischen Bauschema gesprochen werden darf, zumal auf anderen kyburgischen Festen (z. B. Mörsburg oder Weinfelden) ganz andere Grundrissprinzipien verwirklicht sind.[52] Mit dem Fehlen eines charakteristischen Bauschemas auf ihren Burgen des 13. Jahrhunderts unterscheiden sich die Grafen von Kyburg von anderen zeitgenössischen Dynastengeschlechtern, insbesondere vom Hause Savoyen, das im 13. Jahrhundert das mediterrane Grundrissprinzip des regelmässigen Mauergevierts mit den vier runden Ecktürmen übernommen hat.[53] Die Ausgrabungen in der Burg Zug haben für die kyburgische Periode ein paar typologisch einzigartige und vorläufig kaum deutbare Befunde erbracht. Dies trifft vor allem für den seltsamen unterirdischen Stollen zu, der unter dem Turmfundament hindurch vom Burghof ins Burginnere führt, ferner für die halbrunde, dem Hauptturm vorgelagerte Schildmauer.[54]
Eine bedeutende Bautätigkeit hat das Grafenhaus Kyburg-Dillingen um 1200 auf der *Kyburg* selbst entfaltet. Diese Feste wird damals – vielleicht unter teilweiser Verwendung älterer Partien – innerhalb des unregelmässigen Geländespornes, der den Bauplatz bildet, vollkommen neu gestaltet, und zwar entsteht nun ein mehrgliedriger, um einen weiten Innenhof gruppierter Gebäudekomplex, dessen Hauptelemente aus Bergfried mit Wohntrakt, Kapelle und Palas bestehen. Sorgfältig gearbeitete Bossenquader aus Molassesandstein bestimmen das Äussere der Mauerfluchten.[55]
Nach völlig anderer Konzeption wird um dieselbe Zeit die *Mörsburg* umgebaut[56]: innerhalb des ur-

Kyburg. Bossenquaderverband am Bergfried (um 1200)

sprünglich sehr weitläufigen, auf einem länglichen Hügelsporn gelegenen Burgbezirkes wird an ein bereits bestehendes Steinhaus (1. Hälfte 12. Jahrhundert?) ein langgestreckter Bering mit teilweiser Innenüberbauung angehängt.[57] In einer zweiten, wohl erst um 1250 zu datierenden Bauphase erhält das frühe Steinhaus durch eine megalithische Ummauerung die Gestalt eines imposanten Wohnturms.[58]
Eine mit der Mörsburg vergleichbare, im Baugedanken konsequenter geplante, aber offenbar nicht zu Ende geführte Entwicklung lässt sich auf *Kasteln* bei Gettnau beobachten.[59] Wohl gegen 1250 entsteht inmitten eines nicht mehr klar erfassbaren Beringareals ein gewaltiger, rechteckiger Wohnturm aus bossierten Tuffquadern. Die auf der Kyburg und der Mörsburg in Einzelelemente gegliederten Bauteile werden auf Kasteln zu einem einzigen, kompakten Mauerblock vereinigt. Unter den kyburgischen Festen verkörpert Kasteln den im Burgenbau der staufischen Zeit entwickelten Monumentalstil in reinster Form.[60]
Wenn wir uns nach diesem summarischen Überblick über den Baubestand auf den kyburgischen Burgen der Frage zuwenden, welche Aufgaben diesen Burgen

Dießenhofen, Unterhof. Ecke des nur noch als Stumpf erhaltenen Megalithturmes

Schlatt. In das spätere Pfarrhaus integrierter Megalithturm

zugedacht gewesen seien, zu welchen Zwecken sie errichtet worden seien, können wir uns leider wiederum in nur sehr unzureichendem Maße auf Grabungsbefunde stützen, und auch die schriftlichen Quellen ergeben ein bloß einseitiges und unvollständiges Bild. Freilich darf als selbstverständlich angenommen werden, daß die bekannte Funktionsvielfalt der mittelalterlichen Burg auch für die Festen des Hauses Kyburg gegolten hat.[61] Von der neueren Forschung wird neben der Rolle der Burg als Mehrzweckbau – adlige Behausung, Herrschaftszentrum, Statussymbol und Wehranlage – vor allem die siedlungs- und wirtschaftsgeschichtliche Bedeutung hervorgehoben.[62] Soweit ersichtlich – gründliche Untersuchungen stehen allerdings aus – erheben sich die Burgen des Hauses Kyburg-Dillingen im Bereich von Altsiedelland. Sog. «Rodungsburgen», d.h. herrschaftliche Zentren in neu erschlossenem Kolonisationsgebiet, sind von den Kyburgern im 12. und 13. Jahrhundert anscheinend nicht angelegt worden.[63]

Unklar bleibt die militärische Bedeutung der kyburgischen Festen. In den spärlichen Nachrichten über kriegerische Ereignisse, in die das Haus Kyburg-Dillingen verwickelt war, treten die Burgen wenig in Erscheinung, und die archäologischen Befunde von Zug, von der Moosburg, von der Mörsburg und von Richensee haben keine schlüssigen Anhaltspunkte für eine kriegerische Zerstörung oder ein sonstiges militärisches Ereignis in kyburgischer Zeit geliefert.[64] Im Hinblick auf die Formen der mittelalterlichen Kriegführung waren die mittelalterlichen Burgen ohnehin von geringer taktischer Bedeutung. Bei der noch in die Epoche des Hauses Kyburg-Winterthur fallenden Zerstörung der Kyburg im Investiturstreit 1079 ging es um die wirtschaftliche Schädigung eines politischen Gegners[65], mit der gewaltsamen Besetzung der Festen Grasburg und Laupen 1253 verfolgten die Kyburger herrschaftspolitische Ziele[66], und die Zerstörung der Stadtburg von Winterthur gegen 1264 erfolgte im Kampf um die städtische Emanzipation und zielte auf die Beseitigung eines verhaßten Herrschaftssymboles hin.[67] Von einer militärischen Bedrohung der Stadt

▲
Henggart. Blick auf den Ringgraben mit vorgelagertem Wall. Rechts die Böschung der künstlich aufgeschütteten Motte

Richensee. Megalithturm mit Hocheingang und Kantenschlag im Eckverband (um 1240) ▼

Aarau, Schlößli. Der in Megalithtechnik errichtete Turm ist in die Zeit der Stadtgründung um 1240 zu datieren. Oberste Geschosse spätmittelalterlich

Mörsburg. Eckpartie der megalithischen Ummauerung des ursprünglichen Steinhauses. Die untersten Teile des Mauerwerks steckten anfänglich als Fundamente im Boden und sind erst nachträglich durch Abtragung einer Anschüttung (Motte?) freigelegt worden

Winterthur durch die jedenfalls nur kümmerliche Besatzung der Turmburg konnte gewiß keine Rede sein.[68]

Für die Hauptfunktion der mittelalterlichen Burg, die Rolle als adliger Wohnsitz, enthält die schriftliche Überlieferung vor dem Spätmittelalter im allgemeinen nur geringe Hinweise. Deutlichere Spuren finden sich im Boden und am originalen Baubestand. Zur Zeit der Grafen von Kyburg hat man sich die Wohnräume eng, dunkel und ungemütlich vorzustellen. Für den Innenausbau der in Stein aufgeführten Wohntürme und Palastrakte – Zwischenböden, Binnenwände, Treppen – bedient man sich des reichlich vorhandenen Holzes. Aus dem gleichen Material werden die vorkragenden Obergeschosse gezimmert, ebenso die Dachstuhlkonstruktionen, während die Dachhaut aus Schilf, Stroh oder Brettschindeln gebildet wird. Gebrannte Ziegel kommen in der Zeit vor der Mitte des 13. Jahrhunderts nur im Bereich lokaler Ziegelhütten vor.[69] Die Fenster bestehen aus schmalen Scharten und sind mitunter sparsam durch romanische Rundbögen verziert.[70] Schon in der ersten Hälfte des 12. Jahrhunderts beginnt sich die Kachelofenheizung durchzusetzen.[71] Größere Räume mit weiten Fensteröffnungen (sog. «Rittersäle») dienen repräsentativen Anlässen und sind nur in der warmen Jahreszeit benützbar.[72] Von den eigentlichen Wohnräumen, der «Kemenate», den «Kammern», den Schlafräumen und dgl., ist die Küche mit den Vorratsräumen abgetrennt. Wandnischen unterschiedlicher Größe dienen zur Aufbewahrung aller möglichen Habseligkeiten und zum Aufstellen von Talglichtern.[73] Das bewegliche Mobiliar ist bescheiden, beschränkt sich allerdings nicht auf reine Gebrauchsgegenstände wie Tische, Stühle, Truhen («Kisten»), Küchen- und Haushaltgeräte, sondern umfaßt auch einige Luxusobjekte, zu denen etwa die repräsentativen «Aquamanilia» oder die reich verzierten «Minnekästchen» gehören.[74] Wandmalereien in Räumen profaner Zweckbestimmung, wie wir sie von den

Lieli, Gesamtansicht. Zustand um 1930

Burgen des Bündnerlandes oder des Südtirols kennen, sind auf den kyburgischen Festen nicht belegt.[75] Für präzisere Aussagen über den kyburgischen Alltag auf den Burgen wären umfassende archäologische Befunde erforderlich. Wenig erfahren wir über die Landwirtschaftsbetriebe, die auf den Festen der Grafen von Kyburg angesiedelt waren. Immerhin erlauben hier spätmittelalterliche Nachrichten Rückschlüsse auf die ältere Zeit: Im 14. Jahrhundert sind für die Mörsburg Baumgärten, Weinberge und ein Sennhof bezeugt, und im Fundinventar der gleichen Burg stoßen wir auf Sicheln, Rebmesser und sonstiges Landwirtschaftsgerät. Zur direkten Versorgung der Burgsassen mit Lebensmitteln dürften an alle kyburgischen Festen Landwirtschaftsbetriebe gebunden gewesen sein.[76]

Als wichtigste Aufgabe der mittelalterlichen Burg gilt heute neben ihren Eigenschaften als Wohnsitz und Landwirtschaftsbetrieb ihre Rolle als Herrschaftszentrum[77], und in dieser Funktion sind die kyburgischen Burgen ab ca. 1200 deutlich faßbar. Vögte und sonstige Amtleute aus dem kyburgischen Ministerialenstand sind gegen die Mitte des 13. Jahrhunderts u. a. auf den Burgen von Thun, Nieder-Windegg, Zug, Baden, Burgdorf, Frauenfeld und Richensee ausdrücklich erwähnt.[78] Die zeitliche Belastung dieser Beamten durch ihre Verwaltungstätigkeit darf in ihrem Ausmaß freilich nicht überschätzt werden. Auch auf den Burgen Jegenstorf, Landshut, Oltingen, Kasteln, auf der Moosburg sowie auf den Türmen von Winterthur, Schlatt und Dießenhofen werden Vögte gesessen haben, während auf anderen Burgen wie Liebenberg, Stettenberg oder Wandelberg die Verhältnisse unklar sind. Daß die Nachrichten über kyburgische Vögte und deren Amtssitze erst gegen die Mitte des 13. Jahrhunderts einsetzen, hängt nicht bloß mit einer damals allgemein stärker werdenden Überlieferungsdichte zusammen, sondern auch mit einer Umstrukturierung der kyburgischen Herrschaftsformen. Das Bemühen um die Ausbildung der Landeshoheit wird nun intensiver. Die territoriale Durchdringung des kyburgischen Machtbereiches führt zum Verschwinden kleiner Allodialherrschaften, die sich in der Hand alteingesessener Familien edelfreier Herkunft befinden. Diesem Vorgang fallen zahlreiche Burgen zum Opfer, die jetzt verlassen werden und veröden. Henggart gehört wohl in diesem Zusammenhang, vermutlich auch

▲ Mörsburg. Bergseitige Front des Megalithbaues. (Mitte 13. Jahrhundert)

Weinfelden. Zustand der Burganlage um 1930 ▼

Hegi, Gesamtansicht mit zentralem Hauptturm. Ringmauer und Wohnbauten im Spätmittelalter und in der frühen Neuzeit umgestaltet. (Aufnahme von 1930)

Roßberg. Der Vorgang als Ganzes, aus der urkundlichen Überlieferung von R. Sablonier nachgezeichnet, müßte archäologisch noch besser ausgeleuchtet werden.[79]

Die von den Kyburgern errichteten Befestigungen wirken, wie das im Urbar von ca. 1260 ganz deutlich erkennbar ist, als Kristallisationszentren des Territorialisierungsprozesses. Sie werden deshalb dort angelegt, wo der kyburgische Besitz nur schwach ausgebildet ist und wo ältere Grundherren verdrängt und deren Güter und Rechte aufgesogen werden sollen. Dies ist ganz deutlich bei der Moosburg und bei Richensee zu erkennen.[80] Auffallenderweise bedient sich die kyburgische Territorialpolitik im 13. Jahrhundert jedoch weniger des Burgenbaues als der Stadtgründung, und es kann kein Zufall sein, daß von den urkundlich faßbaren kyburgischen Festen, die als Herrschafts- und Verwaltungszentren von Vögten bewohnt werden, die meisten in enger Verbindung mit einer Stadt stehen. Ausnahmen bilden Sonderfälle wie Kasteln und die weniger bedeutenden Anlagen von Nieder-Windegg, Moosburg und Schlatt sowie die ehemals zähringischen Festen Oltingen, Landshut und Jegenstorf. Im übrigen aber hausen die kyburgischen Amtleute in den Stadtburgen zu Frauenfeld, Dießenhofen, Aarau, Richensee, Burgdorf, Baden, Freiburg usw., und auch ein erheblicher Teil des in kyburgischem Gefolge auftretenden Ritteradels hat im 13. Jahrhundert Wohnsitz in einer kyburgischen Stadt.[81] Schwerpunkte der dynastischen Territorialpolitik sind im 13. Jahrhundert nicht die Adelsburgen, die als Allod oder Lehen den Territorialisierungsprozeß eher erschweren, sondern die landesherrlichen Städte.[82] Drei Burganlagen fallen nun allerdings völlig aus diesem Rahmen, die Kyburg selbst, die Mörsburg sowie Kasteln bei Gettnau. Die Kyburg und die Mörsburg dienen im 13. Jahrhundert der gräflichen Familie als Residenzen. Dies zeigt sich nicht bloß darin, daß die Grafen auf den beiden Burgen besonders viele Urkunden ausstellen, sondern vor allem in einem bedeutenden Personalbestand, der urkundlich auf den beiden Festen nachweisbar ist. Ein ganzer Hofstaat, an der Spitze die Inhaber von Hofämtern wie der Marschalk, der Truchseß und der Schenk, tritt uns entgegen, begleitet von ritterlichem Gefolge, von Pfaffen, Schreibern, Ärzten und sonstigen dienstbaren Untergebenen. Auch Handwerker sind bezeugt. Auf die personelle und soziale Umstrukturierung dieses Personals um

1240 äußert sich R. Sablonier in seinem Beitrag.[83] Für dieses beträchtliche Personal boten selbstverständlich die zwei Burgen zu wenig Wohnraum, auch wenn man berücksichtigt, daß manche Gefolgsleute nicht dauernd auf der Kyburg oder der Mörsburg gehaust haben. Die Hofhaltung der Grafen, verbunden mit landwirtschaftlichen und handwerklichen Versorgungsbetrieben und einem kleinen Sakralbereich, hat zwangsläufig bewirkt, daß sich vor den Kernburgen der beiden Residenzen Burgstädtchen bildeten. Auf der Kyburg ist dieser vorgelagerte Stadtbezirk noch deutlich erkennbar[84], auf der Mörsburg ist das um 1250 urkundlich erwähnte Burgstädtchen verschwunden.[85] Die Burg Kasteln bei Gettnau, auf der die Grafen wiederholt urkunden und um 1250 einen gewaltigen Neubau errichten, hätte für das Geschlecht vermutlich die dritte Residenz abgeben sollen, und zwar im Zusammenhang mit der kyburgischen Territorialpolitik, die im südlichen Aargau weitgespannte Ziele verfolgte.[86] Das Aussterben der Familie hat die Verwirklichung der ehrgeizigen Hoffnungen allerdings verhindert.

Über höfisch-ritterliches Treiben, verbunden mit Turnieren und sonstigen Festlichkeiten, ist auf den kyburgischen Residenzen Mörsburg, Kyburg und Kasteln nichts bekannt. Daß die Grafen im sog. «Hottingerturm» zu Zürich über ein standesgemäßes Absteigequartier verfügen, zeigt indessen für die Zeit, in der sie in der Stadt politischen Einfluß haben, ihre Teilnahme am gesellschaftlichen Leben der ritterlichen Oberschicht von Zürich.[87]

Nach dem Aussterben des Hauses Kyburg-Dillingen ist das weitläufige Erbe an die Habsburger übergegangen, wobei der ehemals zähringische Teil an die habsburgische Nebenlinie Neu-Kyburg fiel. Unter Habsburg ist der von den Kyburgern begonnene Territorialisierungsprozeß mit Erfolg weitergeführt worden, so daß die Burgen ihre Bedeutung als Herrschafts- und Verwaltungszentren beibehielten. Die Schrumpfung des Burgenbestandes im 14. und 15. Jahrhundert beruht auf geschichtlichen Prozessen, die hier nicht mehr zu verfolgen sind.[88]

---

[1] Zur Lage der Burgstellen vgl. Karte der historischen Wehrbauten der Schweiz und des angrenzenden Auslandes, Blätter 1 und 2, Eidg. Landestopographie, Wabern 1976 und 1978.
[2] Gute bibliographische Übersichten über die historisch orientierte Burgenliteratur der Ostschweiz bei Boxler, Burgnamengebung, 14ff. und 40ff., ferner bei Sablonier, Adel im Wandel, 45 Anm. 68 und 273ff. Ergänzungen für den Aargau und das Bernbiet: Merz, Burganlagen (3 Bde.) – Meyer, Werner: Burgenbruch und Adelspolitik im alten Bern. Discordia concors, Festgabe für Edgar Bonjour 2, Basel 1968, 317ff. – KDM Luzern 4–6.
[3] Wichtigste Literatur über die Burgenarchäologie im Ostschweizer Raum, zusammengestellt bei Sablonier, Adel im Wandel, 47 Anm. 75. Nachzutragen sind folgende Titel: Schneider, Hugo: Die Burgruine Alt-Regensberg. Schweizer Beiträge zur Kulturgeschichte und Archäologie des Mittelalters 6, Olten/Freiburg i. Br. 1979 – Tauber, Herd und Ofen – Schneider, Zug – Obrecht, Mörsburg – Lithberg, Nils: Schloß Hallwil. Bde. 1–5, Stockholm 1925ff. – Die Wasserburg Mülenen. Mitteilungen des Historischen Vereins des Kantons Schwyz 63, 1970 (mit Beiträgen u. a. von Jost Bürgi, Werner Meyer, Hugo Schneider). Ferner die provisorischen Berichte über die Burgengrabungen der letzten zehn Jahre in NSBV 1972ff.
[4] Noch nicht vollständig ausgewertete Grabungsergebnisse von einer frühen Holz-Erdburg liegen von der Anlage auf dem Stammheimerberg «Burghalde» vor. Provisorischer Bericht von Hugo Schneider: Die Burg Stammheim, NSBV 9, 1975, 117f.
[5] Der unregelmäßig gezogene Doppelgraben paßt eher zu einer frühen Holz-Erdburg als zu einer Stadtanlage des 13. Jahrhunderts. Inwieweit die Anlage Gamser auf der gegenüberliegenden Seite der Töß als älterer Vorläufer der Kyburg gelten kann, müßte durch Grabungen abgeklärt werden. (Freundlicher Hinweis von Hugo Schneider, Zürich.)
[6] Die untersten Partien der Megalithummauerung auf der Mörsburg erwecken den Anschein einer ursprünglich im Boden versenkten Fundamentkonstruktion, die erst durch nachträglichen Abbau des Terrains freigelegt worden wäre. Auf Kasteln bei Gettnau hat sich ein ähnlicher Vorgang abgespielt. Vgl. unten Anm. 59.
[7] Rickenbach: Meyer, Werner: Die Burgstelle Rickenbach. Jahrbuch für Solothurn. Geschichte 45, 1972. Alt-Regensberg: Schneider, Alt-Regensberg. Sellenbüren: Schneider, Sellenbüren. Habsburg: Neueste, vorläufig noch unpublizierte Grabungsbefunde in der nordöstlichen Partie der weitläufigen Burganlage haben den frühen Baukomplex des 11. Jahrhunderts zutage gefördert. (Freundliche Mitteilung von Martin Hartmann, Brugg.) Der heutige Bau ist wesentlich jüngeren Datums.
[8] Archäologische Untersuchungen von Burgen und Steinbauten aus der Zeit vor der Mitte des 12. Jahrhunderts verlaufen in der Regel ohne Nachweis eines bergfriedartigen Turmes. Beispiele: Schiedberg GR, Frohburg SO, Alt-Thierstein AG, Sellenbüren ZH, Pfungen «Sal» ZH, Löwenburg JU, Nivagl GR. – Literaturangaben s. oben Anm. 3.
Nicht zu verwechseln mit Wohntürmen oder Bergfriedbauten sind die älteren Steinhäuser vom Typus Nivagl GR, Hohenrätien GR, Alt-Regensberg ZH, Sellenbüren ZH, Mörsburg ZH.
[9] Frühe Wohntürme (1080–1150) werden im burgundisch-westschweizerischen Raum errichtet. Beispiele: Chillon VD, Grenchen SO, Rickenbach SO. Meyer, Rickenbach, a. a. O. (s. oben Anm. 7).
[10] Poeschel, Erwin: Das Burgenbuch von Graubünden, Zürich/Leipzig 1930, 128ff.
[11] Zu Girsberg und Schwandegg vgl. Zeller-Werdmüller, 311f. und 367f. (mit summarischen Plänen).
[12] Einschlägige Literatur zusammengestellt bei Sablonier, Adel im Wandel, 50ff. und Sablonier, Kyburgische Herrschaftsbildung (im vorliegenden Band).
[13] Sablonier, Adel im Wandel, 158ff.
[14] Sablonier, Adel im Wandel, 68ff.
[15] Burgen unbekannter Belegungszeit, die mit bestimmten Geschlechtern angeblich kyburgischer Ministerialität in Verbindung gebracht werden, sind u. a. die frühen Holz-Erdburgen im Raume der Kyburg (Chämleten, Ettenhusen, Roßberg usw.). Vgl. die unhaltbaren Ausführungen bei Stauber, Burgen, 80f. oder Zeller-Werdmüller, 326. – KDM Zürich, 3, 98.
[16] Sablonier, Adel im Wandel, 70ff. und insbesondere Anmerkungen 112, 114 und 116.
[17] Zu Hallwil vgl. Siegrist, Jean-Jacques: Beiträge zur Verfassungs- und Wirtschaftsgeschichte der Herrschaft Hallwil. Diss. Bern. Argovia 64, 1952; ferner Merz, Burganlagen 1, 223 (mit Vorbehalten). – Zu Hegi vgl. Stauber, Burgen, 93ff. und Hegi-Naef, Friedrich: Schloss und Herrschaft Hegi. Neujahrsblatt der Hülfsgesellschaft Winterthur 1925.
[18] Sablonier, Adel im Wandel, 210ff.
[19] HU 2, 408, besonders 474ff. (Lehen im Thurgau).

[20] Abzulehnen ist auch Staubers merkwürdige und undiskutable Theorie von einem «Verkehrsadel», in der er eine eigene Adelsschicht postuliert, die zur Hauptsache vom Landesherrn zur Überwachung des Verkehrs eingesetzt gewesen sei und zu diesem Zweck bestimmte Burgen und Wohntürme an Verkehrsknotenpunkten oder an Verkehrsrouten bewohnt habe. Stauber, Burgen, 2ff.

[21] Das Verhältnis dieser frühen Burgen zur ältesten Anlage auf der Kyburg, die durch ihren Umfang eine eindeutige Vorrangstellung beansprucht, bleibt mittels Grabungen noch abzuklären. Wo keine Mauer- und Mörtelspuren sichtbar sind (u.a. Gamser, Ettenhusen) darf mit einer Auflassung spätestens um 1200 gerechnet werden. Auf Chämleten ist die ursprüngliche Holz-Erdburg nachträglich in eine Steinburg umgewandelt worden. KDM Zürich 3, 98f.

[22] UBZ 1, 212f. Nr. 336 (1180 Aug. 22.).

[23] UBZ 2, 105ff. Nr. 599 (1244 April 25.) und 3, 206f. Nr. 1108 (1260 Juli 7.).

[24] FRB 2, 461f. Nr. 440 (1257).

[25] Direkte schriftliche Nachrichten über die Gründung von Burgen sind in der mittelalterlichen Überlieferung grundsätzlich selten und beruhen in der Regel auf einer speziellen, vorwiegend konfliktbetonten Situation. – Die Burgenarchäologie ist im Kyburger Raum noch zu wenig weit gediehen, als daß statistisch verbindliche Angaben über bestimmte bevorzugte Gründungsperioden gemacht werden könnten. Wenn man heute in der Lage ist, die ältesten Bauteile vieler Burgen der Zeit zwischen ca. 1170 und 1250 zuzuweisen, belegt man damit lediglich eine rege Bautätigkeit in dieser Epoche, ohne etwas über vielleicht viel weiter zurückliegende Gründungsdaten auszusagen. Als Beispiel für diese Problematik sei Schauenberg (Gde. Hofstetten b. Elgg ZH) genannt, wo die Ausgrabungen gezeigt haben, daß die in schriftlichen Quellen des 13./14. Jahrhunderts faßbare Burg an der Stelle einer wesentlich älteren Anlage aus Holz und Erde (11. Jahrhundert?) errichtet worden ist.

[26] S. unten Anm. 29 und 50.

[27] UBZ 2, 362f. Nr. 902 (1254 Juni 5.).

[28] Ältere Grabungen von 1896: Zeller-Werdmüller, H.: Die Moosburg. ASA 30, 1897, 7ff. – Grabungen von 1953: Meili, Wilfried: Schöne Grabungserfolge auf der Ruine Moosburg bei Effretikon. Zürcher Chronik NF 3, 1954, 58ff. – Neueste Untersuchungen und Konservierungsarbeiten: 7. Bericht der Zürcher Denkmalpflege 1970–1974, 2. Teil, 81f. – KDM Zürich 3, 96f.

[29] Zeller-Werdmüller, 364 (mit Plan) und Stauber, Burgen, 267ff.

[30] Kyburgische Ministerialen, die sich nach Schlatt nennen, sind bereits 1180 bezeugt (UBZ 1, 212/Nr. 336, 1180 Aug. 22.), doch ist es unwahrscheinlich, daß damals der Megalithturm von Schlatt bereits bestanden hat. (Vgl. unten Anm. 41f.) 1230 sind weitere Ministerialen von Schlatt nachgewiesen (UBZ 1, 337f. Nr. 459 1230). – Zur Problematik der Zuweisung des Burgturms von Schlatt an eine bestimmte Familie vgl. Sablonier, Adel im Wandel, 71f., Anm. 114.

[31] S. unten Anm. 50.

[32] Offen zu lassen ist vorläufig das Problem allfälliger Vorläuferbauten. Diese müssen allerdings nicht unbedingt schon Burgcharakter getragen haben, sondern können schwach befestigte Höfe («curtes») gewesen sein. – Zum Problem des Überganges von der «curtis» zum «castrum» vgl. unten Anm. 35.

[33] Schneider, Zug, 9ff. Die in einer zweiten Grabungsetappe ermittelten Resultate, die noch nicht publiziert sind, haben wichtige Ergänzungen gebracht, die Datierungen der älteren Bau- und Siedlungsperioden jedoch bestätigt. Wesentliche Ergebnisse sind von den gegenwärtig laufenden Untersuchungen auf Burgdorf BE zu erwarten.

[34] Das aus Tuffstein gearbeitete Bossenquadermauerwerk, das den mächtigen Baukörper als Mantel umgibt, ist zusammen mit den Tür- und Fensterformen etwa in die Mitte des 13. Jahrhunderts zu datieren. Versuche, das Bauwerk dem 11. Jahrhundert zuzuweisen, entbehren jeder Grundlage. Pfefferkorn, Wilfried: Buckelquader an Burgen der Stauferzeit, Ludwigsburg 1977.

[35] Le Maho, Jacques: De la curtis au château, l'exemple du Pays de Caux. Château Gaillard 8, Caen 1977, 171ff. – Meyer, Werner: Das Alte Schloß von Bümpliz, ein mittelalterlicher Adelssitz. Château Gaillard 7, Caen 1975, 159ff.

[36] FRB 2, 11ff. Nr. 5 (1218 Juni 1.). – UBZ 2, 176f. Nr. 687 (1247 Sept. 11.).

[37] UB Beromünster 114f. Nr. 41 (1237) und QW 1.1. 181f. Nr. 386.

[38] Zu Richensee vgl. KDM Luzern 6, 129ff. – Bosch, Reinhold: Richensee: ZSG 1943, 52f. mit Verweis auf die im Manuskript vorliegenden Forschungen H. Ammanns.

[39] UBZ 2, 77f. Nr. 572 (1242) und 3, 27f. Nr. 943 (1255 August 12.).

[40] KDM Aargau 1, 30f. – Naessl, Hubert: Die Meersburg. 4. Aufl. München 1979 (Große Kunstführer 14).

[41] Meyer, Werner: Zur Datierung des mittelalterlichen Megalithmauerwerkes. NSBV 3, 1982 – KDM Zürich 3, 490f. (Greifensee). Ebenfalls unhaltbar die an sich interessante These H.M. Maurers, wonach das Megalithmauerwerk eine entwicklungsmäßige Vorstufe der Bossenquadertechnik gebildet habe. Die archäologisch gesicherten Befunde sprechen für ein zeitliches Nebeneinander von Bossenquader- und Megalithmauerwerk. Maurer, Hans Martin: Bauformen der hochmittelalterlichen Adelsburg im Südwesten Deutschlands. Zeitschrift f. d. Geschichte des Oberrheins 115, 1967, 71ff.

[42] Über den Turm von Winterthur fehlen nähere Angaben. Urkundliche Belege in UBZ 3, 209 Nr. 1111 (1260 Juli 16.) und 347f. Nr. 1268 (1264 Juni 22.).

[43] Quellenbeleg s. oben Anm. 37.

[44] Villiger, Emil: Die Ausgrabung der Burgruine Hünenberg. Zuger Neujahrsblatt 1947, 68ff. – Heid, Karl: Die Keramik der Burg Hünenberg. Zuger Neujahrsblatt 1948, 60f. – Schneider, Hugo: Die Eisenfunde aus der Burg Hünenberg. Zuger Neujahrsblatt 1950, 55ff. – Schneider, Zug, 10f. – Zur Mörsburg vgl. unten Anm. 58 und Obrecht, Mörsburg. Bericht über die archäologischen Untersuchungen im vorliegenden Band.

[45] S. oben Anm. 40. – Zu Greifensee vgl. Kläui, Paul: Hochmittelalterliche Adelsherrschaften im Zürichgau. MAGZ 40 Heft 2, Zürich 1960. Zum Schlößli von Aarau vgl. Lüthi, Alfred, Ur- und Frühgeschichte. In: Geschichte der Stadt Aarau, Aarau 1978, 65f., insbesondere Anm. 117a.

[46] Wo historische Argumente oder Nachrichten das Bestehen einer Burg für das frühe 12. oder gar für das 11. Jahrhundert belegen, geht es selbstverständlich nicht an, die ältesten noch erhaltenen Bauteile in die Gründungszeit zu datieren. Auf zahlreichen Burgen (u.a. Löwenburg JU, Grenchen SO, Hünenberg ZG, Habsburg AG, Schauenberg ZH) ist archäologisch nachgewiesen worden, daß im späten 12. oder im 13. Jahrhundert ältere Anlagen durch Neubauten ersetzt worden sind.

[47] Die Frage nach einer Gleichzeitigkeit der Errichtung von Burg bzw. Megalithturm und Stadt hat die Zeitspanne zu berücksichtigen, die zwischen Planung, formeller Gründung, Fertigstellung der Befestigung und tatsächlicher Besiedlung verstrichen ist. Wenn also die Burg von Frauenfeld ins frühe 13. Jahrhundert (1200–1220), die «Gründung» der Stadt jedoch erst um 1240 datiert wird, kann noch immer an einen einzigen, in mehrere Phasen aufgeteilten Vorgang gedacht werden. KDM Thurgau 1, 48ff. und 62ff.

[48] Keine Verbreitung scheint die Megalithmauertechnik im Waadtland gefunden zu haben, obwohl hier Findlinge durchaus zur Verfügung gestanden hätten. Im savoyischen Machtbereich herrschte eine Vorliebe für regelmäßiges Mauerwerk aus eher kleinen, quaderförmig zurechtgehauenen Bruchsteinen.

[49] Weitere Beispiele für Megalithbauten (Auswahl):
Hatzenturm BRD
Meersburg BRD
Mammertshofen TG
Hagenwil TG
Greifensee ZH
Hardturm ZH
Glanzenberg ZH

Schloßwil BE
Hallwil AG
Heidegg AG
Hünenberg ZG
Schwanau SZ

Eine mit dem aus Findlingen gefügten Megalithmauerwerk verwandte Bauweise findet sich im Jura, wo große, kaum bearbeitete Bruchsteinblöcke, reichlich ausgezwickt, aufeinandergetürmt worden sind. Soweit archäologische Datierungen vorliegen, handelt es sich um Mauern, die zwischen 1180 und 1260 entstanden sind: Löwenburg JU, Alt-Wartburg AG, Sternenberg SO.

[50] Nicht undenkbar ist es, daß der Wohnturm von Oberwil im Simmental, errichtet in markanter Megalithtechnik, unter kyburgischem Einfluß entstanden ist.

[51] Die Maße beim Schlößli von Aarau betragen 11,1 auf 11,3 m bei einer Mauerstärke von 3,6 m im Erdgeschoß, bei Richensee 11,4 auf 11,4 m bei einer Mauerstärke von 3,5 m.

[52] Mörsburg und Weinfelden, gelegen auf langgestreckten Höhenrücken, haben sich nach dem Grundrißprinzip der linearen Angliederung entwickelt.

[53] Blondel, Louis: L'architecture militaire au Temps de Pierre II de Savoie. Les donjons circulaires. Genova 1935, 271ff. – Auch die Herzöge von Zähringen scheinen einen Burgentyp bevorzugt zu haben, den massiven Viereckdonjon normannisch-nordfranzösischer Herkunft. Vgl. die zähringischen Burganlagen von Thun BE, Bern/Nydegg BE, Moudon VD, Gümmenen BE und evtl. auch Kleinbasel BS.

[54] Schneider, Zug, 10f. – Der unterirdische Gang ist erst in der zweiten, noch unpublizierten Grabungsetappe zum Vorschein gekommen.

[55] KDM Zürich 3, 157ff.

[56] Hauser, Kaspar: Die Mörsburg. MAGZ 28, 2, 1917. – Ferner Obrecht, Mörsburg.

[57] Zur Datierung dieser Bauten vgl. man den Grabungsbericht von Jakob Obrecht im vorliegenden Band.

[58] Die relative Chronologie dieser baugeschichtlichen Abfolge ergibt sich aus den Zusammenschlüssen der einzelnen Mauerzüge. Die Ringmauer, zu datieren ins frühe 13. Jahrhundert, stößt an das noch ältere Steinhaus an, dessen megalithische Ummauerung erst später, d. h. um 1250 anzusetzen ist.

[59] KDM Luzern 5, 7ff.

[60] Zum Burgenbau der Stauferzeit vgl. Maurer, Hans Martin: Burgen. – Areus, Fritz: Die staufischen Königspfalzen. – Willemsen, Carl A.: Die Bauten Kaiser Friedrichs II in Süditalien. In: Die Zeit der Staufer, Katalog der Ausstellung 3, Stuttgart 1977, 119ff.

[61] Schneider, Hugo: Adel, Burgen, Waffen. Bern 1968 (Monographien zur Schweizer Geschichte 1).

[62] Meyer, Werner: Die Burg als repräsentatives Statussymbol. ZAK 33, 1976, 173ff. – Die Burgen im deutschen Sprachraum. Ihre rechts- und verfassungsgeschichtliche Bedeutung, hg. von Hans Patze. 2 Bde. Vorträge und Forschungen, hg. vom Konstanzer Arbeitskreis für mittelalterliche Geschichte 19, Sigmaringen 1976.

[63] Zum Begriff der Rodungsburg vgl. Meyer, Werner: Rodung, Burg und Herrschaft. In: Burgen aus Holz und Stein. Schweizer Beiträge zur Kulturgeschichte und Archäologie des Mittelalters 5, Olten/Freiburg i. Br. 1979. – Ferner Sablonier, Adel im Wandel, 73, Anm. 119. Als charakteristische Rodungsburgen im kyburgischen Machtbereich – allerdings ohne direkte Beziehung zum Grafenhause – sind u. a. Schauenberg ZH, Hohenlandenberg ZH oder Liebenfels TG zu nennen. Im Sinne einer «Kleinrodung» könnte die Moosburg bei Effretikon entstanden sein. Vgl. oben Anm. 27 und 28.

[64] Ausgräber erliegen oft der Versuchung, Brandreste und Schuttschichten mit einer gewaltsamen Zerstörung in Verbindung zu bringen. (Vgl. Heid, Karl: Burg und Städtchen Glanzenberg an der Limmat. ZSG 23, 1, 1943, 28ff.). Schlüssige archäologische Beweise für einen kriegerischen Burgenbruch sind jedoch gar nicht so einfach zu erbringen, erfordern sie doch Befunde, die eindeutig nur auf eine gewaltsame Aktion zurückgeführt werden können (z. B. Ausplünderung, Einsatz von Brandpfeilen, Untergraben der Mauern etc.).

[65] Pupikofer, J. A.: Geschichte der Burgfeste Kyburg. MAGZ 16, 2, 1869. – Kläui, Adelsherrschaften, a. a. O. (vgl. oben Anm. 45).

[66] Brun, Carl: Geschichte der Grafen von Kyburg bis 1264. Diss. Zürich 1913. – Feldmann, Markus: Die Geschichte der Grafen von Kyburg im Aaregebiet. Diss. Bern/Zürich 1926.

[67] UBZ 3, 347f. Nr. 1268 (1264 Juni 22.).

[68] Auf einer einfachen Turmburg, wie sie für Winterthur anzunehmen ist, haben auch in Kriegszeiten nicht mehr als fünf bis sechs Bewaffnete gelebt. – Bei den Pfeileisen und Armbrustbolzenspitzen, die an Burgengrabungen regelmäßig zum Vorschein kommen, muß auch an die Bedeutung von Bogen und Armbrust für die Jagd gedacht werden.

[69] Schnyder, Rudolf: Die Baukeramik und der mittelalterliche Backsteinbau des Zisterzienserklosters St. Urban. Bern 1958. – Meyer, Werner: Der Wandel des adligen Lebensstils im 13. und 14. Jahrhundert. NSBV 10, 1976, 9ff. – Ziegeleien des 13. Jahrhunderts u. a. auch bezeugt in Kleinbasel. Urkundenbuch der Stadt Basel, hg. von Rudolf Wackernagel und Rudolf Thommen, 2, Basel 1893, 67 Nr. 126 (1273 Nov. 18./21.), 69f. Nr. 130 (1273) 140f. Nr. 247 (1278 März 19.) und 220 Nr. 378 (1282 Mai 21.).

[70] Beispiele für einfach verzierte Fenstereinfassungen im Kyburger Raum: Kyburg ZH, Kasteln b. Gettnau LU, Mörsburg ZH.

[71] Tauber, Herd und Ofen, 306f. und 346f.

[72] In Repräsentationsräumen kann die offene Kaminfeuerstelle an die Stelle des an sich bereits gebräuchlichen Ofens treten. Die Kaminanlage auf der Mörsburg, zutage getreten anläßlich der Ausgrabungen, ist aus dieser Sicht zu beurteilen. Savoyische oder französische Kultureinflüsse sind anzunehmen.

[73] Zum Fundinventar von der Mörsburg, das bis in kyburgische Zeit zurückreicht, vgl. Obrecht, Mörsburg. – Ergänzungen bei Schneider, Alt-Regensberg, 66ff.

[74] Das sog. «Minnekästchen» von Attinghausen trägt u. a. das Neu-Kyburger Wappen. Vgl. dazu Hans Kläui, Der Einfluß des kyburgischen Wappens auf die Heraldik von Ministerialen, Herrschaften und Gemeinden, S. 119 (im vorliegenden Band).

[75] Profane Wandmalereien lassen sich noch im nördlichen Rätien nachweisen, in Maienfeld und in Rhäzüns. KDM Graubünden 2, 32 und 3, 74ff. Spuren von Malereien auf Verputzfragmenten sind bei Ausgrabungen in Schiedberg GR und auf Haselstein GR zutage getreten.

[76] Landwirtschaftliche Geräte bei Schneider, Alt-Regensberg, 83ff; Obrecht, Mörsburg und Meyer, Mülenen (vgl. oben Anm. 3). – Landwirtschaftliche Gebäude und Güter auf der Mörsburg bei Stauber, Burgen, 173ff.

[77] Patze, a. a. O. (s. oben Anm. 62).

[78] Kyburgische Vögte und Kastellane u. a. in UBZ 2, 73f. Nr. 569 (1242 Nov. 26.), 77f. Nr. 572 (1242), – FRB 2, 334f. Nr. 309 (1251 Jan.) und 735 Nr. 678 (1270 Jan.).

[79] Sablonier, Adel im Wandel, 151f. und 215f.

[80] S. oben Anm. 28 und 38.

[81] Stadtsässiger Adel i. a. in UBZ 2, 286f. Nr. 824 (1251), 3, 1f. Nr. 917 (1255 Januar 26.) und 311f. Nr. 1229 (1263 Sept. 5.), ferner FRB 2, 334f. Nr. 309 (1251 Jan.). Vgl. ferner Sablonier, Adel im Wandel, 75f. und 123f.

[82] Etwas anders verläuft die Entwicklung in Savoyen, wo unter Peter III. zwar auch Städte entstehen, aber die Verwaltung und Beherrschung des Landes durch Vögte erfolgt, die auf Burgen sitzen, welche nur teilweise mit Städten verbunden sind. Wurstemberger, Ludwig: Peter II., Graf von Savoyen, Markgraf in Italien, sein Haus und seine Lande. 4 Bde. Bern/Zürich 1856–1858. – Stadtgründungen als Mittel der landesherrlichen Territorialisierung lassen sich bei den Zähringern, den Habsburgern, den Grafen von Frohburg und bei den Bischöfen von Basel nachweisen.

[83] R. Sablonier, Kyburgische Herrschaftsbildung im 13. Jahrhundert (im vorliegenden Band), S. 39ff.

[84] Zum Städtchen Kyburg vgl. KDM Zürich 3, 157ff.
[85] UBZ 2, 335 Nr. 875 (1253 Dez. 2. «in suburbio») und 3, 352 Nr. 1274 (1264 Juli 28. «in urbe Morsberch»).
[86] Feldmann, a.a.O. (s. oben Anm. 66).
[87] UBZ 2, 259f. Nr. 791 (1250 Okt. 25 «apud Turegum in curia comitum», vgl. Anm. 7).
[88] Sablonier, Adel im Wandel, 17, Anm. 17 und 210ff. – Meyer, Werner: Der Festungsbau in der Alten Eidgenossenschaft vom 15.–18. Jahrhundert. NSBV 10, 1976, 35ff. und Der Wehrbau in der Schweiz im 15. Jahrhundert. NSBV 10, 1976, 17ff.

Verzeichnis der abgekürzt zitierten Literatur

ASA
Anzeiger für Schweizerische Altertumskunde. Bd. 1ff., Zürich 1868ff., NF Bd. 1ff., Zürich 1899ff.

Boxler, Burgnamengebung
Boxler, Heinrich: Die Burgnamengebung in der Nordostschweiz und in Graubünden. Frauenfeld/Stuttgart 1976 (Studia Linguistica Alemannica 6)

FRB
Fontes Rerum Bernensium, Berns Geschichtsquellen. Bd. 1ff., Bern 1883f.

HU
Das Habsburgische Urbar. Hg. von Rudolf Maag, P. Schweizer und W. Glättli, Quellen zur Schweizer Geschichte 14, 15.1; 15.2; Basel 1894–1904

KDM
Die Kunstdenkmäler der Schweiz. Kantone Aargau, Luzern, Thurgau und Zürich. Hg. von der Gesellschaft für Schweizerische Kunstgeschichte, Basel 1939ff.

MAGZ
Mitteilung der Antiquarischen Gesellschaft in Zürich, Zürich 1841ff.

Merz, Burganlagen
Merz, Walther: Die mittelalterlichen Burganlagen und Wehrbauten des Kantons Argau. Bd. 1 Arau 1905; Bd. 2 Arau 1906; Bd. 3 Arau 1929

NSBV
Nachrichten des Schweizerischen Burgenvereins, Zürich 1927ff.

Obrecht, Mörsburg
Obrecht, Jakob: Die Mörsburg. Die archäologischen Untersuchungen von 1978–1979. In: Die Grafen von Kyburg. Schweizer Beiträge zur Kulturgeschichte und Archäologie des Mittelalters 8, Olten/Freiburg i. Br. 1981

QW
Quellenwerk zur Entstehung der Schweizerischen Eidgenossenschaft. Urkunden, Chroniken, Hofrechte, Rödel und Jahrzeitbücher bis zu Beginn des XV. Jahrhunderts. Hg. von der Allgemeinen Geschichtsforschenden Gesellschaft, Aarau 1933ff.

Sablonier, Adel im Wandel
Sablonier, Roger: Adel im Wandel. Eine Untersuchung zur sozialen Situation des ostschweizerischen Adels um 1300, Göttingen 1979

Sablonier, Kyburgische Herrschaftsbildung
Sablonier, Roger: Kyburgische Herrschaftsbildung im 13. Jahrhundert. In: Die Grafen von Kyburg. Schweizer Beiträge zur Kulturgeschichte und Archäologie des Mittelalters 8, Olten/Freiburg i. Br. 1981

Schneider, Sellenbüren
Schneider, Hugo: Sellenbüren. Ein Beitrag zur Burgenkunde des Hochmittelalters in der Schweiz. ZAK 14, 1953

Schneider, Zug
Schneider, Hugo: Die Burg von Zug. Ein weiterer Beitrag zur Erforschung der mittelalterlichen Burgen in der Schweiz. ZAK 27, 1970

Schneider, Alt-Regensberg
Schneider, Hugo: Die Burgruine Alt-Regensberg im Kanton Zürich. Bericht über die Forschungen 1955–1957. Schweizer Beiträge zur Kulturgeschichte und Archäologie des Mittelalters 6, Olten/Freiburg i. Br. 1979

Stauber, Burgen
Stauber, Emil: Die Burgen des Bezirkes Winterthur und ihre Geschlechter. 285. Neujahrsblatt der Stadtbibliothek Winterthur 1953/54, Winterthur 1953

Tauber, Herd und Ofen
Tauber, Jürg: Herd und Ofen im Mittelalter. Untersuchungen zur Kulturgeschichte am archäologischen Material vornehmlich der Nordwestschweiz (9.–14. Jahrhundert). Schweizer Beiträge zur Kulturgeschichte und Archäologie des Mittelalters 7, Olten/Freiburg i. Br. 1980

UB Beromünster
Urkundenbuch des Stiftes Beromünster. Bearb. von Theodor von Liebenau, Bd. 1–2, Stans 1906/13

UBZ
Urkundenbuch der Stadt und Landschaft Zürich. Hg. von einer Commission der Antiquarischen Gesellschaft in Zürich. Bd. 1–13, Zürich 1888–1957

ZAK
Zeitschrift für Schweizerische Archäologie und Kunstgeschichte 1ff., Basel 1939ff.

Zeller-Werdmüller
Zeller-Werdmüller, Heinrich: Zürcherische Burgen. Mitteilungen der Antiquarischen Gesellschaft Zürich (MAGZ) 23. A – L: Zürich 1894; M – Z: Zürich 1895

ZSG
Zeitschrift für Schweizerische Geschichte 1ff., Zürich 1921ff.

Karl Keller

Die Grafen von Kyburg und ihre Stadtgründungen

Zwischen den beiden Königspfalzen Ulm an der Donau und Zürich an der Limmat lag um die Mitte des 11. Jahrhunderts, als durch die Heirat Hartmanns von Dillingen mit Adelheid von Winterthur die Dynastie der Grafen von Kyburg entstand, nicht manche Stadt. Ulm selbst wird 1027 erstmals «oppidum» genannt[1], Zürich heißt seit 929 «civitas».[2] Von Ulm bis an den Rhein war das alemannische Land mit Burgen und Dörfern gesegnet – Städte finden sich nur am Flusse selbst und am Bodensee.
Basel ist noch nicht ummauert und wird erst 1212 «civitas» genannt[3]; Schaffhausen, obschon mit dem Münzrecht ausgestattet, heißt 1045 noch «villa», Dorf[4]; Stein am Rhein ist 1094 befestigt (munitio)[5], Dießenhofen ein Hof oder Dorf mit alter Kirche; in Konstanz[6] liegen die Dinge ähnlich wie in Basel.
In Winterthur traf Hartmann einen Herrschaftshof mit Kirche und Friedhof sowie zwei Dorfsiedlungen im Osten und im Westen.[7] Grabfunde an der alten Reichsstraße von Zürich nach Konstanz, Flurbezeichnungen wie «Breite» und «Brühl» sowie die Zelgeneinteilung zweier Dörfer mit je einem Kehlhof und etwa sechs Huben belegen diesen Bestand. Die im Gang befindlichen Ausgrabungen in der Stadtkirche werden weiter zur Klärung beitragen.
Im Laufe des 11. und des 12. Jahrhunderts änderte sich die Stadtlandschaft beträchtlich. Eine allgemeine Bevölkerungszunahme, der wachsende Bedarf und der damit verbundene Fernhandel ließen die Handwerker- und Kaufmannssiedlungen wachsen. Sie wurden bald zum Gegenstand der Machtpolitik rivalisierender Adelsgeschlechter, von Kirche und König.
Hartmanns I. Enkel Hartmann III. war der erste Graf von Kyburg, der nur in der Gegend von Winterthur residierte, während sein Bruder Adalbert II. und sein Neffe Adalbert III. die Grafschaft Dillingen innehatten.
Hartmann III. war mit Richenza von Lenzburg verheiratet und erbte daher nach dem Tode Arnolds von Lenzburg-Baden 1173 große Teile der lenzburgischen Besitzungen zwischen Luzern und der Aare. Kaiser Friedrich Barbarossa leitete persönlich die Teilung des Erbes auf der Lenzburg, wo auch der Städtegründer Berchtold IV. von Zähringen anwesend war.[8] Von dieser Begegnung dürften Impuls und Ermächtigung ausgegangen sein, um die Siedlung Winterthur zum Marktort, ja zur Stadt mit eigener Pfarrkirche auszubauen. Vielleicht hatte Berchtold seinem Gegenschwäher (Hartmanns Sohn Ulrich war mit Anna von Zähringen verheiratet) auch die für den Bau einer befestigten und funktionierenden Stadt benötigten Fachleute wie Landmesser und Baumeister vermittelt oder ausgeliehen. Jedenfalls belegen zwei Ereignisse, welche dem Treffen auf der Lenzburg nach kurzem folgen, daß Graf Hartmann III. mit dem Ausbau seiner Stützpunkte zu Städten Ernst machte:
1178 stellte er den Bürgern von *Dießenhofen* ein Stadtrecht aus, das erste, das uns auf Schweizer Boden erhalten ist.[9] Wir kennen es allerdings nur aus einer Bestätigung von 1260, doch wird darin das frühe Recht ausdrücklich datiert, gesondert wiederholt und durch neue Bestimmungen ergänzt.
Und kurz vor Hartmanns III. Tod tritt uns eine geschlossene Siedlung von beträchtlichem Umfang mit eigenen Rechten in *«Niederwinterthur»* entgegen, wo der Bischof von Konstanz mit vielen Zeugen am 22. August 1180 einen alten Streit schlichtet.[10] Wesentlich scheint, daß hier, 10 Jahre vor der Gründung Berns, ein Ort («locus») von 1000 Fuß Länge und 800 Fuß Breite aus dem alten Kirchenverband Oberwinterthur herausgelöst und seine Kapelle zur selbständigen Pfarrkirche erhoben wird. Als Bewohner erscheinen «mercatores», Kaufleute, und «coloni», Ansiedler oder Bauern.
Diese Rechtsetzungen müssen im Rahmen der Stadtgründungswelle des Hochmittelalters gesehen werden. Sie stehen für deutschschweizerische Verhältnisse sehr früh, etwa gleichzeitig mit den zähringischen Gründungen Freiburg im Uechtland (1157)[11], Burgdorf (1180), Murten (1180–1190), Bern (1191). Früher ist nur Rheinfelden verbürgt (um 1130).
Aus der Zeit Ulrichs III. von Kyburg, der von 1183 bis zu seinem Tode 1227 die Grafschaft innehatte, sind keine Stadtgründungen bekannt. Lediglich der Flekken *Beromünster* scheint um 1200 zu Füßen des Klosters planmäßig angelegt worden zu sein. Im übrigen hatte Ulrich wohl mit der Konsolidierung des lenzburgischen Erbes und vor allem mit der Eingliederung der linksrheinischen zähringischen Gebiete, die ihm 1218 als Gatte der Anna von Zähringen zugefallen waren,

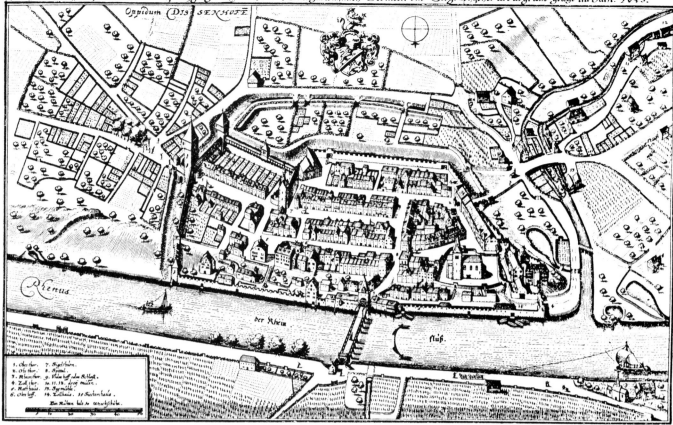

*Dießenhofen, Vogelschau aus Norden.
Stich von Matthäus Merian, 1642*

genug zu tun. Sein Herrschaftsbereich umfaßte nun außer den Stammlanden in der Ostschweiz große Teile des Aargaus, des heutigen Kantons Bern und der Innerschweiz. Die mächtigsten Burgen der deutschen Schweiz, Kyburg, Baden, Lenzburg, Burgdorf, Thun, Laupen waren neben vielen anderen in seiner Hand.

Als der große Städtegründer aus der Dynastie der Kyburger darf Graf Hartmann IV. (1230–1264) gelten. In den vierunddreißig Jahren seiner Herrschaft, die er zeitweise mit seinem Neffen, Hartmann V. teilte, wird eine ganze Reihe von Städten erstmals erwähnt: zunächst um 1230 *Zug* und *Baden*, kleine, aber wichtige Gründungen zu Füßen einer Burg; im folgenden Jahrzehnt *Frauenfeld* als Etappenort zwischen Winterthur und Dießenhofen sowie die Aargauer Städte *Aarau*, *Mellingen* und *Lenzburg*. Um die Mitte des Jahrhunderts erscheinen *Sursee* und *Weesen*, gefolgt von den kleineren Burgstädtchen *Kyburg* und *Laupen*. Hartmann V. dürfte als Gründer der Brückenköpfe *Huttwil* und *Wangen* an der Aare in Frage kommen. Nach Wangen zogen sich die letzten Sprosse des Hauses Neu-Kyburg nach dem Zerfall ihres Herrschaftsgebietes im 14. Jahrhundert zurück.

Die Grafen von Kyburg standen aber als Städtegründer nicht allein, scheint doch die Anlage von neuen Städten im Laufe des 13. und vor allem im 14. Jahrhundert zu einer Modeerscheinung geworden zu sein.[12] Die größeren Adelsfamilien überboten sich geradezu in der Verleihung von Stadtrechten, so daß das schweizerische Mittelland bald mit Kleinstädten übersät war. Aber kaum einer der späteren Gründungen gelang es, Größe und Bedeutung der Städte des 12. und frühen 13. Jahrhunderts auch nur annähernd zu erreichen.

Ja, schon den letzten Kyburgergründungen war das Schicksal nicht durchwegs hold. *Richensee* wurde im Sempacherkrieg zerstört, lebte dann als Dorf fort, das heute nicht einmal mehr eine eigene Gemeinde bildet. *Weesen* erlitt nach der Schlacht bei Näfels ein ähnliches Schicksal. Es wurde zwar in 500 Meter Entfernung wieder aufgebaut, verlor aber Stadtrecht und Mauer. Nicht viel besser erging es *Huttwil*, das Mauern und Rechte im Bauernkrieg 1653 einbüßte. Und auch *Kyburg* verlor im Laufe der Jahrhunderte seinen städtischen Charakter.

Die frühen Gründungen jedoch erwiesen sich als erstaunlich lebenstüchtig und entwicklungsfähig. Zug, Frauenfeld und Aarau wurden Kantonshauptstädte, Winterthur und Baden wichtige Regionalzentren mit Handel und Industrie. Regionale Bedeutung behielten auch Dießenhofen, Lenzburg, Sursee, Weesen und

Laupen. Mellingen und Wangen haben ihren kleinstädtischen Charme als Brückenstädte bewahrt.

Die Zähringerstädte Freiburg, Burgdorf und Thun verdanken den Grafen von Kyburg wesentliche Erweiterungen. Erst aus kyburgischer Zeit sind in Burgdorf und Thun Rat und Rechte als Zeichen städtischer Selbstverwaltung überliefert.

Die einzelnen Städte

Die beiden frühen Gründungen Dießenhofen und Winterthur unterscheiden sich von den Städten des 13. Jahrhunderts durch das viel größere Hofstättenmaß. Im Stadtrecht von *Dießenhofen,* das direkt vom ersten, nicht mehr erhaltenen Stadtrecht von Freiburg im Breisgau abstammt, lautet Paragraph 19.[13]

«Item area debet esse centum pedum in longitudine et quinquaginta duorum in latitudine.»

Das Hofstattmaß unterschied sich also von demjenigen Freiburgs, aber auch Berns und der anderen Zähringerstädte durch eine etwas größere Breite (100 × 52 Fuß statt 100 × 50 Fuß). Offenbar folgte die Stadtrechtsurkunde der effektiven Stadtgründung und hatte der Gründer oder sein Landvermesser dem Breitenmaß noch zwei Fuß für die Stärke der Scheidmauer zugefügt.

Die Gründungsstadt lehnt sich als Rechteck von 180 auf 200 Meter an einen älteren Kern mit Schloß und Kirche an. Drei parallel zum Rhein verlaufende Gassen erschließen den Stadtraum; die mittlere ist als Markt auf 15–20 Meter verbreitert. Im 14. Jahrhundert wird im Osten eine kleinere Vorstadt angefügt, wodurch die Stadt ihre heutige Ausdehnung von 7,2 Hektaren erreicht und sich die Zahl der Hofstätten von 60 auf 80 vermehrt. Gemäß Habsburger Urbar bezahlten 70 Hofstätten den Zins von 1 Schilling pro Jahr. 10 Hofstätten waren offenbar als geistlicher Besitz zinsfrei.

Die Stadtbefestigung wird schon im Stadtrecht erwähnt: «Der dritte Teil einer erbenlosen Hinterlassenschaft soll zum Mauerbau verwendet werden (§ 2).»

Winterthur erscheint zwei Jahre nach Dießenhofen in einer bisher zuwenig beachteten Urkunde.[14] In dem

Karte von Stadtgründungen zwischen Saane und Bodensee (nach P. Hofer und anderen Quellen)

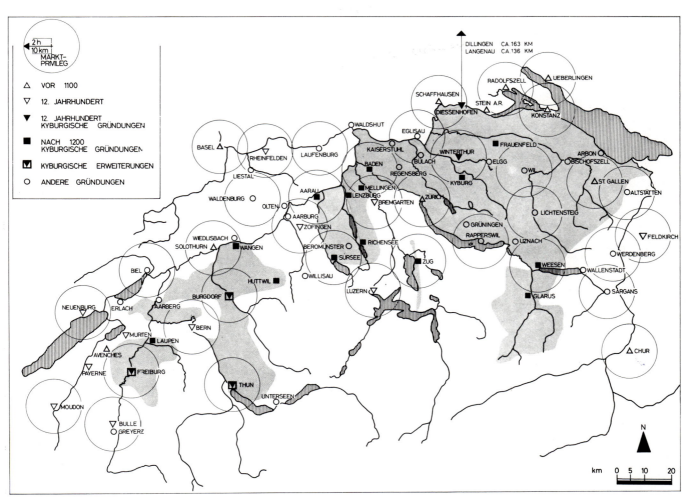

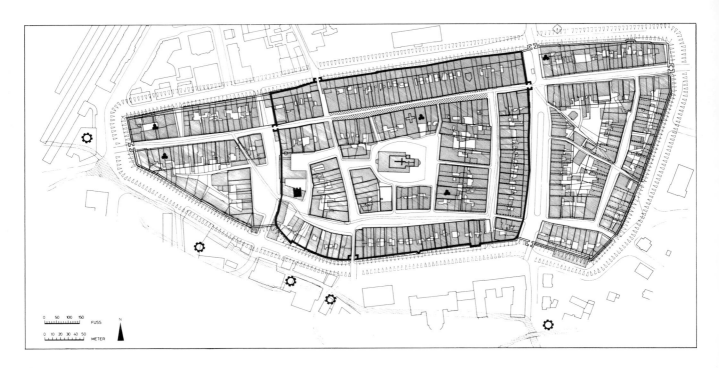

Altstadt Winterthur, Plan aus «Die Städte der Grafen von Kyburg», 1980

Winterthur von Süden, Vedute von H. Pfau, 1702

am 22. August 1180 vom Bischof Berthold von Konstanz ausgestellten Dokument wird die Kapelle «Niderun-Winterture» von der Mutterkirche «Oberun-Winterture» losgekauft und zur selbständigen Pfarrkirche erhoben. Nach den neuesten Grabungsergebnissen war sie schon damals wesentlich größer als ihre Mutterkirche.

Der neue Pfarrsprengel umfaßte, wie sich aus dem Dokument ergibt, das innere Stadtviereck von 8 Hektaren Größe, das von Kaufleuten und Ansiedlern bewohnt war und auf dessen Kirchhof sich die Ministerialen des Grafen Hartmann III. von Kyburg bestatten ließen. Die Siedlung wird darin «locus», Ort, genannt, im Gegensatz zum Stadtrecht von Dießenhofen, das noch von «villa», Dorf spricht. Ungewöhnlich ist die Aussage, «sin autem, excrescente inibi populo, locus ille vel agrum vel pratum domorum mansionibus occuparet, sive mercatores sive coloni inibi habitantes matrici ecclesie indubitanter pertinerent.» Es war also vorauszusehen, daß das Anwachsen der Bevölkerung in «Nieder-Winterthur» bald Äcker oder Wiesen außerhalb des Gründungsvierecks für den Bau von Häusern und Wohnungen beanspruchen könnte. Dies scheint denn auch tatsächlich nach wenigen Jahrzehnten eingetreten zu sein, denn im Stadtrecht, das Rudolf von Habsburg beim Antritt der kyburgischen

Erbschaft um 1264 den Bürgern von Winterthur verlieh, ist bereits von «der Vorstadt» und «dem äußeren Walle» die Rede. Sonst aber ist dieses habsburgische Dokument sehr wenig aufschlußreich für die Entwicklungsgeschichte der Stadt. Die Stadtrechte werden lediglich erweitert durch Ausdehnung des Friedkreises, Verzicht auf den Wiederaufbau der gebrochenen Burg am Bühl und Überlassung des großen Eschenbergwaldes.

Auch hier ist ein älteres Recht vorauszusetzen, das Hofstättenzinse und -maße, Zoll- und Marktrechte, Freiheiten und Pflichten der Bürger geregelt hatte. Es ist wohl mit weiteren Urkunden einem der zahlreichen Stadtbrände im 13. und 14. Jahrhundert zum Opfer gefallen, während der Vertrag von 1180 im Kirchenarchiv sicherer untergebracht war, stammen doch die unteren Stockwerke des Stadtkirchennordturmes noch aus dem 12. Jahrhundert.

Zahl und Größe der Hofstätten lassen sich noch aus dem Stadtplan rekonstruieren. Dabei ist von dem rings von Gassen umschlossenen Gebiet zwischen Obergasse, Hintergasse, Oberer Kirchgasse und Schulgasse südöstlich der Kirche auszugehen das mit hoher Wahrscheinlichkeit 8 Hofstätten von 50 Fuß Breite und 100 Fuß Tiefe umfaßte (der karolingische Fuß, der bis zum Beginn des 13. Jahrhunderts bei uns Anwendung fand, maß ca. 32 cm).

Übertragen wir dieses Maß auf den ganzen Stadtgrundriß, so stellen wir fest, daß noch verschiedene, vor allem öffentliche Gebäude wie das Rathaus, das Waaghaus, das einstige Spitalamt diesen Abmessungen entsprechen und daß die Gründungsstadt genau hundert Hofstätten aufwies. Ausgenommen bleibt das

Aarau von Norden, Stadtprospekt von H. U. Fisch, 1612

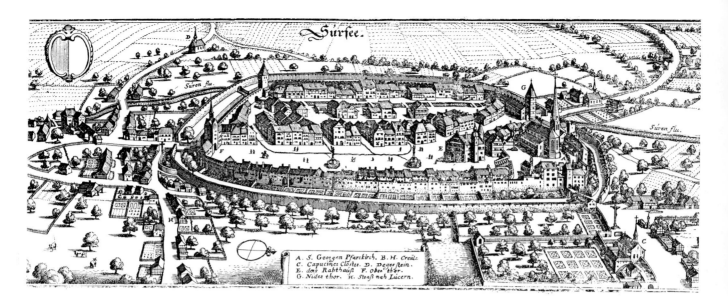

Sursee, Vogelschau aus Norden. Stich von Matthäus Merian, 1642

Wangen an der Aare, Stadtplan aus «Die Städte der Grafen von Kyburg», 1980

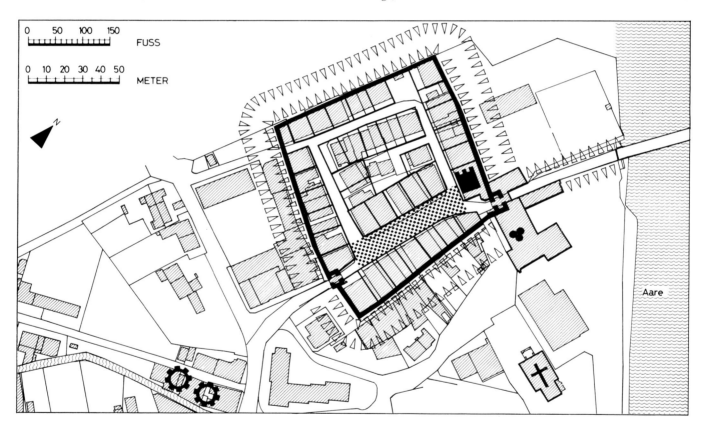

große Grundstück, welches die Witwe des habsburgischen Stadtvogtes Eberhard von Eppenstein 1336 dem Frauenkloster «zur Sammlung» schenkte und auf welchem seit der Reformation das Spital Platz fand, das 1874 zum städtischen Altersheim wurde. (Wahrscheinlich war dieser große Komplex, der ursprünglich ein Haus am Markt, Scheunen an der Stadtmauer und einen Baumgarten umfaßte, der Stadthof der Herren von Kyburg.) Der Stadtgrundriß zeigt ein leicht trapezförmig verschobenes, an der Südwestecke abgerundetes Rechteck von 1000 auf 800 Fuß oder 320 auf 250 Meter. Ungewöhnlich für schweizerische Verhältnisse ist die zentrale Lage der Kirche. Offenbar wurde die Stadt um Kirche und Kirchhof herumgebaut. Da die Mitte somit belegt war, wurde die Reichsstraße mit dem Markt in das nördliche Viertel abgedrängt. Die Querachse, wie der Markt von Tor zu Tor führend, liegt im westlichen Viertel. Zwei interne Gassen ergänzen das System zum Viereck, das durch schmale Nebengassen weiter erschlossen wird. Der

Markt ist in einem 200 Meter langen mittleren Abschnitt auf durchschnittlich 12 Meter verbreitert, die Obergasse im Osten, die den Obst- und Gemüsemarkt aufnahm, weist dieselbe Breite auf. Die Hintergasse (heute Steinberggasse) im Süden erweitert sich linsenartig auf 22 Meter, da sie ursprünglich den Rindermarkt beherbergte.

Eine Mauer von 1100 Meter Länge mit vier Tortürmen und vier (halbrunden?) Wehrtürmen umschloß die Stadt, verstärkt durch einen rundum laufenden Graben, der in Kriegszeiten mit dem Wasser der Eulach gefüllt werden konnte. An diesem Flüßchen liefen 6 ursprünglich obrigkeitliche Mühlen, welche Sägen, Stampfen, Schleifen und andere Wasserwerke angeschlossen waren. Das Brauch- und Tränkwasser wurde von der Eulach als «Rettenbach» abgezweigt und durchfloß als Stadtbach die Hauptgassen in zwei Ästen; Trinkwasser entnahm man ursprünglich dem Grundwasser durch 15 Meter tiefe Sodbrunnen.

Im 13. Jahrhundert erhielt die Stadt «vor dem oberen» und «vor dem unteren Tor» zwei Vorstädte, wobei die Marktgasse nach Ost und West um je 500 Fuß verlängert wurde. Die Stadt wies nun eine Länge von 700 Metern auf und umschloß ein Areal von 15 Hektaren, das ihr für fünf Jahrhunderte genügen sollte.

In die Zeit Ulrichs III. dürften die ersten Erweiterungen der Zähringerstädte *Freiburg* und *Thun* fallen.[15] Sie unterscheiden sich durch zwei Merkmale grundsätzlich von den Stadtgründungen des 12. Jahrhunderts, einmal durch die Anlage eines Marktplatzes vor dem zähringischen Westtor, zum andern durch das kleine Hofstättenmaß von 40×60 Fuß. Dieses Hofstättenmaß deshalb als «kyburgisch» zu bezeichnen, scheint uns allerdings zu eng. Offenbar waren die Stadtplaner im 13. Jahrhundert ganz einfach zu diesem kleineren, beweglicheren und billigeren Maß übergegangen, weil der Boden rarer und die Stadtbevölkerung zahlreicher geworden war.

Ob auch *Zug* noch unter Ulrich entstand, ist ungewiß. Wir vermuten es, da die Anlage eines sicheren Stapelplatzes mit Markt an der Gotthardroute von großer Bedeutung für den kyburgischen Herrschaftsbereich war.

Zug ist eine der kleinsten Gründungen. Die Anlage mit zwölf Meter breiter Marktgasse von Tor zu Tor und einer einzigen Parallelgasse maß nur 120 auf 72 Meter. Kirche und Burg sowie das alte Dorf lagen wesentlich höher am Hang und wurden erst 1520 in die imposante neue Befestigung einbezogen, die bis in die neueste Zeit nur zum Teil überbaut worden war. Zug weist die kleinsten uns bekannten Hofstätten von nur 30×40 Fuß (10×13 m) auf. Vielleicht handelte es sich ursprünglich um solche von 60×40 Fuß, die, längs zur Gasse gelegen, schon früh halbiert worden sind.

Eine neue Welle von Gründungen fällt in die mittleren Jahrzehnte des 13. Jahrhunderts, also in die Zeit Hartmanns IV. Es ist vor allem der Aargau mit seinen Grenzgebieten, der nun ein dichtes Netz von Städten erhält. Hier standen die Grafen von Kyburg in Konkurrenz mit anderen Dynastien wie den Grafen von Habsburg und Frohburg.

Wie in Dießenhofen sind es Flußübergänge, die gesichert werden müssen. So um 1230 *Baden* an der Limmat und *Mellingen* an der Reuß, gegen 1240 *Aarau* bei der Einmündung der Sure in die Aare, *Lenzburg* und *Richensee* im Seetal und gegen 1250 *Sursee* an der Sure als vorgeschobener Posten gegen Luzern und die Herren von Eschenbach.

Baden zeigt eine ähnliche Grundform wie Zug: eine Markt- und eine Nebengasse mit zwei Toren. Nur ist das Rechteck hier aus topografischen Gründen zum Trapez verzogen.

In *Mellingen* liegt ein kurzer Markt im Zuge der Hauptgasse zwischen den beiden Toren. Flußaufwärts ist ein kleines Stadtdreieck mit Burg und Kirche, Rathaus und Spital angefügt. Das flußabwärts liegende Trapez umschließt vor allem Lagerhäuser und Scheunen – es ist als altes Hafenviertel zu betrachten.

Ein besonderes eindrückliches Stadtbild zeigt *Aarau*, wo das Gründungsquadrat durch die vorhandene Geländekante zur Schildform verbogen ist. Ein klares Achsenkreuz mit Gassenmarkt teilt den Schild in Viertel, die wiederum durch Gassen erschlossen sind, welche im Abstand einer Bau- oder Hofstättentiefe parallel zu den Stadtmauern verlaufen. Drei Tore öffnen sich nach Norden zur Aarebrücke, nach Osten und Süden. Im Westen übernimmt der kraftvolle Giebel der Kirche Turmfunktion – das Tor zu ihren Füßen gehört einer Stadterweiterung an. Mühlen und andere Wasserwerke liegen am Stadtbach, der in zwei Ästen die Stadt durchfloß. Das vor die Stadtgründung zurückreichende Schloß wird erst anläßlich einer Stadterweiterung in den Mauerring einbezogen.

Viel bescheidener gibt sich *Lenzburg*, ganz im Gegensatz zum gewaltigen Schloß, zu dessen Füßen die Stadt liegt. Die Stadtanlage gemahnt an Dießenhofen, jedoch in kleinerem Format und ohne Erweiterung. Eindrücklich beherrscht das stolze Rathaus des 16. Jahrhunderts die schmucke Marktgasse.

Gut erhalten ist das Ortsbild von *Sursee*, eine originelle Anlage, die zwei Ordnungen in einem Mauerviereck zusammenfaßt. Auf den älteren Kern mit Kirche, Burg und Ministerialen-Häusern stößt im 13. Jahrhundert der Gassenmarkt und biegt nach Westen ab zum Untertor. Während die Nordseite der Marktgasse geschlossen überbaut ist, sind die Hofstätten auf der Südseite paarweise zusammengefaßt und in eine zweite Bautiefe verlängert. Dazwischen führen schmale Stichgäßchen zu den Scheunen und Wasserwerken am Stadtbach hinunter. Das Stadtrecht von 1299 beruht auf demjenigen von Aarau. 1415 wird Sursee luzernisch und baut 1539–1546 sein gewaltiges Rathaus.

Rathaus Thun (Foto A. Studer, Thun)

Nach verheerendem Stadtbrand wird 1734 die Hauptgasse verbreitert.

In seinen eigentlichen Stammlanden baut Hartmann IV. um 1240 den Markt *Frauenfeld* zur Stadt aus. Auf eine kurze Ost-West-Achse zu Füßen der Burg stoßen Gassenmarkt und Nebengasse der rechteckigen Anlage mit drei Toren. Die Stadtkirche bildet den nördlichen Gegenpol zur Burg.

Im Lehensgebiet Windegg am Westende des Walensees wird der Umschlagplatz *Weesen* um die Mitte des 13. Jahrhunderts zur Stadt erhoben. In den siebziger Jahren des 14. Jahrhunderts mit Freiheiten begabt, wird der habsburgische Stützpunkt 1388 zerstört.

Daß die erste Nennung des Marktes in *Glarus* in die Zeit der kyburgischen Reichsvogtei fällt, läßt vermuten, daß die Kyburger auch bei der Gründung dieses Fleckens die Hand im Spiel gehabt hatten.

Um 1260 wird *Kyburg* als Vorburg des alten Stammsitzes erwähnt. Innerhalb des doppelten Grabensystems der alten Fluchtburg gelegen, erhielt das Städtchen um jene Zeit ein Tor, scheint aber nie zur geschlossen überbauten Stadt geworden zu sein, obschon im 14. Jahrhundert ein Schultheiß und Bürger genannt werden.

Um 1260 wurde die wichtige Aarebrücke beim ehemals zähringischen Hofe *Wangen* unterhalb Solothurn durch den Bau der kleinsten Kyburgerstadt gesichert. Das Schloß hatte wohl schon länger bestanden. Die fast quadratische Stadt von 100 Meter Seitenlänge wird durch ein Gassenviereck erschlossen, dessen östlicher Ast den Durchgangsverkehr und den Markt aufnahm. Die Kirche blieb außerhalb des Mauervierecks mit zwei Toren.

Der jüngere Hartmann sicherte seine Besitzungen am Oberlauf der Aare und in der Westschweiz durch den weiteren Ausbau von *Burgdorf*, das 1273 eine Handfeste erhielt. In der um 1280 angelegten Unterstadt sind die Hofstätten von 40 × 60 Fuß urkundlich gesichert.

Auch *Thun* erhielt gegen 1300 auf dem Südufer der Aare eine beträchtliche Erweiterung, die *neue* Neustadt. Und *Freiburg* wurde durch das *Quartier de l'Auge* zu Füßen der zähringischen Gründung erweitert.

Unterhalb der alten burgundischen Festung *Laupen*, die von den Zähringern zur starken Burg gegen Savoyen ausgebaut worden war, gründeten die Grafen von Kyburg um 1250 das dreieckige Städtchen, das 80 Jahre später zum Zentrum des bernischen Widerstandes gegen Habsburg werden sollte.

Mindestens 15 Städte haben die Grafen von Kyburg zwischen 1170 und 1264 im schweizerischen Mittelland gegründet, dazu drei Zähringerstädte wesentlich erweitert. Lassen sich an diesen Gründungen gemeinsame Merkmale oder Eigenheiten ablesen? Etwa der Gassenmarkt oder die Hofstätten, der Stadtbach oder die Mauer? Wir glauben kaum. Diese Elemente sind zeitbedingt und typisch für die Städte des Hochmittelalters im süddeutsch-schweizerischen Raum. Eine Besonderheit allerdings zeichnet die Städte der Schweiz gegenüber den gleichzeitigen Gründungen nördlich des Rheines aus: die Traufstellung der Bürgerhäuser zur Gasse. Während das Bild der alten deutschen Stadt durch die Aufreihung gleicher oder ähnlicher Giebel an Gassen und Plätzen gekennzeichnet ist, finden wir in unseren Gegenden die nüchterne, praktischere Folge von rechteckigen Fassaden, welche der Gasse Traufe und Dachfläche zuwenden. Ob die Nähe der Alpen und die dadurch bedingten Niederschlags- und Schneemengen oder der Wille eines zähringischen oder kyburgischen Gründers oder Städteplaners an dieser Eigenheit die Schuld trägt, oder ob sich hier wie in einzelnen Zähringer- und Kyburger-Burgen italienischer oder burgundischer Einfluß bemerkbar macht, wird sich nie genau ergründen lassen.

In vielen Kyburgerstädten ordnen sich sogar die öffentlichen Bauten wie Rathaus, Kornhaus, Kaufhaus und Spital schlicht und traufständig ins Gassen- oder Platzbild ein. Das Rathaus allerdings ist häufig ausgezeichnet durch einen Turm oder wenigstens einen Dachreiter mit Uhr, durch offene Bögen im Erdgeschoß und reichere Steinhauerarbeit. Kornschütten, Zeughäuser und andere Lagerbauten sind, auch wo sie sich dem Stadtplan unterordnen, an ihrer großen Masse und an den schmalen Fensteröffnungen kenntlich. Und das Spital belegt meist einen alten Klosterkomplex, der sich nach inneren Höfen öffnet.

Die Reihen der Dächer wurden einst von einer Vielzahl von Türmen überragt: Burgtürmen, Befestigungstürmen, Kirchtürmen. In den meisten Kyburgerstädten sind die Befestigungen im 19. Jahrhundert verschwunden. Ausnahmen bilden Freiburg, das noch bedeutende Teile seiner imposanten Stadtmauer samt Türmen erhalten konnte, und das schon erwähnte Wangen an der Aare. Aber auch Aarau, Baden, Dießenhofen, Laupen, Mellingen, Sursee und Zug haben wenigstens einzelne Türme gerettet. Burgdorf, Frauenfeld, Kyburg, Laupen, Lenzburg und Thun werden noch von imposanten Burgen überragt, welche das Stadtbild wesentlich bestimmen. Winterthur ist allein das Turmpaar der Stadtkirche als Wahrzeichen geblieben.

Wesentlicher jedoch ist die räumliche Ordnung, welche der regelmäßige Gründungsplan diesen Städten aufprägte. Sie ist heute noch durchwegs spürbar und steht in krassem Gegensatz zu den landfressenden Wucherungen unseres Jahrhunderts.

Ausführlichere Angaben und Literaturverzeichnis in K. Keller: «Die Städte der Grafen von Kyburg», Katalog/Gewerbemuseum Winterthur 1980.

[1] Handbuch der historischen Stätten Deutschlands, Band Baden-Württemberg, Stuttgart 1965, S. 687.
[2] P. Hofer in «Flugbild der Schweizer Stadt», Bern 1963, S. 90.
[3] P. Hofer, do. S. 90.
[4] P. Hofer, do. S. 90.
[5] P. Hofer, do. S. 251.
[6] Handbuch der historischen Stätten Deutschlands, Band Baden-Württemberg, Stuttgart 1965, S. 352f.
[7] H. Kläui, «Winterthur vor 1264», Winterthur 1964, S. 115ff.
[8] H. Kläui, «Winterthur vor 1264», Winterthur 1964, S. 125.
[9] W. Rüedi: Geschichte der Stadt Dießenhofen im Mittelalter, Dießenhofen 1947, S. 11ff.
[10] H. Kläui und K. Keller in «Winterthurer Jahrbuch 1980», S. 7ff.
[11] P. Hofer: Die Zähringerstädte, Thun 1964.
[12] P. Hofer: «Flugbild der Schweizer Stadt», Bern 1963, S. 97ff.
[13] W. Rüedi: Geschichte der Stadt Dießenhofen im Mittelalter, Dießenhofen 1947, S. 11ff.
[14] H. Kläui und K. Keller in «Winterthurer Jahrbuch 1980», S. 7ff.
[15] P. Hofer: Die Zähringerstädte, Thun 1964.

Ferdinand Elsener

Überlegungen zum mittelalterlichen Stadtrecht von Winterthur

Mit einem Exkurs zur Urkunde vom 22. August 1180

I

Am 22. Juni 1264, am Albanitag[1], verlieh *Graf* Rudolf von Habsburg, der spätere Deutsche König, den Winterthurern ein Stadtrecht, und am 27. Februar 1275 ergänzte der *König Rudolf* die alte Verleihung durch sechs «Gnaden».[2] Mit dem lateinischen Stadtrechtsbrief von 1264 hat sich anläßlich der Jahrhundertfeier von 1964 *Hans Kläui* mit besonderer Ortskenntnis und auch als Philologe auseinandergesetzt.[3]
Das Winterthurer mittelalterliche Stadtrecht ist von besonderer Bedeutung als sogenanntes «Mutterrecht» der Tochterstädte Mellingen, Aarau, Baden, Brugg, Sursee, Lenzburg und Rotenburg bei Luzern. Diese Städte sind unmittelbar oder mittelbar mit Winterthurer Recht bewidmet worden. Winterthur wurde damit zum Haupt einer umfänglichen Stadtrechtsfamilie; wir kommen darauf noch zu sprechen.[4]
Freilich, so berühmt wie die mächtigen Stadtrechtsfamilien von Magdeburg (Norddeutschland, Mitteldeutschland, Ostkolonisation bis Narwa und Kiew), Lübeck (Ostseeküste) oder im Süden des Reiches Freiburg im Breisgau[5], ist die Winterthurer Familie nicht geworden; für die schweizerische Städtegeschichte ist Winterthur aber doch ein markanter Punkt geblieben.[6]
Der Stadtrechtsbrief von 1264 enthält eine Reihe von Bestimmungen, die – mit ähnlichem Inhalt – mühelos auch in andern Stadtrechten zu finden wären. Es sind ja auch immer dieselben Materien, die in einem ältern Stadtrecht zu regeln sind: Verfassung und Verwaltung, Markt, Strafrecht, Prozeß, Ehegüter- und Erbrecht, etwa auch Lehensrecht, Schuldrecht, Bürgschaft usw.[7]
Hans Kläui hat als Philologe darüber hinaus festgestellt, daß die Urkunde in einem sehr ungleichen Stil verfaßt sei, der von einzelnen gut lateinischen, ja geradezu klassischen Wendungen, bis zu schwerfälligem und holprigem Latein reicht; Kläui kam zum Schluß, daß der Urkundentext aus verschiedenen Teilen zusammengesetzt worden sei. Ältere und jüngere Satzungen lösen sich ab; es müssen auch Vorlagen bestanden haben. Einzelnes wurde, wiederum nach dem Philologen Kläui, aus dem Mittelhochdeutschen ins Latein übertragen.

Diese Thesen Hans Kläuis stehen mit der Feststellung *Paul Schweizers*[8] im Einklang, wonach einzelne Artikel des Winterthurer Stadtrechts von 1264 auf Offnungen aus der weitern Umgebung der Stadt zurückgehen. Dafür sprechen Ähnlichkeiten mit Offnungen kyburgischer und habsburgischer Dörfer der Umgegend (Wülflingen bei Winterthur, Ossingen, Kyburg, Bassersdorf, Andelfingen, Binzikon, Affoltern am Albis). Nach *Paul Schweizer* erinnert gerade auch der erste Artikel mit seiner bei Stadtrechten ungewöhnlichen Beschreibung des Friedkreises eher an das Vorbild von Dorfoffnungen.[9]
Hans Kläui übersetzt denn auch die Schlußformel «presens cirographum super hoc contulimus» mit: Wir (Graf Rudolf) haben den Inhalt der Urkunde «zusammengestellt». Das «Zusammenstellen» hängt offensichtlich mit der Eile bei der Redaktion zusammen, aufgrund der augenblicklichen politischen Spannungen um Graf Rudolf; ich komme darauf und auf ähnliche Beispiele noch zurück.
Dies alles ist für den Rechtshistoriker nichts Auffälliges; Stadtrechte wie Dorfrechte (Offnungen, Weistümer) wurden immer wieder in Teilen oder ganz von Vorlagen übernommen – wir sprechen in diesem Fall von Stadtrechts- oder Weistümerfamilien – oder nach vorhandenen Mustern zusammengesetzt, wobei gelegentlich auch der logische innere Zusammenhang zu Schanden ging; ein besonders krasses Beispiel ist etwa das allerdings wesentlich spätere Stadtrecht von Uznach von 1437, das von den Freiherren von Raron verliehen und vermutlich durch einen toggenburgischen Schreiber – stellenweise völlig widersprüchlich – zusammengestellt wurde.[10]
Die Stadtrechte und auch die Offnungen und Hofrechte des 13. bis 15. Jahrhunderts stammen nach unserm heutigen Wissen vielfach aus der Hand von Notaren und anderen studierten oder «halbgebildeten» Schreibern; das gilt auch für die *deutschen* Fassungen.[11] Dabei ist aber zu bedenken, daß es unter den echten und den «sogenannten» Notaren sicher im Spätmittelalter, aber wohl auch schon im 13. Jahrhundert, erhebliche Abstufungen in der Bildung gab. Neben Schreibern, die Universitäten besucht hatten – im 13. Jahrhundert vor allem die Rechtsschule von Bologna – gab es andere – vor allem Kleriker (Leutpriester,

Kapläne) oder auch niedere Kleriker (ohne die höhern Weihen; vielfach verheiratet: clerici conjugati, uxorati), die an einer Kathedral- oder Domschule oder an einer Stadtschule Lateinkenntnisse und im Rahmen der Septem artes liberales (in der Dialektik oder Rhetorik) auch einige Rechtskenntnisse erworben und vor oder nach diesem Schulbesuch als «schuoler» auf einer angeseheneren Kanzlei die tägliche Praxis erlernt hatten.[12] Das galt im 13. Jahrhundert wohl auch für Schreiber des Adels, wie hier der Grafen von Kyburg und Habsburg, über die wir allerdings schlechter unterrichtet sind als über die Schreiber und Notare in den Städten und an den kirchlichen Kurien.[13]

Die Urkunde von 1264 schließt mit einer Zeugenliste von neun Namen. Es handelt sich ausschließlich um Vertreter des Adels (Freiherren) und der Ritterschaft aus der weitern Umgebung der Stadt Winterthur, die gleichzeitig durch ihre Anwesenheit beim Rechtsakt die Zustimmung zum Erlaß des Stadtrechtes gaben und gegenüber der Stadt so etwas wie die Gewähr für die Einhaltung des neuen Stadtrechtes übernahmen. Dieser Sachverhalt entspricht der bekannten Vorschrift des *Schwabenspiegels* (um 1275): «De iure scripto et non scripto. Jus civile est, quod una queque civitas sibi ipsa constituit. Daz heizet burger reht: swa ein iegelich stat ir selber setzet ze rehte mit ir kuniges oder *mit ir fursten willen* und *nach wiser liute rate*.»[14] Entscheidend ist demnach einmal der Wille des Fürsten (gemeint: Stadtherren im weitern Sinne), in unserm Falle des Grafen und spätern Königs Rudolf von Habsburg, und der Rat der Weisen, der «wisesten», der «witzigosten», der «sapientes» oder «prudentes».[15] Diese «wisen» oder «prudentes», «sapientes» sind in der Feudalzeit vornehmlich die Umgebung des Fürsten oder sonstigen Dynasten, in unserm Fall des Stadtherrn. Es ist die Aristokratie des umliegenden Landes, die mit den örtlichen Verhältnissen vertraut war.[16] Die meisten Zeugen (und Gewährsleute) von 1264 stammen aus dem Zürcher Weinland und aus dem angrenzenden Thurgau.[17] Es sind dies die boni viri und probi homines der Landschaft um Winterthur.[18]

Abgesehen von der Zurückhaltung des Habsburgers in der Gewährung von städtischen Freiheitsrechten[19], hatten auch diese Freiherren, Ritter und Ministerialen um diese frühe Zeit kein Interesse an einem freiheitlich gestalteten Stadtrecht inmitten ihres Güterbesitzes. Bei einem freiheitlichen Stadtrecht befürchtete dieser Landadel vermutlich eine Abwanderung seiner Arbeitskräfte (Leibeigenen) in die Stadt. Aus der Schicht des umliegenden Landadels sind später allerdings führende Winterthurer Burgergeschlechter hervorgegangen.[20]

Bemerkenswert ist auch, daß die in der Urkunde von 1180 erwähnten «mercatores» in der Zeugenliste (als «cives») nicht erwähnt sind; desgleichen fehlen in der Zeugenreihe irgendwelche andere «cives» einer Oberschicht.[21]

II

Damit stehen wir bei der Frage der ersten *Burger*, «cives», von Winterthur. Die ältere Stadtgeschichtsforschung hat die «cives» leichthin dem «Bürger» (bourgeois) der Französischen Revolution, d. h. dem liberalen Bürger des 19. Jahrhunderts im konstitutionellen Staat gleichgestellt. Man nahm schon in der jungen Stadt eine breite Schicht gleichberechtigter (Egalité!) «Bürger» an, die gleichen Anteil an der politischen Macht besäßen. Dabei stellte man die jährliche Burgerversammlung mit der Schultheißenwahl und der Eidesleistung (Schwörsonntag) in den Vordergrund, gewissermaßen als «summa potestas», «große Gewalt», der Stadt, als Inhaberin der Souveränität des Stadtstaates.

So gesehen ergab sich eine weitgehende Kontinuität zwischen dem mittelalterlichen Stadtburger und dem Staatsbürger (bourgeois) der modernen egalitären Demokratie im Zeichen einer «Volkssouveränität»; es sind dies aber zwei verschiedene Welten. Diese stillschweigend vorausgesetzte Kontinuität kommt in der Geschichtsliteratur auch sprachlich in der Bezeichnung «Bürger» für den mittelalterlichen «Stadtburger» zum Ausdruck.[22]

Die jüngste Forschung, insbesondere im Elsaß (Straßburg) und in Schwaben, hat dieses Bild wesentlich verändert. Die politisch handelnden «cives», die wir in Süddeutschland und in der Schweiz im 13. Jahrhundert in *Zeugenlisten* erwähnt finden oder als Schultheißen usw. kennen, entstammen ausschließlich dem Stadtadel (Ministerialen, Ritter), der Kaufmannschaft und gelegentlich dem *gehobenen* Handwerk (Kürschner, Goldschmiede usw.); diese Gruppen bilden schon früh ein faktisches Patriziat, das – neben dem Stadtherren – alle Macht in sich vereinigt. Unter diesen frühen Namen stoßen wir – nach dem heutigen Stand der Forschung – in der Regel auf keinen Handwerker (Kleinburger) und keinen Kleinhändler (Krämer) oder gar Bauern oder Fischer.[23]

Werner Ganz nennt für die ältere Zeit Winterthurs (bis ins 15. Jahrhundert) als «cives» nur Vertreter des Adels und der Ritterschaft. Sicher waren auch Handwerker, Krämer und Bauern in der Stadt ansässig; aber diese Schichten besaßen keine politischen Rechte.[24]

Wir kommen auf die Ministerialen als Burger weiter unten noch zu sprechen.[25] An dieser Stelle nur ein paar vorläufige Randbemerkungen zum Verhältnis Burger und Patriziat: Unsere eben gemachte Feststellung ist im Grunde leicht verständlich: Die mittelalterliche Stadt war auf diese patrizischen und wohlhabenden Familien angewiesen, deren Angehörige im Grunde *allein* für die Leitung der städtischen Geschäfte geeignet waren und meist auch über die erforderliche Zeit verfügten. In diesen Familien war am ehesten die notwendige Bildung, gelegentlich auch Lateinkenntnisse, zu finden. Diese Gesellschaftsschicht allein konnte auch für diplomatische Missionen zu andern Städten, an die königlichen und sonstigen Höfe und an die geistlichen Kurien verwandt werden. Den Ministerialen, dem Stadtadel und dem Patriziat war auch die militärische Führung in der Verteidigung der Stadt anvertraut. Das blieb im Grunde so bis zum Untergang des Ancien Régime, in unsern Landsgemeindekantonen, etwa im Blick auf das Landammann-Amt, bis auf unsere Tage. In manchen Landsgemeindekantonen muß man noch heute regimentsfähig sein.[26]

«Burger» ist in älterer Zeit also ein schillernder Begriff: er bezeichnete – das gilt auch für Winterthur – einmal schlicht die meist unfreien Einwohner einer Stadt: Handwerker, Kleinhändler (Krämer), ehemalige Bauern, Fischer usw., die später – etwa seit dem 13./14. Jahrhundert – mit einem politisch belanglosen Akklamationsrecht ausgestattet waren und an der Burgerversammlung (Schwörsonntag) passiv den Burgereid zu leisten hatten[27]; sodann unterscheiden wir eine politisch allein handelnde Oberschicht, bestehend aus (ritterlichen) Ministerialen, Kaufleuten (mercatores) und *aufsteigenden Handwerkern*.

Diese Feststellungen decken sich auch mit andern Städten, auch Kleinstädten. In den älteren Zeugenlisten der Stadt *Rapperswil* treffen wir keine Handwerker, keine Krämer, keine Fischer und keine bäuerlichen Einwohner; es sind nur Ministerialen der Grafen von Rapperswil.[28] Auch in *Mellingen* behielten die Dienstleute bis ins 14. Jahrhundert hinein die politische Führung der Stadt. Zu ihnen gesellen sich seit dem 14. Jahrhundert Familien, die durch Handel oder Handwerk reich geworden waren und sich mit den ministerialischen Geschlechtern verschwägerten, d.h. das «connubium» erreichten.[29] Auch die ersten durch Zeugenlisten und das alte Jahrzeitbuch urkundlich bekannten Einwohner Bremgartens waren ausschließlich Dienstmannen.[30] Der Oberschicht gehörte offensichtlich auch der erste urkundlich genannte «cives» von *Chur* an.[31]

Neue Forschungen zur Gründung der Stadt Rapperswil haben ergeben, daß die Grafen Rudolf I. und Rudolf II. von Rapperswil im Zusammenhang mit der Stadtgründung alle Gehöfte, Dörfer und Weiler rund um die künftige Stadt Rapperswil gewüstet und die Bauern in das Gelände der geplanten neuen Stadt getrieben haben, wo sie zum Bau der Burg und der Stadtmauern verwandt wurden.[32] Es ist naheliegend, daß diese leibeigenen Bauern nicht über Nacht zu eigenverantwortlichen, «freien» und mitbestimmenden Burgern (cives) wurden; hier galt noch auf lange Zeit das oft vergessene Rechtssprichwort: «Burger und Bauer unterscheidet nichts als die Mauer.» Die Stadtmauer ist ja auch nichts anderes als eine Weiterentwicklung des Dorfetters; auch die Städte besaßen in älterer Zeit vielfach nur hölzerne Palisaden.[33]

In diesem Zusammenhang muß man auch für Winterthur die Frage stellen, wer hat die viereckige Stadtmauer gebaut? Wüstungen von Bauerngehöften, Dörfern und Weilern sind nicht allein für Rapperswil bezeugt; das Beispiel Rapperswil ist nur besonders eindrücklich darstellbar.

Der Aufbau der Stadt Winterthur und ihrer Befestigungsanlagen – das Stadtviereck ist immerhin eine Stadtmauer von einigem Umfang – beanspruchte ebenfalls eine große Zahl von Menschen auf Jahre hinaus. Auch diese Arbeiter wurden vermutlich aus der Umgebung zur Fronarbeit in die junge Stadt geholt. Wie anderswo hat der Stadtherr diese Fronarbeiter lediglich verköstigt. Auf jeden Fall gehören zu den ersten Einwohnern Winterthurs auch «coloni» (unfreie Kleinbauern), die keinesfalls als vollberechtigte Burger, also «cives» im engern Sinne, angesprochen werden können.[34] Von da her rührt wohl, daß die untern Schichten der Einwohner der habsburgischen Städte, wie schon *Paul Schweizer* feststellte, meist als Eigenleute der Herrschaft betrachtet wurden. Das gilt auch für Winterthur, wie wir noch sehen werden.[35]

Nehmen wir als «cives» (für die ältere Zeit) nur Stadtadel, Ritterschaft, Ministeriale und (vielleicht) die Kaufleute, so bestätigt sich die mittelalterliche aristokratische *Staats*verfassung auch für die burgerliche Stadt. Der mittelalterliche Stufenkosmos galt demnach nicht nur für den mittelalterlichen Adelsstaat und für die Kirche, sondern auch für die burgerliche Stadt. Innerhalb dieser aristokratischen Ordnung der gesamten Stadt gab es zudem noch eine hierarchische Stufenordnung der Geschlechter, je nach dem Alter und der äußern Stellung und meist auch nach dem Reichtum: Schultheißenfamilien, Mitglieder des Rates und des Gerichtes, Stadtschreiber, militärische Führer standen an der Spitze der Rangordnung innerhalb des städtischen Patriziats. In diesen Zusammenhang hinein gehören auch die boni viri.[36]

III

Es ist nun auf die Entstehungsgeschichte des Stadtrechts von 1264 einzugehen. Die Gründung der Stadt durch die Grafen von Kyburg war unter dem Landadel der Umgebung offenbar nicht unbestritten. 1263 hatten die Winterthurer den sogenannten *Winturm* auf dem Bühl jenseits der Eulach, Sitz kyburgischer Dienstleute, zerstört.[37] Die Empörung der Burger richtete sich gegen die Ministerialen, die auf jener nahen

99

Burg saßen und die aufstrebende Stadt immer wieder bedrängten. Bei diesem Burgenbruch hat Winterthur vermutlich die Schwäche der kyburgischen Herrschaft ausgenützt: Das hohe Alter und die Hinfälligkeit des letzten Kyburgers, Hartmann des Älteren, und die bereits vorhandenen Spannungen unter den künftigen Erben (Habsburg und Savoyen). Graf Rudolf von Habsburg verhängte über die Stadt eine empfindliche Geldbuße. Im neuen Stadtrecht von 1264, nach dem Burgenbruch, sicherte Graf Rudolf im Zeichen eines Kompromisses zu, daß die Burg nicht mehr aufgebaut werde. Dieser Verzicht Graf Rudolfs war aber nicht reines und spontanes Entgegenkommen. Der kriegslustige St. Galler Abt Berchtold von Falkenstein, dessen Gotteshaus in der Nachbarschaft Winterthurs (Seen, Elgg und im Tößtal) begütert war, hätte vermutlich nur zu gerne die aufstrebende Stadt ebenfalls erworben.[38] Diese Krisensituation nützte Winterthur aus, um einesteils den Wiederaufbau der Trutzburg Winturm zu verhindern und gleichzeitig vom Stadtherrn ein *schriftliches*, aufgezeichnetes Stadtrecht zu verlangen. Daß Rechte, Freiheiten und Privilegien in Zeiten der Not verliehen werden, ist für den Rechtshistoriker tägliches Brot und gilt noch für den Konstitutionalismus des 19. Jahrhunderts.[39] Die Eile hat ihre Spuren im Text deutlich hinterlassen; wie erwähnt, setzt sich die Handfeste von 1264 allein schon sprachlich aus unterschiedlichen Teilen zusammen. Graf Rudolf besaß 1264 vermutlich nicht mehr die volle Freiheit der Entscheidungen.[40] Das zeigt sich im Inhalt des nächsten Privilegs von 1275, das eine Minderung der Freiheitsrechte brachte.

Das Privileg von 1264 ist der Sache nach eine mittelalterliche *Einung*.[41] Parteien dieser Einung waren Graf Rudolf, sodann die Zeugen als boni viri der Landschaft, auch als Gewährsleute, und ungenannt – wie sich aus der Interpretation des Textes zwangsläufig ergibt – Burger aus der Oberschicht von Winterthur.[42]

Die Ritterschaft der Stadt sollte nach dem Stadtrecht von 1264 – wie noch darzulegen sein wird – vom Schultheißenamt ausgeschlossen sein; sie wird sich bei den Verhandlungen mit Graf Rudolf in einer zwiespältigen Stellung befunden haben. Die Oberschicht und ihr möglicher Anhang in der übrigen Burgerschaft (Handwerker?), erstrebte auf dem Territorium der Stadt nach dem Vorbild anderer Städte möglichste Unabhängigkeit vom Stadtherrn und weitgehende rechtliche Loslösung vom umliegenden Land und dem Landadel.

Dabei ist nun allerdings in einer Zwischenbemerkung darauf hinzuweisen, daß Winterthur – wie bereits angedeutet – von Graf Rudolf von Habsburg nicht ein besonders großzügiges und liberales Stadtrecht bekommen hat.

IV

Zuoberst in der Skala der süddeutschen Stadtrechte stehen jene der *Zähringer* und unter den Zähringer Städten die beiden größern, Freiburg i. Br. und Bern. Die Zähringer Stadtrechte zeichnen sich durch die Gewährung einer großzügigen Selbstverwaltung aus.[43] Die kleinern Städte mußten sich aber auch bei den Zähringern mit bescheideneren Verfassungsrechten begnügen. So fehlen z. B. im Rheinfelder Stadtrecht gerade die Perlen des Freiburger Rechtes: die freie Wahl des Schultheißen und des Leutpriesters durch die Burgerschaft und die Zusage des Stadtherrn, *keine Ministerialen in der Stadt anzusiedeln.*[44] Sicher besaß Rheinfelden noch um 1225 keine «Wahl» des *Schultheißen* durch die Burgerschaft; der erste bekannte Schultheiß (1212) war ohne Zweifel ein Ministeriale der Zähringer. Ähnlich wurde der *Leutpriester* Rheinfeldens noch im 14. Jahrhundert ohne irgendein Mitspracherecht der Burgerschaft allein durch die Herrschaft eingesetzt. In Rheinfelden spielten in älterer Zeit die *Ministerialen*, die als Militäradel für die Verteidigung der Stadt zu sorgen hatten, auch politisch die führende Rolle.[45]

Im Blick auf zähringische und habsburgische Kleinstädte kann man sagen, daß das mittelalterliche Stadtrecht von Winterthur in bezug auf die Selbstverwaltungsrechte der Burgerschaft so etwa in der Mitte lag; auf einzelnes kommen wir noch zu sprechen.

Die maßgebliche Stellung der städtischen Oberschicht – diesmal die *Ritterschaft* der Stadt inbegriffen – zeigt sich erneut im Privileg des *Königs* Rudolf von Habsburg, von 1275, in dem der Stadt sechs Gnaden verliehen wurden. Die meisten Bestimmungen des Privilegs von 1275 sind aber allein auf die Bedürfnisse und Interessen der Oberschicht («mercatores», aufgestiegene Handwerker), des Stadtadels und der Ministerialen zugeschnitten.

V

Der Brief des Königs von 1275 steht mutmaßlich der Rechtswirklichkeit näher als die in politisch schwieriger Lage erlassene Handfeste des Grafen von 1264.[46] Im Privileg von 1275 und im Vergleich mit jenem von 1264 spiegelt sich zu einem schönen Teil die Städtepolitik der Habsburger in der zweiten Hälfte des 13. Jahrhunderts.

1. – Nach dem ersten Artikel[47] soll ein Winterthurer Burger nach edler Leute Sitte und Recht Lehen empfangen und Lehen ausgeben.

Burgerlehen sind um diese Zeit nichts Besonderes; es ist für Regensburg bereits für 1072/73 bezeugt, für Konstanz 1176. Basel erhielt ein solches Privileg 1227 durch König Heinrich VII. Das Lehen allein hat allerdings den Burger nicht zum Adeligen gemacht. Mit dem Burgerlehen verband sich auch regelmäßig das subsidiäre Erbrecht der Töchter an diesem Lehen (vgl. unten). Insbesondere Fürsten und Adelige aus dem Umkreis der Städte haben solche Privilegien verliehen. Lehensobjekte waren meist einzelne Höfe, Häuser, Grundstücke (Wald, Weinberge, Äcker), Zehnten, Fischereirechte, Marktbänke (für Metzger, Bäcker usw.). Seit dem 13. Jahrhundert wurde das Burgerlehen vor allem in Schwaben sehr häufig; das gilt auch für das Winterthurer Beispiel. Diese Lehen sind auch Ausdruck der zunehmenden wirtschaftlichen und politischen Bedeutung der Städte.[48]

Als Lehensempfänger und Lehensherren kamen aber auch in Winterthur offensichtlich nur Burger der Oberschicht in Frage, die die gesellschaftliche Gleichstellung mit dem Landadel anstrebten. Diese burgerliche Oberschicht soll künftig den Ministerialen gleichgestellt werden.

Wie wir aus den Quellen wissen, zog eine Reihe Ministerialen der weitern Umgebung von Winterthur in die Stadt und hat sich hier vermutlich bald mit der burgerlichen Oberschicht (mercatores?, gehobene Handwerker und Krämer, Händler?) verschmolzen. Wenn wir an andere Städte denken, haben auch die Winterthurer Ministerialen aller Wahrscheinlichkeit nach Handel betrieben oder sich am Handel der «mercatores» beteiligt. Damit lag das «connubium» der beiden Schichten nahe, und König Rudolf gewährt nun dieser burgerlichen Oberschicht zur Abrundung ihrer Sonderrechte auch noch die Lehensfähigkeit, die im 13. Jahrhundert als Standeserhebung erscheint und als Symbol sozialen Aufstiegs der burgerlichen Oberschicht.[49] Ministerialen und burgerliche Oberschicht vereinigen sich so zu einem einheitlichen Stand – eine Entwicklung, die wir auch anderswo treffen.

Das aktive und passive Lehensrecht bezog sich nicht auf die gewöhnlichen Handwerker, die kleinen Händler und die bäuerliche Bevölkerung in der Stadt (teilweise Ackerburgerstadt). Die Wagner, Schmiede und Schuhmacher empfingen keine Lehen und gaben keine aus. «Cives» sind auch nach dieser Bestimmung nur die Angehörigen der Oberschicht.[50] Denkbar ist, daß die neue Oberschicht Winterthurs (Ministerialen, «mercatores», gehobene Handwerker) auch den Mauerbau finanzierte, wie wir dies von andern Städten wissen. In mittleren und kleinern Städten, wie Winterthur oder Rapperswil, die auch strategische Bedeutung hatten, unterstand den waffengewohnten Dienstleuten regelmäßig auch die Verteidigung der Stadt.[51]

2. – Nach der zweiten Satzung von 1275 bleibt der Kirchensatz von Winterthur beim Hause Habsburg; von einer freien Pfarrwahl der Burger ist also keine Rede.[52]

Die Burger haben bei der Wahl des Leutpriesters nicht einmal ein Mitwirkungsrecht. König Rudolf sichert den Burgern aber doch zu, daß nur ein Priester ernannt werden solle, der eidlich verspricht, allein und dauernd in Winterthur zu residieren. Der frühere Kirchherr von Winterthur (rector ecclesie), Friedrich, Notar der Grafen von Kyburg, war zugleich Chorherr auf dem Heiligenberg, in Beromünster und Zürich und noch Domherr zu Konstanz. Sein Nachfolger war zugleich noch Leutpriester in Glarus.[53]

Den Pfründenjägern, die mehrere Pfarreien und Kaplaneien erworben haben, soll ein Riegel vorgeschoben werden. Die Pfarrei sollte also nicht durch einen meist schlecht besoldeten und vielfach ungebildeten Hilfspriester (Vikar, Gesellpriester, Helfer, adjutor, socius) versehen werden. Der künftige Winterthurer Stadtpfarrer hat die Seelsorge in seiner Stadt persönlich wahrzunehmen und allein für die religiösen Bedürfnisse der Burger dazusein. Diese Satzung war – im Blick auf andere habsburgische Stadtrechte – ein echtes Privileg.

Vielleicht spiegeln sich in dieser Forderung der Winterthurer Burger Erlasse der Reformpäpste und Reformsynoden des 11. bis 13. Jahrhunderts bzw. Reformvorschriften des kanonischen Rechts.[54]

3. – Die Vererbung der Lehen der Herrschaft Kyburg auch auf die Töchter (sofern keine Söhne vorhanden sind) war wiederum ein Anliegen des Adels (Ministerialen) und der sonstigen städtischen Oberschicht.[55] Nach strengem Lehensrecht, etwa des Sachsenspiegels, waren Frauen lehensunfähig. Diese Regel hatte sich aber nie völlig durchgesetzt. Im Gegenteil, die einzelnen Lehensherren standen den Frauen die Lehensfähigkeit ausdrücklich zu, so auch ein Reichsweistum über die weibliche Lehnfolge. Desgleichen blieb es nicht beim Heimfall der Lehen nach dem Tode des Lehensmannes; seit dem 9. Jahrhundert wurden die Lehen zunehmend vererbt. Die Kriege, Fehden (auch der Stadtherren) hatten eine hohe Sterblichkeit des jüngern männlichen Adels und der Oberschicht der Städte zur Folge – abgesehen von der allgemein höhern Sterblichkeit durch Krankheiten aller Art. Ganze Geschlechter starben im Mittelalter durch die Fehde aus. So bewahrte die Erblichkeit der Lehen auch durch die Töchter die adeligen und patrizischen Familien vor dem wirtschaftlichen Ruin. Die Töchter, die Grundstücke (Lehen) erben konnten, waren auch leichter zu verheiraten.[56]

4. – Nur ein Artikel bedeutete eine Wohltat für alle Burger, also auch für die untern Stände: Den uneingeschränkten Gerichtsstand des beklagten Burgers vor dem eigenen Schultheißen (Privilegium de non evocando) kann man im Spätmittelalter ohne Bedenken als großen prozessualen Vorteil auch für den gemeinen Mann, nicht nur für den Stadtadel und das Patriziat, bezeichnen.[57] Der Gerichtsstand des (städtischen) Wohnsitzes des Beklagten (forum domicilii) sollte den Burger vor allem vor der geistlichen Ge-

richsbarkeit, d.h. den Offizialaten der bischöflichen Kurien (Konstanz, Chur, Basel usw.) schützen, aber auch vor den ländlichen Gerichten des umliegenden Adels.[58] Die geistlichen Gerichte dehnten ihre Zuständigkeit in der streitigen Gerichtsbarkeit im Spätmittelalter ständig aus, vor allem auf Forderungsprozesse (Geldschuld), sodann auf Pfrund- und Zehntstreitigkeiten, Rentengeschäfte, Patronat, Verlöbnis, eheliches Güterrecht, Testamente, Vertragssachen usw. als «res spiritualibus annexae» oder «res mixtae».

Die Freiheit sodann für den *klagenden* Burger, Recht zu nehmen, wo es ihm beliebe, also auch vor dem geistlichen Gericht, war eine Freiheit, die – soweit wir sehen – der Landbewohner in aller Regel nicht besaß und die selbst andere Städte in diesem Ausmaß wie Winterthur, auch in bezug auf das «forum domicilii», entbehrten. Zu bedenken ist aber auch hier: In Prozesse verwickelt wurden in erster Linie die Kaufleute (mercatores) und sonstwie reiche Leute (Ministerialen, Stadtpatriziat). Insofern bedeutet auch diese Freiheit vorab eine Rechtswohltat für die städtische Oberschicht.

5. – Besitzt ein Winterthurer Burger ein Afterlehen (Unterleihe eines Lehens) von Kyburg und stirbt sein unmittelbarer Lehensherr (in der Regel ein Ministeriale von Kyburg oder Habsburg – Ritter oder Edelknecht), ohne Erben zu hinterlassen, so soll dieses Lehen vom Hause Habsburg (als Nachfolger der Kyburger) unmittelbar an diesen Winterthurer Burger verliehen werden.[59] Mit andern Worten: Kein Habsburger darf das frühere Afterlehen eines Winterthurer Burgers wieder einem Edelmann als erstem Lehensträger leihen. Der Winterthurer Burger als Lehensmann soll also künftig nur die Habsburger als seine Lehensherren kennen und keinen Adeligen (Ritter, Edelknecht) etwa aus der weitern Umgebung der Stadt, der über dieses Lehen Einfluß nehmen könnte auf die Entscheidungsfreiheit der Oberschicht der Stadt und damit auf die Geschicke der Stadt.[60] Diese Satzung geht anderseits auch vom Gedanken aus, daß burgerliche Oberschicht und Landadel bzw. Ministerialen standesgleich seien; daß also kein Lehensverhältnis zwischen Landadel (Ministerialen) und burgerlichem Patriziat denkbar sei. Gerade dieses Privileg zeigt augenfällig die völlige ständische Verschmelzung von burgerlicher Oberschicht in Winterthur und niederem Adel.

6. – Im sechsten Artikel erhielt Winterthur das Recht, auch *Vogtleute* zu Burgern aufzunehmen[61]; diese Vogtleute sollten aber weiterhin ihrem Herrn – in der Regel wohl dem Hause Habsburg, also dem Stadtherrn, dienen nach gemeinem Vogteirecht. Mit andern Worten: Stadtrecht machte diese Vogtleute nicht frei. Diese Bestimmung steht in sachlichem Zusammenhang mit einer Satzung von 1264.[62] Wer unfreien Standes (Leibeigener, Höriger, Gotteshausmann) ist und vom Lande in die Stadt übersiedelt, darf nach Jahr und Tag[63] von seinem nachjagenden Leibherrn für Dienstleistungen eines Unfreien (Fronarbeiten) nicht mehr in Anspruch genommen bzw. nicht mehr zurückgefordert werden. Der zugewanderte Unfreie soll im Gegenteil von Stund an von seinem alten Leibherrn frei sein, aber dafür dem neuen Stadtherrn dienen (servire) müssen – für Fronarbeiten der Stadt wie Unterhalt der Stadtmauern und der Tore sowie für militärische Dienste (Verteidigung der Stadt, Heerfolge).[64] Nur in diesem beschränkten Sinne machte in Winterthur «Stadtluft frei» – nur von den Bindungen an den alten Herrn auf dem Lande. Angemerkt sei an dieser Stelle, daß die Habsburger ihre Burger der untern Schichten ohnehin als ihre Eigenleute betrachteten.[65] Die Stellung des Kleinburgers unterschied sich kaum von jener des Landmannes.[66] Darüber hinaus will Graf Rudolf von Habsburg auch verhindern, daß die unfreie Landbevölkerung ungehemmt in die aufstrebende Stadt strömt. Der Stadtherr behält sich daher vor, daß neue Zuwanderer aus bäuerlichen Schichten nur mit seiner Zustimmung als Burger angenommen werden dürfen.

Die unter *Vogteiverfassung* stehenden bäuerlichen Hintersassen wurden nach der älteren Lehre schlicht als «vogtbar Freie» erklärt.[67] Die Rechtsgeschichte sieht auch hier den Sachverhalt heute nüchterner.[68] Nach der Faustregel «Luft macht eigen» glich sich der bäuerliche Hintersasse, auch wenn er herkömmlich über eine freiere Stellung verfügte, dem sozialen Stand seiner Umgebung an, also den Gotteshausleuten, den Hörigen und Leibeigenen. Es setzte sich beim «Vogtbaren» also allermeist eine Nivellierung nach unten durch. Vielfach mag diesen Bauern am Beweise und an der Durchsetzung ihrer besondern «Freiheit» (von was?) gar nicht einmal viel gelegen haben, da ihnen diese weder wirtschaftlich noch politisch nennenswerte Vorteile bot. Das gilt selbst für die sogenannten «freien Bauern». Also auch für den «Vogtmann» machte die Stadtluft nicht «frei». Durch den Zuzug in die Stadt blieb der Vogtmann seinem Herrn unterworfen oder wechselte nur seinen Herrn.[69]

VI

Auf die Spannungen zwischen den Ministerialen der Herrschaft und der Oberschicht der Burgerschaft deutet noch eine Bestimmung im Stadtrecht von 1264 hin, wonach zum Schultheißen oder ersten Amtsmann (ministro) der Stadt kein Ritter ernannt werden dürfe und auch kein Burger, der zum Ritter erhoben werden solle.[70] Diese Satzung geht nicht so weit wie das Formular der Zähringer Stadtrechte, wonach sich kein Ministeriale in der Stadt niederlassen dürfe.

Wie in andern Städten ging die Politik auch der Habsburger dahin, die Ministerialen mit der burgerlichen Oberschicht zu verschmelzen, das «Connubium» herzustellen und auch in der äußern Rangordnung einen Teil der Oberschicht mit den Ministerialen gleichzustellen. Diese äußere Gleichstellung sollte auch in Winterthur vor allem dadurch erreicht werden, daß Burger zu Rittern erhoben werden; daß die Oberschicht der Burger auch lehensfähig werden sollte (1275), haben wir schon gehört.

Beim Ausschluß der Ritter vom Schultheißenamt geht es der burgerlichen Oberschicht – nach dem Bruch des Winturms – offensichtlich darum, den Landadel mit seinem ganzen Sippenanhang in der Umgebung der Stadt wenigstens vom höchsten Amt der Stadt fernzuhalten; damit sollte zugleich eine enge Lehensbindung des Schultheißenamtes an den Stadtherrn verhindert werden. Es ist durchaus denkbar, daß diese Satzung in der bereits erwähnten Zwangslage des Grafen Rudolf von Habsburg um 1264 dem Stadtherrn von der Oberschicht abgerungen worden ist. Gut zehn Jahre später, 1275, war diese Klausel des Stadtrechts von 1264 durch die Gewährung der Lehensfähigkeit an die burgerliche Oberschicht der Sache nach allerdings bereits überholt.[71] Anderseits sind die Burger mit ihrem mutmaßlichen Begehren, nach dem Muster der zähringischen Stadtrechte den Ministerialen die Niederlassung in der Stadt zu verwehren, 1264 nicht durchgedrungen; die Satzung über das Schultheißenamt war vermutlich ein Kompromiß zwischen dem Stadtherrn und den Ministerialen einerseits und der Oberschicht der Burgerschaft anderseits.[72] Wiederum sollen die Zeugen der Urkunde von 1264, die dem Stand der Freiherren (nobiles) und der Ritter (milites) angehören, gerade auch für diese Ausnahmebestimmung, die sich zudem gegen den niedern Adel wendet, als Gewährsleute und Boni viri einstehen.

Bleibt noch eine Anmerkung zur Formulierung «nisi de communi consilio civium unus ex eis eligatur». Nach allem, was wir wissen und zum Teil schon erwähnt haben, kann auch hier unter «cives» nur die Oberschicht verstanden werden, die auch allein den Schultheißen stellen konnte. Rat erteilen (consilio) bzw. eine gutachtliche Meinung äußern kann keine große Menge, sondern nur ein in sich geschlossener kleiner Kreis von Sachkundigen. Der Winterthurer Text ist auch nicht ganz klar in einem andern Punkt: Vermutlich lag die *Ernennung* des Schultheißen beim Stadtherrn, wie dies in Mellingen klar vermerkt ist. Damit wären Wahl und Ernennung (Einsetzung) des Schultheißen auseinandergefallen.[73]

VII

Wie bereits erwähnt, ist das mittelalterliche Stadtrecht von Winterthur einer Reihe weiterer Städte verliehen worden, wobei für uns *Aarau, Bremgarten* und *Mellingen* im Vordergrund stehen. Die Begabung von Tochterstädten mit dem Recht einer herausragenden Mutterstadt entsprach schon der gesetzgeberischen Ökonomie der Kräfte sowie den Überlegungen der Rationalität und der Rechtssicherheit. Das Recht der Mutterstadt diente den Schreibern des Stadtherrn, den Notaren und Stadtschreibern als Vorlage und Muster, und der Stadtherr hat dieses Musterrecht unverändert oder meist verändert und ergänzt der Tochterstadt übermittelt oder übermitteln lassen, wie dies in unserm Fall bei Mellingen besonders anschaulich geblieben ist. Wie König Rudolf und seine Söhne sich im Grunde zum Winterthurer Stadtrecht von 1264 stellten und wieweit sie von den frühern Anwandlungen zähringischer Liberalität in ihrer Städtepolitik zurückgekommen waren, zeigt am besten der Umstand, daß sie für die noch nicht privilegierten Städte des Aargaus nicht etwa das von Rudolf einst im Breisgau entlehnte Muster des Stadtrechts von Bremgarten benutzten, sondern das von ihnen selbst redigierte Stadtrecht von Winterthur. Aber auch vom Winterthurer Recht verliehen sie vorzugsweise die sechs Gnaden des zweiten Privilegs von 1275; vom ersten (1264) ließen sie alle ihnen nicht genehmen Bestimmungen weg, so die Mitwirkung der Burger bei der Schultheißenwahl, den Ausschluß der Ritter von diesem Amt, die Abschaffung des Falls, die Verweisung der Klagen des Herrn an das Stadtgericht, das freie Connubium und die Beschränkung der Steuer. Das so ihrer Politik entsprechend zurechtgestutzte Stadtrechtsformular teilten sie dann freigebig an die meisten Städte des Aargaus aus. So wurde das Winterthurer Recht von 1264/ 1275 von Habsburg – verändert – 1283 an Aarau, 1284 an Brugg, 1299 an Sursee, 1306 an Lenzburg, 1363 an Zofingen, 1371 an Rotenburg und vollständig 1296 an Mellingen (durch Herzog Albrecht) und vor 1298 an Baden verliehen.[74]

Aarau erhielt am 4. März 1283 durch König Rudolf von Habsburg zu Luzern einen Stadtrechtsbrief – «eine starke Verwässerung des Winterthurer Rechts» (Walther Merz).[75] Jene Bestimmungen, die allein auf Winterthur zugeschnitten waren, fielen für Aarau weg; sie waren, weil zu großzügig, für König Rudolf im Aarauer Fall nicht mehr genehm. Rudolf hat ja auch bei der Verleihung des Stadtrechtes von Bremgarten hinterher einzelne Freiheiten bereut und diese nicht mehr genehmen Bestimmungen in der Rechtswirklichkeit der kleinen Stadt selbst übergangen. Der Eingang des Aarauer Diploms, die Arenga, ist dem zweiten Winterthurer Privileg von 1275 nachgebildet, die ersten drei Gnaden von Aarau sind anderseits dem *ersten* Winterthurer Stadtrechtsbrief von 1264 entnommen. Das Aarauer Recht enthält auch einen Hinweis auf die Rechtsüberlieferung, d. h. das Gewohnheitsrecht. Manches stimmt sodann mit dem Winterthurer Recht sachlich überein, so die Bestimmung eines *Friedkreises,* der in Aarau später, wie in Bern, Burgernziel[76] heißt, – das Marktrecht[77], sodann der Verzicht des Stadtherrn auf das Erbrecht an *seinen* Eigenleuten; diese Bestimmung stammt – wie auch schon *Hans Kläui* vermutet hat – aus dem bäuerlichen Hofrecht.[78] Nur ist das Erbrecht des Leibherrn schon im zeitgenössischen Hofrecht weitgehend gemildert gewesen, gerade auch in der Beschränkung des Fallrechtes. Insofern bedeuteten diese Winterthurer und Aarauer Gnaden König Rudolfs kein besonderes Entgegenkommen. Das zähringische Recht hatte den Fall überhaupt abgeschafft. Übernommen aus Winterthur wurde in Aarau sodann das Lehnrecht der Burger und die damit verbundene weibliche Erbfolge; auf diese Satzung sind wir oben schon zu sprechen gekommen. Auch die Satzung über den Vogtmann ging an Aarau über. Anderseits verweist das Aarauer Stadtrecht Rudolfs von Habsburg beim Huldverlust auf Rheinfelden und Kolmar, d. h. auf zähringisches Recht; hier hat König Rudolf eigenartigerweise nicht das Winterthurer Recht auf Aarau übertragen.[79] Wichtige Freiheiten aber, die Winterthur noch zugesichert worden waren, blieben Aarau vorbehalten. So entfiel der Beirat der Burger an der Bestellung des Schultheißen; in Aarau mußten auch die Ritter (Ministerialen des Stadtherrn) zum Schultheißenamt zugelassen werden. Auch die freie Eheschließung hat Aarau nicht erreicht.[80] Es blieben auch die grundherrlichen Ansprüche auf Sterbefall und Besthaupt. Auch die Verpflichtung des Leutpriesters oder Plebans zur Residenz in der Stadt wurde versagt. Der Leutpriester blieb schlicht ein landesherrlicher bzw. stadtherrlicher Beamter; die Burger hatten bei seiner Wahl und Ernennung nichts zu sagen. Das Aarauer Stadtrecht trägt daher, noch mehr als das Mutterrecht von Winterthur, den Stempel der Absichten Rudolfs von Habsburg gegenüber seinen Städten an sich. Gerade die Schwerpunkte städtischer Autonomie – etwa nach dem Vorbild zähringischer Stadtrechte – bleiben unerwähnt: die *freie* Wahl (nicht Ernennung) des Schultheißen und der Beamten (Minister usw.), die Ausschließung der Ministerialen vom Burgerrecht und die Lösung der in die Stadt ziehenden Herrschaftsleute aus ihrer frühern Pflicht, Beschränkung des örtlichen Bereichs der Heeresfolge (eine Tagesreise), Befreiung oder Begünstigung in bezug auf Steuern und Zölle – von all dem ist im ältern Winterthurer und Aarauer Stadtrecht entweder nichts oder das Gegenteil der erwähnten Freiheiten gesagt. Der Grundsatz «Stadtluft macht frei» und damit die Angleichung auch der untern Schichten an eine allgemeine Burgerschaft wurde in Winterthur und Aarau nicht erreicht; die ständischen Unterschiede des flachen Landes und die Verpflichtungen der zuziehenden Landbewohner gegenüber der habsburgischen Herrschaft blieben wie sie waren. Burger und Bauer unterschied – was die untern Einwohnerklassen betraf – nichts als die Mauer. Die meisten Stadtburger waren und blieben demnach Eigenleute der Herrschaft. Es ging den Habsburgern weniger um die Freiheiten ihrer Städte und Burger als um die Steuern und die militärische Verteidigungskraft.

Um so interessanter ist es, daß die *jüngere* Herrschaft Kyburg ihre Städte ohne weiteres mit dem großzügigeren Recht der Zähringer Städte, demjenigen von Freiburg im Breisgau, begabte, so Thun und Burgdorf.[81] Später gelang es aber auch den aargauischen Städten, das vorteilhaftere Recht der Zähringer zu erlangen.[82]

Wahrscheinlich im Jahre 1258 (also sechs Jahre vor Winterthur) hatte Graf Rudolf von Habsburg der Stadt Bremgarten eine Handfeste erteilt, die derjenigen von *Freiburg im Breisgau,* einer Verleihung der Herzoge von Zähringen, entnommen und in allen entscheidenden Punkten günstiger war als das Recht irgendeiner andern habsburgischen Stadt. So verbot das Bremgartner Recht die *Aufnahme von Ministerialen* und von Eigenleuten ohne deren Freilassung bzw. Lösung von ihrem Herren[83]; gewährte den Burgern die Wahl des Schultheißen und die Präsentation des Leutpriesters und beschränkte die Heerfahrtspflicht auf eine Tagesreise. Graf Rudolf scheint aber bald seine ungewohnte Freigebigkeit bereut und versucht zu haben, die Zugeständnisse rückgängig zu machen. Tatsächlich war nach 1258 in Bremgarten von einer freien Wahl des Schultheißen und des Leutpriesters noch lange keine Rede.[84] Man darf also die mittelalterlichen Stadtrechte, Handfesten und Privilegien nicht positivistisch wie ein Gesetz des 19. Jahrhunderts bewerten; dieser Frage müßte man wohl auch bei Winterthur (und auch bei andern Städten) im Rahmen der Lokalgeschichte stärker nachgehen. Es ginge etwa darum, anhand der zeitgenössischen (und auch späteren) Urkunden, von Protokollen, Stadtbüchern und andern Zeugnissen zu versuchen, die *Rechtswirklichkeit* einer Stadt, so Winterthurs, zu ergründen – ein Problem, das noch kaum Niederschlag in der städtegeschichtlichen Literatur gefunden hat.[85]

Von Bremgarten übernahmen später Aarau und durch diese Stadt die andern habsburgischen Städte dieses günstigere (zähringische) Stadtrecht – so auch die Wahl des Schultheißen und des Leutpriesters sowie die Beseitigung der Unfreiheit.[86]

VIII

Wir konnten uns in diesem gedruckten Vortrag nur mit einem Teil der Bestimmungen des Winterthurer Stadtrechts von 1264 befassen. Einige weitere Artikel haben wir in Fußnoten erwähnt. Darüber hinaus waren im Stadtrecht von 1264 noch geregelt: Friedkreis,

Gerichtsstand des Marktes, Stadtgericht, grundherrlicher Forst, Beschränkung des Erbrechts des Stadtherrn an seinen Eigenleuten, Huldverlust, Frevel, Verzicht auf Wiederaufbau des Winturms.[87] Daneben galt noch mündlich überliefertes Gewohnheitsrecht, wie wir noch sehen werden.

IX

Es stellt sich als letztes noch die Frage nach dem Stadtrecht von Winterthur *vor* 1264. Wenn wir davon ausgehen, daß Winterthur schätzungsweise um 1170 gegründet und ummauert wurde[88], so müssen wir annehmen, daß die junge Stadt schon vor 1264 eine gewisse rechtliche Ordnung besessen haben muß, die sich von der bäuerlichen Rechtsordnung des flachen Landes unterschied. Dieses Recht war aber – wenn wir an andere Städte denken – vorwiegend mündlich tradiertes Gewohnheitsrecht und gemeines deutsches Stadtrecht, das an Gerichtstagen oder Schwörtagen durch die herrschaftlichen Beamten verkündet wurde – vergleichbar einem bäuerlichen Weistum oder einer Offnung.[89] Ein ausführliches (und verlorenes) Gründungsprivileg, wie dies der Jurist *Heinrich Glitsch* noch als sicher voraussetzte[90], nimmt die heutige Stadtgeschichtsforschung nicht mehr für jeden Fall an, ja nicht einmal mehr als Regel. Auch in diesem Punkt hat man sich vom juristischen Positivismus des 19. Jahrhunderts und vom konstitutionellen Denken des Liberalismus gelöst.[91] Man muß dabei davon ausgehen, daß der Stadtbewohner des 12. und 13. Jahrhunderts über eine Reihe von Begriffen des gemeinen deutschen Stadtrechts Bescheid wußte, etwa über «Marktrecht», Hofstätte (Hausstelle, «area»), Todfall, Burger, Leibeigenschaft, Hörigkeit, Vogtmann, Fremde, Frevel, Hausfriedensbruch usw. Auch ohne eine Norm wußte der Einwohner, wie er sich rechtlich in der Stadt zu verhalten habe bzw. nach welchem Recht eine Stadt lebte.

Was hat nun mutmaßlich das Winterthurer Stadtrecht vor 1264 (gewohnheitsrechtlich oder durch Verkündung durch den Stadtherrn) ungefähr geregelt?:
Größe und Zuweisung der Hofstätten (area; ihren Zins und ihr Erblehensrecht)[92]; Allmendrechte der Burger; den Bau der Häuser; den Friedkreis; das Marktrecht; das Recht der Kaufleute; die Reispflicht (Umfang); Zollfreiheit; den Todfall (und weitere Abgaben an den Herrn); den Stand (Leibeigenschaft, Hörigkeit, Vogtleute, Burger); die wichtigsten Normen des Strafrechts: Raufhandel, Marktfrevel, Verwundung, Totschlag, Diebstahl, Hausfriedensbruch usw.; Ernennung des Schultheißen; Schultheißengericht; das Prozeßrecht (Gerichtsbarkeit); Schuldrecht (Geldschuld) und Vollstreckung (Pfändung); die Bürgschaft; das Sachenrecht (Eigentum, Leihe); die Handänderungsgebühren; das Eherecht (Eheschließung; zusammen zu Kirche und Markt gehen); das eheliche Güterrecht; Stellung der überlebenden Witwe (ihr Erbrecht); das Erbrecht der Söhne, eventuell auch der Töchter; Vormundschaft; Verlust der Hulde; Ernennung des Pfarrers.

Diese Liste kann und will nicht vollständig sein; sie will nur die Möglichkeiten eines mündlichen Weistums umschreiben.[93]

Exkurs

Zur Stadtwerdung Winterthurs
Mit der Gründung der Stadt Winterthur hat sich, eben auf das anstehende Jubiläum hin, ebenfalls *Hans Kläui* befaßt[94]; auch dazu mag der Rechtshistoriker aus seiner besondern Sicht wenige Anmerkungen beifügen.

Im Mittelpunkt steht die Urkunde vom 22. August 1180. Darnach entscheidet der Konstanzer Bischof Berthold (v. Bußnang) in einem Streit zwischen der Pfarrkirche von Oberwinterthur und dem Grafen Hartmann III. von Kyburg über die Pfarreirechte Oberwinterthurs im spätern Stadtgebiet (dem Stadtviereck) von (Nieder-)Winterthur.

a) In Niederwinterthur (wo die neue Stadt gebaut wurde) stand seit alters eine dem hl. Laurentius geweihte Kapelle als Filiale von Oberwinterthur.[95] Hartmann machte für diese Kapelle, die Stadtkirche werden sollte, Pfarreirechte geltend und wollte die spätern Einwohner der Stadt dem Pfarrzwang dieser Kapelle unterstellen. Dagegen erhoben die Leutpriester (plebani) der Mutterkirche (jure matricis ecclesie) in Oberwinterthur Einspruch.[96] Es kam zum Prozeß, der sich so halbwegs in den Formen des römisch-kanonischen Schiedsverfahren abwickelte und mit einem Vergleich endete. Auf ein Schiedsverfahren im Sinne des römisch-kanonischen Prozesses deutet die Formel, der Prozeß sei «amicabili transactione» (in der Minne) erledigt worden, also durch einen gütlichen Vergleich (aufgrund der Auslösungsleistungen des Grafen).[97]

Eine Art Schiedsrichter waren offensichtlich die «viri discreti» (= boni viri); diese «viri discreti» sind sicher die zum Schluß der Urkunde aufgeführten Zeugen – eine respektable Liste: Der Dekan des Domkapitels von Konstanz und der Cellerar, sodann eine Gruppe von Laien (laici) mit dem Freiherrn Rudolf von Rapperswil an der Spitze; Dienstleute des Bischofs von Konstanz (ministeriales ecclesie) und Dienstleute der Grafen von Kyburg (ministeriales comitis). Die maßgeblichen «viri discreti» und Schiedsrichter waren vermutlich die neun «laici» freiherrlicher Abkunft.[98] Anderseits konnte der Bischof von Konstanz als «judex ordinarius» seines Bistums originäre Gerichtsgewalt geltend machen.[99]

105

b) Graf Hartmann erhebt im Prozeß die Behauptung, die Kapelle besäße bereits pfarreiliche Rechte und sei von der Mutterkirche Oberwinterthur exempt. Der Graf beruft sich dabei auf die römische Ersitzung, die «longi temporis praescriptio». Nach justinianischem (römischem) Recht gibt es für die «longi temporis praescriptio» in bezug auf Grundstücke zwei Fristen: 20 Jahre, wenn die Beteiligten nicht in derselben (römischen) Provinz wohnen (inter absentes), andernfalls 10 Jahre (inter praesentes). Für unmittelbare Nachbarn wird im vorliegenden Fall die zehnjährige Frist gegolten haben. Graf Hartmann hätte demnach die Behauptung erhoben, die Einwohner des künftigen Stadtvierecks hätten seit mindestens zehn Jahren um die Kapelle Sankt Laurentius einen eigenen Pfarrsprengel gebildet. Offensichtlich ist der Graf aber mit dieser Begründung seines Anspruches nicht durchgedrungen.[100]

Geht man von der behaupteten «longi temporis praescriptio» aus, so wäre mit der Anlage der Stadtsiedlung gut zehn Jahre vor 1180 begonnen worden, was ungefähr auch den Vorstellungen Hans Kläuis (um 1170) entspräche.[101]

---

[1] Nach dem hl. Alban, Protomartyrer von England. Bei seinem Grab entstand die Abtei St. Albans. Vgl. *U. Turck*, Art. Alban, in: Lexikon für Theologie und Kirche (LThK), 2. Aufl., hg. von *Josef Höfer* u. *Karl Rahner*, Bd. I, Freiburg i. Br. 1957, Sp. 269; *M. D. Knowles*, Art. Saint Albans, in: LThK, IX, Sp. 129 f.

[2] *Werner Ganz*, Winterthur. Einführung in seine Geschichte von den Anfängen bis 1798. Winterthur 1960. – *Heinrich Glitsch*, Beiträge zur ältern Winterthurer Verfassungsgeschichte, Winterthur 1906. – *P. Schweizer*, Habsburgische Stadtrechte und Städtepolitik, in: Festgaben zu Ehren Max Büdinger's von seinen Freunden und Schülern, Innsbruck 1898, S. 241 ff. – *Hans Kläui*, Geschichte von Oberwinterthur im Mittelalter (= 299. Neujahrsblatt der Stadtbibliothek Winterthur, 1968/69; abgekürzt: Oberwinterthur I). – Zur älteren Geschichte Winterthurs: *Hans Kläui*, 800 Jahre Stadt Winterthur, in: Winterthurer Jahrbuch 1980, S. 7–23.

[3] *Hans Kläui*, Betrachtungen zum Winterthurer Stadtrechtsbrief des Jahres 1264, in: Winterthurer Jahrbuch 1964, S. 7–46; auch als Sonderdruck erschienen. – Urkundenbuch der Stadt und Landschaft Zürich (künftig: UB Zürich), Bd. III, hg. von *J. Escher* u. *P. Schweizer*, Zürich 1894/95, Nr. 1268, S. 347 f.

[4] *Ganz*, a. a. O., S. 5. – *Heinrich Rohr*, Die Stadt Mellingen im Mittelalter, in: Argovia, Jahresschrift der Historischen Gesellschaft des Kantons Aargau, 59, 1947. – *Walther Merz*, Geschichte der Stadt Aarau im Mittelalter, Aarau 1925. – *Georg Boner*, Von der Stadtgründung (Aaraus) bis zum Ende der Bernerzeit; in: *Alfred Lüthi* u. a. m., Geschichte der Stadt Aarau, Aarau 1978. – *Jean Jacques Siegrist*, Lenzburg im Mittelalter und im 16. Jahrhundert, in: Argovia, 67, Aarau 1955. – In diesem Zusammenhang sind noch anzuführen: *Karl Schib*, Geschichte der Stadt Rheinfelden, Rheinfelden 1961. – Ders., Geschichte der Stadt Laufenburg, in: Argovia, 62, 1950. – *Eugen Bürgisser*, Geschichte der Stadt Bremgarten im Mittelalter, Aarau 1937. – Einschlägige Quellenbände: Sammlung Schweizerischer Rechtsquellen (SSRQ), Die Rechtsquellen des Kantons Aargau, Erster Teil: Stadtrechte; Bd. VI: Die Stadtrechte von Laufenburg und Mellingen, hg. von *Friedrich Emil Welti* u. *Walther Merz*, Aarau 1915 (Stadtrecht von Mellingen von *Walther Merz*). – Bd. IV: Die Stadtrechte von Bremgarten und Lenzburg, hg. von *Walther Merz*, Aarau 1909. – Bd. I: Das Stadtrecht von Arau, hg. von *Walther Merz*, Aarau 1898. – Bd. VII: Das Stadtrecht von Rheinfelden, hg. von *Friedrich Emil Welti*, Aarau 1917. – Bd. II: Die Stadtrechte von Baden und Brugg, hg. von *Friedrich Emil Welti* u. *Walther Merz*, Aarau 1900. – Die Winterthurer Stadtrechtsfamilie und ihre Verbindungen zum Zähringer Stadtrecht sind ein verzweigtes und verschlungenes Geflecht, auf das wir nur in einzelnen Beziehungen stellenweise eingehen können; im übrigen verweisen wir auf die umfangreiche Literatur und die einschlägigen Rechtsquellenbände. – Vgl. in diesem Zusammenhang die Übersicht der Abstammung der aargauischen Stadtrechte (mit Freiburg i. Br. und Winterthur) bei *Merz*, Aarau im Mittelalter, S. 16.

[5] *Hans Planitz*, Die deutsche Stadt im Mittelalter. Von der Römerzeit bis zu den Zunftkämpfen, Köln 1954, S. 342. Zur Stadtrechtsfamilie von Freiburg i. Br. gehören u. a. Flumet, Freiburg i. Ue., Kolmar; zu Lübeck: Rostock, Wismar, Stralsund, Greifswald, Elbing, Memel; zu Magdeburg: Breslau, Leipzig, Brandenburg, Kulmer Handfeste, Stettin, Lemberg, Stendal, Posen, Krakau usw. – *Heinrich Mitteis / Heinz Lieberich*, Deutsche Rechtsgeschichte, 15. Aufl., München 1978, Kap. 36, I, 7, S. 224. – *Hermann Conrad*, Deutsche Rechtsgeschichte, Bd. I: Frühzeit und Mittelalter, 2. Aufl., Karlsruhe 1962, S. 356. – *Karl von Amira / Karl August Eckhardt*, Germanisches Recht, Bd. I: Rechtsdenkmäler, Berlin 1960, S. 135.

[6] Zum Stand der Stadtgeschichtsforschung im allgemeinen und der Rechtsgeschichte der Stadt im besondern: *Hans Patze*, Stadtgründung und Stadtrecht, in: Recht und Schrift im Mittelalter, hg. von *Peter Classen*, Sigmaringen 1977, S. 163 ff. – *Alfred Haverkamp*, Die «frühbürgerliche» Welt im hohen und spätern Mittelalter. Landesgeschichte und Geschichte der städtischen Gesellschaft, in: Historische Zeitschrift, Bd. 221, München 1975, S. 571 ff. – *Edith Ennen*, Die europäische Stadt des Mittelalters, 2. Aufl., Göttingen 1975. – *Fritz Rörig*, Die europäische Stadt und die Kultur des Bürgertums im Mittelalter, hg. von *Luise Rörig*, Göttingen o. J. (1955). – *Wilhelm Ebel*, Geschichte der Gesetzgebung in Deutschland, 2. Aufl., Göttingen 1958; ders., Der Bürgereid als Geltungsgrund und Gestaltungsprinzip des deutschen mittelalterlichen Stadtrechts, Weimar 1958. – *Erich Maschke / Jürgen Sydow* (Hrsg.), Südwestdeutsche Städte im Zeitalter der Staufer, Sigmaringen 1980. – *Paul Guyer*, Bibliographie zur Städtegeschichte der Schweiz, Zürich 1960. – *Haverkamp*, a. a. O., S. 578, und andere haben mit Recht darauf hingewiesen, daß sich die deutsche Stadtgeschichtsforschung und Stadtrechtsforschung bislang vorwiegend den *großen* Mutterstädten und den Handelsstädten zugewandt habe. Die Erforschung der Rechts- und Verfassungsgeschichte der mittleren und kleineren Städte ist damit ein besonderes Anliegen geworden. Zur Stadtrechtsforschung der letzten hundert Jahre vgl. *Karl Kroeschell*, Stadtrecht und Stadtrechtsgeschichte, in: Die Stadt des Mittelalters, Bd. II: Recht und Verfassung, hg. von *Carl Haase*, Darmstadt 1972, S. 281 ff. – Zur Geschichte der Städte im Hochmittelalter allgemein: *Erich Maschke*, Die deutschen Städte der Stauferzeit, in: Die Zeit der Staufer (Katalog der Ausstellung, Stuttgart 1977), Bd. III, S. 59–73; mit Literaturhinweisen; S. 62 f. zu Freiburg im Breisgau. – *Jürgen Sydow*, Tendenzen und Formen der Stadtgeschichtsforschung in der Bundesrepublik Deutschland (Klagenfurter Universitätsreden, 11), 1979. – Die Literatur zur mittelalterlichen Stadtgeschichte und auch zur Stadtrechtsgeschichte ist unüberschaubar geworden; die nachfolgende Auswahl ist daher gelegentlich durch den Zufall bestimmt.

[7] *Ebel*, Gesetzgebung, S. 53.

[8] *Schweizer*, Habsburgische Stadtrechte, S. 243.

[9] Quellenhinweise bei *Schweizer*, S. 243.

[10] *Ferdinand Elsener*, Rechtsgeschichtliche Anmerkungen zum Uznacher Stadtrecht von 1437. Ein Beitrag zur Geschichte der Rechtsweisung, in: Die Stadt Uznach und die Grafen von Toggenburg. Historische Beiträge zum Uznacher Stadtjubiläum 1228–1978, Uznach 1978, S. 67–99.

[11] *Ferdinand Elsener*, Notare und Stadtschreiber. Zur Geschichte des schweizerischen Notariats, Köln u. Opladen 1962, S. 21 ff. – *Eugen Halter* u. *Ferdinand Elsener*, Der Joner Hofrodel aus der ersten Hälfte des 15. Jahrhunderts. Überlegungen zur zeitlichen Bestimmung und zur Abfassung eines Weistums, in: Alemannisches Jahrbuch 1976/78, Bühl (Baden) 1979, S. 183–204, insbes. S. 186ff. – *Ferdinand Elsener*, Zur Geschichte des Majoritätsprinzips (Pars maior und Pars sanior), insbesondere nach schweizerischen Quellen, in: Zeitschrift der Savigny-Stiftung für Rechtsgeschichte (SavZ), 73, Kanonistische Abteilung 42, Weimar 1956, S. 73 ff., insbes. S. 112 ff.

[12] *S. Stelling-Michaud*, L'Université de Bologne et la pénétration des droits romain et canonique en Suisse aux XIIIe et XIVe siècles, Genf 1955, S. 179ff. et passim. – *Roderich Stintzing*, Geschichte der populären Literatur des römisch-kanonischen Rechts in Deutschland am Ende des 15. und im Anfang des 16. Jahrhunderts, Leipzig 1867, S. XII ff. – *Peter-Johannes Schuler*, Geschichte des südwestdeutschen Notariats. Von seinen Anfängen bis zur Reichsnotariatsordnung von 1512, Bühl (Baden) 1976, S. 102 ff. – *Gerhart Burger*, Die südwestdeutschen Stadtschreiber im Mittelalter, Böblingen 1960, S. 247 ff. – Über das Schulsystem der Sieben Freien Künste (Septem artes liberales) vgl. *Ferdinand Elsener*, Regula iuris, Brocardum, Rechtssprichwort nach der Lehre von P. Franz Schmier OSB und im Blick auf den Stand der heutigen Forschung, in: Ottobeuren 764–1964. Beiträge zur Geschichte der Abtei, Augsburg 1964 (= Studien und Mitteilungen zur Geschichte des Benediktinerordens und seiner Zweige, 73, 1962), S. 188ff. – *Ders.*, «Keine Regel ohne Ausnahme». Gedanken zur Geschichte der deutschen Rechtssprichwörter, in: Festschrift für den 45. Deutschen Juristentag, Karlsruhe 1964, S. 29 ff.

[13] Gut unterrichtet sind wir über die Schreiber und Notare des westschweizerischen Adels, etwa Savoyens, – schlecht aber über die Schreiber des deutschschweizerischen Adels im 13. und 14. Jahrhundert; vielfach besorgten vermutlich die Hauskapläne die Kanzlei. – Über den Rector ecclesiae von Winterthur als Notar der Kyburger vgl. unten Anm. 53. – Vielleicht war Arnold, der Hauskaplan des Grafen Rudolf II. von Rapperswil (capellanus comitis) und spätere Leutpriester von Rapperswil (plebanus), auch der Schreiber und Notar des Grafenhauses; über ihn: *Ferdinand Elsener*, Die Freiherren und Grafen von Rapperswil und die ältere Geschichte des Johanniterhauses Bubikon, in: 43. Jahrheft der Ritterhausgesellschaft Bubikon (1979), Wetzikon 1980, S. 17 ff. Arnold amtete auch als Schiedsrichter.

[14] Zitiert nach: Der Schwabenspiegel oder Schwäbisches Land- und Lehen-Rechtbuch, hg. von *F. L. A. Freiherrn von Lassberg*. Mit einer Vorrede von *A. L. Reyscher*, 1840 (Neudruck: Aalen 1961), § 44 (Von guoter gewonheit), S. 25.

[15] Vgl. dazu: *Ferdinand Elsener*, Spuren der Boni viri (Probi homines) im Wirtembergischen Urkundenbuch, in: Bausteine zur geschichtlichen Landeskunde von Baden-Württemberg, hg. von der Kommission für geschichtliche Landeskunde in Baden-Württemberg anläßlich ihres 25jährigen Bestehens, Stuttgart 1979, S. 187–201. – *Ders.*, Die Boni viri (Probi homines) nach Südtiroler, Veltliner, Bündner und sonstigen schweizerischen Quellen vom Mittelalter bis ins 18. Jahrhundert, in: 109. Jahresbericht der Historisch-antiquarischen Gesellschaft von Graubünden, Jahrgang 1979, S. 53–84; Mitwirkung bei der Gesetzgebung: S. 68 f.; insbesondere zu den «witzigosten»: S. 80 ff. – Über die «Witzigsten» (Wittigesten) in der mittelalterlichen Stadt vgl. auch *W. Ebel*, Bürgereid, S. 18 ff., 36. – *Theodor Bühler*, Gewohnheitsrecht, Enquête, Kodifikation (Rechtsquellenlehre, Bd. 1), Zürich 1977, passim (Sachregister).

[16] Über die am betreffenden Ort ansässigen, besonders vertrauenswürdigen Personen als Boni viri vgl. *Elsener*, Die Boni viri, S. 54; über die «patria» der Boni viri: S. 56 und passim.

[17] *Hans Kläui*, Stadtrechtsbrief, S. 38 ff.

[18] Dazu auch: *Ferdinand Elsener*, Spuren der Boni viri, S. 187–201. – Ähnlich bot Herzog Konrad von Zähringen in der Gründungsurkunde von Freiburg i. Br. zwölf seiner namhaftesten Ministerialen auf, um den Burgern seine Zusagen zu beschwören. «Ne igitur burgenses mei supradictis promissionibus fidem minus adhibeant, cum duodecim nominatissimis ministerialibus meis super sancta sanctorum coniurantibus, me et posteros meos, que supradicta sunt, semper impleturos securitatem dedi.» *Fleckenstein*, Bürgertum und Rittertum (Anm. 25), S. 49, 79. – Als Propst Dietrich von Landsberg 1224 die Absicht hatte, in der Nähe seines Augustiner-Chorherrenstiftes Petersberg bei Halle a. d. Saale eine «civitas» anzulegen, habe er gebeten, «omnes suos consanguineos et plures prudentes viros illud consilium approbasse». Es handelte sich um ihm verwandte Ministerialen. *Berent Schwineköper*, Die Problematik von Begriffen wie Stauferstädte, Zähringerstädte und ähnlichen Bezeichnungen, in: *Maschke/Sydow*, Südwestdeutsche Städte im Zeitalter der Staufer (Anm. 6), S. 131 f.

[19] Schon *Paul Schweizer*, Habsburgische Stadtrechte, S. 228, hat ganz allgemein festgestellt, daß die Habsburger sich mit der Privilegierung von Städten nicht besonders hervorgetan haben.

[20] Vgl. *Ganz*, a. a. O., S. 291 ff.

[21] 1180, August 22. – UB Zürich, I, Nr. 336, S. 212 ff. Deutsche Übersetzung bei *H. Kläui*, Oberwinterthur I, S. 345 f. sowie: 800 Jahre, S. 9 ff. – Es handelt sich um die erste Erwähnung Winterthurs als Stadt; vgl. unten den Exkurs.

Es stellt sich die Frage, was um 1180 in Winterthur unter «mercatores» zu verstehen wäre. Diese Frage ist für Winterthur mangels Quellen nicht leicht zu beantworten. An Fernhändler im eigentlichen Sinne, wie wir sie in den «Großstädten» (Handelsstädten) des Mittelalters finden, ist hier wohl nicht zu denken. Aber vielleicht bietet die Literatur über die Kaufleute (mercatores) Anhaltspunkte. Herzog Konrad von Zähringen ließ eine ganze Reihe von Kaufleuten aus dem engern und weitern Umkreis zur Errichtung des Marktortes Freiburg i. Br. berufen. Auch die Kyburger mögen um 1180 (1170) solche Kaufleute zur Niederlassung in Winterthur veranlaßt haben. Es können dies später in Winterthur ortsansässige Kaufleute gewesen sein, die nicht Groß- und Fernhandel betrieben, sondern am Markt feste Verkaufsstände und -bänke besaßen und dort ihre Waren anboten, die sie z. T. von auswärtigen Fernhändlern bezogen hatten (Gewürze, Eisen-, Messing- und Kupferwaren, Tuche, Seidenwaren). Diese Kleinhändler waren demnach nur Vermittler und Verteiler zum Konsumenten hin. In Freiburg i. Br. blieb seit dem 15. Jahrhundert, wenn nicht schon seit der Einrichtung des Kaufhauses, auswärtigen Kaufleuten der Detailverkauf verboten; sie durften ausschließlich den Freiburger Kleinhändlern ihre Ware anbieten. *Clemens Bauer*, Freiburgs (i. Br.) Wirtschaft im Mittelalter, in: Freiburg im Mittelalter (Anm. 25), S. 50 ff., 60. – *Fleckenstein*, Bürger- und Rittertum, S. 79. – Laut Deutsches Rechtswörterbuch (Wörterbuch der älteren deutschen Rechtssprache; abgekürzt: DRWB), VII Sp. 618, kann Kaufmann nach dem Habsburger Urbar auch ein auf herrschaftlichem Grund angesessener Inhaber eines Kaufleuterechts sein: «da sint ouch lute und heissent kouflüte, der git ieglicher jerlich für sich und die sinen 1 ß d.»

Nach *H. Kellenbenz*, Art. Krämer, in: Handwörterbuch zur deutschen Rechtsgeschichte (HRG), Bd. II, hg. von *Adalbert Erler* u. *Ekkehard Kaufmann*, Berlin 1978, Sp. 1171 ff., war der Übergang vom Krämer zum Großhändler im Mittelalter fließend. Das Warenlager des Krämers bestand aus drei Hauptgruppen: Spezereien samt Drogen, Schnittwaren, d. h. Stoffen, und sodann Kurzwaren aus Metallen, Holz, Leder, Stein, Bein usw. Der Krämer war demnach vorwiegend Gemischtwarenhändler. In unserer Gegend spielte wegen der Nähe Italiens auch der sogenannte «venedische Kaufschatz» eine besondere Rolle, wie etwa auch schweizerische Zollrödel erweisen. Hinsichtlich der Betriebsgröße bestanden beträchtliche Unterschiede; es gab Krämer, die über mehrere Verkaufsbuden in einer Stadt verfügten. Seit dem 12. Jahrhundert wurden Klein- und Großhändler in den größern Städten getrennt aufgeführt: «institor» und «mercator». Trotzdem blieben die Grenzen zwischen diesen beiden Gruppen fließend; auch Krämer haben weiterhin als Großhändler

Waren importiert. Selbst Handwerker trieben Kramwarenhandel im großen; entscheidend waren unternehmerische Initiative und Kapitalkraft. Der Verkauf auch der Krämer verlegte sich zunehmend vom Marktstand ins eigene Haus.
Einen weitern Anhaltspunkt böte die These von *Berent Schwineköper* (Freiburg i. Br.), wonach «taberna» mit «Marktstand», «Marktbude», «Krambude» zu übersetzen wäre (Relata refero; vgl. vorläufig: Konstanzer Arbeitskreis für mittelalterliche Geschichte, Protokoll Nr. 239 über die Sitzung vom 7. Juni 1980, S. 8). Man wird hier die nähere Begründung Schwineköpers abwarten müssen. Abgesehen von den üblichen lateinischen Lexika deutet auch die römische Rechtssprache in dieser Richtung. Ich verweise auf *Heumann/Seckel*, Handlexikon zu den Quellen des römischen Rechts, 9. Aufl., Jena 1907, Art. «taberna», «tabernarius», und die dort zitierten Texte der Digesten, des Codex, der Novellen und des Gaius. Die justinianische Rechtssprache ist weitgehend auch mittelalterliche Urkundensprache geworden.
Die üblichen mittellateinischen Wörterbücher zu «mercator» helfen, soweit ich feststelle, nicht weiter (*Du Cange, Niermeyer/van de Kieft*, Novum glossarium mediae latinitatis hg. von *Franz Blatt*).

[22] Vgl. dazu *Ernst-Wolfgang Böckenförde*, Die deutsche Verfassungsgeschichtliche Forschung im 19. Jahrhundert. Zeitgebundene Fragestellungen und Leitbilder, Berlin 1961, insbesondere S. 172 ff., 177 ff. – *Haverkamp*, Die frühbürgerliche Welt, S. 577 f. – *Kroeschell*, Stadtrecht und Stadtrechtsgeschichte (Anm. 6), S. 292 ff. – Vgl. auch Anm. 66.

[23] *Erich Maschke*, Bezeichnungen für mittelalterliches Patriziat im deutschen Südwesten, in: Bausteine (Anm. 15), S. 175 ff. Was uns in älteren Zeugen- und Ratslisten entgegentritt, ist eine elitäre Gruppe, ausgezeichnet durch Vermögen und gesellschaftliche Geltung; dazu auch meine Untersuchungen über die Boni viri (Probi homines, Anm. 15). Das Wort «civis», «burger» ist in einem Sinne umfassend für alle (männlichen) Einwohner einer Stadt, ausgenommen die Hintersässen, Gesinde, Gesellen usw. In Straßburg ist aber 1154 die Rede von einem Ministerialen Heinrich als «civis Argentinensis sive honestissimus». 1261 sind in Straßburg verschiedene Gruppen von Burgern erwähnt: «... maioribus, mediocribus et minoribus»; im selben Jahr in einer deutschen Urkunde: «unsern lieben burgeren von der stat richen, armen unde den gemeinen». «Arm» hat im Mittelalter eine unterschiedliche Bedeutung. Nach den Texten des Schwabenspiegels bedeutet «arm» = dürftig; von geringem, niederm Stand; in persönlicher Abhängigkeit stehend; in einem Schutzverhältnis stehend. «Arm», «arme Leute» kann sodann bedeuten «besitzlos», nicht vermögend, von niederm Stand, von geringem Ansehen, «Untertan», Untergebener, Höriger, Leibeigener, «unfrei», von einem Mächtigen abhängig, schutzlos, schutzbedürftiger, Machtloser (impotens), Bauer, Hirte, Kleinbauer ohne eigenes Land, mittellos, unterhaltsbedürftig, bedauernswert, auch «gemeiner Mann»; sodann: der Unbemittelte; der sich wenig erwerben kann; der kein bedeutendes Vermögen besitzt, aber sein mäßiges Auskommen hat; der ärmlich lebt. Vgl. dazu: *Ferdinand Elsener*, Der «arme Mann» (pauper) im Prozeßrecht der Grafen und Herzoge von Savoyen, in: Tijdschrift voor Rechtsgeschiedenis, 44, Groningen 1976, S. 102, Anm. 40, und S. 106, Anm. 58. – *Wolfgang Stammler*, Art. arm, in: HRG, I, Sp. 223 ff. Straßburg, 1143: «omnibus burgensibus tam divitibus quam pauperibus consentientibus et annitentibus». Straßburg, 1261: daß «unser *gemeinen* burgere niht damitte wurdent gearmert und die *gewaltigen* gerichtet», sodann: «unser burgeren beide arm und rich unde den antwercmeisteren» (Handwerker), sodann: «den antwercmeisteren unde deme gemeinen volke». Es gibt in Straßburg mindestens eine Zweiteilung in eine kleinere, aber einflußreiche, und eine große, aber machtlose Gruppe. Im Blick auf alle genannten Quellen kommen wir eher auf eine ungefähre Dreiteilung: Oberschicht, Handwerker und arme und gemeine Leute. Zur Oberschicht gehören in der Regel neben den Ministerialen und Kaufleuten auch ausgewählte Handwerker (Münzer, Goldschmiede, Kürschner, Sattler). Überall ist aber die geschichtliche Leistung der Führergruppe erkennbar; die Zeugenlisten und das Recht des Konsenses bei Rechtsgeschäften (Boni viri) bestätigen ihre angesehene Stellung. Aber es gab trotzdem in den lateinischen Urkunden nur «cives» und in den deutschen nur «burger», aber einen doppelten «burger»-Begriff. *Maschke* nennt diese schon frühe Oberschicht der Städte und nach meinem Dafürhalten zu Recht: «Patriziat».
Nach der Handfeste Herzog Konrads von Zähringen für Freiburg i. Br. war der «mercator» der Burger schlechthin; damals zählten die untern Schichten der Bevölkerung offensichtlich nicht zur Burgerschaft. *Walter Schlesinger*, Zur Gründungsgeschichte von Freiburg (i. Br.), in: Freiburg im Mittelalter (Anm. 25), S. 28 f. – In Schwäbisch Hall betrachteten sich die Angehörigen der alten adligen Geschlechter (einstige Ministerialen) noch bis 1512 als «die Burger» im eigentlichen Sinne. Auch die Chronisten bezeichneten die Angehörigen der alten Geschlechter gemeinhin als «die Bürger». *Gerd Wunder*, Die Bürger von Hall. Sozialgeschichte einer Reichsstadt, 1216–1802, Sigmaringen 1980, S. 57. – In ähnlichem Sinne auch *Karl von Amira/Karl August Eckhardt*, Germanisches Recht, II, Berlin 1967, S. 30. Nur die Kaufleute, die «Reichen» (und die Ministerialen) waren imstande, die mit den Ratsstellen verbundenen ökonomischen Lasten zu tragen; nur sie waren «Vollburger», «burgenses», «cives». – *Haverkamp*, Die frühbürgerliche Welt, S. 583, 588. – Zu den «cives» als Oberschicht vgl. auch *Roger Sablonier*, Adel im Wandel. Eine Untersuchung zur sozialen Situation des ostschweizerischen Adels um 1300, Göttingen 1979, S. 123 ff., 161, 164 f.

[24] *Ganz*, Winterthur, S. 291 ff. Die Ministerialen der Grafen von Kyburg werden schon in der Urkunde von 1180 genannt. Seit dem ausgehenden 13. Jahrhundert sind die Ritter von Hinwil als Burger bekannt. 1272 sind der erste v. Sulz erwähnt, 1298 die v. Hettlingen, 1279 die v. Sal., 1314 erscheinen die Herren von Hunzikon in den Quellen; im 15. Jahrhundert erlangte dieses Burgergeschlecht eine besondere Bedeutung: Erhard von Hunzikon war zu wiederholten Malen Schultheiß. 1314 werden auch die «Zum Tor» als Burger genannt. Im 15. Jahrhundert erwarben das Burgerrecht die Landenberg, Heidegg, Eberhardswil, Hegi (die in der Winterthurer Geschichte eine besondere Rolle spielten), die Goldenberg, Bichelsee, Eppenstein, Gachnang, Rappenstein (genannt Mötteli), Hallwil und Rümlang. 1414 sind die Bruchli (Edelknechte) Burger. Nach *Ganz*, S. 294, besaß das Handwerk keine politische Bedeutung.
Mit den Inhabern der in der Stadt gelegenen Kelnhöfen und Huben sowie der Schuppisgüter, die nicht unter Stadtrecht standen und keine Burger waren, können wir uns nicht weiter befassen; sie berühren unsere Fragestellung nicht. Vgl. *Glitsch*, a. a. O., S. 75 f. Zur Schichtung der Bevölkerung in Aarau: *Boner* (Anm. 4), S. 324 ff.

[25] Zu den städtischen Ministerialen: *Erich Maschke*, Bürgerliche und adelige Welt in den deutschen Städten der Stauferzeit, in: *Maschke/Sydow*, Südwestdeutsche Städte der Stauferzeit (Anm. 6), S. 9–27. – *Erich Maschke/Jürgen Sydow* (Hrsg.), Stadt und Ministerialität, Stuttgart 1973; S. 1 ff. – *Josef Fleckenstein*, Die Problematik von Ministerialität und Stadt im Spiegel Freiburger (i. Br.) und Straßburger Quellen; S. 9 indirekter Hinweis, daß «cives» im engern Sinne nur die Angehörigen der Oberschicht waren. Nur ihre Namen finden sich in Zeugenlisten und in den städtischen Ämtern. Im selben Sammelband, S. 98 f.: *Walter Stettner*, Ein kleiner Beitrag aus einer Kleinstadt zum Thema Ministerialität und Stadt. Nach Stettner sieht es so aus, als seien die Adligen des Heubergs durch die Grafen von Hohenberg in ihre Stadt Ebingen (Württemberg) befohlen worden, um ein Gerüst für die militärische Sicherung der Stadt zu bilden. Diese Adligen aus der Umgebung Ebingens hatten im 13. und 14. Jahrhundert auch die bedeutenden Ämter der Stadt inne (Schultheißen). – *Josef Fleckenstein*, Bürgertum und Rittertum in der Geschichte des mittelalterlichen Freiburg (i. Br.), in: Freiburg im Mittelalter. Vorträge zum Stadtjubiläum, hg. von *Wolfgang Müller*, Bühl (Baden) 1970, S. 77 ff. – *A. Erler*, Art. Ministeriale, in: HRG, III, Sp. 577 f.

[26] *Haverkamp,* Die frühbürgerliche Welt, S. 591. – *Ferdinand Elsener,* Zur Geschichte der schweizerischen Landsgemeinde. Mythos und Wirklichkeit, in: Beiträge zur Rechtsgeschichte. Gedächtnisschrift für Hermann Conrad, hg. von *Gerd Kleinheyer* u. *Paul Mikat,* Paderborn 1979, S. 125–150.

[27] Auch nach *W. Ebel,* Bürgereid, S. 20 Anm. 33, 21, 24, waren die «meliores» der Stadt allein bestimmend, während für die kleinen Leute höchstens die Akklamation übrigblieb. Der Burgereid wurde zum bloßen Gehorsamseid gegenüber dem Rat bzw. dem Stadtrecht. Das Stadtrecht wurde regelmäßig am Schwörtag verlesen, so wie eine bäuerliche Offnung (Weistum) am Hofgericht (Thing). *Ebel,* S. 23, 24, 31 ff., 34, 35, 41. – Wie es sich im Spätmittelalter mit dem Winterthurer «Albanitag» (*Ganz,* S. 229) verhielt, müßte noch näher geklärt werden. – Vgl. dazu auch: Sammlung Schweizerischer Rechtsquellen (SSRQ), Kanton Aargau, Stadtrechte, Bd. I: Das Stadtrecht von Aarau, hg. von *Walther Merz,* Aarau 1898, Nr. 44, S. 97, Zeile 28 ff.: Spruch über das Verhältnis der Stadt zur Vorstadt, 1441, Wintermonat 19.: «... si ernüwren ouch sölichs jerlich mit geschrey und in offenem ruof, umb dz man wüß, dz man solichs halten söll...».

[28] Nach *Meinrad Schnellmann,* Entstehung und Anfänge der Stadt Rapperswil, phil. Diss. Zürich, Altdorf (Uri) 1926, S. 101, finden sich bis ins 14. Jahrhundert in den Zeugenlisten nur Ministeriale und wenige Namen aus dem gehobenen Burgertum. Schnellmann erwähnt für 1281 und 1289 noch Zeugenreihen, die «vielleicht» der Mittelschicht angehören könnten; nach meinem Dafürhalten war dies – von den Namen her – eher Oberschicht, auch vom Rechtsgeschäft her. Über die ministerialische Burgerschaft vgl. *Schnellmann,* S. 89 ff. – Auch die Dienstleute der Grafen von Rapperswil standen zunächst in keiner Beziehung zur Burgerschaft der Stadt; später, fast durchwegs schon im 13. Jahrhundert, erscheinen sie aber fast durchwegs als «cives» usw. Mindestens dreißig verschiedene Ministerialenfamilien zählten sich schon im 13. Jahrhundert zur Rapperswiler Burgerschaft; Rapperswil erhielt eine breite aristokratische Oberschicht. Diese Dienstleute stammten fast durchwegs aus dem alten Herrschaftsgebiet der Grafen von Rapperswil und hatten vorwiegend militärische Aufgaben. (Neu-)Rapperswil sollte ein Waffenplatz der Herrschaft werden. – Ähnliches läßt sich auch für das Städtchen Uznach vermuten – cum grano salis: Uznach war erheblich kleiner und geringer an Bedeutung als Rapperswil. *Paul Oberholzer,* Die Stadt Uznach unter den Toggenburgern, in: Die Stadt Uznach (Anm. 10), S. 43 f.

[29] *Rohr,* Mellingen, S. 127 ff.

[30] *Bürgisser,* Bremgarten, S. 16, 143. Die Bremgartner Schultheißen-Liste weist bis zum Jahre 1399 keinen rein «bürgerlichen» Namen auf.

[31] *Christoph Simonett,* Geschichte der Stadt Chur, 1. Teil: Von den Anfängen bis ca. 1400, Chur 1976, S. 174 f.

[32] Dazu: *Ferdinand Elsener,* Zisterzienserwirtschaft, Wüstung und Stadterweiterung am Beispiel Rapperswils, in: Stadtverfassung, Verfassungsstaat, Pressepolitik. Festschrift für Eberhard Naujoks zum 65. Geburtstag, hg. von *Franz Quarthal* u. *Wilfried Setzler,* Sigmaringen 1980, S. 47–71.

[33] *H. Lieberich,* Art. Etter, in: HRG, Bd. I, Sp. 1025 ff. – Zum Stadtetter: *Planitz,* Die deutsche Stadt, S. 229 ff., 236, 238. – *Ennen,* Die europäische Stadt, S. 97. – Über die Nähe von Burger und Bauer, Stadt und Dorf vgl. insbesondere *Karl Siegfried Bader,* Das mittelalterliche Dorf als Friedens- und Rechtsbereich, Weimar 1957, S. 229 ff.; S. 232 ff.: Holzbefestigung mittelalterlicher Kleinstädte.

[34] Die Entstehungsgeschichte Winterthurs fällt nicht in meine Zuständigkeit; das muß der Ortsgeschichte und der Archäologie überlassen bleiben (vgl. jedoch meinen kanonistisch-romanistischen Exkurs). Ich verweise in diesem Zusammenhang lediglich auf *Ganz,* S. 17, und *H. Kläui,* 800 Jahre. – Zur Ummauerung: *Glitsch,* a. a. O., S. 18 f. – Nach *Schib,* Rheinfelden, S. 120, war der Stadtgründer zahlenmäßig vor allem auf den Zuzug der Bauern angewiesen. – Auch *Schwineköper,* Zur Problematik von Begriffen wie Stauferstädte, S. 131, 165, glaubt, daß für die Fron- und Schanzarbeiten der jungen Städte vor allem auf die Bauern benachbarter Dörfer zurückgegriffen wurde, wobei diese Dörfer vielfach eingingen.

[35] *Schweizer,* Habsburgische Stadtrechte, S. 227. Nach Schweizer hat das für das mittelalterliche Städtewesen oft zitierte Rechtssprichwort «Die Luft macht frei» keineswegs den Sinn, daß die Einwohner aller Städte freien Standes seien, sondern bedeutet bei landesherrlichen Städten meist nur soviel, daß ein Herr gegenüber seinem Eigenmann, der in eine nicht ihm gehörige Stadt gezogen ist, nach Jahr und Tag keine Ansprüche mehr geltend machen kann. Übrigens beruhte dieses «Recht» – nach *Schweizer* – mehr auf einseitiger Behauptung der Städte als auf einem allgemein anerkannten Rechtsgrundsatz und war auch kein besonderes städtisches Privileg; es findet sich auch in Offnungen schweizerischer Landgemeinden. Bedeutenden Reichsstädten wurde dieses Privileg erst später verliehen, so an Zürich erst 1362. Noch das Habsburger Urbar unter König Albrecht I. (aus dem Anfang des 14. Jahrhunderts) nahm selbst die seit Jahren in Zürich niedergelassenen Eigenleute in Anspruch. Im Habsburger Urbar sind die Städte fast durchweg als Eigentum der Herrschaft und ihre Burger als Eigenleute bezeichnet. – So auch *Merz,* Aarau im Mittelalter, S. 13; – *Schib,* Laufenburg, S. 43.

[36] Zu den boni viri vgl. oben Anm. 15. – Vgl. dazu auch *Wilhelm Ebel,* Der Bürgereid, S. 18 ff.

[37] Zum Winturm vgl.: Die Kunstdenkmäler des Kantons Zürich, Bd. VI: Die Stadt Winterthur, hg. von *Emanuel Dejung* u. *Richard Zürcher,* Basel 1952, S. 26 f., 225 (Langgasse). – Der Winterthurer Burgenbruch war in jenen Jahrzehnten kein Einzelfall; weitere Beispiele für Straßburg, Luzern und Zürich bei *H. Kläui,* Stadtrechtsbrief, S. 37 f.

[38] Berchtold von Falkenstein, 1244–1272 Abt von St. Gallen. Erfolgreicher Verteidiger und Wahrer des Klosterbesitzes. Wendiger Kirchenpolitiker zwischen Innozenz IV. und den Staufern. Über ihn: HBLS III, S. 109; – *Georg Thürer,* St. Galler Geschichte, I, St. Gallen 1953, S. 148 ff. et passim.

[39] *Elsener,* Uznacher Stadtrecht (Anm. 10), S. 68 ff. – *Eugen Halter* u. *Ferdinand Elsener,* Der Joner Hofrodel (Anm. 11), S. 186 f., 191 ff., 204 (Zeit des Alten Zürichkrieges). – *Pio Caroni,* Entwicklungstendenzen im schweizerischen Rechtsleben, in: Zeitschrift für historische Forschung, 2, Berlin 1975, S. 227.

[40] Mit allgemeinen und bloß mündlich erteilten Verfassungszusagen gaben sich die Burger und vor allem die Kaufleute vielfach nicht mehr zufrieden; daher die Forderung nach einer schriftlichen Verfassungsgarantie. Dazu: *Patze,* Stadtgründung, S. 186.

[41] Dazu: *K. Kroeschell,* Art. Einung, in: HRG, I, Sp. 910 ff.

[42] Zu dieser Oberschicht gehörten mutmaßlich auch die Kaufleute (mercatores), die schon die Urkunde von 1180 erwähnt. Sicheres läßt sich aber nicht aussagen; vgl. die Ausführungen über die «mercatores» in Anm. 21.

[43] Zum Freiburger Recht vgl. *P. Schweizer,* Habsburgische Stadtrechte, S. 228 ff. Nach Schweizer, S. 230, haben verschiedene Bestandteile des Rechts von Freiburg im Breisgau die habsburgischen Stadtrechte irgendwie beeinflußt, wobei man allerdings die bei allen Entlehnungen mitspielenden politischen Absichten und Grundsätze des Hauses Habsburg mit berücksichtigen muß. In Freiburg im Uechtland haben die Habsburger später die wichtigsten Bestimmungen der Zähringer über die städtische Autonomie, nämlich die Besetzung des Schultheißenamtes durch die Burger und das burgerliche Patronat über die Kirche, gestrichen und mit ihrem Regierungssystem für unvereinbar erklärt. Solche Beschränkungen der Stadtfreiheiten war habsburgischer Grundsatz schon seit 1264. Ähnlich wie in den kleinen Landstädten wollten die Habsburger auch das bedeutende Freiburg i. Ue. dem System der landesfürstlichen Amtmänner unterwerfen (*Schweizer,* S. 233). – *Friedrich Emil Welti,* Geschichte des älteren Stadtrechtes von Freiburg im Uechtland. Im Anhange: 1. Die Handveste von Flümet von 1228; 2. Die Handveste von Dießenhofen von 1260. Bern 1908. Mit der Kontroverse um die Texte der verschiedenen Handschriften können wir

uns in diesem erweiterten Vortrag nicht befassen. – *Walter Schlesinger,* Das älteste Freiburger Stadtrecht. Überlieferung und Inhalt. Mit einem Anhang von *Walter Heinemeyer,* Der Freiburger Stadtrodel. Eine paläographische Betrachtung, in: SavZ, 83, Germ. Abt., Weimar 1966, S.63–126. Zum Stand der Diskussion vgl. auch *H. Thieme,* Art. Freiburg i. Br., in: HRG, I, Sp.1220f. – *Karl Schib,* Stadt Rheinfelden (Anm.4), S.35f. – Zum Stadtrecht von Bern und zur immer noch umstrittenen Berner Handfeste vgl. *Hermann Rennefahrt,* Grundzüge der bernischen Rechtsgeschichte, I, Bern 1928, S.23ff., 62ff. Das ältere Berner Stadtrecht war von Freiburg i.Br. stark beeinflußt. Rückschlüsse auf das alte Berner Recht gestatten auch die Rechte anderer Städte, die der zähringischen Stadtrechtsfamilie angehören, wie Freiburg im Uechtland, Flümet, Dießenhofen, Murten, Aarberg, Erlach, aber auch die seit 1218 kyburgischen Städte Burgdorf und Thun. Kyburgisch waren auch Wangen und Wiedlisbach.

[44] Nach *Fleckenstein,* Ministerialität (Anm.25), S.6, hielt man in Freiburg i.Br. zwar am Wohnverbot für Ministeriale fest, ließ aber doch Ausnahmen zu; die Ministerialen, die Burger werden wollten, mußten erst aus der Bindung an den alten Herrn entlassen sein. – Dazu auch *Josef Fleckenstein,* Bürgertum und Rittertum (Anm.25), S.80: «Nullus de hominibus vel ministerialibus ducis vel miles aliquis in civitate habitabit, nisi ex communi consensu omnium urbanorum et voluntate»; sodann: «... nisi predictus dominus civitatis libere eum dimisit». Die Niederlassung der Ministerialen war auch in andern Städten vielfach umstritten. Kaiser Friedrich I. untersagte 1181 den Kaufleuten von Pegau, ihre Hofstätten an Ritter zu verkaufen. Aber auf die Dauer war die Ansiedlung von Dienstleuten in den Städten nicht aufzuhalten.

[45] *Schib,* Rheinfelden, S.34ff.

[46] UB Zürich, IV, Nr.1585, S.297f. – Über die Verleihung gleichlautender oder ähnlicher Privilegien an andere Habsburger Städte vgl. S.297, Anm. 1 u. 2. – Der Text von 1275 ist allein überliefert in der Begabung der Stadt Mellingen mit Winterthurer Recht vom Jahre 1297. – Die Bearbeiter des Zürcher Urkundenbuches vermuten eine Übersetzung aus einer lateinischen Vorlage (des Originals an Winterthur?); dies deutete auf einen Notar als Redaktor hin. – Die Begabung Mellingens mit Winterthurer Recht ist einläßlich dokumentiert in: Rq Mellingen (von *Walther Merz),* Nr.5, S.268ff. – Nach *Rohr,* Mellingen, S.29ff., schenkte Herzog Albrecht am 29.November 1296 das Stadtrecht von Winterthur, einmal die beiden Fassungen von 1264 und 1275. Der Komplex dieser Rechte wurde in der Folge durch autonome Satzungen des Winterthurer Rats ausgebaut und fortgebildet, auch durch Übersetzungen ins Deutsche verändert. Jedoch blieb der Grundstock von 1264 und 1275 das Vorbild für alle spätern Stadtrechte der Habsburger, vor allem für diejenigen der andern aargauischen Städte. Nach der grundsätzlichen Verleihung des Winterthurer Rechts durch Herzog Albrecht im November 1296 wandte sich Mellingen an Winterthur um ein Weistum. Dieses ist datiert vom 13.Jänner 1297 und umfaßt das Privileg von 1264 im lateinischen Urtext und in deutscher Übersetzung sowie das Privileg von 1275 und das spätere Satzungsrecht Winterthurs. Das Mellinger Stadtrecht hat dann im Laufe der folgenden Jahrhunderte durch autonome Satzungen und Weistümer der Stadt Winterthur seine weitere Ausgestaltung erfahren. 1481 wünschte Mellingen Auskunft über Winterthurer Satzungen und wurde daraufhin eingeladen, eine Abordnung nach Winterthur zu entsenden. So hat Mellingen noch 1485 von Winterthur ein umfassendes Weistum über dessen Freiheiten, Rechte und Gewohnheiten erhalten. – Über die nähern Umstände der Verleihung vgl. auch *Rohr,* a.a.O., S.19. Merkwürdigerweise liegt nun aber das Winterthurer Weistum von 1297 nicht im Mellinger Archiv, sondern nur im Winterthurer, und zwar in einem besiegelten Exemplar, das alles nur für Winterthur Zutreffende wegläßt, also offensichtlich für Mellingen bestimmt war. Vgl. auch *Ganz,* a.a.O., S.27f. – Zur Verleihung von Mellinger (Winterthurer) Recht an Baden im Aargau vgl. Rq Baden (von *F.E. Welti),* Nr. 20, S.27ff., und HBLS, I, S.520. – Einzelne Bestimmungen gingen auch an Rheinfelden über. *Schib,* Rheinfelden, S.33.

[47] «Dü erste genade, die wir inen gegeben und gesezzet hain, ist, daz sü nach edelr lüten sitte und reht lehen suln enpfhahen und haben und ander belehennen nach lehens reht.»

[48] *W. Goez,* Art. Bürgerlehen, in: HRG, I, Sp.553ff.

[49] Nach *Maschke,* Bürgerliche und adlige Welt (Anm.25), S.20, erwarb das neue burgerliche Patriziat nun – wie der Landadel – Weinberge, Felder, Wiesen, Wald vor der Stadt bis in entferntere Dörfer, desgleichen Grundrenten als Lehen, sodann auch Brot- und Fleischbänke in der Stadt. Diesen Fragen müßte auch die Winterthurer Ortsgeschichte nachgehen. – Nach *Maschke,* a.a.O., S.22f., waren Ehen zwischen Ministerialen und burgerlichen Geschlechtern zahlreich. – *Fleckenstein,* Ministerialität (Anm.25), S.10f. In Freiburg i.Br. erwerben burgerliche Patrizierfamilien selbst größere, mit Herrschaftsrechten ausgestattete Lehen. – Zum Aufstieg der burgerlichen Oberschicht (mercatores, Krämer, gehobene Handwerker), Connubium vgl. auch *Fleckenstein,* Bürgertum und Rittertum (Anm.25), S.88f. Damit wurde auch die alte Spannung zwischen Ministerialen und Burgern (im engern Sinne) abgebaut. Die Übersiedlung von Ministerialen aus der weitern Umgebung in die Stadt und der Erwerb von ländlichen Lehen durch die Burger in der Stadt schuf starke Bande der Stadt zu ihrer ländlichen Umgebung. Das neue Patriziat verklammerte die Stadt mit ihrem Umland. *Flekkenstein,* a.a.O., S.86f., 89, 91. – Schon *Schib,* Rheinfelden (Anm.4), S.36, vertrat die Ansicht, das Recht, Lehen zu erwerben und zu besitzen, habe sich in erster Linie auf die Ministerialen der Stadt bezogen. – Verschmelzung der Ritterbürtigen mit nichtadeligen Burgern im 13.Jahrhundert auch in Schaffhausen; vgl. *Karl Schib,* Geschichte der Stadt und Landschaft Schaffhausen, Schaffhausen 1972, S.57. – Eingehend dargestellt ist die Stellung der Ministerialen und der aufsteigenden Handwerker bei *Rohr,* Mellingen (Anm.4), S.127ff. Die ersten beiden Schultheißen waren Ministeriale. Rohr bringt sodann eine Liste der Ministerialenfamilien mit eingehender Dokumentation und verweist auf das Connubium mit reichen Familien aus Handwerk und Handel. S.133: zu den militärischen Aufgaben der Ministerialen. – Nach *Gerd Wunder,* Bürger von Hall (Anm.23), S.57, betrachteten sich die alten Geschlechter nicht als Patrizier. Als Patrizier bezeichneten gelehrte Schreiber zu Hall auch hochgekommene Handwerker- und Kaufmannsfamilien. Über die Handwerker vgl. S.46ff. Dort auch über reich gewordene Handwerker. Nach Wunder, S.55, sind die Handwerker nicht durch ihr Gewerbe reich geworden, sondern durch den Handel. S.88ff.: Den ausgedehnten Weinhandel betrieb in Hall im Mittelalter der Stadtadel, der seine Stände auf den Messen in Frankfurt und Nördlingen besaß. Aber auch unter den Handwerkern gab es Handelsleute, die insbesondere seit dem 15.Jahrhundert im Weinhandel reich wurden oder im Wollhandel. Die Grundlage für den Reichtum in Hall bildeten nicht die Grundrenten oder die Ausnutzung des verpachteten Landbesitzes, sondern der Handel, vor allem mit Wein. In andern Städten, aber auch in Hall (S.62), handelten Edelleute des Mittelalters mit Korn, verpachteten Mühlen und Fleischbänke; andere Junker betrieben Geldgeschäfte und waren die Bankier der Städte. – Unsere Darlegungen zu den Ministerialen und Rittern werden erhärtet auch durch die Untersuchung von *Roger Sablonier,* Adel im Wandel, S.152ff.; für Familien aus Winterthur und Umgebung sei verwiesen auf S.66, 74ff., 117, 167.

[50] *Maschke,* Bürgerliche und adlige Welt, S.15. König Heinrich VII. verlieh den «cives» von Basel 1227 zum Lohn für ihren ergebenen Gehorsam das Recht, daß sie frei Lehen empfangen könnten. Im 13.Jahrhundert ging es der wohlhabenden burgerlichen Oberschicht auch darum, über die passive Lehensfähigkeit adelige Landgüter zu erwerben und damit agrarische Einkünfte und Renten. – Dem Wiener Patriziat war im 13.Jahrhundert passiver Lehensbesitz gestattet, der schon 1278 zur aktiven Lehensfähigkeit gesteigert wurde. In Süddeutschland erhielten die Burger mancher Städte bereits seit der Zeit Friedrichs II. kaiserliche Privilegien, die zum

Empfang von Lehen befähigten, wie in Bern (1218–1220), Rheinfelden (1274), Breisach (1275), Luzern (1277) und Speyer (1315). Eine große Zahl von Lehensgütern besaßen patrizische Geschlechter in Regensburg, Augsburg und Straßburg. In Nürnberg hatten Burger schon 1219 Lehen, in Ulm 1296. Die norddeutschen Städte folgen allerdings erst später. *Planitz,* Die deutsche Stadt (Anm. 5), S. 265.

[51] Zur strategischen Bedeutung Winterthurs vgl. *Ganz,* a. a. O., S. 19. – Der Mauerbau war eine kostspielige Angelegenheit. Daher erhielten viele Städte erst nur eine Befestigung in Holz (Palisaden, Plankenzaun). *Planitz,* Die deutsche Stadt im Mittelalter, S. 119, 229 ff. – *Ennen,* Die europäische Stadt, S. 96 ff. – Herzog Albrecht von Österreich befreite Winterthur im Jahre 1292 auf sechs Jahre von der Steuer, mit der Verfügung, daß ein Teil des Geldes zu Befestigungszwecken verwandt werde. *Ganz,* S. 323. – Zum kostspieligen Befestigungsbau der mittelalterlichen Städte vgl. auch *M. Petry,* Art. Städtische Befestigung, in: Lex. d. Mittelalters, I, Sp. 1792 f.; *G. Binding,* Art. Bautechnik, in: Lex. d. Mittelalters, I, Sp. 1689 ff. – *Maschke,* Bürgerliche u. adlige Welt, S. 16 ff. – *Elsener,* Die Boni viri (Anm. 15), S. 69 f. – *Elsener,* Spuren der Boni viri, S. 195, Anm. 39. – Nachdem die Herrschaft Wangen 1406 an Bern übergegangen war, übertrug sie der Rat 1408 seinem Burger Heinrich Gruber, Zimmermann und Großweibel, mit allen Einkünften auf 15 Jahre und legte ihm dafür auf, die Mauer von Wangen auszubessern, mit Wehrgängen zu versehen, Tore und Schlösser instandzustellen, zwei Fallbrücken über den Graben zu errichten und eine feste Brücke über die Aare zu legen. Bern vermochte noch nicht für die öffentliche Wohlfahrt in seinem Gebiet zu sorgen. *Richard Feller,* Geschichte Berns, I, 3. Aufl., 1963, S. 264.

[52] «Dü ander genade, die wir inen gesezzet und gegeben hain, dü ist, daz wir gebietin ünseren erben, swenne und swie dike dü kilch ze Winterturt ledig wurde, das sü si niemanne lihen, wan ainem priester, der mit gesworrem aide sich binde, daz er uffe der kilchun inne ze Winturtur sizze mit rehter wonunge.» – Über die spätern Inhaber des Kirchensatzes vgl. *Ganz,* S. 60.

[53] UB Zürich, III, Nr. 1158, S. 253. – *Ganz,* a. a. O., S. 62.

[54] Vielleicht wirken hier religiöse Einflüsse vom benachbarten Dominikanerinnenkloster Töß her; vgl. *Rudolf Pfister,* Kirchengeschichte der Schweiz, I, Zürich 1964, S. 287 ff. – In Frage käme auch das Chorherrenstift Heiligenberg bei Winterthur; *Pfister,* a. a. O., S. 157 f. – Über das Institut der nicht residierenden Pfarrer und die damit verbundenen Mißstände (Pfründenhäufung) in der mittelalterlichen Kirche vgl. *L. Pfleger,* Die elsässische Pfarrei. Ihre Entstehung und Entwicklung. Ein Beitrag zur kirchlichen Rechts- und Kulturgeschichte, Straßburg 1936, S. 191 ff. – *Hans Erich Feine,* Kirchliche Rechtsgeschichte. Die katholische Kirche, 4. Aufl., Köln 1964, S. 395 ff. – Zu den Hilfsgeistlichen: *Pfleger,* S. 207 ff., insbes. S. 212 ff.; *Feine,* S. 407, 410 f. – Über die kirchlichen Verhältnisse in Winterthur vgl. *Ganz,* S. 60 ff.

[55] «Dü dritte genade, die wir inen gesezzet und gegeben hain, ist, daz dü lehen, dü sü hant von der herschefte von Kiburg, suln ir thoteran erben als (wie) iro süne, ob en kain sun ist da.»

[56] *Karl-Heinz Spieß,* Art. Lehenserneuerung, in: HRG, II, Sp. 1708 ff. – *Ders.,* Art. Lehensfähigkeit, Sp. 1710 f. – Zum mittelalterlichen Lehnrecht allgemein: *Rudolf Hübner,* Grundzüge des deutschen Privatrechts, 5. Aufl., Leipzig 1930, S. 363 ff. – Zur weiblichen Lehnfolge sodann: *Heinrich Mitteis,* Lehnrecht und Staatsgewalt. Untersuchungen zur mittelalterlichen Verfassungsgeschichte, Weimar 1958, S. 644 ff.

[57] «Dü vierde genade ist, die wir inen gesezzet und gegeben hain, das sü nieder ze rehte stan suln wan vor ir rehten schulthaissen und reht vorderan suln und nemen, ob sü wen, vor einem jeklichen richter.» – Vgl. dazu auch die Bestimmung über den Gerichtsstand der Marktrechtsgüter im Stadtrecht von 1264 bei *Kläui,* Stadtrechtsbrief, S. 9, 22 ff.

[58] Zur Problematik der geistlichen Gerichtsbarkeit in weltlichen und gemischten Angelegenheiten (res mixtae) vgl. *Ferdinand Elsener,* Der eidgenössische Pfaffenbrief von 1370. Ein Beitrag zur Geschichte der geistlichen Gerichtsbarkeit, in: SavZ, 75, Kan. Abt. 44, Weimar 1958, S. 104–180. – *Feine,* Kirchliche Rechtsgesch., S. 433 ff.

[59] «Dü funfte genad ist, die wir inen gesezzet und ze rehte hain gegeben: hetti iro dekainer ain lehen von ainem edeln man, er si ritter oder kneht (Dienstmann, Ministeriale), der daz selbe lehen von der herschefte von Kiburg hat, und der selbe edel man stirbet ane erben, so sol er das selbe lehen von niemanne andern han, wan von der herschefte, und sol enkain ünser erbe gewalt han, dasselbe lehen iemanne andern zu lihinne.»
Über die Edelknechte vgl. *Sablonier,* Adel im Wandel (Anm. 23), S. 160. – *R. Schmidt-Wiegand,* Art. Knecht, in: HRG, II, Sp. 895 ff.

[60] Zum Afterlehen: *Hübner,* Deutsches Privatrecht (Anm. 56), S. 367. – *W. Goez,* Art. Afterlehen, in: HRG, I, Sp. 60 f.

[61] «Dü sehste genade ist, die wir inen gesezzet und gegeben hain, das sü ainen ieklichen vogtman ze burger mügen enpfahen, also daz er dem herren diene nach der vogtaig reht.»

[62] «Item quicumque civis est vel erit in predicto loco, si idem a suo domino in patria existente, cui ratione servilis conditionis proprie dicitur attinere, infra annum et diem unum pro nullo servitio fuerit requisitus, tunc abinde in posterum nulli domino servire tenetur, nisi qui prenominatam in firma possessione tenuerit civitatem, hoc tamen addito, quod sine illius voluntate, qui iam dictam civitatem in sua tenuerit potestate, quemquam in civem recipere non debemus.» Deutsche Übersetzung bei *H. Kläui,* Stadtrechtsbrief, S. 11.

[63] In der deutschen Rechtssprache ist einer der gebräuchlichsten Ausdrücke für die Bezeichnung einer Rechtsfrist von einem Jahr das gängige Wortpaar «Jahr und Tag», das schon in den lateinischen Rechtsquellen der fränkischen Zeit als «annus et dies» nachzuweisen ist. Besonders bei Auflassungen von Liegenschaften findet sich vorwiegend in mittelalterlichen Stadtrechten die Auslegung des Wortpaares «Jahr und Tag» mit der Frist von einem Jahr, sechs Wochen und drei Tagen. Der Ansicht *Jacob Grimms,* daß das Wortpaar «Jahr und Tag» wörtlich zu erklären sei, wobei der «Tag» als Zugabezahl zum «annus integer», also zum vollendeten Jahr, zu deuten sei, haben sich vor allem Rudolph Sohm, Heinrich Brunner, Rudolf Hübner, Claudius v. Schwerin und Paul Puntschart angeschlossen. Diese These würde auch vom Winterthurer Stadtrechtsbrief gestützt (infra annum et diem unum). J. Grimm und Konsorten beurteilen die Erstreckung auf sechs Wochen und drei Tage als einen späten und örtlich beschränkten Wandel der ursprünglich wörtlich aufzufassenden Formel von einem Jahr und einem Tage. Nach *Andreas Heusler* war «Jahr und Tag» eine Frist für die gerichtliche Geltendmachung eines Anspruchs oder eines Widerspruchs. *F. Klein-Bruckschwaiger,* Art. Jahr und Tag, in: HRG, II, Sp. 288 ff.

[64] Nach der Handfeste von Bremgarten von 1258 war die Pflicht zur Heerfahrt auf eine Tagesreise beschränkt; davon ist in Winterthur keine Rede. Beizufügen ist allerdings, daß sich die habsburgischen Stadtherren von Bremgarten an diese Bestimmung keinesfalls hielten. *Bürgisser,* Bremgarten, S. 15 f. und Anm. 28 u. 29. – Handfeste, Art. 34: «Burgenses non tenentur ire cum domino in expedicione, nisi iter unius diei, ita tamen, quod unus quisque sequenti nocte possit ad propria remeare.» Rq Bremgarten, Nr. 3, S. 15, Z. 14 ff. – *H. Meier-Welcker,* Art. Heerbann, in: HRG, II, Sp. 22 f. – *L. Auer,* Art. Heerfahrt, in: HRG, II, Sp. 27 ff.

[65] *P. Schweizer,* Habsburgische Stadtrechte, S. 227. Noch 1545 wird von Winterthurer Eingebürgerten der Fall verlangt. *Glitsch,* a. a. O., S. 83, Anm. 16.

[66] Die Rechtssprichwörter «Luft macht eigen», «Luft macht frei», «Hofluft macht hörig», «Landluft macht eigen», «Stadtluft macht frei» usw. sind Formulierungen der Wissenschaft des 19. Jahrhunderts, gehen aber auf Rechtssätze des Mittelalters und der frühen Neuzeit zurück. «Stadtluft macht frei» ist dabei eine besonders junge Formulierung. Dieses (neue) Rechtssprichwort wurde von der frühern städtegeschichtlichen Forschung weit überschätzt. Für *Heinrich Mitteis* war es noch das «Palladium der Städtefreiheit». Heute gehen wir ohnehin aus von der Relativität des mittelalterli-

chen Freiheitsbegriffes; im Mittelalter machte schon der Übergang von einem strengern Abhängigkeitsverhältnis in ein weniger drückendes den Abhängigen «frei». Dem mittelalterlichen Stadtrecht und der Rechtswirklichkeit der mittelalterlichen Stadt werden abstrakte juristische Konstruktionen (des 19. Jahrhunderts) nicht gerecht. *D. Werkmüller,* Art. Luft macht eigen – Luft macht frei, in: HRG, III, 17. Lieferung, Berlin 1978, S. 92 ff. – *Heinrich Mitteis,* Über den Rechtsgrund des Satzes «Stadtluft macht frei», in: *Heinrich Mitteis,* Die Rechtsidee in der Geschichte, Weimar 1957, S. 708–723.
Gerade auch in der Überbewertung der genannten Rechtssprichwörter zeigt sich erneut der Einfluß der konstitutionellen Idee (Positivismus) und des Freiheitsbegriffs des Großbürgertums (Liberalismus) des 19. Jahrhunderts auf die Verfassungsgeschichte. Vgl. dazu auch *Böckenförde,* Die deutsche verfassungsgesch. Forschung, S. 172 ff. et passim. – Vgl. auch Anm. 22.

[67] Das Schweizerische Idiotikon (Wörterbuch der schweizerdeutschen Sprache) verweist unter «Vogtmann» auf «Vogtlüt» in Bd. III, Frauenfeld 1895, Sp. 1520. Dort wird ohne nähere Begründung «Vogtlüt» als «vogtbar Freie» gedeutet. – Der »vogtbar Freie» hat seinen Ursprung vielleicht im (einstigen) Vogtmann auf einer Zisterziensergrangie; vgl. dazu *Karl Siegfried Bader,* Das mittelalterliche Dorf als Friedens- und Rechtsbereich, Weimar 1957, 157 ff. – Nach *Rennefahrt,* Bernische Rechtsgesch. I, S. 184, waren die Vogtleute «durchwegs freie Leute». – Nach *Conrad,* Deutsche Rechtsgesch., I, S. 304, wurden die Vogtleute seit dem 13. Jahrhundert den grundhörigen Leuten gleichgestellt. – Vgl. dazu auch Deutsches Wörterbuch von Jacob und Wilhelm Grimm, 12. Bd., II. Abt., bearb. von *Rudolf Meiszner,* Leipzig 1951, Sp. 444.

[68] Zum folgenden: *Heinrich Mitteis/Heinz Lieberich,* Deutsche Rechtsgeschichte, 15. Aufl., München 1978, Kap. 29, I, 1 d (S. 165).

[69] Vgl. dazu *Werkmüller,* Art. Luft macht eigen – Luft macht frei, in: HRG, III, Sp. 96 f. – Die Winterthurer Satzung ist nicht klar. Offenbar dachte man bei der Redaktion lediglich an Vogtleute der Habsburger, die weiterhin nach Vogteirecht dienen sollen. In gleichem Sinne: *Ganz,* Winterthur, S. 26 f. – Nach Auffassung von *Rohr,* Mellingen, S. 33, wurde der Vogtmann in der Stadt schlichter habsburgischer Eigenmann.

[70] «... nec etiam in scultetum seu ministrum eiusdem ville quisquam debet eligi vel admitti, nisi de communi consilio *civium* unus ex eis eligatur, qui nec sit miles nec ad gradum debeat militie promoveri.» – Übersetzung im Weistum der Stadt Winterthur für Mellingen über ihre Freiheiten und Gewohnheiten, vom 13. Jänner 1297: «Och hain wir inen gesezzet und ze rehte gegeben, das ze schulthaissen und ze amman der selbun stat nieman erwellet sol werden, wan das die burgerre (sic) ainen under inen wellen suln, der weder ritter si noch ze ritter werden sul, und den son wir inen ze schulthaissen geben und enkainen andern.» Rq Mellingen, Nr. 5, S. 272, Z. 21 ff. Bemerkenswert ist, daß das «vel admitti» nicht übersetzt und daß zudem ein Nachsatz beigefügt wurde (und den son wir inen ...), der die Stellung des Stadtherrn gegenüber der Stadt verstärkte *(Ernennung* des Schultheißen).

[71] Das Verzeichnis der Winterthurer Schultheißen 1230–1798 in: *Alfred Ziegler,* Albanitag und Albanifeier in Winterthur, 1264–1874. Ein Beitrag zur Winterthurer Verfassungs- und Sittengeschichte (253. Neujahrsblatt der Stadtbibliothek Winterthur, 1919), S. 84 ff., gibt keinen nähern Aufschluß über die familiäre und ständische Zugehörigkeit der ersten Schultheißen. Nach Ziegler müssen sie aber den ältesten Geschlechtern und einer Oberschicht angehört haben.

[72] Vgl. dazu die Handfeste von Lenzburg, 2. Hälfte des 14. Jahrhunderts, Art. 1: «Dez ersten hant die burger recht, daz nieman in der stat dehein stete wonung haben sol, der dez herren man ist oder sin dienstman, und sol ouch nicht burgerlich recht han ...». Rq Lenzburg, Nr. 4, S. 198, Z. 35 ff. – Nach *Fleckenstein,* Ministerialität und Stadt (Anm. 25), S. 4, tauchen im 12. und 13. Jahrhundert in Freiburger Quellen zahlreiche Ministeriale auf, die aber keine Burger waren. In der *Frühzeit* Freiburgs galten Burgerrecht und Ministerialität tatsächlich noch als unvereinbar. – Nach einer Urkunde von 1145 war es dem Abt von Allerheiligen verboten, Ministeriale in der Stadt Schaffhausen als Beamte einzusetzen. *Schib,* Stadt und Landschaft Schaffhausen (Anm. 49), S. 56.

[73] Vgl. Anm. 70. – Die erwähnte Bestimmung des Winterthurer (und Mellinger) Stadtrechts über Wahl und Einsetzung des Schultheißen erinnert an das berühmte Kapitel 64 der Benediktinerregel über die «Bestellung» des Abtes (De ordinando abbate):« «In abbatis *ordinatione* illa semper consideretur ratio, ut hic *constituatur,* quem sive omnis concors congregatio... sive etiam pars quamvis parva congregationis saniore consilio *elegerit.»* Wahl und Einsetzung des Abtes waren nach der Benediktinerregel auseinanderzuhalten. Vgl. dazu *Ferdinand Elsener,* Zur Geschichte des Majoritätsprinzips (Pars maior und Pars sanior), insbesondere nach schweizerischen Quellen, in: SavZ, 73 (Kan. Abt. 42), Weimar 1956, S. 105. – *Ildefons Herwegen,* Sinn und Geist der Benediktinerregel, Einsiedeln 1944, S. 374 ff. – Die Benediktinerregel und die kuriale Wahlformel «Obeunte te» waren im 13. Jahrhundert auch in der Ostschweiz wohlbekannt; die Wahlordnung für den Benediktinerabt erhielt Weltgeltung. So wäre es denkbar, daß die erwähnte Satzung des Winterthurer Stadtrechts von einem Kleriker (Notar) verfaßt wurde. *Elsener,* a. a. O., S. 106 ff.

[74] *Siegrist,* Lenzburg, S. 45 f. – *Patze,* Stadtgründung, S. 183 ff. *P. Schweizer,* Habsb. Stadtrechte, S. 248. – Für die Motive eines Stadtgründers bei der Verleihung eines Stadtrechts gibt Freiburg i. Br. einen schönen Beleg. Herzog Konrad sagt, er wolle nicht den Verdacht aufkommen lassen, daß Streit zwischen den Burgern durch die Richter *willkürlich* entschieden werde. – Bei den Stadtrechtsverleihungen an die Aargauer Städte spielte wohl eine Rolle, daß das Mutterrecht bzw. das Recht der Nachbarstadt bereits bekannt war. In diesem Sinne erhielt Radolfzell die «iustitia et libertas» von Konstanz; diese Weisung auf Konstanz hatte den Vorteil, daß man in Radolfzell eine konkrete Vorstellung von den Konstanzer Rechtssätzen hatte. Ähnlich mag dies zwischen Aarau, Brugg, Mellingen, Baden und Lenzburg der Fall gewesen sein.

[75] *Merz,* Aarau, S. 8 ff. – *Boner,* Aarau (Anm. 4), S. 107 ff.

[76] Burgernziel = Grenze des Stadtgebietes; bezeugt auch für Zofingen, Nidau, Freiburg i. Ue., Solothurn. Vgl. DRWB, II, Sp. 616.

[77] Stadtrecht Winterthur, 1264: «... abhinc inantea ius fori debeant obtinere cum omni iure ville dicte Wintirtur attinendo. ... Item statuimus, quod super omnibus illis bonis et possessionibus, quibus attinet ius forense, quod vulgo dicitur marchsreht, si forsan super eisdem questio mota vel suborta fuerit aliqualis, nullus debet alias quam coram nobis vel nostris successoribus, qui villam predictam possidebunt, et coram eiusdem ville sculteto seu ministro, qui tunc fuerit, in aliorum civium presentia stari iuri.» Deutsche Übersetzung bei *H. Kläui,* Stadtrechtsbrief, S. 9.

[78] Stadtrecht Winterthur, 1264: «Item nullus dominus ratione cuiusdam iuris, quod in vulgari dicitur val, post decessum aliquorum infra predictas metas residentium bona mortuaria debet exigere, nisi servum haberet, qui nullum superstitem vel heredem relinqueret; tunc potiri deberet iuxta consilium civium suo iure.» Deutsche Übersetzung bei *H. Kläui,* Stadtrechtsbrief, S. 10. – Unter den «cives» ist auch hier die Oberschicht zu verstehen, vermutlich der in Anm. 77 erwähnte Umstand des Schultheißen. Doch können wir uns hier mit der Frage der Gerichtsbarkeit nicht weiter auseinandersetzen.

[79] Rq Aarau, Nr. 1, S. 4, Z. 5 ff.

[80] Stadtrecht von Winterthur, 1264: «Item quicumque in predicto loco se receperint, contrahendi matrimonialiter viri cum uxoribus et e converso, ubicumque placuerit, filios et filias suas legitima coniunctione copulandi, ad quemcumque locum voluerint, disparitate conditionis et dominii non obstante, plenam habent et liberam potestatem.» Deutsche Übersetzung bei *H. Kläui,* Stadtrechtsbrief, S. 10 f. – Die im 13. Jahrhundert entstandene Handfeste von Bern weist in Art. 40 auf frühere Beschränkungen der Ehefreiheit hin. Die Bern und auch andern Zähringerstädten zugestandene rechtliche

Gleichstellung von Mann und Frau galt als wesentlicher Bestandteil des Kaufleuterechts (Gütergemeinschaft). Spät noch heißt es vom kleinen Städtchen Rheinau, seine Bewohner hätten Kaufleuterecht, könnten weiben und mannen, wo sie wollten. In der Stadt Konstanz schaffte Kaiser Karl IV. 1367 die Ungenoßsame ab. Den Burgern von Bregenz gewährte der Graf von Montfort 1409 die Freiheit, des Grafen Weiber aus der Landschaft zur Ehe zu nehmen. *Walter Müller*, Entwicklung und Spätformen der Leibeigenschaft am Beispiel der Heiratsbeschränkungen. Die Ehegenoßsame im alemannisch-schweizerischen Raum, Sigmaringen 1974, S. 39; dort Anm. 143: Hinweis auf das Städtchen Kyburg.

[81] *Merz*, Aarau im Mittelalter, S. 12. – *Hermann Rennefahrt*, Grundzüge der bernischen Rechtsgeschichte, I, Bern 1928, S. 63 f.

[82] *Merz*, Aarau im Mittelalter, S. 12 f.

[83] Vgl. oben Anm. 44.

[84] *Bürgisser*, Bremgarten, S. 15 ff. – Die habsburgische Herrschaft setzte sich auch in Bremgarten über politisch bedeutsame Bestimmungen des Zähringer Rechts hinweg, so über die freie Wahl des Schultheißen, über die Präsentation des Leutpriesters, das Verbot der Aufnahme von Ministerialen und Eigenleuten ohne deren vorherige Freilassung, über die Beschränkung der Heerfahrtspflicht und die Befreiung von fremden Gerichten. Eine ganze Reihe von Dienstmannengeschlechtern besaßen das städtische Burgerrecht; sie genossen sogar eine rechtliche Sonderstellung: sie waren befreit von Steuern, Wachtdienst, Zoll und Immi. *Bürgisser*, a.a.O., S. 21 u. 28.
Diese Mitteilung zähringischen Rechts an Bremgarten schien den Habsburgern in der Folgezeit auch sonst und grundsätzlich zu entgegenkommend. Keiner Stadt wurde das zähringische Recht mehr von der habsburgischen Herrschaft freiwillig verliehen oder mitgeteilt. Zu Beginn des 14. Jahrhunderts ließ Bremgarten eine Abschrift der Rechtsmitteilung von 1258 erstellen und legte sie der Herrschaft zur Besiegelung vor; dieses Begehren wurde von Habsburg aber offenbar abgewiesen (*Bürgisser*, a.a.O., S. 18). – *Siegrist*, Lenzburg, S. 45. – Zur Freiburger Stadtrechtsfamilie vgl. *Patze*, Stadtgründung, S. 167 ff. Dort zu den einzelnen Fassungen, u.a. auch Bremgarten, und zum umstrittenen Text an Dießenhofen (1178). Freiburger (Zähringer) Recht erhielten demnach, neben Dießenhofen, Freiburg i. Ue., Bern, Flumet, Breisach, Murten, Kolmar oder Schlettstadt.

[85] Dazu *Patze*, Stadtgründung, S. 163 f. – *Elsener*, Stadtrecht Uznach (Anm. 10), S. 84 ff.

[86] *Boner*, Aarau (Anm. 4), S. 112. – Die freiheitlichen Bestimmungen des Freiburger Rechtes blieben auch in Lenzburg durch den Stadtherrn unbeachtet und wurden in älterer Zeit nicht Rechtswirklichkeit. *Siegrist*, S. 48 f. Rq Lenzburg, Nr. 4, S. 198 ff.

[87] Wir verweisen auf *H. Kläui*, Stadtrechtsbrief.

[88] *H. Kläui*, 800 Jahre, S. 21 f.

[89] Aarau lebte in der Frühzeit «secundum ius et consuetudinem nostri castelli». *Merz*, Aarau im Mittelalter, S. 6. Ähnlich Rapperswil: *Schnellmann*, Entstehung und Anfänge, S. 117 f. Sodann: *Bürgisser*, Bremgarten, S. 14 mit Hinweis auf *Walther Merz*. Zur Problematik des Gewohnheitsrechts vgl. *Theodor Bühler*, Gewohnheitsrecht, Enquête, Kodifikation (Rechtsquellenlehre, Bd. 1), Zürich 1977, S. 14 ff., 22 ff. – *H. Krause*, Art. Aufzeichnung des Rechts, in: HRG, I, Sp. 256 f., Sp. 258: Weistümer, Stadtrechte.

[90] *Glitsch*, Beiträge, S. 8 ff. – In gleichem Sinne *Hans Kläui*, Stadtrechtsbrief, S. 40.

[91] In ähnlichem Sinne auch *Sydow*, Adelige Stadtgründer in Südwestdeutschland, in: *Maschke/Sydow*, Südwestdeutsche Städte (Anm. 6), S. 187 f. – Der Hinweis bei *Glitsch* auf Dießenhofen scheint mir nicht zwingend. Zudem ist das älteste Dießenhofener Stadtrecht in der Forschung immer noch umstritten und wird sogar als Fälschung bezeichnet. Zur Kontroverse vgl. *Patze*, Stadtgründung und Stadtrecht, S. 169; sodann: *Willi Rüedi*, Geschichte der Stadt Dießenhofen im Mittelalter, Dießenhofen 1947, S. 30 ff.; *Hans Sollberger*, Die verfassungsrechtliche Entwicklung der Stadt Dießenhofen von der Stadtgründung bis zur Eroberung des Thurgaus durch die Eidgenossen, iur. Diss. Zürich 1936, S. 38 ff.

[92] Vgl. dazu auch *Glitsch*, a.a.O., S. 9 f. – Dazu auch: *Hans Strahm*, Die Area in den Städten, in: Schweizer Beiträge zur Allgemeinen Geschichte, hg. von *Werner Näf*, Bd. 3, Aarau 1945, S. 22–61.

[93] Vgl. dazu auch *Patze*, Stadtgründung und Stadtrecht (Anm. 6), S. 183.

[94] *Hans Kläui*, 800 Jahre Winterthur, S. 7–23. – *Glitsch*, a.a.O., S. 78. – UB Zürich, I, Nr. 336, S. 212 ff. – Lateinischer Text und deutsche Übersetzung bei *Kläui*. – *Ders.*, Gesch. von Oberwinterthur, I, S. 82 ff.

[95] *Emanuel Dejung* u. *Richard Zürcher*, Die Kunstdenkmäler des Kantons Zürich, Bd. VI: Die Stadt Winterthur, Basel 1952, S. 45 ff. Die Kapelle geht vermutlich ins 11. Jahrhundert zurück.

[96] Die Mehrzahl «plebani» ist wohl so zu deuten, daß der Streit schon lange dauerte und eine Reihe von Leutpriestern in Oberwinterthur beschäftigte, oder doch schon den Vorgänger des jetzigen Plebans. So auch *Kläui*, 800 Jahre, S. 14.

[97] «Talis controversia... per nos... finem amicabili... transactione suscepit.» – Grundsätzlich handelt es sich um einen kirchlichen Prozeß nach den Normen des mittelalterlichen kanonischen Rechts, der aber teilweise in den Formen des Schiedsprozesses abgewickelt wurde. – Zur Formel «amicabili transactione» vgl. *H. Krause*, Art. Minne und Recht, in: HRG, III, Sp. 582 ff. Die herrschende Meinung geht dahin, daß die lateinischen Formeln «per amorem vel per iustitiam», «amicabiliter vel per iustitiam» usw. aus dem kanonischen Recht stammen. Vgl. Sp. 583 oben.

[98] Zu den Zeugen vgl. *H. Kläui*, a.a.O., S. 19 f.

[99] Der geistliche Richter (Offizial) ist in Konstanz 1256 zum erstenmal bezeugt. Der «officialis» taucht im deutschen Sprachgebiet 1221 in Trier auf, in Straßburg 1248, in Genf 1250, in Basel 1252, in Lausanne 1260, in Sitten 1271, in Chur 1273. Wir können also davon ausgehen, daß um 1180 die geistliche Gerichtsbarkeit in Konstanz noch beim Bischof als «judex ordinarius» lag. *Winfried Trusen*, Die gelehrte Gerichtsbarkeit der Kirche, in: Handbuch der Quellen und Literatur der neueren europäischen Privatrechtsgeschichte, I: Mittelalter (1100–1500), hg. von *Helmut Coing*, München 1973, S. 469. – Die Rechtsschule von Bologna wurde zu Anfang des 11. Jahrhunderts gegründet und erlebte in der zweiten Hälfte des 11. Jahrhunderts bereits eine erste Blüte. Im 12. Jahrhundert war das gelehrte Recht in Deutschland mindestens in kirchlichen Kreisen einigermaßen bekannt. *E. Bussi*, Art. Bologna, in: HRG, I, Sp. 485 ff.

[100] «Comes capelle libertatem prescriptione longi temporis constanter defendebat.» – Dazu: *Max Kaser*, Das römische Privatrecht, II: Die nachklassischen Entwicklungen, 2. Aufl., München 1975, § 243, S. 285 f. – *Bernhard Windscheid/Theodor Kipp*, Lehrbuch des Pandektenrechts, Bd. 1, 9. Aufl., Frankfurt am Main 1906 (Nachdruck: Aalen 1963), § 175, S. 913; § 180, S. 927.

[101] *H. Kläui*, 800 Jahre, S. 21 f.

Dietrich Schwarz

Die Münzen der Kyburger

Fast jedes bedeutendere Dynastengeschlecht des ausgehenden Hoch- und des beginnenden Spätmittelalters hat auch einmal Münzen prägen lassen. Häufig blieb aber ein solcher Münzschlag, ob er nun aufgrund königlicher Verleihung oder durch Usurpation erfolgte, nur Episode, was darauf hinweist, daß es sich dabei eher um eine aus Prestigegründen als aus wirtschaftlichen Gründen unternommene Aktion handelte[1].

Im 12. Jahrhundert waren die Zähringer zweifellos im äußersten Südwesten des Reiches die mächtigste Hochadelsfamilie, die Städte gründete, die sich glücklich entwickelten, und in denen auch bald Münzen entstanden. Denn ein Markt vermochte erst richtig zu gedeihen und für den Stadtherren Nutzen abzuwerfen, wenn er auch mit einem Wechsel und einer Münze verbunden war. Kleinstädte mit ihren Märkten lockten kaum das nötige Edelmetallvolumen an, um regelmäßig gute Pfennige herausbringen zu können. Für die Dynasten und Städte des heutigen schweizerischen Raumes bedeutete das Jahr 1218 einen der wichtigsten Einschnitte, als die Zähringer ausstarben und ihr Erbe andern Häusern und verschiedenen Städten erheblichen Machtzuwachs brachte. Besonders die Kyburger waren Nutznießer des Verschwindens der Zähringer. Wo sollten sie nun aber eine Münze schlagen lassen? War doch das Gebiet, das für sie in Frage kam, durch den Basler, Breisgauer, Schaffhauser, Konstanzer, St. Galler, Zürcher und Berner Pfennig ausreichend versorgt. In ihrem Brückenstädtchen Dießenhofen, dem sie 1170 ein um 1260 bestätigtes Stadtrecht verliehen hatten, scheinen sie den Ort gefunden zu haben, einen solchen Versuch zu unternehmen. Einerseits besitzen wir im Habsburger Urbar[2] die konkrete Angabe, daß in Dießenhofen eine Münze bestand, die allerdings auf Wunsch der Bürger stillgelegt war, wofür diese jährlich 5 Pfund Pfennige entrichteten. Anderseits ist ein sehr selten vorkommender Pfennig bekannt, der den hl. Dionysius von vorn darstellte und die Umschrift «DIONISIVS» aufweist[3], (Abb. 1). Nach der Machart gehört der Pfennig in die Gegend, stimmt im Gewicht mit den Konstanzer Pfennigen überein und kann eigentlich nach dem Heiligennamen, den er trägt, nur auf Dießenhofen bezogen werden. Die Autoren von Heinrich Meyer über Rudolf von Höfken, Julius Cahn, Rudolf Wegeli, Gustav Braun von Stumm, Friedrich Wielandt bis Hans-Ulrich Geiger haben deshalb nie bezweifelt, daß dieser Pfennig in der Tat aus Dießenhofen stamme[4]. Die Probe aufs Exempel lieferte 1970 der Fund von Winterthur/Holderplatz, der ein ausgezeichnet erhaltenes Exemplar und ein Fragment dieses Pfennigs enthielt[5]! Die offene Frage, ob dieser Pfennig noch der Zeit der Kyburger angehöre oder erst unter den Habsburgern, die beim Aussterben der Kyburger 1264 Dießenhofen erbten, geprägt worden sei, dürfte damit auch zu Gunsten der Kyburger entschieden sein.

Aufgrund des stilistischen und epigraphischen Befundes, der Fabrik, des Gewichts und des Vorkommens des Pfennigs im Fund von Winterthur/Holderplatz, versteckt um 1260/65, möchte ich eine Entstehung um 1260 als am wahrscheinlichsten annehmen. Auch das Münzbild wurde verschieden gedeutet. Während einige – was wegen der Umschrift naheliegend scheint – den Kopf als denjenigen des Patrons der Pfarrkirche von Dießenhofen, des hl. Dionysius, ansprachen, haben andere darin einen Grafen von Kyburg erblicken wollen[6]. Ich möchte letzterer Auffassung beipflichten, weil der hl. Dionysius doch als Bischof mit Mitra oder zumindest als tonsurierter Geistlicher hätte dargestellt werden müssen. Der Mann ist aber ganz eindeutig mit einem Stirnreif oder Schapel und gewelltem Haar, also als Weltlicher gestaltet, sodaß er nicht St. Dionysius verkörpern kann. Daß Schrift und Bild bei dieser Interpretation nicht übereinstimmen, bedeutet keinen Hinderungsgrund. Die Schrift weist eben auf die Münzstätte, der Kopf auf den weltlichen Münzherren hin. Vielleicht sollte gerade im Gegensatz zur benachbarten, bedeutenden Münzstätte Konstanz mit ihren vielen Bischofsdarstellungen ein deutlich sich unterscheidendes Münzbild auf dem Dießenhofener Pfennig erscheinen. Ein weiterer Grund spricht für unsere Deutung: Der früheste Pfennig, der in Burgdorf vom Haus Neu-Kyburg herausgebracht wurde, schließt sich auffallend an das Dießenhofener Vorbild an (Abb. 2).

So dürfte der Pfennig mit der Dionysius-Inschrift in den letzten Jahren des Hauses Kyburg entstanden sein, vor dem Übergang Dießenhofens an die Habsburger. Die Emission muß man in Anbetracht der gro-

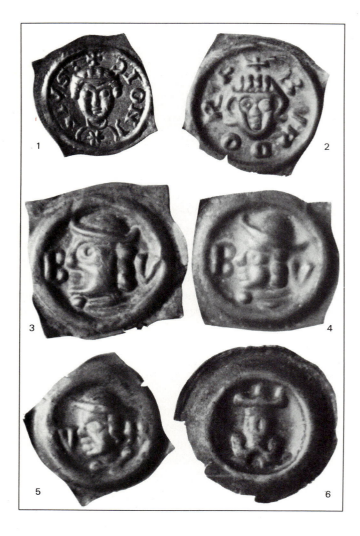

1. Pfennig, Dießenhofen, um 1260, aus dem Fund von Winterthur/Holderplatz (1970), Gew. 0,435 g (Schweiz. Landesmuseum)
2. Pfennig (Haller), Burgdorf, um 1330/5, Gew. 0,19 g (Schweiz. Landesmuseum)
3. Pfennig (Haller), Burgdorf, um 1360, Gew. 0,25 g (Schweiz. Landesmuseum)
4. Pfennig (Haller), Burgdorf, um 1360, Gew. 0,30 g (Schweiz. Landesmuseum)
5. Pfennig (Haller), Wangen a.d. Aare, um 1385, Gew. 0,19 g (Bernisches Historisches Museum)
6. Pfennig (Haller), Ravensburg, nach 1420, Gew. 0,30 g, aus dem Fund von Osterfingen (Schweiz. Landesmuseum).

Photos Schweizerisches Landesmuseum in Zürich.
Alle Stücke sind in doppelter Größe wiedergegeben.

ßen Seltenheit der Exemplare, die offenbar aus einem einzigen Stempel geschlagen wurden, als sehr bescheiden annehmen.[7] Die Bürger von Dießenhofen ihrerseits dürften mit dieser kyburgischen Prägung keine guten Erfahrungen gemacht haben, sodaß sie beim Übergang ihres Städtchens an die Habsburger oder etwas später den Münzschlag ablösten – wie andernorts etwa die Bürgerschaften den Münzherren durch einmalige oder wiederkehrende Zahlungen davon abhielten, jährlich seine Münze zu erneuern, was für die Benutzer der Münzen immer mit Verlusten verbunden war[8]. Der Eintrag im Habsburger Urbar findet darin seine Erklärung. Von einer eigenen bürgerlichen Münzprägung in Dießenhofen kann keine Rede sein[9]. Das Vorkommen der Bezeichnung «monetarius», «Münzer» ist kein Beweis, da ein solcher auch andernorts tätig gewesen sein konnte, z. B. in Konstanz oder Schaffhausen, wenn es sich nicht überhaupt nur um die zum Familiennamen gewordene Berufsbezeichnung handelt. Die Prägetätigkeit des Hauses Kyburg war somit äußerst kurz und überaus bescheiden, da sie in der früheren Phase gegen die Zähringer und in ihrer Spätzeit gegen die schon verfestigten Münzkreise von Konstanz, Zürich, Schaffhausen, St. Gallen, Basel und Bern nicht mehr aufzukommen vermochte.

Hingegen hat das Haus *Neu-Kyburg* während einigen Jahrzehnten Münzen in nicht unerheblichem Umfang prägen lassen. Sein Hauptstützpunkt war Burg und Stadt Burgdorf. Dort sind auch fast alle seiner Gepräge entstanden[10].
Allerdings ergab sich nach der Begründung des neukyburgischen Hauses durch die Ehe der Kyburgerin Anna mit Eberhard von Habsburg-Laufenburg 1273 eine längere Zäsur, da erst Ludwig der Bayer 1328 einen Enkel dieses Paares, Eberhard II., in aller Form mit dem Münzrecht für seine Grafschaft belehnte. Vermutlich wurde dieses Recht, welches das Ansehen zwar mehren sollte, bald genutzt, jedoch auf keiner soliden Grundlage, vielleicht auch mit dem Vorbedacht, Bern und Solothurn dadurch Verlegenheiten zu schaffen. Denn schon 1335 hat Zürich die neuen Burgdorfer Münzen – übrigens zusammen mit Berner und Solothurner Pfennigen – für sein Gebiet verboten. Bern und Solothurn wurden durch die minderwertigen Burgdorfer Pfennige in höherem Maß geschädigt.
Diese Burgdorfer Gepräge knüpfen nun mit ihrem Münzbild, dem weltlichen Münzherrn von vorn, an den Pfennig von Dießenhofen an (Abb. 2). Zugleich ergab sich damit die Möglichkeit, sie den Solothurner Pfennigen mit dem Kopf des hl. Ursus von vorn anzugleichen, was eine den Kyburgern erwünschte Möglichkeit der Verwechslung mit solothurnischen Münzen mit sich brachte. Zwar stand nun deutlich im Rund: BVRDORF. Aber bei Analphabeten spielte diese Umschrift eine kleinere Rolle als das Bild des von vorn gesehenen Kopfs. Die Klagen der benachbarten Münzstätten führten dazu, daß Kaiser Karl IV. 1353 verfügte, die Kyburger dürften nur noch Münzen mit Wissen und Willen der Solothurner prägen. Dies bedeutete natürlich eine einschneidende Einschränkung des Münzrechtes, und Eberhard II. wandte sich deshalb seinerseits an den Kaiser, der ihm und seinen Erben 1356 in Metz eine neue Münzrechtsverleihung ausstellen ließ. Allerdings konnte nur sein Sohn und

116

Nachfolger Hartmann III. diese neue kaiserliche Gnadenerweisung nutzen, da Eberhard II. schon im Frühjahr 1357 starb. Graf Hartmann hat nun wieder einen Münzmeister angestellt, der von 1357 bis 1363 urkundlich bezeugt ist. Das Münzbild der Burgdorfer Pfennige wurde demonstrativ geändert und zeigte nunmehr den Grafenkopf, von einem Hut mit Krempe bedeckt, nach links gewandt, zwischen den Buchstaben B–V (Abb. 3, 4), was allerdings auch wiederum Anklänge an Basler Münzbilder mit sich brachte.

Nach Feingehaltsuntersuchungen enthielten diese Burgdorfer Pfennige der zweiten Generation rund 700 bis 750 Tausendstel Feinsilber[11]. Sie entsprachen damit nicht den zeitgenössischen Forderungen nach etwa 800 Tausendsteln, waren aber auch nicht ganz besonders schlecht. Graf Hartmann III. wurde immerhin zum großen Münzbund von 1377 zugelassen[12]. Er wurde der Gruppe von Bern, Solothurn, Neuenburg, Zürich und Schaffhausen zugeteilt, welche den geringsten Qualitätsanforderungen zu genügen hatten. Da Hartmann III. kurz hernach aber starb, scheint in Burgdorf keine entsprechende Ausprägung erfolgt zu sein, auch nicht unter seinem Nachfolger Rudolf II., der bald in heftige Konflikte mit Solothurn und Bern verwickelt war. Ja, Burgdorf mußte 1384, nach dem Tode Hartmanns, an Bern abgetreten werden, das natürlich keine Interessen hatte, dort münzen zu lassen. Der Nachfolger Rudolfs II. († 1384), sein Onkel Berchtold I., übernahm eine recht reduzierte Herrschaft und machte Wangen an der Aare zum Zentrum des ihm noch Verbliebenen. Hier ließ er, sicher aus Prestigegründen, kaum mehr als Kampfmaßnahme gegen Bern und Solothurn, wiederum einen Pfennig prägen mit einem sich an die letzten Burgdorfer Gepräge anlehnenden Münzbild, dem Grafenkopf mit Hut in einem Wulstkreis, nun aber mit den Buchstaben W–A statt B–V[13], (Abb. 5). Als Bern und Solothurn ihn auch daran hindern wollten, bestätigte ein Schiedsgericht, das aus Boten von Zürich, Luzern, Uri, Schwyz und Nidwalden gebildet war, daß der Kyburger Anspruch auf das Münzrecht habe. Wenn seine Münzen allerdings schlecht wären, dürfe Bern sie für sein Gebiet verbieten. Noch 1387 beteiligte sich Berchtold I. ein letztes Mal an einem großen, in Basel abgeschlossenen Münzbund[14], verkaufte aber kurz darauf, auf verlorenem Posten stehend, Rechte und Einkünfte von Wangen, darunter auch das Münzrecht, an Herzog Albrecht III. von Österreich. Damit nahm die nicht sehr ruhmreiche Tätigkeit des Hauses Neu-Kyburg auf dem Münzgebiet ihr Ende.

Zusammenfassend kann festgehalten werden, daß das Haus Kyburg zu spät kam, um unter den Dynasten auch auf dem Münzgebiet eine bedeutende Rolle zu spielen. Die Münzkreise der geistlichen und weltlichen Großen und der Städte hatten sich schon zu stark verfestigt. Zudem verfügten die Kyburger über keine eigenen Silbervorkommen, die eventuell den Nachteil des späten Aufstieges hätten aufwiegen können. So erging es ihnen wie so manchen Dynasten: Die Ausübung des Münzrechtes brachte nicht nur keinen Gewinn, sondern trug bei zum raschen materiellen Niedergang des Hauses.

Um einen alten Irrtum zu beseitigen, sei hier noch festgehalten, daß der Pfennig mit Torturm (Abb. 6.), der in ostschweizerischen Funden öfters vorkommt, nichts mit Wangen an der Aare und den Kyburgern zu tun hat[15]. Das Tor und die begleitenden Türmchen könnten zwar bei einigen wenigen Varianten als W interpretiert werden; dies ist aber zufällig und widerspräche auch spätmittelalterlichem Formgefühl. Diese Torturm-Pfennige sind nach übereinstimmender Ansicht aller Kenner Ravensburger Gepräge des beginnenden 15. Jahrhunderts[16].

---

[1] Für die Erfassung münz- und geldgeschichtlicher Abläufe ist immer noch Arnold Luschin von Ebengreuth, Allgemeine Münzkunde und Geldgeschichte des Mittelalters und der neueren Zeit, Handbuch der Mittelalterlichen und Neueren Geschichte, hg. von G. von Below u. F. Meinecke, 2. A., München 1926, der beste Helfer. Für die Schweiz sind die Werke von Heinrich Meyer, Die Brakteaten der Schweiz, und Die Denare und Brakteaten der Schweiz, MAGZ III, 1845 und XII, 1858 auch heute noch unentbehrlich. Für tatkräftige Hilfe bei der Beschaffung des Bildmaterials bin ich Herrn Konservator Dr. Hans-Ulrich Geiger, Schweiz. Landesmuseum, Zürich, und Herrn Konservator Dr. Balázs Kapossy, Bernisches Historisches Museum, zu aufrichtigem Dank verpflichtet.

[2] Das habsburgische Urbar, hg. v. Rudolf Maag, Paul Schweizer, Walter Glättli, 3 Bde., QSG 14,15, Basel 1894–1904. «Da was ein müntze, die hant die burger gegen der herschaft von alter abkouffet um 5 lb. phennig, die si jerlich gebent für die müntze… (S. 341).

[3] Hch. Meyer, a. a. O. (1845), S. 74 f., Tf. 3, 192, (1858), S. 81 f. Daß die Stadt Dießenhofen das Münzrecht besessen habe, ist durch den «Loskauf» vom Prägen durchaus nicht gewährleistet. Eine städtische Prägung erfolgte nie und hätte einer zusätzlichen königlichen Bewilligung bedurft.

[4] R. von Höfken, Zur Bracteatenkunde Süddeutschlands, XI, Nachträge zu Meyers Schriften über die Bracteaten der Schweiz, Archiv für Bracteatenkunde, III. Bd., Wien 1894/7, S. 101. – Julius Cahn, Münz- und Geldgeschichte von Konstanz und des Bodenseegebietes im Mittelalter, Heidelberg 1911, S. 160 f., Tf. VIII, 167. – Leodegar Coraggioni, Münzgeschichte der Schweiz, Genf 1896, S. 120, Tf. XXXIX, 24. – Rudolf Wegeli, Art. «Dießenhofen» im HBLS, Bd. II, S. 718. – Gustav Braun von Stumm, Über das ältere Zofinger Münzwesen, Schweiz. Numismat. Rundschau XXXIV, S. 29 f. (mit richtiger Datierung). – Friedrich Wielandt, Der Breisgauer Pfennig, Numismat. Studien 2, Hamburg 1951, S. 70 f., Tf. III, 72. – Hans-Ulrich Geiger in seinem Bericht über den Fund von Winterthur, siehe Anm. 5.

[5] Hans-Ulrich Geiger u. Rudolf Schnyder, Der Münzfund von Winterthur-Holderplatz, Schweiz. Numismat. Rundschau LIII, 1974, S. 88–118, insbesondere S. 93, 109 u. Abb. 17.

[6] Hch. Meyer: Kopf des Heiligen. – R. v. Höfken: Haupt des Heiligen. – Julius Cahn: «Ob das Brustbild den hl. Dionysius oder einen Grafen (v. Habsburg?) darstellt, wie Herr Dr. Buchenau annimmt, möchte ich nicht entscheiden». – F. Wielandt: Kopf des Hl. Dionysius. – H.-U. Geiger: Büste des hl. Dionys.

[7] Es dürften kaum mehr als 10 Exemplare in den verschiedenen öffentlichen und privaten Sammlungen vorhanden sein. Ausgestellt

an der Ausstellung «Zeit der Staufer» in Stuttgart 1977 war das Exemplar des Württemberg. Landesmuseums. Kat. S.175, 203.5: «Mitte 13.Jh.», Abb. 121, 47.

[8] A. Luschin von Ebengreuth, a.a.O., S.269–272.

[9] Wenn eine solche Ausmünzung Ende des 13. und im 14.Jahrhundert stattgefunden hätte, müßten doch irgendwelche Zeugen in Form von Pfennigen vorhanden sein. G.Braun von Stumm (a.a.O., S.29, Anm.7) erwog, sogenannte Löwenpfennige, die sonst nach Laufenburg gelegt werden, in Dießenhofen anzusiedeln; seine Argumente haben einiges für sich, genügen aber kaum für eine einwandfreie Zuschreibung.

[10] Fritz Blatter, Die kiburgischen Münzen von Burgdorf und Wangen, Schweiz. Numismat. Rundschau XXIV, 1925. Auf diese ausgezeichnete Arbeit stütze ich mich für die Schilderung der Münzen der Neu-Kyburger weitgehend.

[11] F. Blatter, a.a.O., S.153f. Diese Untersuchungen wurden von F.Blatter unter persönlichen Opfern in Auftrag gegeben und vom Eidg. Amt für Gold- und Silberwaren durchgeführt.

[12] Quellen zur Zürcher Wirtschaftsgeschichte, bearb. v. Werner Schnyder, Bd.I, Zürich 1937, S.164f., Nr.318. Abdruck einer zeitgenössischen Abschrift des Vertrages.

[13] Diese Münze ist in einem einzigen Exemplar erhalten, das aus dem Münzfund der St.Mathiaskirche in Trier 1899 stammt, von F.Blatter 1922 erworben wurde und mit seiner Sammlung in das Münzkabinett des Bernischen Historischen Museums gelangte.

[14] Abgedruckt im Basler Urkundenbuch, Bd.V, hg. von R.Wackernagel, S.99, Nr.94.

[15] Schon Hch.Meyer, a.a.O., 1845, S.21, war recht skeptisch, ließ sich aber durch eine ältere Zuschreibung des 18.Jahrhunderts verführen, den Pfennig, allerdings mit Vorbehalt, unter Burgdorf aufzuführen und unter Nr.42 abzubilden. 1858, S.68, distanzierte er sich von seiner früheren Absicht und nahm Rothenburg o.d.T. oder Ravensburg als Heimat dieser Pfennige an.

[16] Heute wird allgemein angenommen, die Turmpfennige seien Ravensburger Gepräge der 1. Hälfte des 15.Jahrhunderts.

Hans Kläui

Der Einfluß des kyburgischen Wappens auf die Heraldik von Ministerialen, Herrschaften und Gemeinden

Man hat in der Heraldik zu allen Zeiten versucht, die Motive, die zur bestimmten Gestaltung eines Wappens geführt haben könnten, aufzuhellen, wobei man neben allerlei mythologischen Gedanken und symbolischen Überlegungen auch die Einflüsse bedeutender Dynastenfamilien heranzog. Heute weiß man, daß die Herausbildung zuerst persönlicher Zeichen, dann erblicher Familienwappen im zweiten Drittel des 12. Jahrhunderts ein überaus komplexer Vorgang war, wobei die ältesten Feldzeichen, die Kenntlichmachung des einzelnen Kriegers durch Schild und Helmzier sowie die Siegel mit ihrer Rechtskraft zusammengewirkt haben. Neben den Heroldsbildern, den geometrischen, abstrakten Schildteilungen und Verzierungen spielten bald die gemeinen Figuren, und unter ihnen ganz besonders *Tiere,* eine wichtige Rolle. Der Adler, der weiträumig über alle Lande fliegen kann, verkörperte die Idee des abendländischen Reiches. Noch beliebter aber war der *Löwe,* den man vor allem bei Dynastengeschlechtern mit namhaftem Grundbesitz und landesherrlichen Rechten findet. Er begegnet aber auch bei Familien des niedern Adels, denken wir in der Nähe nur an den steigenden schwarzen Löwen in Gold bei den bischöflich-konstanzischen Truchsessen von Hugelshofen und den von ihnen abstammenden Herren von Hegi bei Winterthur.

Der Löwe, der in Europa nie auf freier Wildbahn vorkam, jedenfalls aber zur Zeit der Kreuzzüge in Kleinasien und Nordafrika noch gesehen wurde, erweist sich als Symbol der Stärke und wegen seiner dekorativen Schönheit in der Heraldik als überaus beliebt. Die Häufigkeit als Wappentier ist so auffallend, daß eine französische Redensart lautet: «Qui n'a pas d'armes porte un lion».[1] Damit können wir auch das Wappen der Kyburger jeder mystischen Bedeutung entkleiden; sicher ist nur, daß Graf *Hartmann I. von Kyburg-Dillingen,* der 1121 in dem von ihm gestifteten Kloster Neresheim starb, noch kein Wappen besessen hat, weder auf dem Schild noch im Siegel. Dagegen fällt das Leben seiner Söhne, *Hartmanns II.* von Dillingen, *Adalberts I.* von Kyburg-Dillingen und Bischof *Ulrichs I.* von Konstanz, von denen der zweite bis 1151 lebte, in die Anfangszeit der Heraldik. Doch noch lange lassen Siegel oder gar bildliche Darstellungen auf sich warten.[2]

Während man aber über die Struktur des Kyburgerwappens, den Schrägbalken, begleitet von zwei Löwen, zunächst durch Siegel gut und sicher unterrichtet ist, kennt man die ursprünglichen Tinkturen nur aus einer schriftlichen Überlieferung. Der Chorherr, Magister und Kantor am Großmünster in Zürich *Konrad von Mure* hat um 1230 in seinem lateinisch abgefaßten Lehrgedicht, dem *Clipearius Teutonicorum,* zahlreiche Adelswappen in Hexametern beschrieben, gewissermaßen «blasoniert», auch wenn er dabei Konzessionen an das Versmaß machen mußte. Für das Haus Kyburg gab er an: «Du setzest in Schwarz ein gelbes Brettchen, und schräg richtend trennt es zwei gelbe Löwen.» In heutiger heraldischer Sprache heißt das: «In Schwarz ein goldener Schrägbalken, begleitet von zwei schreitenden goldenen Löwen», wobei man sich fragen kann, ob man den wegen der Tiere verschmälerten Balken nicht besser als *Leiste* bezeichnen würde.[3] Konrad von Mure ist also der einzige Zeuge, der uns die schwarze Farbe des Kyburgerschildes überliefert; alle späteren Darstellungen zeigen die Schildfarbe *Rot,* so auch das auf die Mitte des 13. Jahrhunderts (?) datierte Kästchen von Attinghausen im Schweizerischen Landesmuseum und dann – wesentlich später – die Wappenrolle von Zürich.

Vor allem aber darf man das Wappen der Grafen von Kyburg nicht von jenem von Dillingen ableiten, denn die Ahnherren Hartmanns I. lebten ja noch in vorheraldischer Zeit. Es ist vielmehr anzunehmen, daß bei der endgültigen Teilung der Güter und Herrschaften unter den Söhnen Hartmanns III. von Kyburg, was jedenfalls noch vor 1200 geschehen ist, *Ulrich III.* das Stammwappen mit zwei Löwen weitergeführt hat, sein Bruder *Adalbert III.* aber, der die Herrschaften um Dillingen übernahm, eine Brisüre wählte, die uns denn auch im Siegel seines Sohnes *Hartmann,* Graf von Dillingen, überliefert ist. Sie zeigt – in etwas barock anmutender «Bereicherung» – vier Löwen, nämlich zu beiden Seiten des Schrägbalkens je zwei. Konrad von Mure beschreibt uns das Wappen seines Zeitgenossen wie folgt: «Du setzest einen blauen Schild und schräg stellend ein Brettchen und Zwillingslöwen.» Das wirkt etwas ungenau, doch wird das Wappen des Hauses Dillingen in der Folge mit blauem Schild, goldenem oder silbernem Schrägbalken und vier goldenen Löwen, je zwei oben und zwei unten, überliefert.[4]

Doch kehren wir zum altkyburgischen Wappen zurück. Betrachten wir seinen Einfluß auf die offensichtlich erst unter Adalbert I. und Hartmann III. sich entfaltende Ministerialität, so begegnen wir dem Löwen als Schildfigur viel weniger häufig, als wir es vielleicht erwarten möchten. Wenn man davon hört, daß gelegentlich die Vasallen eines Lehensherrn ähnliche, ja fast gleiche Wappen führten, so daß sie als Truppen eines bestimmten Herrn besser erkannt wurden, weil sie ein Motiv aus dessen Wappensschild abwandelten, so wird man durch die Ministerialität in unseren Landen eher enttäuscht. Eindeutig vom Schild der Grafen von Kyburg abzuleiten ist das Siegel des Schultheißen *Rudolf* von Winterthur, der von 1252 bis 1272 in den Urkunden nachgewiesen ist. Der gotische Spitzschild, in einem guten Abdruck von 1263 erhalten, zeigt den Schrägbalken, besser die Schrägleiste, der Kyburger, darunter einen Löwen, während das obere Feld leer bleibt. Obschon die Umschrift lautet «S(igillum) R(udolfi) Sculteti et civium de Wintertur», ist es fraglich, ob wir diesen Schild – wie man es gemeinhin tat – als Vorstufe des Winterthurer Stadtwappens betrachten dürfen und nicht eher als persönliches Signet oder schon Familienwappen des Schultheißen Rudolf als eines Ministerialen und Beamten der Grafen von Kyburg.[5] Dieser durfte nur ein gegenüber seiner Herrschaft vermindertes Wappen führen. Es ist wohl weder Laune noch Zufall, wenn der nachfolgende Schultheiß, mit Namen *Wezzilo*, in den Jahren 1276 und 1281 ein Siegel verwendete, das nun *beide* Kyburger-Löwen zeigt, denn im Jahre 1264 waren die Grafen von Kyburg ausgestorben und ihr Wappen gewis-

Siegel des Grafen Hartmann von Dillingen um 1174 nach der Teilung der Linien von Kyburg und von Dillingen (Zeichnung in den Siegelabbildungen zum Urkundenbuch von Stadt und Landschaft Zürich).

Siegel des Grafen Ulrich III. von Kyburg, Gatte der Anna von Zähringen, an einer Urkunde von 1223 im Stiftsarchiv Beromünster (Zeichnung von Stiftspropst Joseph Stutz in den Siegelabbildungen zum Zürcher Urkundenbuch).

Siegel des Grafen Wernher von Kyburg (gest. vor Akkon 1228) an einer Urkunde von 1223 im Stiftsarchiv Beromünster (Zeichnung von Propst Jos. Stutz in den Siegelabbildungen zum Zürcher Urkundenbuch).

Frühes Siegel von Graf Hartmann IV., dem Ältern, von Kyburg, an einer Urkunde von 1234.

sermaßen frei geworden, so daß der Schultheiß Wetzel es in voller Form übernehmen konnte.⁶ Dabei ist die Verwendung als Familienwappen vielleicht noch deutlicher als bei Rudolf, denn die Umschrift lautet bündig: «Siegel des Schultheißen Wezzilo von Winterthur.» Von den Stadtbürgern ist in der Umschrift diesmal nicht die Rede.

Man möchte natürlich gerne wissen, welche Farben die beiden Amtsträger ihrem Schild gegeben haben, ob noch Schwarz oder schon Rot mit goldenen Figuren – oder sind sie gar schon auf rote Löwen in einem gemäß den heraldischen Regeln veränderten Felde verfallen? Einen Hinweis kann da vielleicht das Wappen der kyburgisch-habsburgischen Ministerialen *von Seen* geben, die mit dem Jahre 1240 urkundlich belegt sind.⁷ Während seit 1274 Siegel vorkommen, verrät eine Truhe aus dem 14. Jahrhundert zum ersten Male die Farben. Statt durch eine Schrägleiste gegliedert, ist der Schild schräg geteilt, und zwar von Schwarz und Gold.⁸ Dazu kommt – mit verwechselten Farben – oben ein goldener Stern, unten ein schwarzer, rotgezungter Löwe. Eine elegante Lösung angesichts der Tatsache, daß die Dienstleute von Seen nur den einen Kyburger-Löwen verwenden durften. Die Farben – und zwar die älteren – haben sie von ihrer Herrschaft unverändert übernommen, was man zumindest auch beim Schultheißen Rudolf vermuten darf.

Es gab indessen noch andere Möglichkeiten, das Kyburgerwappen in reduzierter Form zu verwenden. Da waren die seit 1230 bezeugten Herren *von Adlikon* bei Andelfingen und die mit ihnen stammverwandten Herren *von Wagenberg*, die auf der nachmals Wagenburg genannten Feste im heutigen Gemeindebann von Oberembrach ZH saßen.⁹ Die Siegel der beiden Familien tragen übereinstimmend einen halben Löwen; die Farben sind durch die Wappenrolle von Zürich überliefert und zeigen für die Wagenberger in Gold einen halben, schwarzen, rotgezungten Löwen. Auch diese Ministerialen verwendeten also die altkyburgischen Tinkturen.¹⁰

Was nun das Löwenmotiv betrifft, ist aber auch Vorsicht am Platze, besonders dann, wenn es in der Einzahl und in roter Farbe auftritt. Bekanntlich führten die Erben und Rechtsnachfolger der Grafen von Kyburg, nämlich jene *von Habsburg*, in Gold einen aufrechten roten Löwen, der sich zum Beispiel im Wappen von Sempach etabliert hat. Das gilt auch für die einstigen Meier des Bischofs von Konstanz in Oberwinterthur. Ihr Wappen war geteilt von Gold mit einem schreitenden roten Löwen und einem blausilbernen Schach.¹¹ Wenn man weiß, daß sich diese bischöflichen Meier um die Mitte des 13. Jahrhunderts auch in *habsburgische* Dienste begaben, auf die Burg Hochwülflingen zogen und noch vor 1300 auf der Mörsburg erschienen, übrigens ohne daß sie die Vasallität zum Bischof aufgegeben hätten, so fällt ein zunächst vermuteter Einfluß des Kyburgerwappens auf dasjenige der Meier von Oberwinterthur außer Betracht.

Es ist nicht bewiesen, daß sich im Schildfeld der Grafen von Kyburg die *rote* Farbe schon zur Zeit Hartmanns IV. und V., des Ältern und des Jüngern, durchgesetzt hätte, aber nach dem Hinschied der beiden (1263/64) ist sie da, und zwar bei dem Hause *Neu-Kyburg* oder Kyburg-Burgdorf, das durch die Ehe der Tochter *Anna* Hartmanns V. mit *Eberhard I. von Habsburg-Laufenburg* begründet wurde. Man hat darum schon geglaubt, daß die Farben Rot und Gold auf das Stammwappen der Habsburger zurückgehen würden; doch ist eine solche Annahme nicht zwingend, kam es doch vor, daß einzelne Adlige oder eine ganze Stammfolge zwei verschiedene Wappen führten – und im Falle Kyburg handelt es sich ja nur um eine Farbvariante.

Die jüngere, rote Form des Kyburgerwappens hat sich in der Folge auf eine beachtliche Zahl von einst kyburgischen Herrschaften und Städten gelegt. So bildete der Schild mit den goldenen Löwen in Rot bis zum Umsturz von 1798 das Wappen der *Landgrafschaft Thurgau*, welche die Grafen von Kyburg schon im ausgehenden 11. Jahrhundert erhalten hatten. Das gleiche Wappen galt aber auch für die *Grafschaft Kyburg*, wie sie sich im Verlaufe der habsburgischen Verpfändungspolitik herausgebildet hat und bis 1798 als größte Landvogtei des Zürcher Hoheitsgebietes fast einen Staat im Staate verkörperte. Auch die Herrschaft Andelfingen, die durch frühe Verpfändungen der Herzöge von Österreich sich aus der Grafschaft Kyburg herausgelöst hatte, führte in Rot die beiden goldenen Löwen und den Schrägbalken, wobei es aber üblich wurde, zur Unterscheidung von Kyburg einem der beiden Löwen einen goldenen Stern voranzustellen.¹²

Auf die Heraldik der *Städte* und kleineren Gemeinwesen hat das Wappen der Grafen von Kyburg unmittelbar nur in einem engen Einzugsgebiet Einfluß genommen, während bei den Kyburgerstädten weiter im Westen, im Aargau und Bernbiet, davon nichts zu gewahren ist. Einen Sonderfall stellt in dieser Hinsicht *Fraubrunnen* dar, doch ging hier die Rezeption über ein Kloster. Im Jahre 1246 gründeten die Grafen Hartmann der Ältere und der Jüngere auf ihrer Besitzung «Mülinon» ein Schwesternhaus des Zisterzienserordens, welches einen raschen Aufschwung erlebte und als Wappen die Kyburger-Löwen übernahm. Nachdem das Kloster, wie alle übrigen bernischen Stifte, im Jahre 1528 aufgehoben worden war und sich vor dessen Toren längst ein Dorf namens Fraubrunnen gebildet hatte, wurde der kyburgische Schild zum Wappen der Einwohnergemeinde und später des Amtsbezirkes Fraubrunnen.¹³

Begeben wir uns in das engere Gebiet der Grafen von

Kyburg, so ist vor allem die Tatsache eindrucksvoll, daß das kleine Gemeinwesen, das sich als *Vorburg* der Kyburg gebildet hatte, um 1379 ein Siegel mit dem vollen Wappen der Grafen führte, ein Siegel auch, das genau dem der Stadt Winterthur entsprach. Die Herzöge von Österreich hatten nämlich den Bürgern von Kyburg schon 1337 bedeutende Privilegien erteilt, so die Ehe-, Steuer- und Fallfreiheit sowie die Beschränkung der Wehrpflicht auf den lokalen Bereich. Im Jahre 1370 wurde dem Burgflecken auch das Marktrecht zuerkannt, nur das volle Stadtrecht erlangte er nicht. Dennoch lautet die Umschrift des Siegels: «S(igillum) civium de Kiburg.»[14] Auch wenn dieses Siegel verlorenging und der Ort, der immerhin einen Schultheißen und ein kleines Gericht besaß, sich in der Folge kaum noch mit Wappenkunst befaßte, riß die heraldische Tradition nicht ganz ab. Dank der Nähe des Landvogteisitzes hatte man das kyburgische Wappen immer vor Augen, so daß kein anderes Dorfwappen aufkommen konnte. Bei der Bereinigung der Zürcher Gemeindewappen durch eine Kommission der Antiquarischen Gesellschaft in Zürich griff man auf den ganz alten, schwarzgoldenen Grafenschild zurück. Dieser wurde durch einen Gemeinderatsbeschluß vom 30. Dezember 1926 als offizielles Gemeindewappen angenommen.

Verständlich erscheint es, daß die kyburgische Gründungsstadt *Dießenhofen,* die noch einige Jahre älter sein dürfte als Winterthur, das Wappen der Grafen übernommen hat, und zwar die rotgoldene Version. Dabei erhebt sich die Frage, ob die Bürgerschaft das tun konnte, bevor die Grafen ausgestorben waren. Zu einer Änderung der Tinkturen sah man sich bei der Rezeption nicht veranlaßt, so daß Wappengleichheit mit der Landgrafschaft Thurgau entstand. Doch nicht für immer. Eine der großen Kriegstaten der Eidgenossen, der Pavierzug, brachte das Herzogtum Mailand in die Hände der Schweizer, was ganz im Sinne des bedrängten Papstes *Julius II.* lag. Dieser verlieh den Eidgenossen im Jahre 1512 den Titel «Verteidiger der Freiheit der Kirche» und gab allen ihren Orten, Städten und Landschaften Banner mit den päpstlichen Emblemen. Auch die Stadt Dießenhofen erhielt ein solches «Juliusbanner», und auf ihm erschienen die beiden Kyburger-Löwen zum ersten Male mit *goldenen Kronen* auf den Köpfen. Ob dies eine besondere Gunst des Papstes war, wie es die Überlieferung will, lassen wir dahingestellt. Sicher ist nur, daß sich die Kronen nicht sogleich durchgesetzt haben. Im Gemeindehaus von Stammheim befindet sich eine schöne Stadtscheibe von Dießenhofen aus dem Jahre 1531, in welcher die Löwen des Wappens wieder ungekrönt erscheinen. Ob es sich um ein bloßes Versehen handelt oder ob die Dießenhofer als Scheibenstifter gar keinen Wert auf die heraldische Zutat legten, muß im dunkeln bleiben. Später sind die Kronen wieder da, und sie haben sich durchgesetzt, so daß die Blasonierung des Wappens von Dießenhofen lauten muß: «In Rot ein goldener Schrägbalken, begleitet von zwei schreitenden, gekrönten goldenen Löwen.»[15]

Damit gelangen wir zur Frage, was in *Winterthur* auf die Siegel der Schultheißen Rudolf und Wetzel folgte. Das Wesentliche ist bekannt: seit 1290 ist das große Stadtsiegel überliefert, das die Umschrift trägt: «Siegel der Bürger von Winterthur»; dazu gesellt sich 1294 das etwas kleinere Ratssiegel mit dem Texte: «Sigillum consulum in Winterthur.» Bald begegnet auch das kleine Sekretsiegel der Stadtbehörde mit der knappen Umschrift: «Geheimes Siegel in Winterthur.»[16] Alle tragen in ihrer runden Innenfläche den schön damaszierten Schrägbalken, begleitet von den beiden Löwen. Damit ist nun freilich das Problem noch nicht gelöst. Bekanntlich sind die Farben des Kyburgerwappens in Fahne und Schild von Winterthur grundsätzlich geändert. In Silber oder Weiß sehen wir einen roten Schrägbalken, begleitet von zwei schreitenden roten Löwen, wobei sofort zu sagen ist, daß die farbigen Darstellungen erst spät einsetzen. Noch in die erste Hälfte des 15. Jahrhunderts darf man die blauen Setzschilde der Armbrustschützen von Winterthur datieren, die oben nebeneinander den Schild der St.-Georgs-Bruderschaft, des römischen Königs und nachmaligen Kaisers *Friedrich III.* und der Stadt Winterthur zeigen.[17] Man hat angenommen, die rote Farbe der Löwen könnte auf den Stadtherrn, König Rudolf von Habsburg, zurückgehen, welcher den Winterthurer Bürgern im Jahre 1275 einige zusätzliche Gnaden verlieh, so die aktive und passive Lehensfähigkeit, wobei er ihnen auch die Führung eines Stadtsiegels mit den Kyburger-Löwen zugestanden – oder falls schon in Gebrauch – sanktioniert hätte. Nun verlangten aber die roten Löwen gemäß den heraldischen Gesetzen, die man damals noch voll beherrschte, ein anders tingiertes Schildfeld, wobei nur Gold/Gelb oder Silber/Weiß in Frage kam. Eigentlich hätte man, um rote Löwen zu gewinnen, die Farben des rotgoldenen Kyburgerschildes nur vertauschen müssen. Warum hat man es nicht getan? Warum hat man *Weiß* vorgezogen?

Es scheint sich hier um einen «Trend» zu handeln, den man vielleicht in der Heraldik noch zuwenig beachtet und untersucht hat: Die auffallende Vorliebe für die weiße Farbe in alten Städtewappen, wobei aber gleich bemerkt sei, daß natürlich auch eine Menge städtischer Embleme von diesem Befund abweichen. Doch erwähnen wir einige markante Beispiele: Die drei blauweißen Wappen von Zürich, Zug und Luzern, die Banner von Freiburg und Solothurn, das ältere Banner von Mellingen, sodann Lenzburg und Baden. Bremgarten zeigt den roten Habsburger-Löwen in Silber statt in Gold, auch die Stadt St. Gallen führte den schwarzen Bären in Silber, während das Kloster bekanntlich das gleiche Tier seit je in goldenem Schilde vorwies. Diese Erscheinung ist zweifellos auf die Feldzeichen oder Fähnchen der Städte zurückzuführen. In vielen Fällen wich ja das Siegel der Stadt mit manchmal fast unheraldisch wirkenden Bildern von der Fahne ab – und dies zum Teil sogar bis in unsere Zeit, denken wir nur an die Stadtheiligen von Zürich! Die Feldzeichen aber enthalten neben einer andern Farbe – es können auch zwei sein – meistens Weiß, was im damals noch grünen Gelände eine sehr gute Sichtbarkeit gewährleistete.

Ein ähnlicher Sachverhalt scheint beim Wappen der Stadt *Frauenfeld* vorzuliegen, deren Anfänge man ebenfalls auf das Wirken der Kyburger zurückführt, auch wenn die Burg auf Boden des Klosters Reichenau errichtet wurde. Wappen und Fahne zeigen in Weiß einen aufrechten roten Löwen, der von einer rotbekleideten Frau an einer goldenen Kette geführt wird. Früher war die Frau nach heraldisch links gewandt, kehrte also dem Tier den Rücken zu und hielt einen Blumenstrauß in den Händen; später hat sie sich umgewandt und nahm den Löwen gewissermaßen an die Kandare.[18] Für den roten Löwen im weißen Feld ergeben sich ähnliche Überlegungen wie im Falle von Winterthur, denn auch Frauenfeld kam nach 1264 unter die Hoheit von Habsburg-Österreich.

Ein drittes Wappen, das die Kyburger-Löwen rot in Weiß zeigt, ist dasjenige der Gemeinde *Weesen* im sanktgallischen Bezirk Gaster, am Westende des Walensees. Es handelt sich hier um uralten Besitz der Grafen von Lenzburg, der durch die Ehe Hartmanns III. von Kyburg mit Richenza von Lenzburg-Baden an die Kyburger gelangt sein muß. Durch Anna von Kyburg, die schon erwähnte Tochter Hartmanns V., kam Weesen an das Haus Neu-Kyburg, später an die Herzöge von Österreich. Der Ort wird 1330 als Stadt erwähnt, doch dürfte er in dieser Stellung noch einige Jahrzehnte älter sein. Bereits 1316 besitzen die Bürger ein Siegel, und dieses zeigt das Kyburgerwappen in der uns bekannten Form. Es galt wohl weiter, nachdem die Stadt im Sempacherkrieg zerstört worden war und hierauf nur noch als Marktflecken weiterbestand. Während einerseits sich zu unbekannter Zeit für das Wappen die Farben Weiß und Rot festsetzten, was zu einer Gleichheit mit Winterthur führen mußte, entstand in bezug auf die Stellung der Löwen eine Unsicherheit, indem das obere der beiden Wappentiere gedreht und nach heraldisch links (und abwärts) schreitend über dem Schrägbalken stand. Dieses Bild zeigt ein frühestens aus dem 17. Jahrhundert stammendes Siegel der Gemeinde Weesen. Im Historisch-biographischen Lexikon der Schweiz hat dann der Historiker *Johannes Faeh* (Kaltbrunn) auf das Siegel von 1316 zurückgegriffen, wo beide Löwen nach rechts schreiten, so daß das Wappen – immer in den Farben Weiß und Rot – wieder vollkommen gleich erscheint wie dasjenige der Stadt Winterthur. Bei der Bereinigung

Siegel der Bürger von Weesen aus dem Jahre 1316. Es hält sich noch ganz an das gängige Kyburgerwappen (vgl. demgegenüber den heute gültigen Schild auf Wappentafel 2!)

der St. Galler Gemeindewappen besann man sich wiederum anders und wählte die Form mit dem oben nach links schreitenden Löwen, die nun seit 1947 als endgültiges Gemeindezeichen gilt und wohl auch als originelle Lösung gelten darf.[19]

Wenn wir nunmehr noch den Einfluß des Kyburgerschildes auf die Heraldik weiterer Gemeindewappen betrachten, so ist dieser im Umkreis der einstigen Herrschaft nicht unbeträchtlich. Die Rezeption, bei der wir mindestens *zwei* Wappengenerationen unterscheiden müssen, erfolgte – mit Ausnahme der schon behandelten Herrschafts- und Stadtwappen – über die Schilde des einstigen kyburgischen Dienst- und Ortsadels.[20] Dies geschah in einzelnen Fällen schon im Ancien Régime, wobei offensichtlich das Wappenbuch von *Gerold Edlibach* (Zürich, um 1490), die eidgenössische Chronik von *Johannes Stumpf* und die Zürcher Kantonskarte von *Hans Conrad Gyger* (1667) bei der Aufrechterhaltung der Tradition eine gewisse Rolle gespielt haben. So ist das schon beschriebene Wappen der Herren von Seen im 18. Jahrhundert auf Feuerlöschkübel der Dorfgemeinde Seen gelangt und hat sich, trotz gelegentlicher Konkurrenzschöpfungen, gehalten. Obschon die politische Gemeinde Seen noch vor der durchgehenden Festlegung der Zürcher Gemeindewappen infolge der Eingemeindung in Winterthur 1922 zu bestehen aufhörte, wurde der Schild der Herren von Seen zum offiziell gültigen Emblem des Winterthurer Stadtkreises und der reformierten Kirchgemeinde Seen.

Die Flughafenstadt *Kloten* führt heute in Rot einen halben silbernen Löwen, der auf ein allerdings erst in habsburgischer Zeit erscheinendes Ministerialensiegel zurückgeht, aber schon 1672 als Gemeindewappen auf einem Zehntenplan farbig angebracht ist. Eine Wappenscheibe aus etwa der gleichen Zeit (1685) überliefert das schöne Wappen der Gemeinde *Thalheim*, frü-

123

Wappentafel 1

Siegel des Schultheißen R(udolf) und der Bürger von Winterthur (1252–1272)

Siegel des Schultheißen Wezzel von Winterthur (1276–1281)

Siegel des Ritters Heinrich II. von Seen an einer Urkunde vom 26. April 1274

Das große Stadtsiegel von Winterthur, erstmals an einer Urkunde vom 30. Juli 1290 im Staatsarchiv Schaffhausen

Das Ratssiegel von Winterthur (seit 1294)

Das Siegel der Bürger von Kyburg an einer Urkunde vom 25. November 1379 (Staatsarchiv Zürich)

Erste farbige Darstellung des Wappens von Winterthur auf den Bogenschützenschilden der St.-Georgs-Bruderschaft (15. Jahrhundert). Vom Betrachter aus rechts des österreichischen Schildes das Stadtwappen mit den roten Löwen in Weiß

her Dorlikon geheißen. Es zeigt in Gold einen aufrechten schwarzen Löwen und ein silbernes Ort mit schwarzem Tatzenkreuz. Der Löwe geht auf ein kyburgisches Ministerialengeschlecht *von Dorlikon* zurück, das bereits 1256 erwähnt wird. Man beachte: Die Farben des Gemeindewappens sind auch hier altkyburgisch.

Eine zweite Generation beruht auf der Tätigkeit der Zürcher Gemeindewappenkommission von 1925 bis 1936. Damals erhielten eine größere Zahl von politischen Gemeinden, die bisher kein sicheres oder brauchbares Wappen besessen hatten, den Schild ihres einstigen Ortsadels, wodurch mehrere Wappen ehemaliger kyburgischer Ministerialenfamilien zum Zuge kamen. So wurde das schon erwähnte Wappen der Herren von *Adlikon* durch einen Beschluß des Gemeinderates vom 31. Oktober 1931 durch die gleichnamige politische Gemeinde angenommen. Um Wappengleichheit zu vermeiden, wurden sodann im Schilde der Herren von Adlikon und Wagenburg die Farben vertauscht und so auch der Gemeinde *Oberembrach* ein historisch begründetes Wappen zugeschrieben, das von den Stimmbürgern am 10. April 1933 gutgeheißen wurde.

Für die Gemeinde *Russikon* griff man auf das Wappen des Geschlechtes Russinger in Rapperswil zurück, das von den Herren von Russikon abstammte und in Gold einen schwarzen, widersehenden Löwen führte. Nach der Ausscheidung früher gebrauchter, schlechter Varianten erwuchs auch dieses von der Wappenkommission vorgeschlagene Emblem am 10. Januar 1930 in Rechtskraft. Die Tinkturen sind auch hier altkybugisch.

Unmittelbar auf das Wappen der Grafschaft Kyburg zurück geht auch dasjenige der Gemeinde *Kleinandelfingen*: Während Großandelfingen – heute wieder einfach *Andelfingen* genannt – das Wappen der gleichnamigen Herrschaft führt, das ja seinerseits durch Beigabe eines Stern zum Kyburgerwappen brisiert wurde, gab man dem Schilde von Kleinandelfingen einen zweiten Stern bei, wobei jedem der beiden Löwen diese Figur vorangestellt ist. Diese heraldisch saubere Lösung wurde durch einen Gemeinderatsbeschluß vom 4. Januar 1927 gutgeheißen.

Werfen wir noch einen Blick in den benachbarten Kanton Thurgau, wo die Wappen der Orts- und Munizipalgemeinden um 1960 bereinigt und, wo es nötig war, überhaupt erst neu geschaffen wurden.[21] Dabei wurde in sehr vielen Fällen auf das alte Wappen der Landgrafschaft Thurgau zurückgegriffen, was zu einem reichlichen Vorkommen von meist goldenen Löwen in rotem Felde geführt hat. Vor allem dort, wo eine Gemeinde oder ein Gemeindeteil zu den sogenannten «hohen Gerichten» gehört hatte, indem für die niedere Gerichtsbarkeit nicht einer der im Thurgau zahlreichen privaten Gerichtsherren, sondern der eidgenössische Landvogt zuständig war, wurde auf die Landgrafschaft und damit indirekt auf Kyburg Bezug genommen. – Und das Thurgauer Kantonswappen selbst? Leider bildet es ja keine Zierde unter den nunmehr 26 Standeswappen der Eidgenossenschaft, indem der obere goldene Löwe in dem von Weiß und Grün schräg geteilten Schilde gröblich gegen die heraldischen Farbregeln verstößt. Als in der Mediationszeit die provisorische Regierung des jungen Kantons Thurgau Wappen, Siegel und Fahne festlegen mußte, wollte sie nicht mit dem Wappen der Landgrafschaft an das alte Untertanenverhältnis erinnert sein. Sie erhielt auf Anfrage aus St. Gallen den Bescheid, daß man dort für den neuen Kanton Grün und Weiß gewählt habe, was dann zu einer ungeschickten Lösung führte.[22] Dabei wäre auch mit Grün und Weiß etwas zu machen gewesen. Als man in neuerer Zeit wieder Vorstöße unternahm, das fehlerhafte Wappen zu ersetzen oder zu ändern, wurde unter anderm der Vorschlag gemacht, Löwen und Schrägbalken silbern (weiß) in ein grünes Feld zu setzen, doch hat der Große Rat des Kantons Thurgau eine Änderung des jetzigen Kantonswappens abgelehnt. Strukturmäßig – und vor allem mit den beiden goldenen Löwen – erinnert natürlich das Wappen immer noch an jenes der Grafen von Kyburg.

Bei Werken, die durch Register erschlossen sind oder deren Bilder und Texte in chronologischer oder alphabetischer Anordnung erscheinen, wird auf die Angabe der Seitenzahlen verzichtet. Abkürzungen: StAZ = Staatsarchiv des Kantons Zürich; UBZ = Urkundenbuch der Stadt und Landschaft Zürich (13 Bände); HBLS = Historisch-biographisches Lexikon der Schweiz.

[1] *Ottfried Neubecker,* Heraldik – ihr Ursprung, Sinn und Wert. Wolfgang Krüger Verlag, Frankfurt am Main, S. 110 ff. (Der Löwe). Zahlreiche Beispiele (Abbildungen) auch in *D. L. Galbreath* und *Léon Jecquier,* Lehrbuch der Heraldik (aus dem Französischen übertragen von Ottfried Neubecker), Battenberg-Verlag, München. In den «Archives héraldiques Suisses» (Schweizer Archiv für Heraldik) 1924, 38. Jahrgang, Nr. 2, erschien von Universitätsprofessor *Hauptmann* (Vorname fehlt) eine Abhandlung über «Die Wappengruppe der Kiburg», die den Kreis der vom Grafenwappen beeinflußten Ministerialenschilde wohl zu weit zieht.

[2] Zur Genealogie der Grafen von Kyburg: Genealogisches Handbuch zur Schweizer Geschichte, Band I. – HBLS, Band IV. – *Carl Brun,* Geschichte der Grafen von Kyburg bis 1264. – Zu den Dillingern vgl. die Aufsätze von *Heinz Bühler* (Heidenheim) und *Adolf Layer* (Dillingen) im vorliegenden Bande.

[3] Der lateinische Wortlaut (nach Siegelabbildungen UBZ):
Kiburg in nigro gilvam tabulam fore ponis
Obliquansque duos gilvos secat illa leones.

[4] Der lateinische Wortlaut (im gleichen Text):
Dillingen clipeum de lasuro fore ponis
Obliquans tabulam geminosque leones.

[5] Die noch erhaltenen Siegel des Schultheißen Rudolf aus dem Zeitraum von 1252 bis 1272 wurden schon oft abgebildet. Beispiele: Kunstdenkmäler des Kantons Zürich, Band VI. Die Stadt Winterthur, S. 8. – *A. Hafner,* Die amtlichen Siegel der Stadt Winterthur (mit schöner Siegeltafel). 220. Neujahrsblatt der Stadtbibliothek

Wappentafel 2 (Gemeindewappen)

Gemeinde Kyburg: In Schwarz ein goldener Schrägbalken, begleitet von zwei schreitenden goldenen Löwen. Unverändertes Wappen der Grafen von Kyburg.

Gemeinde Russikon: In Gold ein steigender, widerstehender schwarzer, rotgezungter Löwe. Wappen der Herren von Russikon, später Russinger von Rapperswil.

Gemeinde Adlikon: In Gold ein halber schwarzer, rotgezungter Löwe. Wappen des kyburgischen Ministerialengeschlechtes von Adlikon und von Wagenberg.

Gemeinde Andelfingen: In Rot ein goldener Schrägbalken, begleitet von zwei schreitenden goldenen Löwen, der untere überhöht von einem goldenen Stern. Wappen der einstigen Herrschaft Andelfingen, die den Schild der Grafschaft Kyburg mit einem Stern brisierte.

Thalheim an der Thur: In Gold ein steigender schwarzer, rotgezungter Löwe und ein silbernes Ort mit schwarzem Tatzenkreuz; seit 1685 bezeugt, erinnert das Wappen an das kyburgische Ministerialengeschlecht «von Dorlikon».

Kloten: In Rot ein halber silberner Löwe. Oberembrach: In Schwarz ein halber goldener, rotgezungter Löwe. Bei Kloten weist der Löwe eher auf das Haus Habsburg hin, während Oberembrach den Schild der Herren von Wagenberg in verwechselten Farben führt.

Stadt Dießenhofen: In Rot ein goldener Schrägbalken, begleitet von zwei schreitenden goldenen, goldgekrönten Löwen. Die Kronen unterscheiden das Wappen von jenem der Grafschaft Kyburg und der Landgrafschaft Thurgau.

Weesen am Walensee: In Silber ein roter Schrägbalken, begleitet von zwei schreitenden roten Löwen, der obere nach links gewandt. Die Tinkturen stimmen mit Winterthur überein.

Stadt Frauenfeld: In Silber ein steigender, golden bewehrter Löwe vor einer roten, goldengezierten Frau, die ihn an goldener Kette führt. Hauptfarben mit denen von Winterthur übereinstimmend.

Winterthur, 1883. – *Hans Kläui,* Betrachtungen zum Winterthurer Stadtrechtsbrief des Jahres 1264, Winterthur 1964, S. 31. Die lateinische Umschrift lautet: + S · R · SCVLTETI · ET · CIVIVM · DE · WINTIRTUR.

[6] Auch das Siegel des Schultheißen Wezzilo (Wetzel) aus dem Zeitraum 1276 bis 1281 wurde schon oft abgebildet. Vgl. u. a. A. Hafner, a. a. O.

[7] Herren von Seen: Abbildung in *Emil Stauber,* Die Burgen des Bezirkes Winterthur und ihre Geschlechter. 285. Neujahrsblatt der Stadtbibliothek Winterthur 1953/54. Siegeltafel II bei Seite 192 (Original an Urkunde StAZ, C II 13, Nr. 86, vom 26. April 1274).

[8] Die Truhe befindet sich im Schweizerischen Landesmuseum. Zwei Seiten (eine mit Wappen von Seen) abgebildet in Stauber, Burgen Bez. Winterthur, Tafel XIV bei Seite 272.

[9] Siegel der Herren von Adlikon u. a.: Stadtarchiv Winterthur, Urkunden Nr. 123 (22. April 1353) und Nr. 466 (2. März 1412): StAZ, C II 13, Nr. 282 (29. Januar 1356). Vgl. auch Siegeltafel in: *Emil Stauber,* Geschichte der Kirchgemeinde Andelfingen, Band I. – Von den Herren von Wagenberg sind auch mehrere Siegel erhalten, so drei an Urkunde vom 17. August 1284, StAZ, C II 13, Nr. 116; Siegelabbildungen UBZ, Lieferung 5, Tafel V, Nr. 47, 48, 49.

[10] Farbige Darstellung: Die Wappenrolle von Zürich, herausgegeben von *W. Merz* und *F. Hegi,* Zürich 1930, Tafel VII, Nr. 98.

[11] Meier von Oberwinterthur: Siegel StAZ, C I, Nr. 1426, vom 16. November 1293; abgebildet bei Stauber, Burgen Bez. Winterthur, Siegeltafel II. Farbige Darstellung: Wappenrolle von Zürich, Tafel XX, Nr. 384. Nordwand in der reformierten Kirche Oberwinterthur. Da man die Farben kannte, wurden sie bei einer früheren Restaurierung der Wandmalereien ergänzt. Da solche Zutaten bei der erneuten Restaurierung von 1978/81 beseitigt wurden, ist jetzt das blauweiße Schach nur noch schwer zu erkennen.

[12] Sehr schöne Wappenmalerei von *Hans Asper* im Amtsrecht der Herrschaft Andelfingen von 1531 (StAZ, C III 3, Nr. 314). Reproduktion als Titelblatt zu Stauber, Geschichte von Andelfingen, Band I. Hier fehlt bei den beiden Herrschaftswappen der einem der Löwen vorangestellte Stern noch.

[13] HBLS III, 233 f., sowie Mitteilung von Dr. Specker (Bern) an Stadtarchivar Dr. Alfred Häberle, Winterthur.

[14] *Hans Kläui,* Die Freiheiten der Bürger von Kyburg. Winterthurer Jahrbuch 1962, S. 127 ff. Wo auch Abbildung des Siegels vom 25. November 1379, StAZ, C II 16, Nr. 161.

[15] *Bruno Meyer,* Die Gemeindewappen des Kantons Thurgau.

[16] Das große Stadtsiegel von Winterthur erscheint erstmals an einer Urkunde vom 30. Juli 1290 im Staatsarchiv Schaffhausen. Es wurde schon oft abgebildet, so schon bei A. Hafner, a. a. O.; Kunstdenkmäler des Kts. Zürich, Band VI, Winterthur, S. 8; Kläui, Betrachtungen zum Staatsrechtsbrief, S. 47.

[17] Abbildungen: Kunstdenkmäler, Band VI, S. 102; Originale im Schweizerischen Landesmuseum und auf der Kyburg.

[18] Meyer, Gemeindewappen Thurgau; HBLS III (Siegel von 1312 mit der noch abgewandten Frau. Weitere Belege im Historischen Museum Frauenfeld.

[19] *Ferdinand Gull,* Die Gemeindewappen des Kantons St. Gallen (Weesen), in Schweiz. Archiv für Heraldik 1918, S. 203 f. – Die Gemeindewappen des Kantons St. Gallen, 87. St. Galler Neujahrsblatt, Tafel Nr. 86 und Text S. 22. – HBLS VII.

[20] *Peter Ziegler,* Die Gemeindewappen des Kantons Zürich. Herausgegeben von der Antiquarischen Gesellschaft in Zürich 1977 (mit Abschnitt über die Bereinigung der Wappen).

[21] Meyer, Gemeindewappen Thurgau.

[22] Ausführlicher in: *Louis Mühlemann,* Wappen und Fahnen der Schweiz. Reich-Verlag, Luzern 1977.

Jakob Obrecht

Die Mörsburg

Die archäologischen Untersuchungen von 1978/79
Mit einem Beitrag von Ph. Morel

Inhalt

Vorwort	129
Einleitung	130
Lage und kurze Beschreibung der Mörsburg	130
Verlauf der Arbeiten	130
Bauabfolge und Befund	136
Phase 1	136
Phase 2	138
Phasen 3 und 4	140
Phase 5	142
Phase 6	142
Schichtenverhältnisse und Befunde	143
F 14 und F 15, Profil PP'	144
F 12, F 13 und F 16, Profil SS' und Profil RR'	144
F 9, F 10, Profil MM'	145
Die Kleinfunde	146
Keramik	146
Glas, Stein und Bein	146
Metall	146
Fundkatalog	147
A Ofenkeramik	147
B Geschirrkeramik	148
C Zierkeramik	151
D Glas	152
E Stein	152
F Bein (von Ph. Morel)	152
G Eisen	153
H Buntmetall	158
Literatur	159

Vorwort

Der vorliegende Bericht über die archäologischen Untersuchungen auf der Mörsburg in den Jahren 1978/79 ist ein rein grabungstechnischer Bericht. Ein Teil des umfangreichen Fundmaterials wird vorgestellt und der Versuch unternommen, den freigelegten Gebäudetrakt in einer in sich geschlossenen, relativen Bauabfolge darzustellen. Zur Datierung des Traktes werden einige Fixpunkte angegeben. Der historische Zusammenhang aber muß dem Historiker überlassen werden.

Die Arbeiten wurden unter der Oberaufsicht von Herrn Dr. Drack, Denkmalpflege des Kantons Zürich, ausgeführt.

Finanziell wurden sie vom Historischen Verein Winterthur, der Stadt Winterthur und dem Kanton Zürich getragen. Der Schweizerische Burgenverein spendete einen Beitrag an die Auswertung.

Wissenschaftlich wurde ich von meinem Freund und Lehrer Prof. Dr. W. Meyer, Basel, unterstützt.

Die naturwissenschaftlichen Untersuchungen wurden von folgenden Herren ausgeführt: Dr. Schweingruber von der Eidgenössischen Anstalt für das forstliche Versuchswesen und Dr. Mook vom Laboratorium voor Algemene Natuurkunde, Rijksuniversiteit, Groningen NL. Die Metallfunde wurden von Herrn G. Evers am Landesmuseum gesichtet und konserviert. Für die Unterstützung von Direktor Dr. H. Schneider möchte ich mich besonders bedanken.

Den größten Dank aber möchte ich all meinen Mitarbeitern aussprechen. Unermüdlich sorgten sie, daß der Schutt verschwand und die Dokumentation auf dem aktuellen Stand blieb.

Dank auch meinem Freund Felix Müller, der mich mit seinem Fachwissen unterstützte; Ph. Morel für seinen Beitrag über das Bein sowie meinem Onkel Ernst Pulver, der die Durchsicht und Reinschrift des Manuskriptes besorgte.

Dieser Bericht sei meinen Eltern gewidmet.

Wiedlisbach im Bipperamt, April 1981

Jakob Obrecht

Einleitung

Lage und kurze Beschreibung der Mörsburg

Die Mörsburg liegt auf einem langgestreckten Hügelzug, der sich von Welsikon Richtung Wiesendangen erstreckt.[1] Sie liegt auf der mehrfach terrassierten Schulter dieses Zuges oberhalb des Weilers Mörsburg. Daneben liegt der Gutshof mit der historischen Wirtschaft zur Mörsburg.

Heute fällt von weitem nur der große, auf drei Seiten mit Megalithmauerwerk verstärkte Turm ins Auge. Der Rest ist von einem baumbestandenen Park verdeckt.

Während ihrer Blütezeit muß die Mörsburg eine sehr große und ausgedehnte Anlage gewesen sein. Heute ist davon nur noch der große, noch bewohnte und in ein Museum umgewandelte Turm erhalten. Die vorgelagerten Gebäude wurden im Laufe der Zeit abgebrochen und zu Stützmauern der Terrassen umgestaltet.

Die Mauern, die die beiden Terrassen im Süden der Burg einfassen, wurden als Gartenmauern bezeichnet, und der bergseitige Graben mußte einem Parkplatz weichen und wurde aufgefüllt.

Die Gartenmauern erwiesen sich aber wie erwartet als Ring- und Außenmauern von Gebäuden.

Die untere baumbestandene Terrasse war sicher auch ein Teil der Anlage, und es ist zu vermuten, daß die der Mörsburg vorgelagerte zweite Terrasse auch einmal in das Burgareal einbezogen war.

Verlauf der Arbeiten

Ursache der Untersuchungen auf der Mörsburg war ein Mauerfund bei Gartenarbeiten durch den Abwart der Mörsburg. Darauf führte das Stadtbauamt Winterthur eine Sondierung durch, während der ein Sondierschnitt entlang der gefundenen Mauer (M 4) gezogen wurde. Leider wurde dieser Schnitt nicht bis auf den gewachsenen Boden abgetieft, was danach zu einer Unterschätzung der Situation führte. Während der Freilegungsarbeiten zeigte sich, daß der gewachsene Boden ein bis zwei Meter unter der Sohle des Sondierschnittes lag. Die im voraus gemachte Berechnung des zu entfernenden Materials stimmte dadurch in keiner Weise.

Nach dieser Sondierung wurde auf Initiative des Historischen Vereins Winterthur eine Sondierung im größeren Rahmen projektiert. Die Kantonale Denkmalpflege übernahm die Oberaufsicht, und der Kanton Zürich finanzierte zusammen mit der Stadt Winterthur den Löwenanteil des Unternehmens.

Die Arbeiten begannen am 16. August 1978 und dauerten bis am 9. November 1979 und wurden mit einer Belegschaft von durchschnittlich fünf Personen ausgeführt.

Zuerst war die ganze Infrastruktur zu beschaffen und einzurichten. Da zuerst vorgesehen war, die ganze Grabungsfläche nach abgeschlossener Arbeit wieder zuzuschütten, mußte eine Zwischendeponie gefunden werden. Zuletzt blieb die schlechteste der denkbaren Lösungen übrig: Der Schutt wurde auf der unteren

Abb. 1 Freilegungsarbeiten in F1/F7, Gebäude B. 1978

Abb. 2 Freilegungsarbeiten in F12/F13, Gebäude A. 1979

Terrasse zwischen den Bäumen deponiert. Diese Deponie bereitete danach bis zum Ende der Arbeiten 1979 stetigen Kummer.
Der Verlauf dieser ersten Etappe ist schnell geschildert. Außer einer Menge Schutt brachte sie sozusagen nichts. Keine datierenden Kleinfunde, kaum zu dokumentierende Schichtenverhältnisse und zwei freigelegte Mauern, die in einer großen Schutthalde verschwanden, ohne daß ihr Ende abzusehen gewesen wäre (Abb. 1). Um diese Arbeiten durchzuführen, standen als technische Hilfsmittel nur zwei Förderbänder zur Verfügung, die aber nur dazu dienten, den Schutt auf die Deponie zu bringen. Nach Abschluß der Arbeiten klaffte ein großes Loch auf der oberen

Abb. 3 Die in einer späteren Phase zugemauerte Türe in M1-Ostteil im Gebäude A. Man beachte den Ährenverband aus sauber geschnittenen Tuffsteinplatten.

▲ Abb. 4 Fenster in M 8, im Erdgeschoß des Gebäudes A, mit sauber verputzten Leibungen und Mörtelglattstrich auf der Bank.

Abb. 5 Die beiden zum Cheminée gehörenden Sandsteinsäulen in M 8 im 1. Stock des Gebäudes A. ▼

Abb. 7 Südlicher Turmanbau mit Megalithmantel. Man beachte, wie die Umfassungsmauer M2 bündig an die Fuge hinter dem Megalithmantel läuft.

Abb. 6 Sandsteinerne Fensterbank in M9. Das Fenster hatte eine Mittelsäule und war vermutlich vergittert. Es wurde beim Bau des Kellerhalses zugemauert.

Abb. 8 Tor in M1. Schwelle aus Sandstein, die Leibungen sind aus Tuffstein. Man beachte den in die Mauer einbezogenen Mauerklotz.

Mörsburg, steingerechter Plan.

Terrasse der Mörsburg, und alle Beteiligten waren sich einig, daß die Arbeiten im Frühjahr wieder aufgenommen werden müßten. Im darauffolgenden Winter wurden sämtliche Funde gewaschen und die Dokumentation ins reine gezeichnet.

Endlich Ende März kam das grüne Licht für die zweite Etappe. Die Mitarbeiter waren zu diesem Zeitpunkt bereits angestellt, so daß die Arbeiten bereits am 2. April 1979 in Angriff genommen werden konnten. Während der nun folgenden Zeit waren im Durchschnitt fünf Personen im Einsatz. Eine Woche standen noch ein paar Schüler der Kantonsschule Rychenberg Winterthur zur Verfügung. Nachdem der Bauplatz von neuem eingerichtet worden war, begann wieder der Aushub im schweren Schutt. Leider goß es wäh-

Abb. 9 *Feuerstelle in F 10. Hinter den stehenden Steinen gut sichtbarer Abdruck des Kesselgalgens.*

rend dieser Zeit wie aus Kübeln, so daß die Arbeiten immer wieder unterbrochen werden mußten. Dennoch, dank dem großen Einsatz jedes einzelnen, kamen die Arbeiten vorwärts.

Die große Überraschung kam, als klar wurde, daß im Gebäude A das Niveau zwei Meter tiefer lag als in den Flächen vom Vorjahr. Dies hieß im Klartext 200 m³ zusätzlich zu entfernendes Material! Weil es nun nicht mehr möglich war, den Schutt über die Mauer M 1 auf die Deponie zu befördern, wurde kurzerhand ein mannshohes Loch durch M 1 gebrochen (Abb. 2). Der

Schutt mußte zwar immer noch hinaufgeschaufelt werden, aber man konnte nun ebenerdig zu den Förderbändern gelangen, die wiederum das einzige technische Hilfsmittel darstellten.

Am Ende der Arbeiten lagen 900 m³ Material zwischen den Bäumen auf der unteren Terrasse. Auf der oberen Terrasse lagen zusätzlich 60 m³ Steine, und die 1978 freigelegten Flächen F 9 und F 10 waren wieder zugeschüttet. Dank einem hervorragenden Traxfahrer konnte das Material ohne große Schäden am Baumbestand gegen Ende der Etappe abgeführt werden. Zu diesem Zeitpunkt war der Beschluß bereits gefällt worden, die ausgegrabenen Mauern sichtbar zu lassen. Die Arbeiten wurden am 16. August 1979 beendet. Zu diesem Zeitpunkt waren alle Dokumentationsarbeiten abgeschlossen, und der heute sichtbare Trakt lag frei.

Die Funde wurden im Winter 1979/80 gewaschen und die Dokumentation ins reine gezeichnet. Im Winter und im Frühjahr 1981 wurden die Metallfunde im Landesmuseum konserviert, die Funde gezeichnet und dieser Bericht verfaßt.

Abb. 10 Mörtelboden und Mauer M 6 in F 1 im Gebäude B.

Bauabfolge und Befund

Die Bauabfolge bezieht sich nur auf den freigelegten Teil der Burg.
Der Turm ist, mit einer Ausnahme, in diese Betrachtungen nicht einbezogen worden, da die Untersuchungen den Turm nicht tangierten. Leider konnte außer M 4 keine der die Grabungsfläche umfassenden Mauern beidseitig untersucht werden. Aus diesem Grund war es nicht möglich, die Umfassungsmauern M 2 und M 8 genauer zu datieren.
Die nun dargestellte Bauabfolge müßte nach weiteren Untersuchungen mit Sicherheit teilweise korrigiert werden.

Phase 1
Bau der Umfassungsmauern M 2 und M 8. Gleichzeitig wurde das Gebäude A (mit den Mauern M 1, M 9, M 10) im Verband mit M 8 gebaut. Das Gebäude A

Abb. 12 Kellerhals mit Gewölbe. Die obere wie die untere Türe besaßen sandsteinerne Bogen und Gewände. Quer im Kellerhals liegend die Trockenmauer M 13.

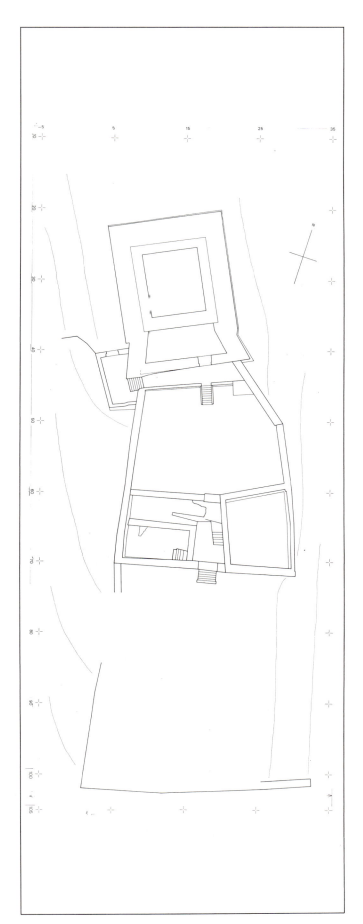

Mörsburg, Gesamtplan.

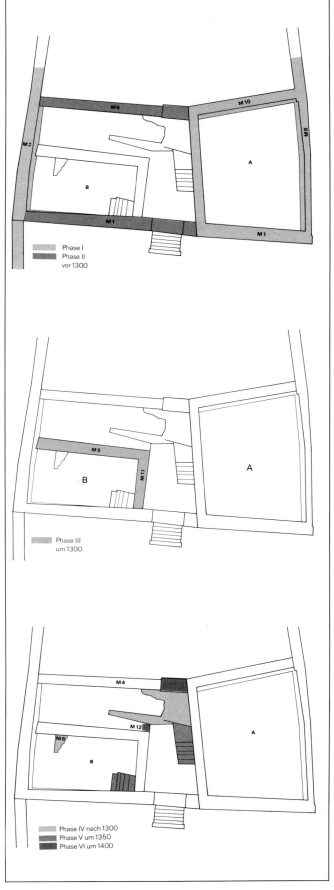

Mörsburg, Bauphasen.

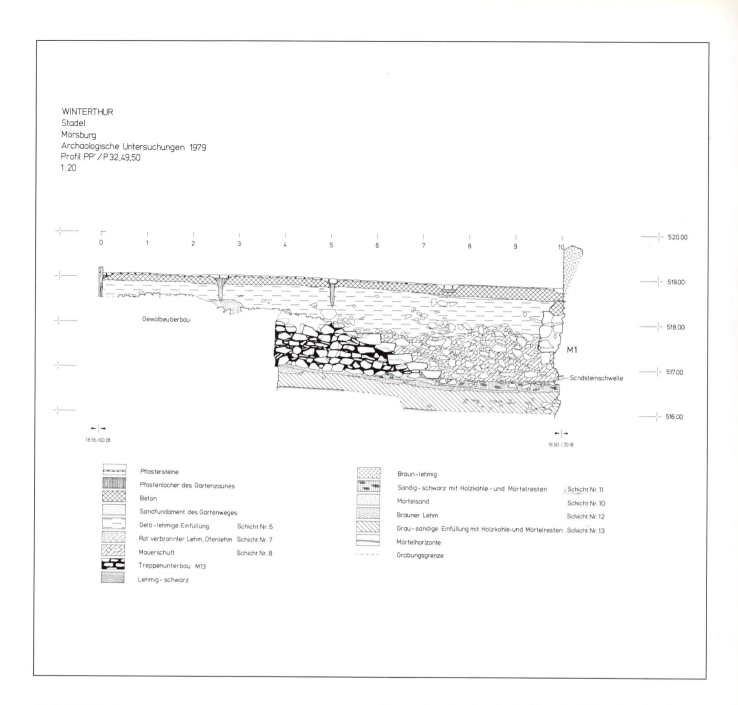

Profil PP' (Abb. A).

war ebenerdig durch eine Türe auf der Ostseite von M 1 erschlossen (Abb. 3). Das Erdgeschoß erhielt durch 4 Fenster (ein Fenster wurde bei neuzeitlichen Flickarbeiten zugemauert) in M 8 Licht (Abb. 4).

Der Raum im ersten Stock wurde von einem Cheminée auf der Ostseite dominiert. Dieses war von den heute noch sichtbaren Sandsteinsäulen (Abb. 5) flankiert. Auf jeder Seite des Cheminées war je ein Fenster.

Ein drittes Fenster mit einem Sandsteingewände (Abb. 6) war auf der Westseite des Raumes. Ob dieser Raum bereits durch die Türe in M 9 oder durch eine Treppe von unten erschlossen war, ist ungewiß. Es ist lediglich festzuhalten, daß das Gebäude A zu dieser Zeit sicher ein Wohnhaus der gehobenen Klasse war.

Die Umfassungmauern faßten sicher auch das ganze Gebiet der unteren Terrasse ein. Es ist auffällig, wie die Umfassungsmauern an den südlichen Anbau des Turmes anschließen. Sie schließen nämlich nicht bündig an den Megalithmantel an, sondern an die Baufuge, die den Megalithmantel von der ursprünglichen Mauer des Anbaues trennt (Abb. 7). Daraus läßt sich der Schluß ziehen, daß die Umfassungsmauer vor dem Megalithmantel gebaut wurde.

Phase 2

In dieser Phase wurde die Mauer M 1 vollendet, d.h.,

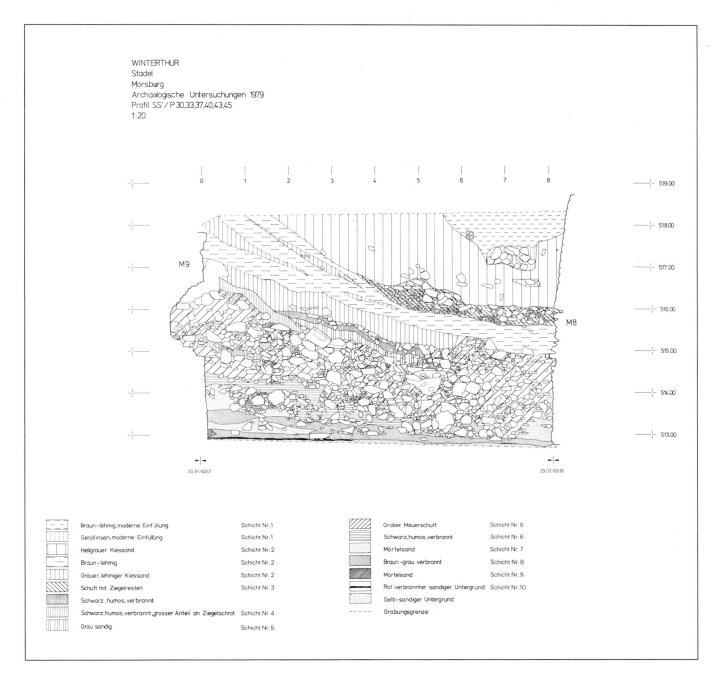

Profil SS' (Abb. B).

die Lücke zwischen dem Bau A und M2 wurde geschlossen.
Sie erhielt ein breites Tor (Abb. 8) gegen Süden mit derselben Schwellenhöhe wie die Türe in M9.
Weiter wurde die Mauer M4 in der gleichen Art wie M1 zwischen Bau A und M2 geklemmt. Diese Mauer wurde eindeutig gegen eine zur gleichen Zeit erfolgte Terrainerhöhung gestellt. Das Niveau hinter M4 war nachher etwa ein Meter tiefer als das heutige Terrain. Die Mauer wäre ohne rückseitige Auffüllung nicht standfest gewesen: der sich gegen unten verjüngende Querschnitt von M4 zeigt dies schön. Dieser Auffüllung mußte sicher ein Gebäude weichen.
Das gleichzeitig zugeschüttete Fenster, turmseitig hinter M4, gehörte vermutlich zu diesem Gebäude.
Leider ist das die einzige Spur, die von diesem Bau erfaßt werden konnte.
In M4 war eine an M10 grenzende, später wieder zugemauerte Türe, deren Schwellenhöhe leider nicht bestimmt werden konnte. Jedenfalls ist die Verbreiterung der Krone von M4 im Moment nicht anders zu deuten. Die Vermutung besteht, daß zu dieser Zeit das gleiche wie auf der Frohburg geschah, nämlich eine drastische interne Redimensionierung der Anlage. Diese Erscheinung könnte aber auch in einer der folgenden Phasen erfolgt sein, wurde aber sicher einmal durchgeführt.[2]

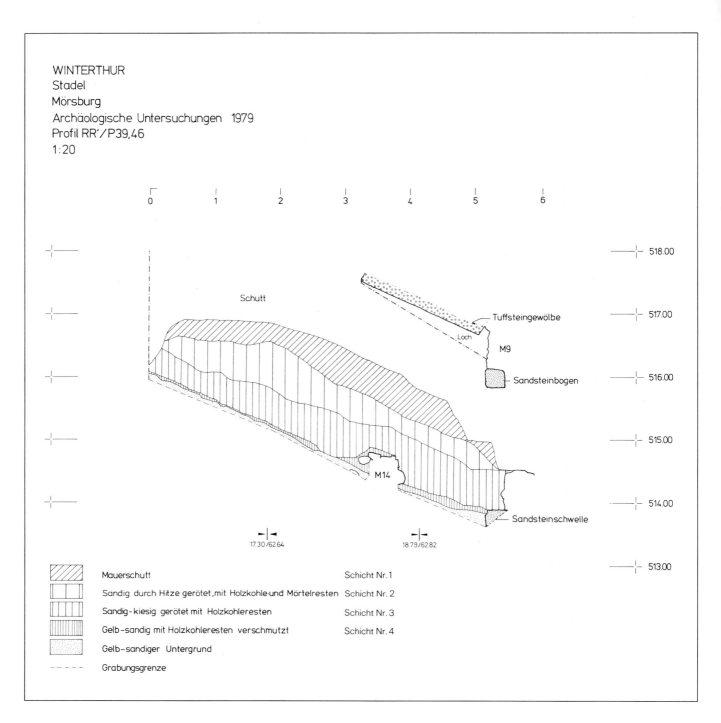

Profil RR' (Abb. C).

Phasen 3 und 4

In diesen Phasen wurde das Gebäude B (M5, M11) gebaut. Wie das Gebäude am Anfang erschlossen war, ist ungewiß. Kurz darauf wurden die Mauer M6 und der Mörtelboden, der an M1 grenzt, eingebaut.

Der Mörtelboden kann mit Hilfe des Dolches (G1) einigermaßen datiert werden. Der Dolch wurde in der Ritze zwischen Mörtelboden und M1 gefunden (Abb. 10 und 11). Er ist in die zweite Hälfte des 13. Jahrhunderts zu datieren, also kann dieser Einbau um 1300 oder etwas später angesetzt werden.

Zu dieser Zeit oder etwas später erfolgte der Einbau des Kellerhalses mit seinem Gewölbe (Abb. 12 und 13). Um ihn überhaupt benützen zu können, mußte in M9 eine Türe gebrochen werden. Das Fenster in M9 (Abb. 6) wurde zugemauert. Durch den Bau des Kellerhalses bekommt auch das Tor in M2 (zwischen M4 und M5) einen Sinn.

Vermutlich diente von diesem Zeitpunkt an das Erdgeschoß des Gebäudes A als Keller. Der Bau des Kellerhalses läßt sich anhand der gefundenen Ofenkachelfragmente aus dem Pfostenloch in F14b (Abb. 14) in die Mitte des 14. Jahrhunderts datieren.

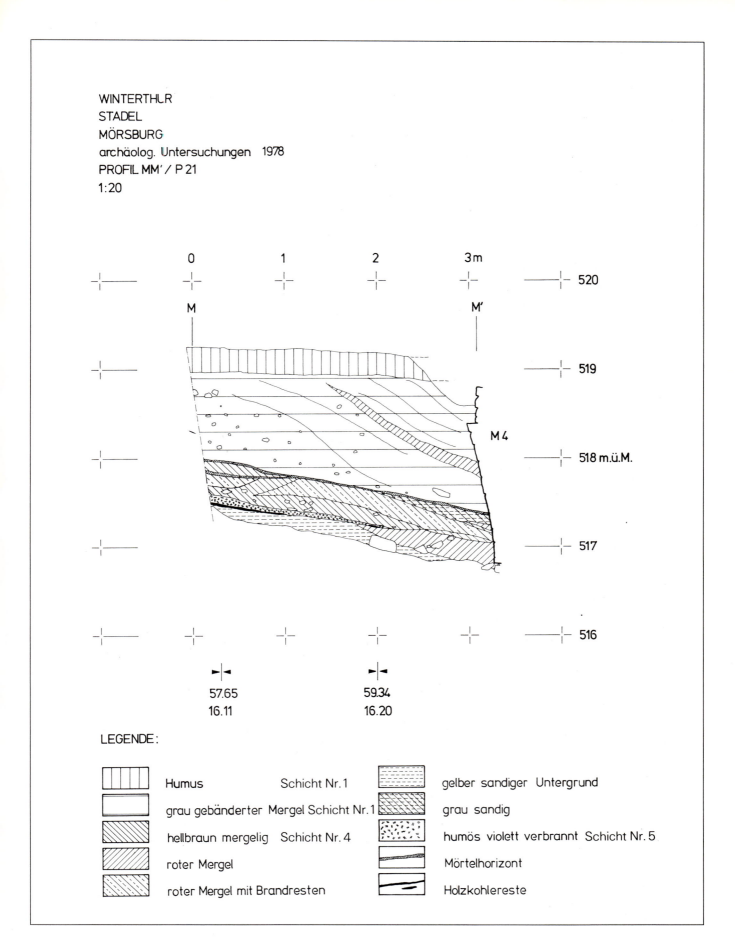

Profil MM' (Abb. D).

Abb. 13   Gewölbe aus Tuffstein des Kellerhalses.

Abb. 14   Pfostenloch in F 14b. Der Abdruck des viereckigen Pfostens und der Keilstein sind gut zu erkennen.

Phase 5

In dieser sicher nur sehr kurzen Phase wurde dieser Teil der Burg noch einmal umgestaltet. Vermutlich wurde im Gebäude A ein neuer Boden eingezogen und das Erdgeschoß mit einer Treppe erschlossen. Anders ist die zugemauerte Tür des Kellerhalses nicht zu erklären. Das Tor in M 1 wurde vielleicht schon beim Bau des Kellerhalses zugemauert, könnte aber genausogut erst zu diesem Zeitpunkt zugemauert worden sein (Abb. 15).

Der Boden des Erdgeschosses des Gebäudes A wurde abgesenkt, was das Fehlen der Kulturschicht erklären würde. Im Gebäude B erfolgte dasselbe. Auf der restlichen Fläche (nicht vom Mörtelboden bedeckt) wurde der Boden um einen Meter unter die Fundamentunterkante abgetieft. Um diesen Boden überhaupt erreichen zu können, mußte eine Treppe (Abb. 16) gebaut werden. Es ist anzunehmen, daß auch die Türe in M 11 zu diesem Zeitpunkt erstellt wurde. Es ist aber nicht auszuschließen, daß die Türe schon vor der Abtiefung des Bodens bestanden haben könnte. Jedenfalls aber ist die Türe in M 11 ausgebrochen worden.

Auch die Treppe in F 14 wurde gebaut (Abb. 17). Die Treppe könnte aber auch bereits anschließend an den Bau des Kellerhalses gebaut worden sein. Jedenfalls diente sie als Verbindung zwischen dem Turm und den Gebäuden A und B sowie dem Tor in M 1.

Phase 6

Den Beginn dieser letzten Phase scheint ein Brand auf der Burg oder in einem Teil der Burg einzuleiten. Der Bautrakt wurde nun zum Schuttplatz.

Das Gebäude A wurde aufgegeben. Der Holzboden des Gebäudes muß eingestürzt sein. Durch die Hebelwirkung der Decke und der Balken wurde die zugemauerte Tür des Kellerhalses im oberen Teil wieder aufgebrochen. Der Brandschutt wurde in das Gebäude A und in den Kellerhals geschüttet. Einzig im Gebäude B wurde noch einmal aufgeräumt, anders ist das Fehlen der Kultur- und Brandschichten nicht zu erklären.

Der Platz in F 15 und die Treppe in F 14 wurden noch gebraucht, denn der Platz wurde wieder planiert und wegen der Erhöhung des Terrains auch die Treppe im Bau B um einen Tritt erhöht. Um einen Abschluß gegen den Schutt zu erhalten, wurde die Trockenmauer M 12 aufgeschichtet. Das Tor in M 2 wurde vermutlich

◀ Abb. 15 Zugemauerte und später wieder aufgebrochene untere Türe des Kellerhalses.

zugemauert, da es seinen Sinn ja eingebüßt hatte. Bald aber wurde auch das Tor in M 1 zugemauert. Es muß viel Schutt und Abbruchmaterial herumgelegen haben, denn um das Tor zuzumauern, wurde ein großer Mauerklotz direkt einbezogen (Abb. 8). Die Türe in M 4 wurde auch zugemauert. So bildeten nun die Mauern M 4 und M 10 den Abschluß der Burg gegen Süden.

Nachdem die ganze Fläche mit Schutt gefüllt war, wurde der Teil als Garten benutzt. Reb-, Lust- und Gemüsegarten sind belegt.

Schichtenverhältnisse und Befunde

Die Schichtenverhältnisse sahen während der Grabung sehr kompliziert aus, gegen Ende der Grabung wurden sie aber ziemlich übersichtlich. Der Großteil der erkannten Schichten waren reine, zufällig entstandene Deponieschichten.

Reine Kulturschichten fanden sich nur in F 14 und

Abb. 16 Treppe im Gebäude B.

F 15; der Rest war reine Einfüllung. Ein Schnitt durch eine moderne Bauschuttdeponie würde, außer anderen Materialien, etwa denselben Befund bringen.
Aus diesem Grund werden anschließend nur einige wichtige Schichten besprochen.

F 14 und F 15
Profil PP' (Abb. A)

In diesen Flächen wurden die einzigen datierenden Artefakte gefunden.
Für die relative Bauabfolge existiert nur ein einziger sicherer Fixpunkt, nämlich die Füllung aus Ofenlehm (Schicht Nr. 7) im Pfostenloch in F 14b (Abb. 14).
Das Loch war aus dem Gewölbeüberbau geschrotet worden. Darin war mit Hilfe von Ofenlehm und Keilsteinen ein viereckiger Pfosten eingebunden. Im Ofenlehm fanden sich noch Becherkachelfragmente vom Typ 4, die sich um 1300 einordnen lassen.
Ob der Pfosten als Treppengeländer oder Wandpfosten diente, war nicht zu deuten. Als Geländerpfosten hätte er nur Sinn, wenn ein Teil des Gewölbes schon eingebrochen gewesen wäre.
Im Zwickel des Gewölbeüberbaus, der an M 4 gelehnt ist, fand sich folgender Aufbau:
Über dem Gewölbeüberbau lag ein Mörtelglattstrich, auf dem wiederum eine dünne Kulturschicht lag. Darin lagen Knochen, Eierschalen und Fischknochen, leider wurde darin keine Keramik gefunden. Darüber lag eine schlecht gemörtelte Steinpflästerung ohne Kulturschicht. Zu was für einer Konstruktion diese Böden gehörten, konnte nicht eruiert werden.
Die Treppe in F 14 steht auf einer Auffüllung, die mehrere Mörtelhorizonte enthielt, die nur als Bauhorizonte gedeutet werden konnten: Bauhorizonte der Mauern M 1, M 9 und M 11.
Eine letzte Planie mußte nach dem Bau der Treppe, die in das Gebäude B führt, eingebracht worden sein, denn die Treppe mußte im nachhinein um eine Stufe erhöht werden.
Leider war es wegen akuter Einsturzgefahr nicht möglich, die beiden Flächen bis auf den gewachsenen Boden zu untersuchen. Es ist zu vermuten, daß ausgerechnet in diesen Flächen noch eine ungestörte Stratigraphie vorhanden sein könnte.

F 12, F 13 und F 16
Profil SS' und Profil RR' (Abb. B und C)

Die beiden grundverschiedenen Flächen lassen sich gut zur Übereinstimmung bringen.
Unter riesigen Mengen Schutt lagen die Schichten F 12, F 13/8, F 13/9. Diese eingefüllten Brandschichten enthielten nur Funde aus dem 13. und 14. Jahrhundert. Sie entsprechen den Schichten F 16/2 und F 16/3.

Die obengenannten Schichten von F 12, F 13 und F 16 laufen durch das Loch in der Türzumauerung des Kellerhalses zusammen. Es ist also naheliegend, daß sie zum selben Zeitpunkt abgelagert wurden. Das heißt aber auch, daß die Zumauerung vor der Ablagerung wieder aufgebrochen worden sein muß.
Die ungeheure Menge an Kleinfunden verlangte direkt nach einer näheren Untersuchung dieser Schichten. Es wurden dann auch zwei naturwissenschaftliche Untersuchungen durchgeführt. Nämlich eine Untersuchung der organischen Beimengungen und eine C-14-Datierung der Holzkohlereste.
Das Labor für fossiles und historisches Holz an der Eidgenössischen Anstalt für das forstliche Versuchswesen lieferte folgenden, hier zusammengefaßten Bericht:
Die Brandschichten von F 16/2 und F 16/3 enthielten folgendes organische Material:
– Häufige Reste von verkohlten Hirsekörnern.
– Verkohlte Reste von Erbsen und Getreidekörnern.
– Reste von Birnen (Dörrobst).
– Eierschalen.
– Reste von stark verkohlten und mit einer porösen Kohlemasse überzogenen Gewebefragmenten und einer Schnur.

Abb. 17 Treppe in F 14. Hinter der Treppe der Gewölbeüberbau.

Die gefundenen Holzkohlestücke stammten von großen Balken (Bauhölzer). Nämlich von:
- Eiche
- Fichte
- Tanne

Weiter war das Stück eines Kernobstastes darunter.
Die Altersbestimmung nach der C-14-Methode wurde vom Laboratorium voor Algemene Natuurkunde, Rijksuniversiteit, Groningen NL durchgeführt.
Die Untersuchung brachte folgende Resultate:
- F 16/3   1065 ± 25
- F 13/11   1150 ± 40

Diese Resultate sind folgendermaßen zu interpretieren: Für F 16/3, was F 12, F 13/8 entspricht, bewegt sich die C14-Datierung zwischen den Jahren 1040 und 1090.
Sämtliche Funde dieser Schicht stammen aber aus dem 13./14. Jahrhundert. Es muß sich also um Holz handeln, das um 1100 geschlagen wurde und das in einem Gebäude bis ins 14. Jahrhundert Verwendung fand. Es ist absolut möglich, daß ein Holz untersucht wurde, das bereits zum zweiten- oder drittenmal als Bauteil Verwendung fand. Das Fehlen von Funden aus dem 11. und frühen 12. Jahrhundert läßt auf eine Bautätigkeit, die in die Tiefe gerichtet war, schließen.

Abb. 19 Die Mörsburg um 1670, dargestellt von einem unbekannten Zürcher Maler.

Anders ist das Fehlen von Funden aus dem 11. und frühen 12. Jahrhundert nicht zu erklären.
Die Proben aus F 13/11 entsprechen etwa dem vermuteten Baudatum des Gebäudes A. Das heißt aber nicht, daß vorher außer dem Turm keine anderen Steinbauten existiert hätten. Im Fundament von M 2 wurden eindeutig Mauerbrocken festgestellt, die nur von älteren Mauern stammen können.
Als Zusammenfassung die zwei wichtigsten Resultate:
- Der Nachweis von Konstruktionsholz um 1100.
- Eine Auswahl des Speisezettels der Bewohner.

Woher der Brandschutt stammt, ist ungewiß. Sicher aber stammt er aus einem über längere Zeit bewohnten Wohnhaus.

F9, F10
Profil MM' (Abb. D)

In den beiden Flächen wurden total andere Schichtverhältnisse angetroffen. Der grobe Mauerschutt fehlte vollkommen. Der sich nach unten verjüngende Querschnitt von M 4 ließ keine Zweifel offen, daß das Material entweder vor oder während des Baues von M 4 abgelagert worden sein mußte. M 4 wäre ohne diese Stütze nämlich nicht standfest.
Unter dieser Einfüllung lag die verbrannte, dünne Schicht F 10/5. Es war nicht genau zu bestimmen, ob es sich um eine abgeräumte Brandschicht oder um eine dünne Kulturschicht handelt.

Darin aber lag die Feuerstelle mit dem schön sichtbaren Pfostenloch des Kesselgalgens (Abb. 9).
Die Feuerstelle und das zugeschüttete Fenster in M2, turmseitig von M4, lassen vermuten, daß vor dem Bau von M4 auf diesem Platz ein Gebäude stand. Grundriß und Aussehen waren nicht zu bestimmen. Zu vermuten ist ferner, daß die Feuerstelle und das Fenster nicht zum gleichen Bau gehören. Eine ebenerdige Feuerstelle und ein Fenster mit Tuffsteingewände lassen sich schlecht unter einen Hut bringen.
Leider lag in der die Feuerstelle enthaltenden Schicht keine Keramik, einzig zwei Rutenfragmente von Hufeisen kamen zum Vorschein. Das Alter dieser Hufeisen kann man ins 13. Jahrhundert ansetzen, sie taugen aber für eine genauere Datierung wenig.

[1] Die genauen Koordinaten lauten: Landeskarte 1:50000, Blatt 216; Mörsburg: 700 150/266 320.
[2] Meyer, Die Frohburg, S. 8.

Die Kleinfunde

Keramik

Der vorgelegte Katalog stellt eine grobe Auslese dar und erhebt nicht den Anspruch, vollständig zu sein.
Es hätte den Rahmen dieser Arbeit gesprengt, das mehrere hundert Fragmente umfassende Material vollständig zu bearbeiten.

Ofenkeramik
Ofenkacheln waren relativ häufig und in allen Lagen vertreten. Am meisten vertreten ist der Typ A5.
Auffallend sind die mit weißer Engobe verzierten Fragmente von Pilzkacheln (A7, A8). Der Stil erinnert stark an die verzierte Bügelkanne B16.

Geschirr- und Gebrauchskeramik
Die Geschirrkeramik ist in allen Lagen vertreten, fehlt aber fast vollkommen in F9 und F10.
Zeitlich ist die Keramik vom 12. Jahrhundert an bis in die Neuzeit vertreten. Am häufigsten aber sind Stücke aus dem 13. und 14. Jahrhundert belegt.
Auffallend (wie bei der Ofenkeramik) ist die spärlich vertretene glasierte Keramik aus dem 14. Jahrhundert.
Erwähnenswert ist sicher auch das Fragment eines Kruges aus Steingut.

Zierkeramik
Die Zierkeramik stammt aus Schichten mit großen Beständen an Funden aus dem 13. und 14. Jahrhundert. Leider wurde das Aquamanile im ersten Abstich gefunden und ist dadurch nicht näher zu datieren.

Glas

Die abgebildeten Stücke sind nur eine Auslese. Neben Gebrauchsglas wurde auch viel weißes und grünes Fensterglas gefunden.

Stein

Abgebildet wurde nur ein, vermutlich neuzeitlicher, Wetzstein. Im Schutt lagen aber zahlreiche fragmentierte Hausstücke von Tür- und Fenstergewänden aus Sand- und Tuffstein.
Im Schutt von F12 lag auch das Fragment eines Mühlsteins.

Bein

Leider ist es nicht gelungen, jemanden zu finden, der die große Menge von Tierknochen bearbeitet hätte. Aus diesem Grund bleibt dieses kulturgeschichtlich interessante und wichtige Material ohne weitere Erwähnung.

Metall

Eisen
Hier wurde versucht, einen umfassenden Katalog der ausgewählten Kleinfunde vorzustellen.
Es sei bemerkt, daß mehrere hundert Stücke, vor allem Nägel und Beschläge, nicht konserviert wurden.
Herausragende Stücke sind sicher der Dolch und das Nasal.
Aber auch Handwerk und Landwirtschaft sind anhand der Funde zu belegen.
Daß auf der Mörsburg eine Schmiede gewesen sein könnte, ist anhand von zwei Gußluppen (nicht abgebildet) zu vermuten. Mit Absicht wurden einige Stücke unbekannter Verwendung, die ihrer Deutung harren, mit einbezogen.

Buntmetall
Der Bestand an Buntmetallstücken ist sehr klein.
Der sauber gearbeitete Riegel (H1), das Bein des bronzenen Pferdes (H4) und die Schelle, die genausogut eine «Belle» für an den Ständer eines Falkens sein könnte, zeugen vom gehobenen Lebensstandard der Bewohner. Weiter wurden noch Stücke eines sehr fein gezogenen Kupferdrahtes (nicht abgebildet) gefunden, der nach der Fundlage aus dem 13./14. Jahrhundert stammen muß.

Fundkatalog

A Ofenkeramik

A 1
Randfragment einer *Becherkachel*. Rand umgelegt und glattgestrichen. Dünne Wandung. Gewülstet, evtl. nachgedreht. Gelblicher, mittelharter Brand.
– Tauber, Herd und Ofen: Abb. 208, Nr. 69
Fundlage: F 5/5
Zeitstellung: Mitte 13. Jahrhundert.

A 2
Fragment einer *Becherkachel*. Auffallend dünner Boden. Gleiche Verarbeitung wie A 1.
Fundlage: F 5/5
Zeitstellung: 13. Jahrhundert, Mitte.

A 3
Napfkachel. Die Kachel wurde formgetreu, aber zerbrochen gefunden. Trichterförmige Wandung mit durchgehenden Riefeln. Verdickter Rand mit horizontaler, gerundeter Lippe. Leichte Hohlkehle auf der Randoberseite. Ziegelroter, harter Brand. Auf der Innenseite olivgrüner Glasurrest.
– Tauber, Scheidegg, B 76
Fundlage: F 13/7
Zeitstellung: Um 1300 oder jünger.

A 4
Fragment einer *Napfkachel*. Gerundete Lippe mit ausgeprägter Hohlkehle auf der Oberseite. Durchgehende Riefeln. Harter, ziegelroter Brand. Mit Drahtschlinge abgeschnitten.
– Müller, Bischofstein, B 17
– Tauber, Scheidegg, B 27
Fundlage: F 8/3
Zeitstellung: 13. Jahrhundert, Ende.

A 5
Fragment einer *Napfkachel*. Schwach verdickter Rand. Auf der Innenseite Hohlkehle, die gegen die Wandung mit einer Leiste abgesetzt ist. Wandung beidseitig mit Riefeln, auf der Innenseite aber sehr schwach. Boden leicht eingedellt, mit der Drahtschlinge abgeschnitten. Harter, roter Brand. Dieser Typ ist am meisten vertreten. Es scheint sich um die jüngste Form der hier gefundenen Napfkacheln zu handeln. Auffallenderweise erscheint dieser Typ hier immer unglasiert.
– Meyer, Alt-Wartburg, B 333
– Tauber, Herd und Ofen, Abb. 209, Nr. 79–87
Fundlage: F 8/2
Zeitstellung: 14. Jahrhundert, 2. Hälfte.

A 6
Fragment einer *Pilzkachel*. Tubus beidseitig mit Riefeln, die innen viel stärker ausgebildet sind. Der Rand ist nach außen leicht verdickt und nach außen abgestrichen. Mit der Drahtschlinge abgeschnitten. Der Pilz außen mit Riefeln, aber innen glatt ausgedreht. Harter, braunroter Brand.
– Tauber, Herd und Ofen, Typentafel 13, Nr. 4
Fundlage: F 8/2, F 8/3
Zeitstellung: Anfang 14. Jahrhundert.

A 7
Fragment einer *Pilzkachel*. Dünne Wandung, harter, ziegelroter Brand. Auf der Außenseite ringförmige Verzierung von weißer Engobe.
Fundlage: F 13/8
Zeitstellung: Anfang 14. Jahrhundert.

A 8
Fragment einer *Pilzkachel*. Dünne Wandung. Ansatz des außenliegenden Wirbels erkennbar. Roter, harter Brand.
Verziert mir zwei umlaufenden Bändern von weißer Engobe.
Fundlage: F 12/7
Zeitstellung: Anfang 14. Jahrhundert.

A 9
Fragment einer *Nischen- oder Kranzkachel*. Modelgepreßtes durchbrochenes Blatt. Ansatz eines Bogens in gotischem Maßwerk mit Krabbe. Aufgesetzter Tubus. Front braun glasiert, Maßwerk und Krabbe durch vorgängige Engobierung grün. Ziegelroter, harter Brand.
– Meyer, Alt-Wartburg, B 390
– Müller, Bischofstein, B 51
– Tauber, Scheidegg, B 93
Fundlage: F 15/13
Zeitstellung: 14. Jahrhundert, Mitte.

A 10
Fragment eines *Kacheltubus*. Hinten offen, also für ein undurchbrochenes Blatt. Der Tubus ist hinten viereckig und wird gegen das Blatt hin rund. Scheibengedreht, der hintere Teil wurde von Hand eckig gearbeitet. Ziegelroter, harter Brand.
Fundlage: F 13/8
Zeitstellung: 14. Jahrhundert, 2. Hälfte.

B Geschirrkeramik

B 1
Randscherbe eines *Topfes*. Aus dem Hals geschwungener, oben gerundeter Rand. Auf der Schulter riefelförmige Drehspuren. Hellroter, harter Brand.
Fundlage: F 12, zerdrückt in einem Balkenloch von M 1.
Zeitstellung: 12. Jahrhundert.

B 2
Randscherben eines *Topfes*. Lippenrand und kurzer Hals. Grauer Ton mit ziegelroter Oberfläche. Mittelharter Brand.
– Schneider, Alt-Regensberg, B 50
Zeitstellung: Um 1200.

B 3
Schulterfragment eines *Topfes*. Drei Reihen mit Rädchendekor. Braunroter, harter Brand, Außenseite schwarz.
– Müller, Bischofstein, A 38
Fundlage: F 6/1
Zeitstellung: 13. Jahrhundert.

B 4
Randscherbe eines *Topfes*. Aus der Schulter geschwungener Rand mit kantiger, unterschnittener Hängeleiste. Gerundeter Hals. Brauner, harter Brand.
– Tauber, Scheidegg, A 25
Fundlage: F 13/8
Zeitstellung: 13. Jahrhundert, Mitte und 2. Hälfte.

B 5
Randscherbe eines *Topfes*. Aus der Schulter geschwungener, gerundeter Rand mit abgesetzter Hängeleiste. Gerundeter Hals. Ziegelroter, harter Brand.
– Meyer, Alt-Wartburg, B 71
Zeitstellung: 13. Jahrhundert, 2. Hälfte und Anfang 14. Jahrhundert.

B 6
Randscherbe eines *Topfes*. Geschwungener, runder Rand mit kantiger, unterschnittener Hängeleiste. Grauer, mittelharter Brand. Später noch einmal reduzierend überbrannt.
– Tauber, Scheidegg, A 18–A 45
Fundlage: F 13/8
Zeitstellung: 13. Jahrhundert, Mitte und 2. Hälfte.

B 7
Randscherbe eines *Topfes*. Geschwungener, stark verdickter runder Rand. Gerundete Leiste. Auf der Schulter regelmäßiger Riefeldekor. Braunroter, mittelharter Brand.

– Meyer, Alt-Wartburg, B 44
Fundlage: F 12/10
Zeitstellung: 13. Jahrhundert, Mitte und 2. Hälfte.

B 8
Randscherbe eines *Topfes*. Geschwungener, verdickter Rand mit kleiner Hängeleiste. Runder Hals. Roter, harter Brand.
– Tauber, Scheidegg, A 18–A 45
Fundlage: F 13/8
Zeitstellung: 13. Jahrhundert, Mitte und 2. Hälfte.

B 9
Randscherbe eines *Topfes*. Verdickter Rand, wenig ausladend. Schwache, gerundete, vom Rand abgesetzte unterschnittene Leiste. Roter, harter Brand.
– Tauber, Scheidegg, A 60
Fundlage: F 13/7
Zeitstellung: Um 1300.

B 10
Randscherbe eines *Topfes*. Ausladender Rand mit weit abgesetzter, runder Hängeleiste. Runder Hals. Roter, harter Brand.
– Meyer, Alt-Wartburg, B 62
Fundlage: F 13/8
Zeitstellung: 13. Jahrhundert, 2. Hälfte und beginnendes 14. Jahrhundert.

B 11
Randscherbe eines *Topfes* mit Leistenrand. Auf der Schulter unregelmäßige, durchgehende Riefeln. Hellbrauner, harter Brand.
– Scheidegger, Alt-Regensberg, B 114
Fundlage: F 11/2
Zeitstellung. Beginnendes 14. Jahrhundert.

B 12
Randscherbe eines *Topfes* mit vom Rand abgesetzter Hängeleiste. Innen abgestuft. Grauer, harter Brand.
Fundlage: F 12/3
Zeitstellung: Vermutlich nach 1300.

B 13
Randscherbe eines *Topfes* mit innen gestuftem Karniesrand. Grauer, harter Brand.
– Schneider, Alt-Regensberg, B 121
Fundlage: F 6/1
Zeitstellung: Vermutlich 14. Jahrhundert, Mitte.

B 14
Randscherbe eines *Topfes* mit innen gestuftem Lippenrand. Innen oliv glasiert, außen sind nur einige Flecken vorhanden. Ziegelroter, harter Brand.
– Schneider, Alt-Regensberg, B 119
Fundlage: F 13/8

Zeitstellung: 14. Jahrhundert, 2. Hälfte bis 15. Jahrhundert.

B 15
Wandscherbe mit *Rundhenkelansatz*. Grauer, mittelharter Brand, später noch einmal reduzierend gebrannt. Erinnert stark an B 6.
Fundlage: F 16/3
Zeitstellung: Vermutlich 13. Jahrhundert, Mitte bis 2. Hälfte.

B 16
Fragment einer kleinen *Bügelkanne* mit einfachem Lippenrand. Auf der Schulter zwei gerundete Riefeln. Topf gedreht, Bügel und Ausguß gewülstet. Als Verzierung zwei weiße Engobentupfer. Roter, harter Brand. Die Art der Verarbeitung, des Brandes und vor allem der Verzierung erinnert stark an die Pilzkachelfragmente A 7 und A 8.
– Müller, Bischofstein, A 75–A 76
Fundlage: F 16/2
Zeitstellung: Vermutlich beginnendes 14. Jahrhundert.

B 17
Fragment einer kleinen *Bügelkanne* mit knolligem Lippenrand. Ausguß gewülstet und mit dem Draht (?) auf die richtige Länge abgeschnitten. Roter, harter Brand.
– Müller, Bischofstein, A 75–A 76
Fundlage: F 13/10
Zeitstellung: um 1300.

B 18
Fragment einer *Flasche*. Enger Ausguß und gesattelter Henkel, seidige Oberfläche. Grauer, harter Brand.
– Schnyder, Keramik des Mittelalters, Abb. 4
Fundlage: F 12/2
Zeitstellung: Vermutlich um 1300 und jünger.

B 19
Randscherbe eines *Henkeltopfes* mit innen gekehltem Trichterrand. Roter, harter Brand.
– Meyer, Alt-Wartburg, B 88–B 91
– Meyer, Mülenen, A 12
Fundlage: F 13/8
Zeitstellung: Um 1300.

B 20
Randscherbe eines *Henkeltopfes* mit innen gekehltem Trichterrand. Henkel mit rundem Querschnitt, rechtwinklig abgebogen und in der Ecke flachgedrückt.
– Meyer, Alt-Wartburg, B 88–B 91
– Meyer, Mülenen, A 12
Fundlage: F 13/8
Zeitstellung: Um 1300.

B 21
Randscherbe eines *Topfes* oder einer *Henkelkanne* mit innen gekehltem Trichterrand. Gewülsteter Henkel mit abgerundetem Rechteckquerschnitt. Ziegelroter, harter Brand.
– Schneider, Alt-Regensberg, B 213
– Tauber, Scheidegg, A 108
Fundlage: F 13/7
Zeitstellung: 14. Jahrhundert, 1. Hälfte.

B 22
Randscherbe eines *Topfes* oder einer *Henkelkanne* mit innen gekehltem Trichterrand. Gesattelter Henkel. Hellbrauner, harter Brand. Sehr saubere Arbeit.
Fundlage: F 12/7
Zeitstellung: 14. Jahrhundert, 1. Hälfte.

B 23
Wandscherbe eines *Henkeltopfes*. Innen oliv glasiert, am Henkel einige Glasurspritzer. Auf der Wand schmale Riefeln. Gewülsteter Henkel, schräg angebracht. Ziegelroter, harter Brand. Das Stück erinnert stark an B 14.
Fundlage: F 13/8
Zeitstellung: 14. Jahrhundert, 2. Hälfte bis 15. Jahrhundert.

B 24
Fuß eines *Dreifußtopfes* mit rundem Querschnitt. Fuß und Boden gewülstet. Roter, harter Brand.
– Meyer, Mülenen, A 15
– Schneider, Alt-Regensberg, B 220
Fundlage: F 13/7
Zeitstellung: Um 1300.

B 25
Tüllengriff, vermutlich zu einem Topf gehörend. Großer, olivfarbener Glasurfleck. Harter, ziegelroter Brand.
– Schnyder, Keramik des Mittelalters, Abb. 2 und Abb. 3
Fundlage: F 12/6
Zeitstellung: Vermutlich 14. Jahrhundert, Mitte und jünger.

B 26
Gesattelter *Bügel* mit Kerbdekor, vermutlich einer Bügelkanne. Roter, harter Brand.
Fundlage: F 14/13
Zeitstellung: Vermutlich ab 1300.

B 27
Fragment einer *Schüssel* mit gerundetem Lippenrand. Boden eingedellt. Bodenunterseite sehr grob. Wand und Bodenoberseite sauber gedreht. Roter, harter Brand.

- Meyer, Mülenen, A 51
- Tauber, Scheidegg, A 111 (viel dünnwandiger)

Fundlage: F 13/8
Zeitstellung: 14. und 15. Jahrhundert, nach Fundlage eher im 14. Jahrhundert.

B 28
Randscherbe einer *Schüssel* mit Kragleistenrand. Innen weiß engobiert und grün glasiert.
Fundlage: F 13/3
Zeitstellung: Vermutlich ab oder um 1400.

B 29
Fragment einer *Schüssel* mit einfachem, nach innen abgestrichenem Rand. Roter, harter Brand.
Fundlage: F 13/8
Zeitstellung: 14. und 15. Jahrhundert, nach der Fundlage eher im 14. Jahrhundert.

B 30
Randfragment eines *Ohrennapfes*. Einfacher, nach innen abgestrichener Rand. Das ganze Stück ist gewülstet. Innen weiß engobiert und grün glasiert.
Fundlage: F 12/10
Zeitstellung: Ab oder um 1400.

B 31
Randscherbe einer *Schale* mit karniesartigem Rand. Grauer, harter Brand, innen seidige Oberfläche.
- Schneider, Alt-Regensberg, B 126

Fundlage: F 12/5
Zeitstellung: 14. Jahrhundert, 2. Hälfte.

B 32
Randscherbe einer *Schüssel* mit Kragleistenrand. Grauer, harter Brand.
Fundlage: F 16/2
Zeitstellung: Vermutlich um 1400 und jünger.

B 33
Fragment eines *Deckels*. Flache Scheibe. Rand mit nach außen gezogener Oberkante. Mittelknauf mit lippenähnlichem Rand und Knubbe in der Mitte. Gedreht und mit Drahtschlinge abgeschnitten. Grauer, harter Brand.
- Müller, Bischofstein, A 48
- Tauber, Scheidegg, Ähnlichkeit mit A 107

Fundlage: F 13/8
Zeitstellung: Um 1300.

B 34
Fragment eines *Deckels*. Flache Scheibe. Rand gerundet nach oben gezogen. Auf der Oberseite kräftige Riefeln.
Fundlage: F 13/7
Zeitstellung: Um 1300.

B 35
Fragment eines kegelförmigen *Deckels*. Gerundeter Rand. Scheibengedreht. Braunroter, harter Brand.
- Schneider, Alt-Regensberg, B 239

Fundlage: F 13/8
Zeitstellung: 14. Jahrhundert, 2. Hälfte.

B 36
Fragment eines kegelförmigen *Deckels*. Rand verdickt. Schwache Riefeln auf der Oberseite. Harter, ziegelroter Brand.
Fundlage: F 14/13
Zeitstellung: 14. Jahrhundert, 2. Hälfte.

B 37
Fragment eines flachen *Deckels* mit Mittelknauf. Der Deckel war mindestens einmal rund durchbrochen, ⌀ 15 mm. Oberfläche olivgrün glasiert, sehr schwach weiß engobiert. Roter, mittelharter Brand.
- Meyer, Alt-Wartburg, B 106

Fundlage: F 13/8
Zeitstellung: Vermutlich um 1400.

Lampen

B 38
Fragment einer *Lampe*. Schwach verdickter, nach außen schräg abgestrichener Rand. Boden schwach gerundet. Gewülstet nachgedreht und mit der Schlinge abgeschnitten. Weicher, grauer Brand.
- Meyer, Alt-Wartburg, B 232
- Müller, Bischofstein, A 105

Fundlage: F 13/8
Zeitstellung: 13. Jahrhundert, 2. Hälfte.

B 39
Fragment einer *Lampe*. Oben gerundeter, außen gerade abgestrichener Rand. Flacher Boden, hellbrauner, harter Brand.
Fundlage: F 13/8
Zeitstellung: Vermutlich um 1300.

B 40
Fragment einer *Lampe*. Verdickter, leicht gerundeter, nach außen schräger Rand. Scheibengedreht. Roter, harter Brand.
- Meyer, Alt-Wartburg, B 256

Fundlage: F 13/5
Zeitstellung: 14. Jahrhundert, eher 2. Hälfte.

B 41
Fragment einer *Lampe*. Nach innen gezogener Lippenrand. Scheibengedreht. Roter, harter Brand.
Fundlage: F 13/6
Zeitstellung: Vermutlich 14. Jahrh., eher 2. Hälfte.

Steingut

B 42
Randscherbe eines kleinen *Topfes* mit Trichterrand. Außen feine umlaufende Rillen. Graues Steingut mit brauner Oberfläche.
Fundlage: F 13/8
Zeitstellung: Unbestimmt, könnte nach der Fundlage aus dem 14. Jahrhundert stammen.

Spinnwirtel

B 43
Spinnwirtel von kugeliger Form mit einer Rille. Grauer Brand.
– Müller, Bischofstein, A 151
– Tauber, Scheidegg, A 167
Fundlage: F 13/8
Zeitstellung: 13./14. Jahrhundert; wenn 13. Jahrhundert eher 2. Hälfte.

B 44
Spinnwirtel von kugeliger Form mit drei Rillen. Grauer Brand.
– Müller, Bischofstein, A 152
– Tauber, Scheidegg, A 163
Fundlage: F 12/2
Zeitstellung: wie B 43.

C Zierkeramik

C 1
Fragment einer *Figur*. Handgeformt. Der Körper muß hohl gewesen sein. Kopfschmuck (Haube oder Haartracht) abgebrochen. Dunkelgrauer Brand.
– Müller, Bischofstein, C 1
Fundlage: F 3/8
Zeitstellung: Vermutlich 13. Jahrhundert, 2. Hälfte.

C 2
Siehe C 3. Identisches Stück.

C 3
Modellgepreßte *Tonfigur*. Auf der Rückseite sind Arme und Leib nachgeschnitten. Die Figur hält einen Vogel in der Hand. Vermutlich eine Taube.
Bei C 3 sind Reste von weißer Engobe erkennbar. Roter Brand.
– Schnyder: Keramik des Mittelalters, Abb. 13, Ähnlichkeiten mit der fünften Figur.
Fundlage: F 3/8
Zeitstellung: 14. Jahrhundert.

C 4
Fragment eines *Figürchens*, Roß und Reiter darstellend. Der Reiter trägt eine Schlappmütze.
Handgeformt: Roter Brand. Vermutlich ein Spielzeug.
Fundlage: F 13/4
Zeitstellung: Unbestimmt, vermutlich 14. Jahrhundert.

C 5
Fragment einer modelgepreßten *Tonfigur*. Die Rückseite ist nicht überarbeitet. Hellbrauner Brand. Verwendungszweck unbestimmt. Als Spielzeug scheint es etwas zu groß. Ähnlichkeiten mit Köpfen von Kranzkacheln sind vorhanden. Dagegen spricht eigentlich nur der unüberarbeitete Hinterteil. Es bestehen aber auch Ähnlichkeiten mit der Figur von der Alt-Schauenburg BL.
– Tauber, Herd und Ofen, Abb. 47
Fundlage: F 12/6
Zeitstellung: Vermutlich 14. Jahrhundert oder jünger.

C 6/C 7
Fragmente eines *Wassergefäßes (Aquamanile)*, ein Pferd darstellend. Das ganze Gefäß scheint gewülstet zu sein.

Abb. 18   Frauenkopf aus Ton. Katalog C 5.

Der Körper könnte auf der Scheibe überarbeitet sein. Grauer, harter Brand.
C 6 Hinterteil des Pferdes.
C 7 Vorderteil des Pferdes. Der Sattel ist gut erkennbar, er ist hinten sauber gearbeitet, es handelt sich also nicht um einen Henkelansatz. Das Entlüftungsloch ist von außen eingestochen.
– Schnyder, Keramik des Mittelalters, Abb. 6
Fundlage: F 5/1 und F 4/1
Zeitstellung: Unbestimmt, vermutlich 15. Jahrhundert.

Baukeramik (nicht abgebildet)

In sämtlichen Fundlagen wurden große Mengen von *Klosterziegeln* (Hohlziegel) gefunden. Diese Ziegel können in diesem Gebiet bereits im 14. Jahrhundert auftauchen. Die Bedeutung der Mörsburg sowie ihre Lage in einem alten Rebbaugebiet unterstützen diese Vermutung.
– Weiß, Häuser und Landschaften der Schweiz, S. 74.

D Glas

D 1
Fragment eines *Glases*. Der Boden ist leicht exzentrisch eingestochen. Leicht grünliches, blasiges Glas von schlechter Qualität.
Fundlage: F 12, F 13, 1. Abstich
Zeitstellung: Unbestimmt, vermutlich 14./15. Jahrhundert.

D 2
Fragment eines *Nuppenbechers*. Eingestochener Boden und gerade Wandung. Gesponnener, unregelmäßig gekniffener Standring. Mittelgroße Nuppe. Weißes Glas von guter Qualität.
– Meyer, Alt-Wartburg, E 30
– Müller, Bischofstein, D 21
Fundlage: F 12/8
Zeitstellung: 14. Jahrhundert.

D 3
Fragment einer *Glasperle* von kugeliger Form. Weinrotes Glas.
Fundlage: F 12/8
Zeitstellung: Unbestimmt, von der Fundlage vermutlich aus dem 14. Jahrhundert.

E Stein

E 1
Fragment eines *Wetzsteines* aus leicht mergeligem Kalk. Rechteckiger Querschnitt, an den Kanten rundgeschliffen.
Fundlage: F 11/1
Zeitstellung: Unbestimmt, eventuell neuzeitlich.

F Bein (von Ph. Morel)

F 1–F 10
Knochenringe. (Nur F 1, F 6 und F 7 abgebildet) Alle 10 Stücke sind aus Röhren- oder Plattenknochen herausgeschnitzt. Die Knochenstruktur (Kanälchen, Spongiosa) ist bei einigen Stücken sehr gut zu erkennen. Keines der Ringlein ist quer aus der Diaphyse gesägt.
Drehspuren sind bei allen Stücken erkennbar, insbesondere auf der Innenseite, vereinzelt aber auch auf der Außenseite. Diese Ringe, vermutlich Paternosterringe, sind alle kreisrund (mindestens der innere Umriß).
Nr. 4 weist Brandflecken (schwarze Punkte) auf.
Fundlage:

Nr.	Fundlage	innerer ⌀	äußerer ⌀	Dicke in mm
1	F 8/3	7,70	15,70	3,25
2	F 8/3	9,85	16,05	3,00
3	F 8/3	9,70	16,90	~3,00 (unregelmäßig)
4	F 8/3	10,00	15,90	3,10
5	F 8/3	9,80	15,90	2,80
6	F 11/2	9,90	16,90	3,40
7	F 11/2	11,50	17,35	3,70
8	F 13/8	~13,00	~16,00	3,30
9	F 16/2	~16,00	~19,50	3,50
10	F 16/2	~16,00	~19,50	2,00÷2,80

F 11
Große, unregelmäßige, ringförmige *Perle*. Vermutlich aus einem Geweihsproß oder eventuell aus einem Röhrenknochen herausgearbeitet (Metatarsus eines Pferdes, Rind?). Das Stück ist gut geglättet bzw. poliert.
Die Funktion ist unbekannt. Vermutlich Spinnwirtel, Knauf eines Pfriems oder Schmuck.
Fundlage: F 16/4
Zeitstellung: Vermutlich 13./14. Jahrhundert.

F 12
Griff aus einem Geweihsproß eines Hirsches. Die Spitze ist abgebrochen. Die ganze Fläche ist überarbeitet und geglättet. Die natürliche Oberfläche wurde abgeschliffen. Schaftloch von konischer Form, proximal 17 mm tief in die Spongiosa ausgehöhlt. Proximal sind tiefe Schnittspuren (Kerbung zum Abtrennen) rund um das Stück vorhanden. Die Bearbeitung ist nicht vollendet.
Funktion unbekannt.
Fundlage: F 13/2
Zeitstellung: Unbestimmt.

F 13
Griff aus einer Geweihsproßspitze. Halbfertiges Produkt. Die Form ist schon durch Schnitzen bestimmt, aber das Objekt ist noch nicht überschliffen. Proximal ist ein großes Loch, vermutlich Schaftloch (Tiefe: 13 mm, größter Durchmesser: 14 mm), in die Spongiosa eingebohrt. Funktion unbekannt.
Fundlage: F 11/2
Zeitstellung: Unbestimmt.

Andere Funde:
A. Verschiedene Schalenfragmente von Süßwassermuscheln:
   Aus F 12/5: Unio tumidus (aufgeblasene Flußmuschel), fast vollständige rechte Hälfte. Siehe Abb. F 14.
   Aus F 15 a/12: Unio tumidus, Fragment einer rechten Schalenhälfte.
   Aus F 15 a/13: Fragment einer größeren unbestimmten Muschelschale.
   Aus F 15/13: Verschiedene, unbestimmte Fragmente von Muscheln.
B. Mahlzeitenreste (?). In F 16/4 wurden Eierschalenfragmente vom Haushuhn (Gallus domesticus) zusammen mit einem Fischschädelknochen gefunden. Weitere unbestimmte Fischknochen, Gräte und Schädelteile wurden auch in der Kulturschicht in F 14b zusammen mit Fragmenten von Hühnereierschalen gefunden.

An dieser Stelle sei Frau Prof. Dr. E. Schmid, Basel, für ihre Hilfe und Ratschläge herzlich gedankt.

Literatur

Hell, Gebetsschnur
Müller, Bischofstein
Tauber, Beinschnitzer

G Eisen

Waffen

Angriffswaffen

G 1
Dolch. Klinge mit dreieckigem Querschnitt. Dünne Parierplatte. Gefunden wurde der Dolch im Spalt zwischen M 1 und dem Mörtelboden in F 1. Der Dolch war im Fundament des Mörtelbodens teilweise eingemauert.
– Schneider, Griffwaffen I, Nr. 385
Fundlage: F 1/2
Zeitstellung: 13. Jahrhundert, 2. Hälfte.

G 2
Lanzenschuh. Massive Spitze. Die Tülle ist in Form zweier Lappen ausgeschmiedet. Die Befestigung wurde durch ein Bandeisen verbessert.
– Müller, Bischofstein, F 2
Fundlage: F 12/5
Zeitstellung: Unbestimmt, 13./14. Jahrhundert.

G 3
Fragment eines *Lanzenschuhs*. Die Spitze ist massiv und der Ansatz der Tülle noch zu erkennen.
Fundlage: F 11/2
Zeitstellung: Unbestimmt, 13./14. Jahrhundert.

G 4
Pfeileisen mit Tülle. Massive Spitze mit leicht rhombischem Querschnitt und schmalem Hals.
– Meyer, Schiedberg, E 13
– Schneider, Alt-Regensberg, C 14
Fundlage: F 13/3
Zeitstellung: 11./12. Jahrhundert.

Abb. 11   Dolch (G 1) in Fundlage.

G 5
Pfeileisen mit Tülle. Lange lanzettförmige Spitze mit rhombischem Querschnitt und schmalem Hals.
– Meyer, Castel Grande, K 13
Fundlage: F 12/10
Zeitstellung: 12./13. Jahrhundert.

G 6
Pfeileisen mit Tülle. Lanzettförmige Spitze mit rhombischem Querschnitt und schmalem Hals.
Fundlage: F 11/2
Zeitstellung: 12./13. Jahrhundert.

G 7
Pfeileisen mit enger Tülle. Kleine, leicht verdickte Spitze mit flachem rhombischem Querschnitt.
– Meyer, Alt-Wartburg, C 22
Fundlage: F 13/8
Zeitstellung: Vermutlich 13. Jahrhundert, eher 2. Hälfte.

G 8–G 12
Pfeil- oder *Armbrustbolzeneisen* mit langer Tülle. Langer Hals. Geschwungener Übergang in die flachrhombische Spitze.
– Meyer, Alt-Wartburg, C 25–C 30
– Müller, Bischofstein, F 9–F 11
Fundlage: G 8 F 11/2; G 9 F 13/8; G 10 F 16/2; G 11 F 12/F 13 1. Abstich; G 12 F 3/8.
Zeitstellung: 13./14. Jahrhundert.

G 13
Pfeil- oder *Armbrustbolzeneisen* mit kurzer Tülle. Langer Hals und breite, flachrhombische Spitze. Sehr massives Stück.
– Meyer, Alt-Wartburg, C 19
– Schneider, Alt-Regensberg, C 11
Fundlage: F 13/1
Zeitstellung: Um 1300.

G 14
Pfeil- oder *Armbrustbolzeneisen* mit Tülle. Formtyp wie G 13, aber leichteres Stück.
Fundlage: F 13/8
Zeitstellung: Um 1300.

Schutzbewaffnung

G 15
Nasal. Große, im Querschnitte dreieckige Schutzplatte mit aufgebogenem Rand. Die Kupplung zum Helm ist kreuzförmig durchbrochen und hat auf der oberen Seite eine kräftige Nocke. Die Oberseite war verzinnt.
Fundlage: F 13/8
Zeitstellung: Nach H. Schneider um 1300.

Roß und Reiter

G 16
Fragment eines *Hufeisens.* Mittlere, sich nach vorne verbreiternde Rute, im Scheitel stark abgewetzt. Außen Wellenkontur. Ende zu kleinem Stollen umgelegt. Drei längliche konische Nagellöcher.
– Meyer, Schiedberg, E 52
Fundlage: F 10/5
Zeitstellung: Um 1300.

G 17
Fragment eines *Hufeisens.* Eher schmale Rute, außen leicht gewellt. Ende zu kleinem Stollen umgelegt. Drei längliche konische Nagellöcher.
– Meyer, Schiedberg, E 52
– Schneider, Alt-Regensberg, C 45
Fundlage: F 10/5
Zeitstellung: Um 1300 oder jünger.

G 18
Fragment eines *Hufeisens.* Hinten schmale, sich gegen vorne verbreiternde Rute. Großer umgelegter Stollen. Ein Nagelloch rund, das andere länglich konisch.
– Meyer, Alt-Wartburg, C 36, C 37
– Tauber, Scheidegg, F 44
Fundlage: W 1/2
Zeitstellung: Um 1300.

G 19
Fragment, vermutlich einer *Spornriemenschnalle.*
Fundlage: F 9/2
Zeitstellung: Unbestimmt.

G 20
Fragment eines *Radsporns.* Doppelt abgewinkelter Arm mit Kerbdekor. Rechteckig gerundeter Querschnitt. Kurzer Radträger mit verziertem Radachslager. Ein Radträger abgebrochen.
– Tauber, Scheidegg, F 41
Fundlage: F 12/8
Zeitstellung: 14. Jahrhundert, 1. Hälfte.

G 21
Fragment eines *Pferdestriegels.* Am Ende umgelegt. Befestigungslöcher für den Griff erkennbar. Im Querschnitt wohl ursprünglich mehr hufeisenförmig.
– Meyer, Schiedberg, E 45–E 46
Fundlage: F 2/2
Zeitstellung: 13./14. Jahrhundert.

G 22
Fragment eines stark verbogenen *Pferdestriegels.*
– Meyer, Schiedberg, E 45–E 46
Fundlage: F 3/8
Zeitstellung: 13./14. Jahrhundert.

G 23
Teil eines *Pferde-* oder *Eselzaumes*. Das Stück gehört rittlings hinter die Nüstern des Tieres. In der Levante und in Ägypten noch heute gebräuchlich.
Fundlage: F 12/2
Zeitstellung: Unbestimmt.

Geräte

Haushalt
G 24
Klinge eines schweren *Hackmessers*. Gerader Rücken, geschwungene Schneide.
– Meyer, Alt-Wartburg, C 116
Fundlage: F 2/1
Zeitstellung: Vermutlich 13. Jahrhundert oder jünger.

G 25
Messer mit Griffangel. Geschwungener Rücken, gerade Klinge.
– Meyer, Mülenen, E 43
Fundlage: F 1/3
Zeitstellung: Vermutlich 13. Jahrhundert.

G 26
Messer mit Griffangel. Gerader Rücken, geschwungene Klinge.
– Meyer, Mülenen, E 48
Fundlage: F 12/6
Zeitstellung: Vermutlich 13. Jahrhundert oder jünger.

G 27
Messer mit Griffangel. Gerader Rücken, lange geschwungene Klinge.
– Meyer, Mülenen, F 48
Fundlage: F 1/2
Zeitstellung: 13. Jahrhundert oder jünger.

G 28
Fragment eines *Messers* mit Griffzunge. Aus der Griffzunge geschwungener Rücken, gerade Klinge. Eine Kupferniete noch vorhanden.
– Meyer, Mülenen, E 61 und E 62
Fundlage: F 13/8
Zeitstellung: Um 1300 oder jünger.

G 29
Fragment einer kleinen *Schere* mit Spannbogen. Teile der Klinge wurden noch gefunden, aber nicht abgebildet.
– Müller, Bischofstein, F 39
Fundlage: F 8/3
Zeitstellung: Vermutlich 14. Jahrhundert.

G 30
Fragment einer *Klinge*. Der Querschnitt läßt auf eine Scherenklinge schließen.
– Müller, Bischofstein, F 39
Fundlage: F 12/2
Zeitstellung: Unbekannt.

Landwirtschaft
G 31
Fragment eines *Rebmessers* mit Griffangel.
Fundlage: F 13/2
Zeitstellung: Unbestimmt.

G 32
Klingenfragment einer gezähnten *Sichel*. Vermutlich sind Klinge und Angel in einem Bogen geschwungen.
– Meyer, Alt-Wartburg, C 145
– Meyer, Mülenen, E 116
Fundlage: F 1/3
Zeitstellung: 13. Jahrhundert.

G 33
Klingenfragment einer gezähnten *Sichel*. Vermutlich sind Klinge und Angel in einem Bogen geschwungen.
– Meyer, Alt-Wartburg, C 145
– Meyer, Mülenen, E 116
Fundlage: F 13/5
Zeitstellung: 13. Jahrhundert.

G 34
Fragment einer gezähnten *Sichel*. Griffangel doppelt rechtwinklig abgesetzt.
– Meyer, Mülenen, E 123
– Müller, Bischofstein, F 50–F 51
Fundlage: F 12/6
Zeitstellung: 13./14. Jahrhundert.

G 35–G 36
Fragmente von gezähnten *Sicheln*. Vermutlich von Sicheln mit doppelt rechtwinklig abgesetzter Griffangel.
Fundlage: G 35 F 13/8; G 36 F 11/2
Zeitstellung: 13./14. Jahrhundert.

G 37
Fragment einer gezähnten *Sichel* mit doppelt rechtwinklig abgesetzter Griffangel.
– Meyer, Mülenen, E 123
– Müller, Bischofstein, F 50–F 51
Fundlage: Streufund
Zeitstellung: 13./14. Jahrhundert.

G 38
Fragment einer *Sichel* mit abgewinkelter Griffangel.
– Meyer, Alt-Wartburg, C 147
Fundlage: F 2/1
Zeitstellung: Vermutlich 14./15. Jahrhundert.

G 39
Fragment einer gezähnten *Sichel*. Es handelt sich um einen Zwischentyp einer Sichel mit abgebogener Griffangel und einer mit doppelt abgesetzter Griffangel.
Fundlage: F 2/1
Zeitstellung: Vermutlich im 14. Jahrhundert.

G 40
Fragment eines massiven *Dengeleisens* mit kräftiger Angel.
Fundlage: F 12, F 13, 1. Abstich
Zeitstellung: Unbestimmt.

Handwerk
G 41
Fragment einer *Feile*. Vorne abgebrochen. Hinten spitz zulaufende Griffangel. Die Rillen sind rhombisch kreuzweise und auf beiden Seiten erkennbar.
Fundlage: F 1/3
Zeitstellung: Nach der Fundlage 13./14. Jahrhundert möglich.

Ketten und Haken
G 42
Zwei langovale *Kettenglieder* mit splintartiger Befestigungsangel. Die Glieder haben einen quadratischen, an den Ecken abgerundeten Querschnitt.
– Meyer, Alt-Wartburg, C 136
– Schneider, Alt-Regensberg, C 126
Fundlage: F 3/8
Zeitstellung: Vermutlich 13./14. Jahrhundert.

G 43
Kettenglied mit splintartiger Befestigungsangel. Das Kettenglied ist in der Mitte zusammengedrückt. Vermutlich war das Glied in der Mitte ein wenig zusammengeschweißt.
– Meyer, Mülenen, E 217
Fundlage: F 11/2
Zeitstellung: Vermutlich 13./14. Jahrhundert.

G 44
Haken mit Öse, mit unbekannter Verwendung.
Fundlage: F 12/6
Zeitstellung: Unbekannt, 14. Jahrhundert möglich.

Schloß und Schlüssel
G 45
Leicht fragmentierter, massiver *Schlüssel*. Aus einem Stück geschmiedet. Hohler Schaft, vorderes Ende zum Bart, hinteres zum Griff verarbeitet.
– Meyer, Alt-Wartburg, C 71

– Meyer, Mülenen, E 194
– Meyer, Schiedberg, E 166–E 169
– Tauber, Scheidegg, F 80
Fundlage: F 13/8
Zeitstellung: 13. Jahrhundert oder älter.

G 46
Kompletter, massiver *Schlüssel* gleicher Konstruktion wie G 45, aber mit einfacherem, durch Kraftanwendung abgebogenem Bart.
– Meyer, Schiedberg, E 165
– Tauber, Scheidegg, F 78
Fundlage: F 11/2
Zeitstellung: 13. Jahrhundert oder älter.

G 47
Leicht fragmentierter *Schlüssel*, mit kompliziertem Bart und hohlem Schaft. Der Schlüssel ist wie G 45 und G 46 aus einem Stück gearbeitet. Der Ring ist gegenüber dem Bart etwas abgedreht.
– Meyer, Mülenen, E 195
Fundlage: F 11/2
Zeitstellung: 13. Jahrhundert oder älter.

G 48
Fragment eines *Schloßriegels*. Nur noch eine Zinke vorhanden.
– Berger, Petersberg, Tafel 30, Abb. 13
– Meyer, Schiedberg, E 148
Fundlage: F 3/8
Zeitstellung: Vermutlich 13./14. Jahrhundert.

G 49
Fragment eines *Schloßriegels* mit zwei Zinken. Ohne Kerbe auf der Gegenseite.
– Berger, Petersberg, Tafel 130, Abb. 13
– Meyer, Schiedberg, E 148
Fundlage: F 3/8
Zeitstellung: Vermutlich 13./14. Jahrhundert.

G 50
Stark verrosteter Teil eines *Riegelschlosses*.
Fundlage: F 3/8
Zeitstellung: 13./14. Jahrhundert.

G 51
Vermutlich Fragment eines *Klappriegels*. Die Achse wurde wie ein Nagel eingeschlagen und umgebogen. Auf der Vorderseite Rillendekor.
Fundlage: F 2/1
Zeitstellung: Vermutlich 13./14. Jahrhundert.

G 52
Unbekannter, vermutlich Teil eines *Schlosses*. Brillenförmig, Nocken wie Klappriegel. Funktion eines vorstehenden Nockens unbekannt.

Fundlage: F 12, F 13, 1. Abstich
Zeitstellung: Unbestimmt.

Baubeschläge
Türen, Fenster, Möbel
G 53
Türband mit geschmiedetem Drehteil. Ende herz- oder blattförmig ausgeschmiedet. Vor dem Drehteil ausgeschmiedete elliptische Verbreiterung. 4 Halterungslöcher. Im letzten Loch vor dem Drehteil Schraube mit Mutter.
Fundlage: F 12, F 13, 1. Abstich
Zeitstellung: Unbestimmt, eher neuzeitlich.

G 54
Truhenband mit geschmiedetem Drehteil. Das Band war mit zwei Eisennieten befestigt.
Fundlage: W 1/1
Zeitstellung: Unbestimmt.

G 55
Kleiner *Kloben*. Für Kastentüre, Truhen- oder Kistendeckel.
Fundlage: F 12, F 13, 1. Abstich
Zeitstellung: Unbestimmt.

G 56
Massiver *Türkloben*, rechteckige Angel auslaufend.
– Müller, Bischofstein, F 66
– Schneider, Alt-Regensberg, C 54
Fundlage: F 16/3
Zeitstellung: 13./14. Jahrhundert.

G 57
Guterhaltener *Kloben*. Quadratische, hinten seitlich verdickte, in den Ecken mit Widerhaken versehene Angel. Vom Bleianker zur Befestigung in einem Haustück umfangen.
– Meyer, Mülenen, E 206 (nur Angel)
Fundlage: F 12/5
Zeitstellung: Vermutlich 13./14. Jahrhundert.

G 58–G 59
Zwei *Kloben*, Angel hinten verdickt. Entweder direkt eingemauert oder wie G 57 mit Bleianker zu befestigen.
Fundlage: G 58 F 3/6; G 59 F 3/8
Zeitstellung: 13./14. Jahrhundert.

G 60
Kloben, vermutlich für ein Möbel. Die hochkantige, vorne zum Ring umgelegte und unter dem Zapfen zur Zier gearbeitete Angel ist aus einem Stück geschmiedet. Der spindelförmige, oben spitz zulaufende Zapfen ist eingesetzt.
Fundlage: F 12, F 13, 1. Abstich
Zeitstellung: Unbestimmt.

G 61
Massiver *Kloben*. Hochkantige, vorne zum Ring umgelegte Angel. Eingesetzter, spindelförmiger, oben spitz zulaufender Zapfen.
Fundlage: F 12, F 13, 1. Abstich
Zeitstellung: Unbestimmt.

G 62
Massiver *Fensterladenhalter*. Der Halter ist um eine quadratische, spitz zulaufende Angel drehbar. Der spindelförmige Teil des Halters dient als Gegengewicht, damit sich der Halter nicht von selbst dreht.
Fundlage: F 12, F 13, 1. Abstich
Zeitstellung: Unbestimmt.

G 63
Fragment eines *Windeisens*.
Fundlage: F 15/5
Zeitstellung: Unbestimmt.

G 64
Beschlag unbekannter Verwendung. Hier abgebildet, weil eine Ähnlichkeit mit einem Kloben besteht. Anstelle des Zapfens aber eine Zunge.
Fundlage: F 12, F 13, 1. Abstich
Zeitstellung: Unbestimmt.

G 65
Leicht fragmentierter *Kistenverschluß*. Schmale, starke Kralle. Gegenstück in den Ecken gerundet mit runder Aussparung. Der viereckige Steg ist nur an einem Ort angenietet. Versenktes Schloß, da Stegstück nicht abgekröpft.
Fundlage: F 11/1
Zeitstellung: Unbestimmt.

Beschläge
G 66
Fragmentierter *Beschlag*. Vermutlich zur Verstärkung einer Deichsel. Der Deichseldorn, zum Einhängen der Waage, könnte durch das große Loch gegangen sein. Es könnte sich aber auch um ein Reparaturstück unbekannter Verwendung handeln.
Fundlage: F 12, F 13, 1. Abstich
Zeitstellung: Unbestimmt.

Stücke unbekannter Verwendung
G 67
Langes, am Ende rechtwinklig umgebogenes Flacheisen. An beiden Enden abgebrochen. Vermutlich große Bauklammer.

Fundlage: F 12, F 13, 1. Abstich
Zeitstellung: Unbestimmt.

G 68
Fragmentiertes, dünnes Rundeisen.
Fundlage: F 13/8
Zeitstellung: Nach der Fundlage 13./14. Jahrhundert.

G 69
Fragmentiertes, dünnes, quadratisches, an den Ecken abgerundetes Stück. An einem Ende spitz zulaufend und rund abgebogen. Das Stück erinnert an die Stangen in einem Bratrost.
– Schneider, Alt-Regensberg, C 130
Fundlage: F 13/8
Zeitstellung: Nach der Fundlage vermutlich 13./14. Jahrhundert.

G 70
Blechring. Vermutlich Verstärkung eines Werkzeugstiels oder zur Verstärkung eines Deichselvorderteils. Wahrscheinlich wurde der Ring heiß aufgezogen.
Fundlage: F 12, F 13, 1. Abstich
Zeitstellung: Unbekannt.

G 71
Massiver Ring mit rundem Querschnitt.
Fundlage: F 16/3
Zeitstellung: Nach der Fundlage vermutlich 13./14. Jahrhundert.

G 72
Stark fragmentiertes Stück. Bombiert, sternförmig gerippt und im Zentrum gelocht. Dünnes Blech. Vermutlich Zierbeschlag.
Fundlage: F 12, F 13, 1. Abstich
Zeitstellung: Unbestimmt.

G 73
Welle mit Kurbel. Wellenquerschnitt quadratisch, vorne rund. An der Kurbel eine Angel mit Gewinde zum Anschrauben eines Holzgriffes.
Fundlage: F 12, F 13, 1. Abstich
Zeitstellung: Unbestimmt, eher neuzeitlich.

G 74
Fragment eines hufeisenförmig geschmiedeten Flacheisens. An den Enden abgebrochen.
Fundlage: F 13/8
Zeitstellung: Nach der Fundlage vermutlich 13./14. Jahrhundert.

G 75
Fragment eines rechtwinklig umgebogenen Flacheisens. Ein Ende zur Öse umgebogen. Durch die Öse läuft ein kleiner verbogener Haken mit einem Pilzkopf, der das Durchrutschen durch die Öse verhindert.
Fundlage: F 1/3
Zeitstellung: Nach der Fundlage vermutlich 13./14. Jahrhundert.

Zierbeschläge
G 76
Fragment eines wappenförmigen *Beschlages*. Oberfläche verzinnt. Eingekerbter Flügel eines Greifvogels erkennbar.
Fundlage: F 12/2
Zeitstellung: Unbestimmt.

H Buntmetall

H 1
Sehr sauber gearbeiteter *Verschlußhaken* mit angelötetem Steg. Drehteil umgelegt und mit rundem angelötetem Nocken geschlossen. Das kerbverzierte quadratische Gegenstück hat ein kreuzförmiges Loch. Der abgebogene Arm ist am Ende mit einem getriebenen Batzen verziert.
Fundlage: F 9, aus Fundamentgrube von M 4
Zeitstellung: Vermutlich 13./14. Jahrhundert.

H 2
Zierfront einer *Gürtelschnalle*.
Fundlage: F 16/1
Zeitstellung: Unbekannt.

H 3
Fragment eines dünnen, rechteckigen *Zierbeschlages*. In zwei Ecken gelocht, eine Ecke ungelocht und eine abgebrochen. Unbekannte Verwendung, vermutlich auf Leder genietet.
Fundlage: F 13/6
Zeitstellung: Nach Fundlage vermutlich 13./14. Jahrhundert.

H 4
Vorderer oder hinterer linker *Pferdefuß*.
Massiv, nur ca. 10 mm hoch. Gegossen und nachgearbeitet. Haarmuster an den Fesseln eingekerbt. Standfläche abgefeilt. Vermutlich Teil eines Aquamaniles.
– Tauber, Scheidegg, G 21
Fundlage: F 2/3
Zeitstellung: 13. Jahrhundert, Mitte.

H 5
Schelle. Aus zwei getriebenen Teilen zusammengelötet. Die Öse ist wie ein Splint eingesetzt. Klöppelkugel aus Eisen.
– Meyer, Mülenen, F 60

– Tauber, Scheidegg, G 8
Fundlage: F 4/3
Zeitstellung: 13./14. Jahrhundert.

H 6
Stecknadel. Der Kopf wird von einem einfach um die Nadel gewundenen Draht gleichen Materials gebildet.
Fundlage: F 13/8
Zeitstellung: Nach Fundlage vermutlich 13./14. Jahrhundert.

Münzen (nicht abgebildet)
Zürcher Schilling
Fundlage: F 12, F 13, 1. Abstich
Zeitstellung: 18. Jahrhundert.

Literatur

Berger, Petersberg
  Ludwig Berger, Die Ausgrabungen am Petersberg in Basel. Ein Beitrag zur Frühgeschichte Basels, Basel 1963.
Hell, Gebetsschnur
  Hell Martin: Eine Gebetsschnur der Karolingerzeit, Bayrische Vorgeschichtsblätter 25, 1960, 210–212.
Meyer, Alt-Wartburg
  Werner Meyer: Die Burgruine Alt-Wartburg im Kanton Aargau. Bericht über die Forschungen 1966/77. Schweizer Beiträge zur Kulturgeschichte und Archäologie des Mittelalters 1, Olten/Freiburg i. Br. 1974.
Meyer, Castel Grande
  Werner Meyer: Das Castel Grande in Bellinzona. Bericht über die Ausgrabungen und Bauuntersuchungen von 1967. Schweizer Beiträge zur Kulturgeschichte und Archäologie des Mittelalters 3, Olten/Freiburg i. Br. 1976.
Meyer, Frohburg
  Werner Meyer: Die Frohburg. Herausgegeben durch die Staatskanzlei Solothurn, 1980.
Meyer, Mülenen
  Werner Meyer: Die Wasserburg Mülenen. Die Fundkataloge. Mitteilungen des Historischen Vereins des Kanton Schwyz 63, 1970.
Meyer, Schiedberg
  Werner Meyer: Die Ausgrabungen der Burgruine Schiedberg. In: M.-L. Boscardin/W. Meyer, Burgenforschung in Graubünden. Schweizer Beiträge zur Kulturgeschichte und Archäologie des Mittelalters 4, Olten/Freiburg i. Br. 1977.
Müller, Bischofstein
  Felix Müller: Der Bischofstein bei Sissach im Baselland. Die hochmittelalterlichen Funde. Basler Beiträge zur Ur- und Frühgeschichte 4, Derendingen-Solothurn 1980.
Schneider, Alt-Regensberg
  Hugo Schneider: Die Burgruine Alt-Regensberg im Kanton Zürich. Bericht über die Forschungen 1955–57. Schweizer Beiträge zur Kulturgeschichte und Archäologie des Mittelalters 6, Olten/Freiburg i. Br. 1979.
Schneider, Griffwaffen I
  Hugo Schneider: Waffen im Schweizerischen Landesmuseum, Griffwaffen I. Zürich 1980.
Schnyder, Keramik des Mittelalters
  Rudolf Schnyder: Keramik des Mittelalters. Bern 1972.
Tauber, Beinschnitzer
  Jürg Tauber: Beinschnitzer auf der Frohburg. Ein Beitrag zur Geschichte eines Handwerks im Mittelalter. In: Festschrift Elisabeth Schmid (Regio Basiliensis 18/1, 1977).
Tauber, Herd und Ofen
  Jürg Tauber: Herd und Ofen im Mittelalter. Untersuchungen zur Kulturgeschichte am archäologischen Material vornehmlich der Nordwestschweiz (9.–14. Jahrhundert), Schweizer Beiträge zur Kulturgeschichte und Archäologie des Mittelalters 7, Olten/Freiburg i. Br. 1980.
Tauber, Scheidegg
  Jürg Tauber: Die Kleinfunde. In: Jürg Ewald, Jürg Tauber, Die Burgruine Scheidegg bei Gelterkinden. Berichte über die Forschungen 1970–74, Schweizer Beiträge zur Kulturgeschichte und Archäologie des Mittelalters 2, Olten/Freiburg i. Br. 1975.
Weiß, Häuser und Landschaften
  Richard Weiß: Häuser und Landschaften der Schweiz. Erlenbach-Zürich und Stuttgart 1973.

Photo- und Abbildungsnachweis:
Abb. 5: Vermessungsbureau Rolf Kägi, Luzern.
Abb. 18: Pascal Hegner, Photograph, Solothurn.
Alle übrigen Photos vom Autor.
Die Photodokumentation liegt im Archiv der Denkmalpflege Zürich.

Sämtliche Zeichnungen sind Umzeichnungen der Grabungsdokumentation und stammen vom Autor.
Die Grabungsdokumentation und die Umzeichnungen liegen im Archiv der Denkmalpflege Zürich.

Ofenkeramik, Maßstab 1:2

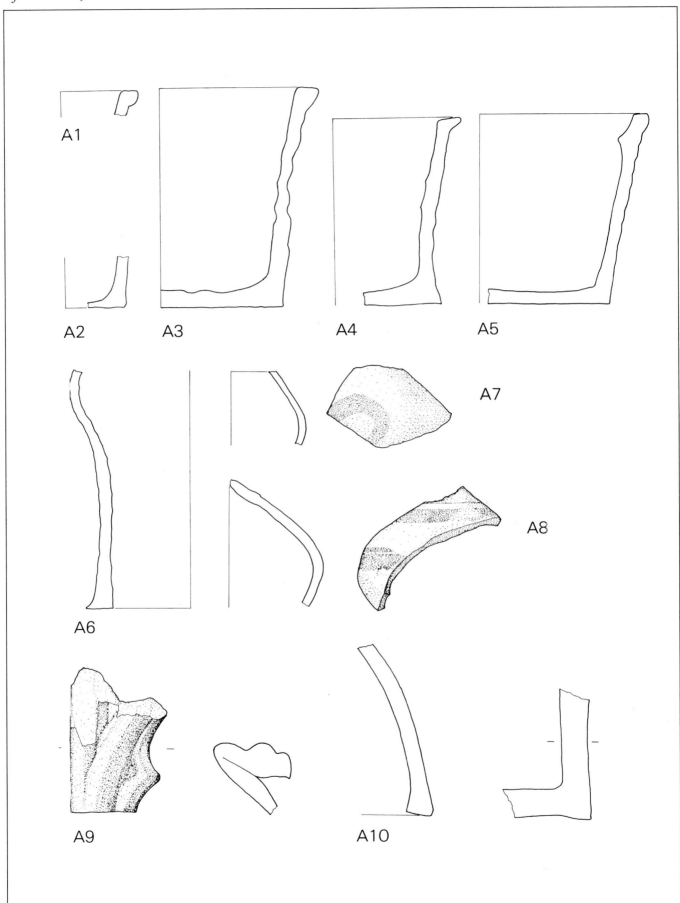

Gebrauchskeramik, Maßstab 1:2

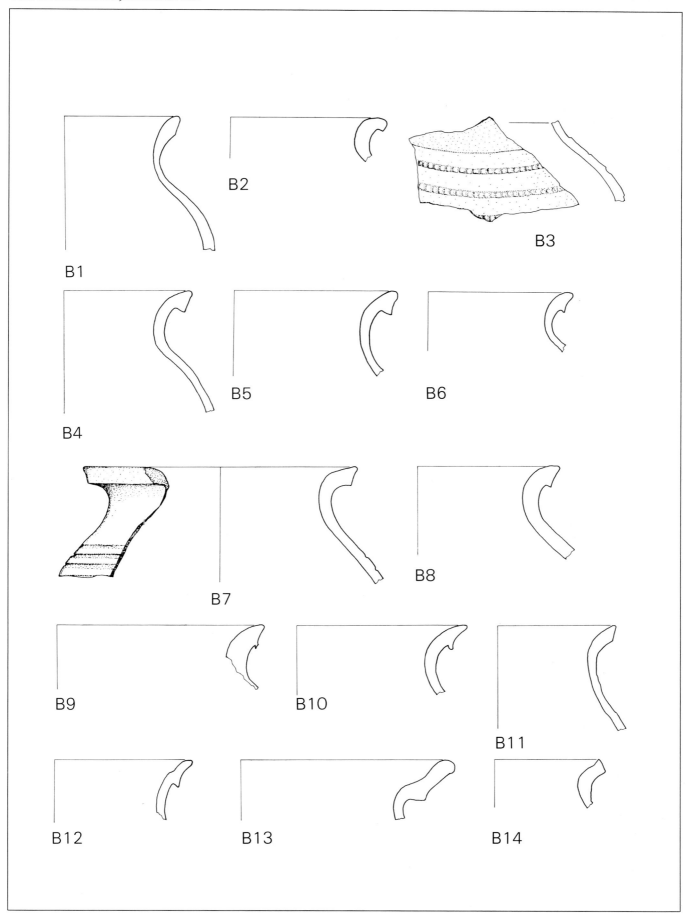

Gebrauchskeramik, Maßstab 1:2

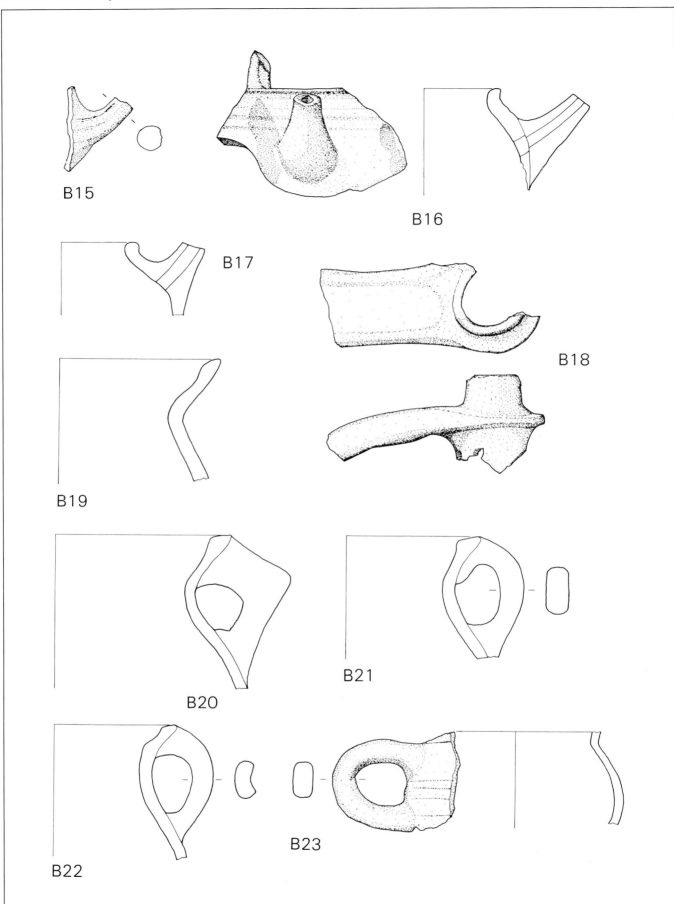

Gebrauchskeramik, Maßstab 1:2

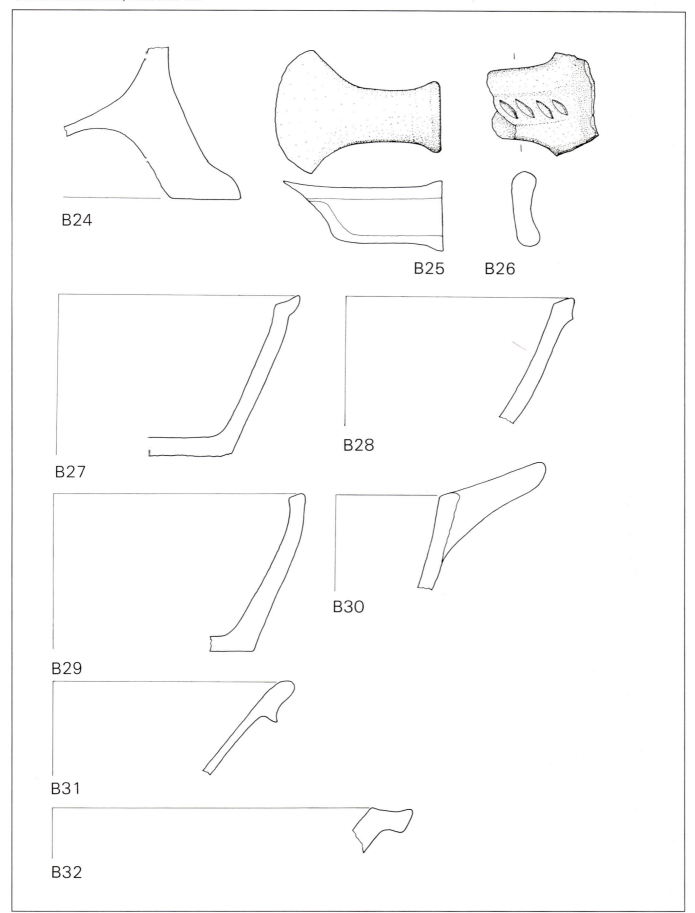

Gebrauchs- und Zierkeramik, Maßstab 1:2

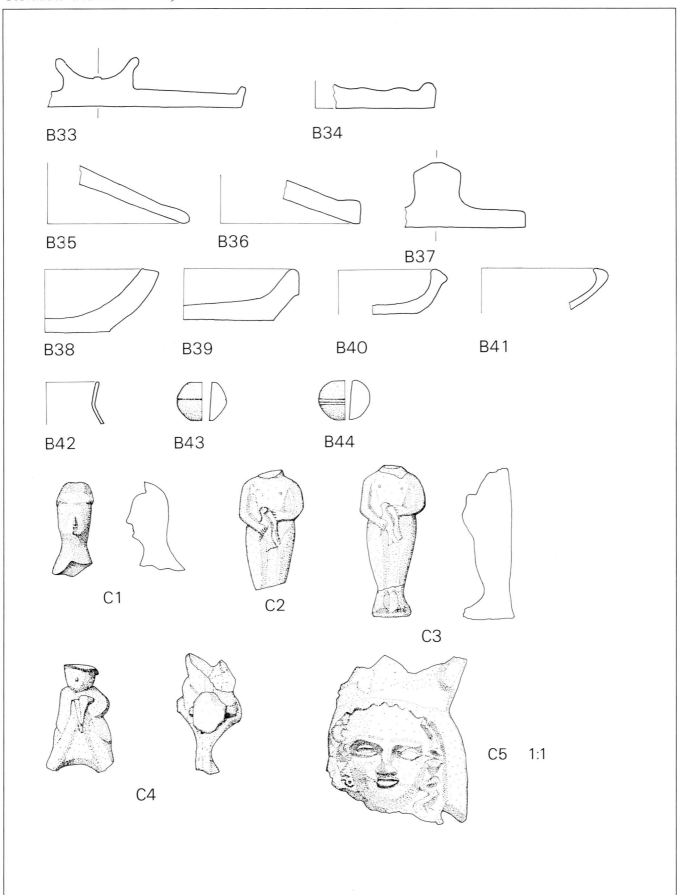

Zierkeramik, Glas, Stein, Bein, Maßstab 1:2

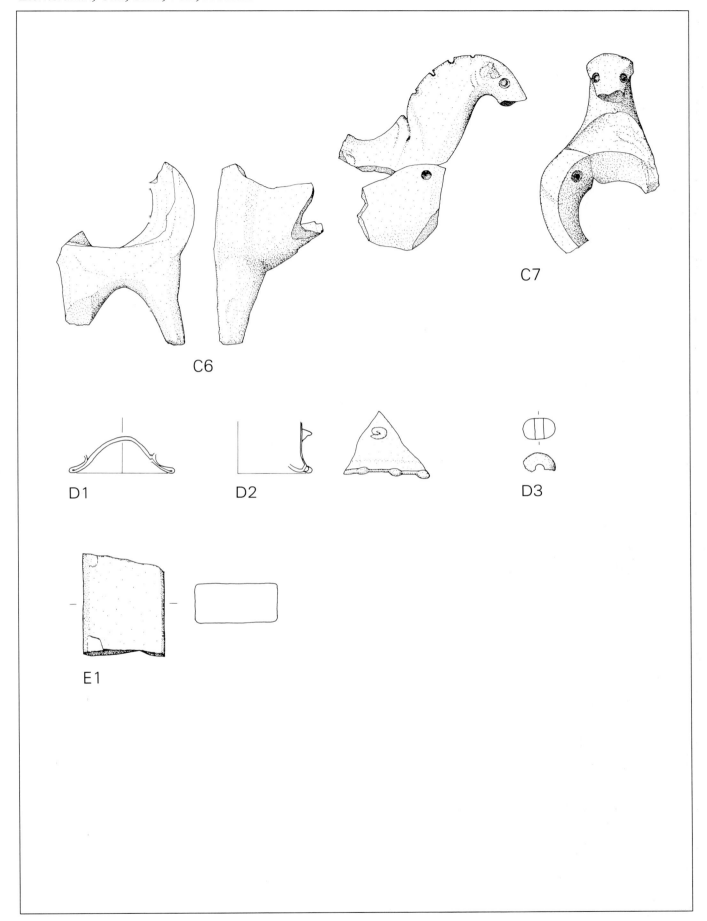

Zierkeramik, Glas, Stein, Bein, Maßstab 1:2

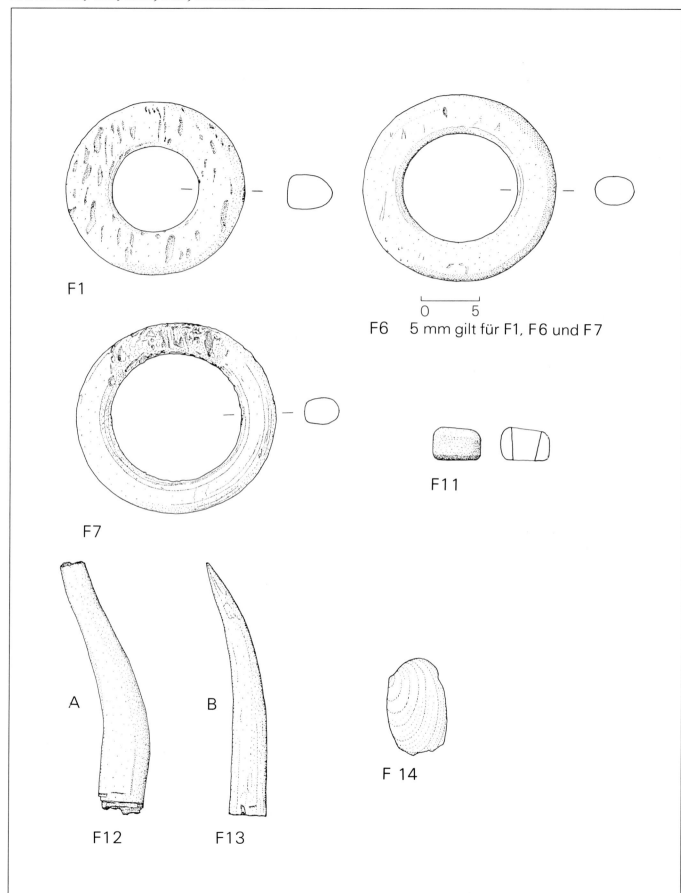

Eisen, Maßstab 1:2

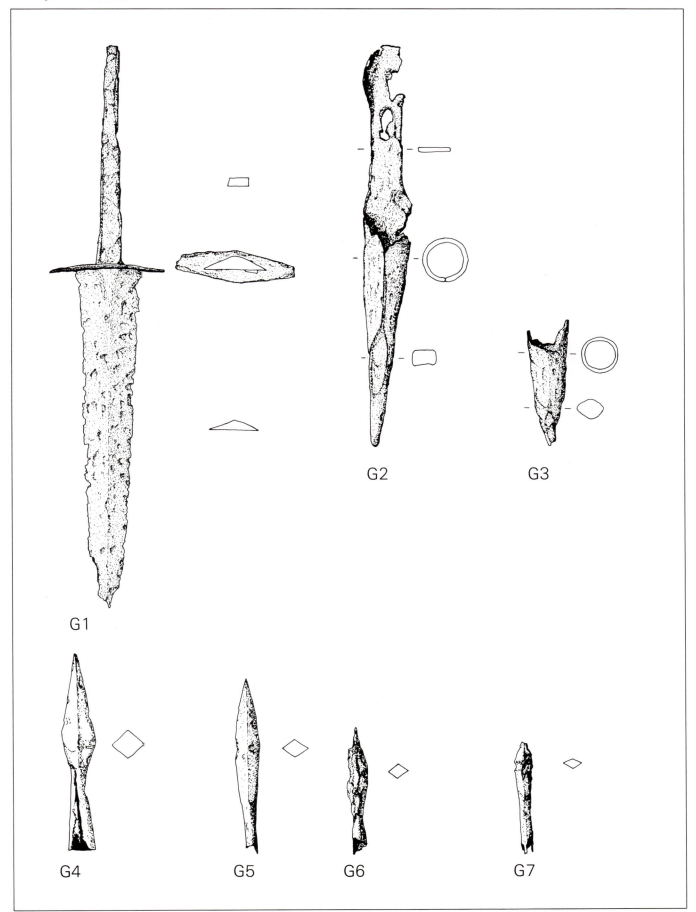

G1 G2 G3

G4 G5 G6 G7

167

Eisen, Maßstab 1:2

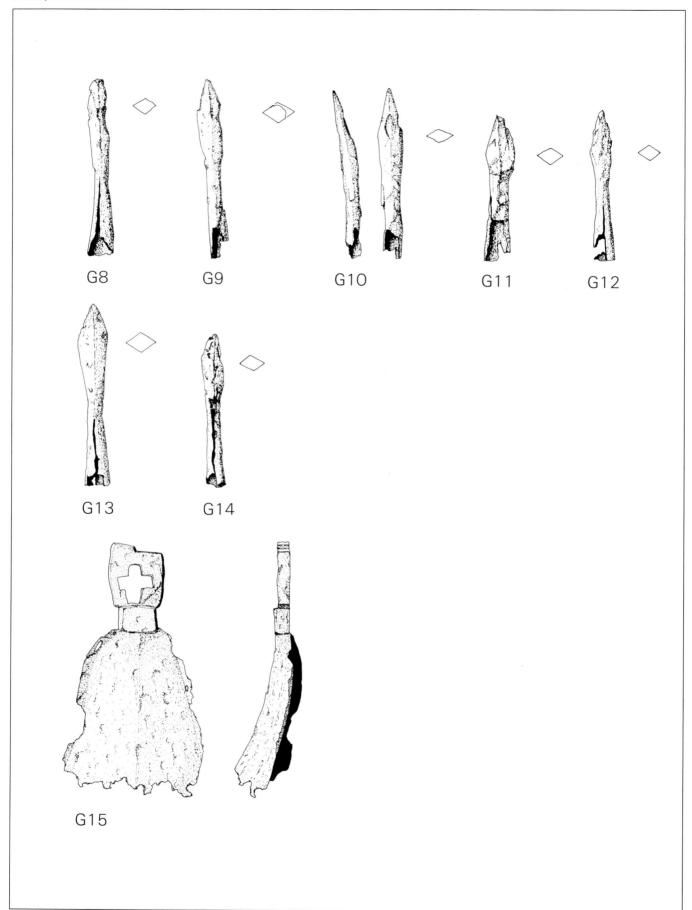

Eisen, Maßstab 1:2

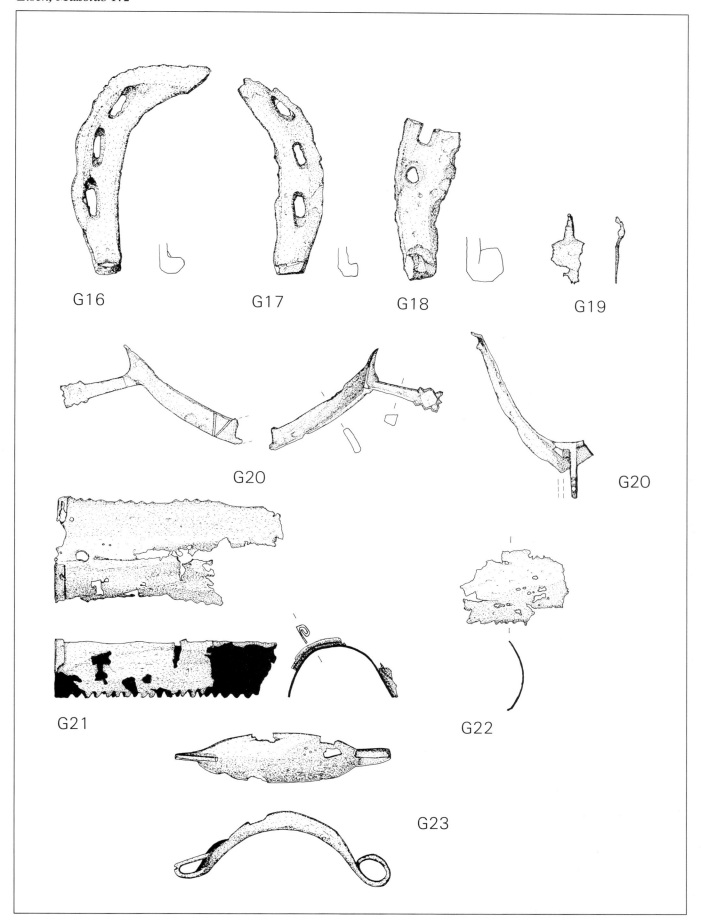

Eisen, Maßstab 1:2

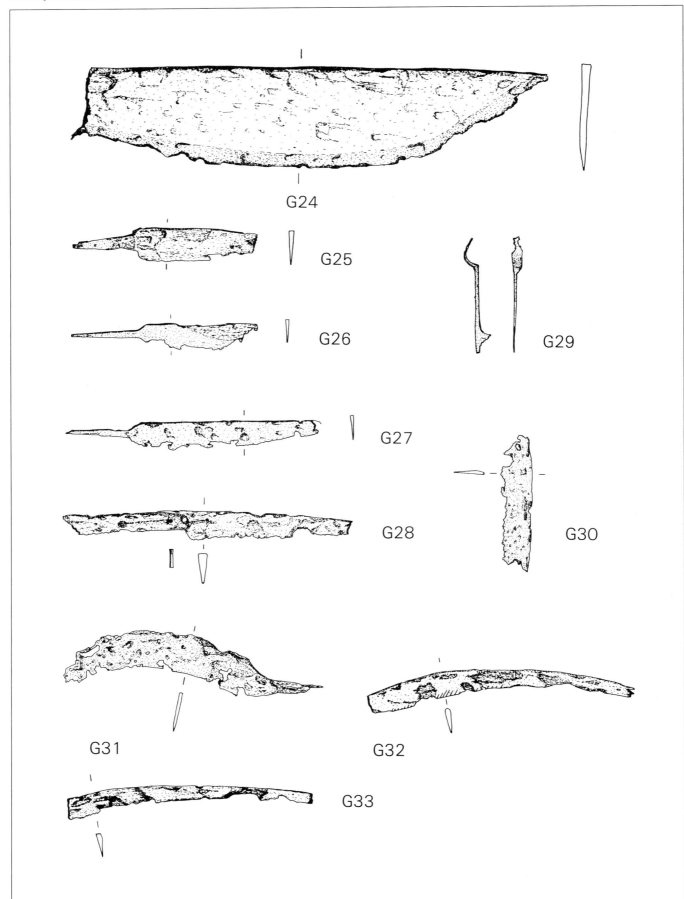

170

Eisen, Maßstab 1:2

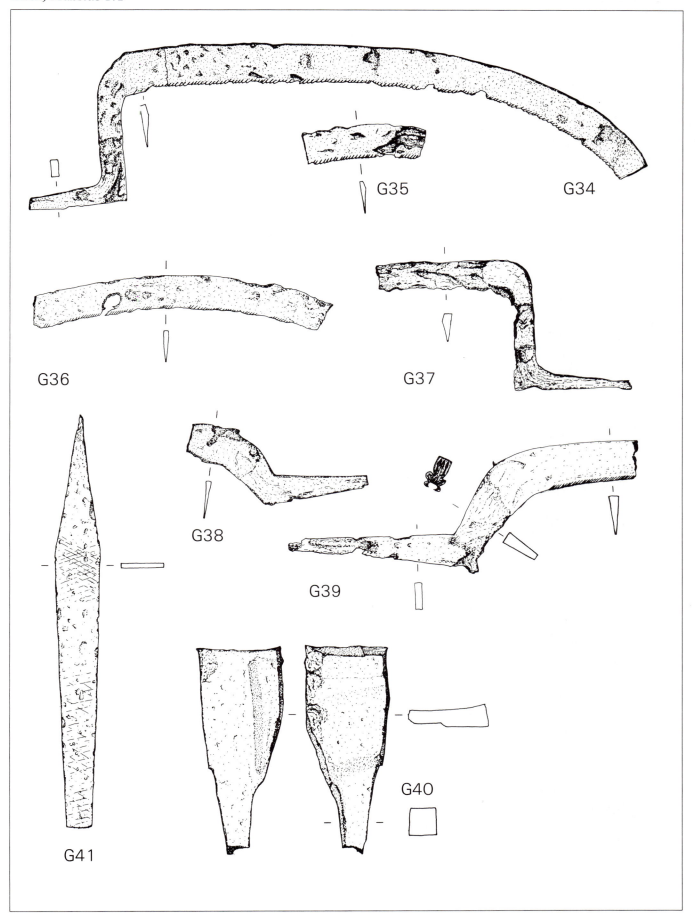

Eisen, Maßstab 1:2

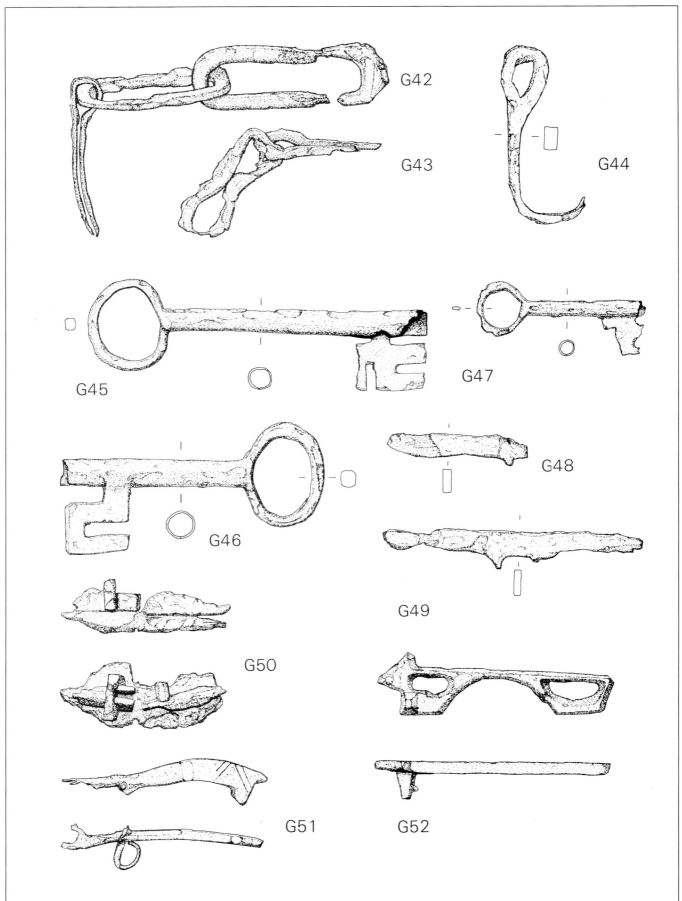

Eisen, Maßstab 1:2

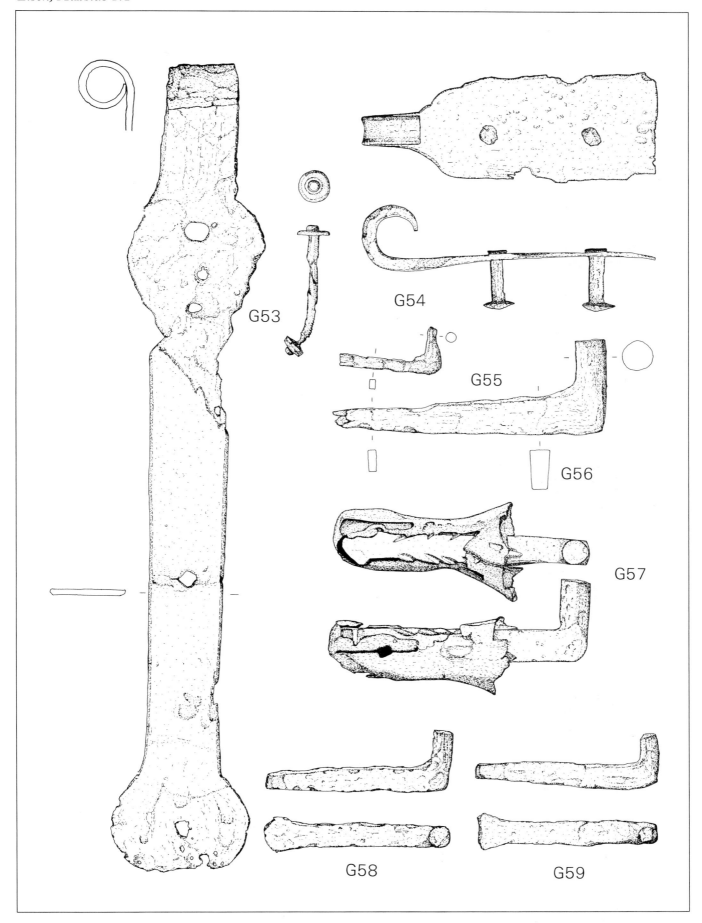

173

Eisen, Maßstab 1:2

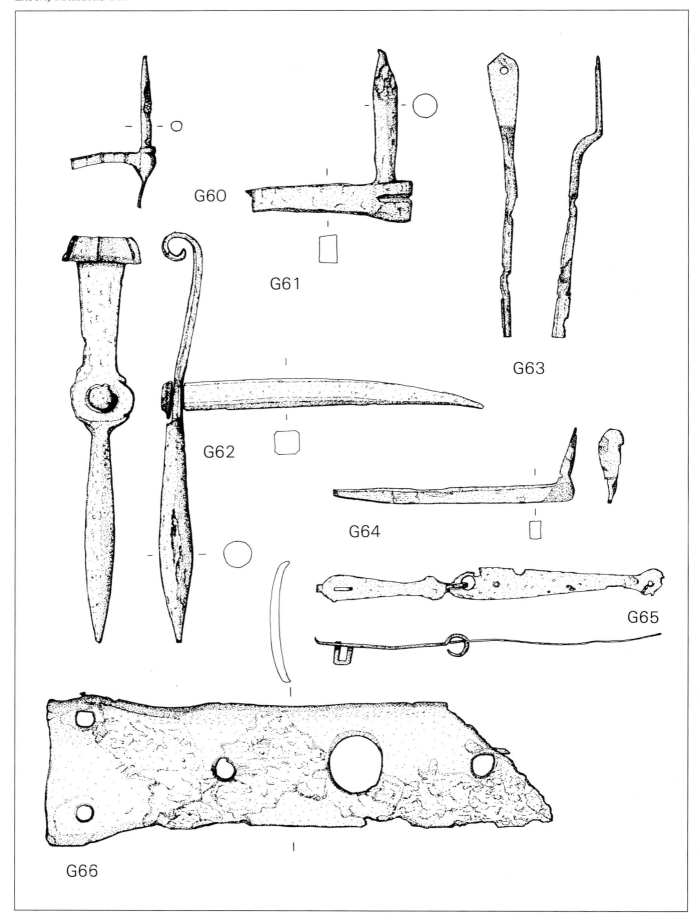

Eisen, Maßstab 1:2

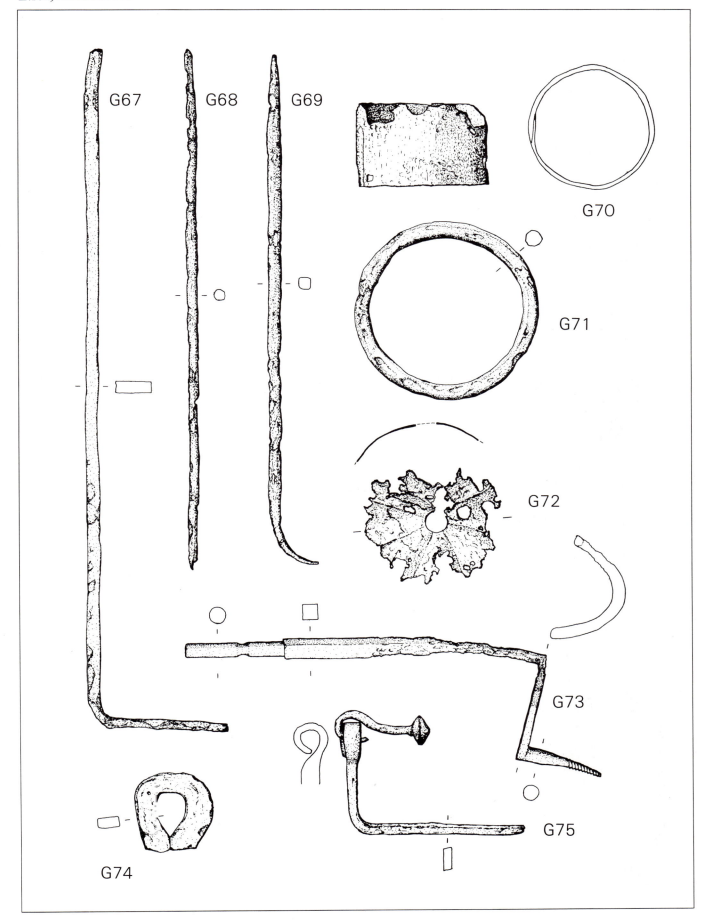

Buntmetall, Maßstab 1:1

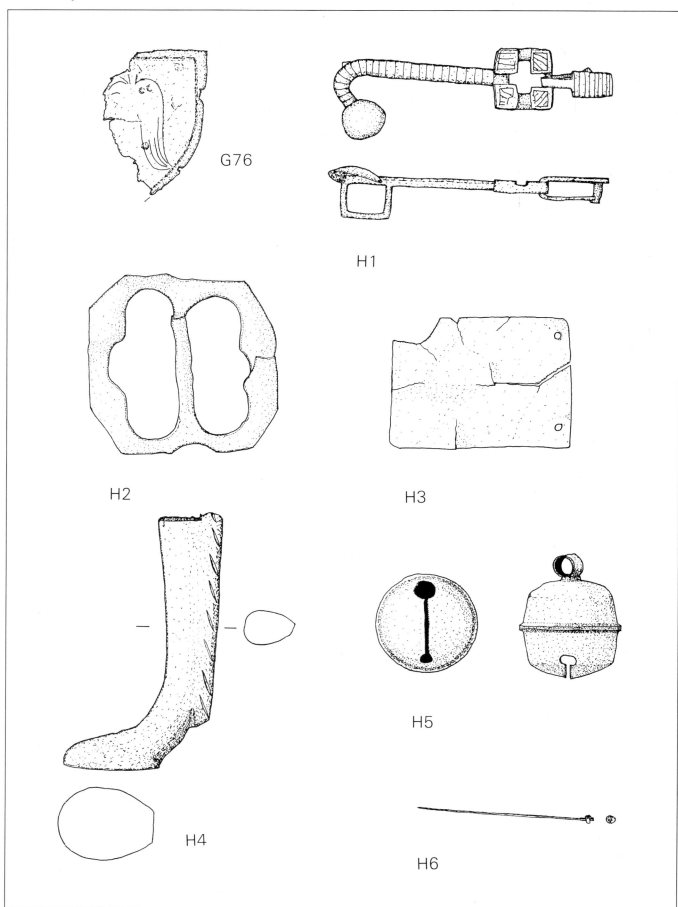